总 主 编：苏文菁
副总主编：许 通 陈 幸 曹宛红 李道振 谢小燕

闽商发展史
·泉州卷

丁毓玲 主编

图书在版编目(CIP)数据

闽商发展史. 泉州卷/丁毓玲主编. —厦门:厦门大学出版社,2016.6
ISBN 978-7-5615-6111-9

Ⅰ.①闽… Ⅱ.①丁… Ⅲ.①商业史-福建省②商业史-泉州市 Ⅳ.①F729

中国版本图书馆 CIP 数据核字(2016)第 130586 号

出 版 人	蒋东明
责任编辑	薛鹏志
装帧设计	李夏凌　张雨秋
责任印制	朱　楷

出版发行	*厦门大学出版社*
社　　址	厦门市软件园二期望海路39号
邮政编码	361008
总 编 办	0592-2182177　0592-2181253(传真)
营销中心	0592-2184458　0592-2181365
网　　址	http://www.xmupress.com
邮　　箱	xmupress@126.com
印　　刷	厦门集大印刷厂
开本	889mm×1194mm　1/16
印张	16.5
插页	4
字数	370 千字
印数	1~2000 册
版次	2016 年 6 月第 1 版
印次	2016 年 6 月第 1 次印刷
定价	66.00 元

本书如有印装质量问题请直接寄承印厂调换

厦门大学出版社
微信二维码

厦门大学出版社
微博二维码

《闽商发展史》
编纂委员会成员名单

编委会主任：雷春美　张燮飞　王光远　李祖可
编委会副主任：翁　卡　臧杰斌　王　玲　张剑珍　陈永正
编委会成员：

陈爱钦	陈春玖	陈　飞	陈国平	陈建强	陈鉴明	陈景河	陈其春
陈秋平	陈少平	陈祥健	陈小平	邓菊芳	冯潮华	冯志农	傅光明
郭锡文	洪　杰	洪仕建	胡　钢	黄海英	黄健平	黄　菱	黄如论
黄　涛	黄信煜	黄忠勇	黄子曦	江尔雄	江荣全	景　浓	柯希平
雷成才	李海波	李家荣	李建发	李建南	李　韧	李新炎	连　锋
林国耀	林积灿	林荣滨	林素钦	林腾蛟	林　云	林志进	刘登健
刘用辉	欧阳建	阮开森	苏文菁	王亚君	王炎平	翁祖根	吴国盛
吴华新	吴辉体	吴泉水	徐启源	许连捷	许明金	杨　辉	杨仁慧
姚佑波	姚志胜	游婉玲	张琳光	张轩松	张祯锦	张志猛	郑玉琳
周少雄	周永伟	庄奕贤	庄振生				

专家指导组成员：

苏文菁　徐晓望　王日根　唐文基　王连茂　洪卜仁　郑有国　罗肇前
黄家骅

总　主　编：苏文菁
副总主编：许　通　陈　幸　曹宛红　李道振　谢小燕

《闽商发展史·泉州卷》编委会

主　任：翁祖根
副主任：蔡文良
编　委：蔡文良　丁毓玲　王连茂　陈水德
　　　　卓晨雷

《闽商发展史·泉州卷》编写组

主　编：丁毓玲
撰　稿：李玉昆　王丽明　李静蓉　叶恩典
　　　　林　仪　陈丽华　薛彦乔　陈水德
　　　　陈章龙　林春蓉　黄志锋　肖　晗
　　　　黄夏芳

总　　序

　　闽商是孕育于八闽大地并对福建、中国乃至世界都具有巨大贡献和影响的商人群体，是活跃于国际商界的劲旅，是福建进步和发展的重要力量。千百年来，为了开拓新天地，闽商奔走四方，闯荡大江南北；漂洋过海，足迹遍及五大洲，是海上丝绸之路最重要的参与者与见证者。他们以其吃苦耐劳的秉性，超人的胆略，纵横打拼于商海，展示了"善观时变、顺势有为，敢冒风险、爱拼会赢，合群团结、豪爽义气，恋祖爱乡、回馈桑梓"的闽商精神，赢得了世人的尊敬。

　　盛世修史，以史为鉴，利在当下，功在千秋。为了不断丰富闽商文化内涵，更好地打造闽文化品牌形象，持续提升"世界闽商大会"品牌价值，凝聚人心、汇聚力量，推进福建科学发展、跨越发展，我们把《闽商发展史》研究编纂工作作为闽商文化研究的重大工程，并于 2010 年 8 月正式启动。《闽商发展史》全书十五卷，除"总论卷"之外，还包含福建省九个设区市，港、澳、台、海外以及国内异地商会分卷，时间上从福建目前可追溯的文明史开始。2013 年 6 月，我们在第四届世界闽商大会召开前夕出版了《闽商发展史·总论卷》，并以此作为献给大会的贺仪。今天，呈现在各位读者面前、还带着淡淡的油墨芳香的是《闽商发展史》各分卷。《闽商发展史·总论卷》和《闽商发展史》各分卷都是《闽商发展史》的重要组成部分。《闽商发展史·总论卷》的总论注重闽商发展历史的普遍性和统一性；设区市卷和港、澳、台、海外、国内异地商会卷侧重展示闽商发展历史的特殊性和多样性，以丰富的史料与鲜活的案例，为福建的 21 世纪"海上丝绸之路"核心区文化建设增添了厚实的基础，为中国海洋文化、商业文化建设提供了本土的文化基因。

　　欣逢伟大的时代，是我们每个八闽儿女的幸运；实现伟大的梦想，是我们每个八闽儿女的责任。今后，我们仍将一如既往地深入开展闽商文化研究，以闽商文化研究的优秀成果激励广大闽商，引领弘扬闽商精神，让广大闽商更加积极主动地把爱国热情、创业激情和自身优势转化成实际行动，融入"再上新台阶、建设新福建"的伟大实践中，为全面建成小康社会、实现中华民族伟大复兴的中国梦做出更大贡献！

中共福建省委常委　　雷春美
省委统战部部长

序　言

蒙尘之珠，不减其泽。虽然在古代中国"重农抑商"的思想盛行，商人作为"四民之末"长期受到轻视、压制，但商人仍凭着非凡的智慧和胆识在文明进程的舞台上熠熠生辉。他们不畏经商之苦，入不毛之地，闯绝域之墟，凌风涛之险，络绎不绝地将丝绸、瓷器、茶叶等输往域外，又源源不断地运回香料、珠宝、象牙等贵重物品。他们在谋求财富的同时，却也成就了地区之间的交流与繁荣，并通过物质交流将中国和世界紧密联系在一起，伴随而来的不同文化不同信仰之间的接触、碰撞与融合便是沿着商人所开辟的商路进行的，他们在陆上丝绸之路与海上丝绸之路的形成和发展中厥功甚伟。

当晋商、徽商等商帮在中国大地群雄逐鹿时，福建商人却早已浮海泛舟，游弋在太平洋与印度洋之间，忙着构建自己的海上世界，忙着与各个贸易势力周旋，忙着在各个港口采购、贩卖商品，然后等待秋冬之交远航，春夏之际归来。自古人类视海洋为畏途，福建商人却"走死地如鹜"。世人盛赞福建商人"以海为田"的勇气与豪迈，殊不知皆环境使然。福建三面环山，一面是水，地少人多的困境迫使福建人不得不向海洋寻找出路，他们从商没有太崇高的理由，一切为了生存。他们在征服海洋的过程中，面临的不只是随时可能葬身鱼腹的风险，还要与其他贸易势力角逐，尤其是地理大发现以后东来的欧洲势力有着强大的王权支持，而福建商人不仅得不到朝廷支持，还要躲避官府的追捕，在夹缝中拓展、维持着一条海上丝绸之路。

泉州商人早在海上丝绸之路开辟之初，就从闽越先民那里继承了造舟航海的传统，又从中原移民那里学习了先进文化和先进技术，开始了早期的海外贸易，逐渐将泉州港由一个名不见经传的小港口发展为宋元时期的国际大商港，与近百个国家和地区建立了联系，中外商品在这里汇聚、转运，不同民族、不同国家的商人在这里洽谈、买卖。泉州商人在与不同文化背景的商人做生意的过程中也向他们尤其是阿拉伯人学习了优秀的从商技巧与航海经验。经过不断的历史积累，以及来自多元文化的影响，泉州商人从福建商人中脱颖而出，不仅练就了开拓冒险的气魄，而且掌握了丰富的水文知识和先进的航海技术。于是，当郑和第五次下西洋时，泉州能够为其船队补充经验丰富的船员，提供性能优越的船只以及各种货物补给。泉州人代代累积的经商本领并没有因海禁而失去用武之地，反而以旷世的无畏精神冲破禁锢，继续驰骋海洋。

泉州商人是"没有帝国的商人"，却凭着智慧，借助乡族的力量，勇闯生路，开辟了东洋与南洋的多条国际航路，与官办的、武装的欧洲贸易势力竞争，在大航海时代扮演着国际商人的角色。泉州商人在开拓海外市场的同时，也活跃了国内市场，他们必须北上江浙、南下潮广转贩中国商品才能满足海外贸易的需要,由此将国内国外市场联结在一起,使中国融入世界贸易网络,将泉州推向世界。泉州商人在进行国际贸易的同时,还充当了文化使者,通过海上丝绸之路将泉州的文化传播到侨居地以及世界其他地方,让世界认识泉州,了解泉州。

古代泉州商人所锤炼的开拓冒险与多元并蓄的精神,已经沉淀在中国传统文化中,并为近现代的泉州商人所继承,以至当改革开放的春风吹起,泉州商人便迅速崛起,经商的足迹遍布海内外,号称"泉州军团"。如今,泉州商人形成了开拓创新意识、依法经营意识,超越了"爱拼才会赢"的模式,走出了"巧拼"、"善拼"的新路,打造了许多知名品牌,在国际上享有盛誉。泉州商人经商致富后,不忘"报效桑梓",始终关心、支持家乡的经济建设和社会事业的发展。成功的商人是时代的楷模,优秀的商人文化正在为实现"一带一路"的伟大构想提供正能量。

翁祖根

2016 年 4 月

前　言

泉州，中国东南海岸一个历史悠久的港口城市，泉州人自古便向山要地、与海争田，特别是从海外贸易寻找出路，贾贩四方乃至漂洋过海拓殖创业，很早就探索出一种倚重海洋、以商工为主、农业为辅的外向型综合生计模式。

泉州面向海洋的历史可追溯到最早居民闽人，而从6世纪起泉州便有了与南海国家友好往来的记载。唐代中期，当"丝绸之路"历史由陆上转向海洋，泉州与交州、广州、扬州并称为中国南方四大贸易港，已经呈现了"市井十洲人""涨海声中万国商"的繁荣情景。唐末五代，泉州已蜚声中外，宋元时期更一跃为"东方第一大港"，帆墙林立，商贾云集，与近百个国家和地区建立了海洋贸易联系。中世纪四大旅行家马可·波罗、伊本·白图泰、玛黎若里、鄂多立克均见证了刺桐城的开放与繁盛。明清时期，泉州港因政策骤变而船去港空，泉州人转而"下南洋"，参与建构世界贸易网络。当历史的年轮碾过朝代更迭、时事变迁，20世纪下半叶中国进入改革开放以后，泉州人积压已久的拼搏热情再次激发，以特有的家族企业模式延续着海上丝绸之路的传奇与精神。

正因泉州在历史上的表现颇具传奇，学术界给予甚多关注，尤其是日本学者桑原骘藏在20世纪20年代出版《蒲寿庚考》后，引起学术界持续的研究兴趣。休·克拉克的《946—1276年闽南的经济发展：社区、贸易和网络》、苏基朗的《刺桐梦华录》、肖婷的《世界的货仓》、王铭铭的《逝去的繁荣》等，从不同角度对泉州古代经济史进行深入剖析和讨论。当代泉商的吃苦耐劳、敢闯敢拼等出色表现，被冠以"泉州精神""晋江模式"，频繁出现在各种介绍文章以及刊物专著。不难发现，泉州被关注点多集中在宋元时期，尤其是宋元泉州繁荣的经济和海交史、海外贸易，虽然这些著作也涉及海外贸易的商人，但更多时段的商人是被忽略的。聚焦商人群体、纵横千年历史的论著，尚无人涉及。此次中共福建省委统战部主持《闽商发展史》大型项目，给我们一个全面认识古今泉州商人的机会。通过这一次的撰写，迫使我们去广泛搜集相关的材料，也因此发掘出一些有一定价值的新资料。尤其像清代和民国年间，许多散存于各种碑铭、族谱、口述史，以及著作中大量零碎的商人史料。

本书所涉泉州的地域以历史上泉州建制沿革的辖区为讨论范围。唐武德五年（622年），在南安设丰州，管辖南安、莆田二县。贞观元年（627年），丰州撤销，南安、莆田二县并入泉州（治所在今福州）。嗣圣元年（684年），析泉州之南安、莆田、龙溪三县置武荣州。久视元年（700年），又于今泉州鲤城置武荣州，辖南安、莆田、龙溪、清源四县。景云二年（711年），武荣州改称泉州，隶属闽州都督府。莆田、清源二县属泉州所辖。泉州名称以及建制自此开始。太平兴国六年(981年),析晋江县东北部十六里置惠安县。至此,泉州领七县:南安、晋江、同安、德化、永春、清溪、惠安。

由于早期泉州的资料少,能够获取的商人资料更为稀缺,直至唐五代以后泉州社会面貌才慢慢清晰起来,所以,本书的上限从唐代开始,唐代之前的泉州社会我们仅做概述性的交代。下限延续到2010年,以本书开始编著的时间为止。

本书共分九章,其中古代部分有五章。第一章论述唐五代时期处于城市起步阶段的泉州商人。五代统治者推行发展海外贸易的政策,许多泉州人到海外经商,足迹遍及大江南北,拥有不凡实力。面向海外的商业经济,将泉州从中国众多城市中推到人们的视线中。第二章讲述泉州极度繁华的宋元时期,商人们驰骋海内外,不仅将泉州打造为"世界货仓",而且逐渐取代了阿拉伯人在南海和东南亚的位置,并直接到达印度和阿拉伯世界经商。第三章讲述明代泉州商人由于无法在福建沿海港口与其他国家进行合法贸易,纷纷以走私的形式冒禁出洋转贩菲律宾、日本等地,与葡萄牙、西班牙、荷兰等开展迂回贸易或三角贸易。他们开辟了泉州历史上商人移民海外的第一个高潮,流传下来的爱拼敢赢精神和海外开辟的侨商人脉是一笔无法泯灭的财富。第四章描绘了清代时期泉州商人从三个方向开拓事业的历史场景。值台湾郊行迅速发展时,泉州商人横跨台湾海峡,以郊商的形式在台湾发展;下南洋在东南亚各国建立贸易网络;在广东十三行占据重要位置。第五章讲述在民国时期风云变幻时局里,泉州商业发展受各种内外因素左右,市场动荡不安,商人的正常经营秩序受到严重制约或破坏。商人的财产和人身安全得不到保障,商家面临着随时停业或破产,致使部分成功的商人纷纷转移财富至厦门等地或东南亚,剩下的大多为中小商人,巨商寥寥无几。

后面四章为当代部分,第六章讲述新中国建立以后至改革开放以前,泉州商人在时局多变和意识形态左右下,夹缝中求生存的发展情景。第七章讲述改革开放初期泉州商人从草根崛起,从"地摊经济"的资本原始积累,到民营企业的艰难蝶变,并最终发展为引人注目的"泉州模式"的过程。第八章讲述在市场经济激励下泉州商人发展产业集群,实施品牌战略,逐步巩固与发展泉州模式的过程。第九章专门论述泉州商会及同业公会组织,同时分析泉商文化精神及其传承与发展。当代部分都是发生在我们身边的人和事,所以我们多以人物为线索和典型,以发生在他们身上的生动故事,来分析社会环境和泉商的性格、特征。

总之,本书的论述重点是商人群体,力求摒弃地方史、海交史或社会经济史的惯常写法,以"商人发展史"的叙事框架来反应泉州城市和商业经济的兴衰变化,以商人活动贯穿始终。可以说,这是头一回撰写一部跨越千年的泉商专门史,并且通过商人的角度,审视泉州地方社会的变迁、国际视野,以及当代泉州商人敢为天下先的时代精神,意义重大。

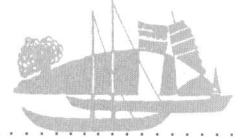

第一章 港口初兴时的泉州商人/1

第一节 唐五代泉州海外贸易的发展/1
第二节 唐五代的泉州商人/3
一、唐代的泉州商人/3

二、五代的泉州商人/4

第二章 海上丝绸之路鼎盛时期的宋元泉州商人/6

第一节 泉州商人的构成/6
一、权贵商人/7

二、舶商/8

三、散商、农民经商/9

四、蕃商/10

五、僧侣商人/11

六、华侨商人/12

第二节 泉州商人的经营形态/13
一、海外贸易的支付方法/13

二、海外贸易的交易方法/13

三、泉州海商的经营形态/15

第三节 海外贸易和商人的管理制度/17
一、市舶司的主要职责是对海商的管理/17

二、市舶司对商人的征榷/19

三、缉查商人等走私/21

四、市舶司对商人和市舶司官员的奖惩/21

第四节 泉州商人的市场网络/22
一、国外市场网络/22

二、国内市场网络/26

三、本地市场/30

第五节　泉州商人在中外政治经济文化交流中的作用/30
　　一、泉州商人的人文性格/30
　　二、沟通、发展中外友好关系/32
　　三、促进中外经济文化交流/35

第三章　明代转型期的泉州私商/39

第一节　顽强发展的泉州民间私商贸易/39
　　一、明代早期在海禁夹缝中生存的泉州商人/40
　　二、明代中期抗争海禁的泉州商人/42
　　三、16—17世纪世界贸易网络中的泉州商人/44

第二节　明代安平商人的崛起/54
　　一、安平商人/55
　　二、雄踞一方的郑氏海商集团/58

第三节　明代泉州商人与社会变迁/61
　　一、明代泉州商人与市镇的发展/61
　　二、明代泉州商人与民间力量的崛起/64
　　三、明代泉州商人与社会经济的走向/66

第四章　清代泉州商人/70

第一节　郑成功时代的海上贸易/70
　　一、郑氏海商集团的组织与管理/71
　　二、郑氏海商集团的海外贸易/73
　　三、郑氏海商集团的衰亡/75

第二节　清代泉州商人的贸易活动/76
　　一、清初迁界对泉商的影响/76
　　二、清代的泉州郊商/77

第三节　晚清泉州的绅商/95
　　一、晚清泉州绅商的经商特点/95
　　二、晚清泉州绅商与辛亥革命/97
　　三、黄宗汉与"观口黄"家族/98

第四节　广东十三行中的泉籍商人/99
　　一、泰和行行商颜时瑛/100
　　二、潘启与同文行/101
　　三、行商伍怡和家族/102

第五节　清代泉商对社会公益事业的贡献/103
　　一、修桥补路，修固水利/104
　　二、砌造码头，修缮航标/105

三、赈灾济贫,热心慈善/106
四、兴学助教,发展教育/108

第五章 民国时期泉州商人的动荡与转变/110

第一节 泉州侨商、侨资兴办实业/110
一、泉籍侨商、华侨投资的工业/111
二、泉籍侨商、华侨投资的交通运输业/113
三、侨商、侨资与泉州农垦业的发展/118
四、侨商、侨资与泉州房地产业的兴起/121

第二节 变革时代中各行业的泉州商人/121
一、茶商/122
二、木材商/126
三、医药商/128
四、九八行商/131
五、粮商/133
六、航运商/136
七、瓷商/139
八、沿海走私商/140

第六章 改革开放前泉州商人的沉寂与觉醒/146

第一节 泉州市资本主义工商业的社会主义改造/146
一、恢复国民经济时期对资本主义工商业的社会主义改造/147
二、过渡时期总路线的贯彻和对资本主义工商业的改造/148
三、对资本主义工商业进行社会主义改造/149
四、改造时期泉州商人脱胎换骨/150

第二节 民间草根商人商品意识的觉醒/151
一、石狮人的"故衣摊"和商贩的"投机倒把"/151
二、"铁证如山":时代角斗的记录/152
三、石狮的"中国小香港"/157
四、社队企业:培养新时期泉商的摇篮/157
五、"三闲"("闲钱"、"闲人"和"闲房")结合,联户集资起步/159
六、来料加工上路,"三来一补"铺路/160

第三节 改革开放前夕泉商队伍的悄然崛起/162
一、从小商贩到商界巨头/162
二、先知先觉,因势思变,从"三无"白手起家,到发展壮大/164
三、以精湛技艺引领企业行业创新发展/166
四、灵感与商机/167

第七章　改革开放初期泉州商人敢为天下先/169

第一节　泉州沿海商人的崛起/169
一、从镇到市的石狮服装名城的崛起/169
二、以晋江经验为原点的泉州模式逐渐形成/171

第二节　药案危机促使泉州民营企业浴火重生/175
一、晋江药案危机/175
二、泉州民营企业艰难蝶变/177

第三节　工商企业集聚外向发展推动泉商队伍迅速壮大/179
一、工商企业由散向聚、由内向外迈大步发展/179
二、标杆企业家的创业足迹/182

第八章　社会主义市场经济时代泉商大发展/192

第一节　泉州商人大发展的经济背景与条件/192
一、改革开放以来泉商发展五个阶段/192
二、发展产业集群,实施品牌战略/193
三、泉州模式的形成、巩固与发展/194

第二节　泉州商人迎来品牌创新的井喷时代/195
一、诚信造就品牌/195
二、创新成就品牌/196
三、胆识铸就品牌/197
四、形象运营诠释企业理念和品牌内涵/198
五、借用"体育效应"做广告,提高品牌知名度/198
六、通过与体育联盟而创广告佳绩,培育品牌/199
七、精准品牌定位,塑造名牌形象/200

第三节　泉州商人缤纷无限各显神通/201
一、安溪茶商的发展之路/201
二、德化古陶瓷商贸迎来新时代/205
三、惠安的石雕艺术商贸/210
四、永春寻找传统产业与新兴产业的商贸出路/212
五、南安坐拥天下水暖、石材与粮食的大宗商贸/213
六、晋江鞋都产业集群的商贸发展/216
七、石狮服装产业集群——石狮服装城/217

第九章 现代泉商组织、文化/220

第一节 泉州商会及同业公会组织/220
  一、泉州市工商联成立以来跌宕起伏的风华岁月/220
  二、多层次、广覆盖、开放型的泉州商会组织体系/227

第二节 泉商文化精神及其传承与发展/232
  一、泉商文化核心精神——基于海洋文明的进取共赢精神/232
  二、泉商文化的形成、传承、发展与作用/242

后　记/251

第一章

港口初兴时期的泉州商人

泉州背山面海、耕地紧缺的自然地理特点,注定它需要依靠商业的发展和商人的拼搏,才能带动城市的繁荣。泉州先民闽越人善于造船和水上交通,在唐朝之前的漫长岁月中,泉州远离北方政权争端、偏居中国东南一隅,倚重农业和渔业,生产力低但生活相对平静,这为唐五代以后泉州港的脱颖而出奠定社会基础。魏晋南北朝时期,北方战争频繁,汉人南迁入闽,带来北方先进的生产技术,把北方犁耕和牛耕等先进技术传入福建,扩大耕地面积,促进农业发展。

唐五代,中原人移民泉州的规模再次扩大,使泉州劳动力激增、生产技术提高,社会经济和文化得到发展。在这一时期,泉州大规模围海造田,开垦梯田,兴修水利,广泛种植经济作物,促进农业生产的发展。绢、纻、绵、丝、蕉、葛等纺织品不仅受市场青睐,还成为朝廷贡品。瓷器开始外销,金属制品和日常生活用品普遍制造。造船业发达,是全国主要造船基地之一。此时,泉州饮茶之风普遍,种茶和制茶业相当发达。由于纺织业、陶瓷业、造船业等迅速发展,商业氛围逐渐形成,梁安港(泉州)最早的对外贸易港口也在这一时期形成,为海外贸易发展提供必要的物质基础。

唐代,泉州成为海上丝绸之路的重要港口,中外商人云集,"南海蕃舶"常到,出现"船到城添外国人"的繁荣景象。本地商人到渤泥从事海外贸易,来自扬州、江西等地的外地商人来泉州经商。五代统治者采取发展海外贸易的政策,许多泉州人到海外经商,足迹遍及大江南北,拥有不凡实力。面向海外的商业经济发展,将泉州从中国众多城市中推到人们的视线中。

第一节 唐五代泉州海外贸易的发展

唐五代是泉州十分重要的历史时期,风云突变的国内外形势反而是泉州发展的机遇。"安史之乱"(755—763年)使北方社会经济遭到严重破坏,导致持续100多年繁荣的大唐帝国元气大伤,经济重心转向南方,以东南海港为依托的"海上丝绸之路"日渐兴盛。

在国际上,大食帝国阿拔斯王朝代替倭马王朝,迁都巴格达,加强海上交通,丝绸之路西段由陆路转向海路,海上丝绸之路成为中外经济文化交流的主要通道。

唐代泉州的城市建设无疑是审时度势、顺应商业繁荣的重大举措。泉州最早的建制是三国吴永安三年(260年)在今南安丰州镇设置的东冶县,唐久视元年(700年)泉州行政中心从丰州向东迁移至现在的中心城区,唐景云二年(711年)武荣州改名为泉州。数年后,泉州子城——一座周长3公里的城垣形成,这是泉州历史上第一座城,辖区包括南安、莆田、龙溪、清流、晋江五县。子城南临晋江,更加靠近大海,内陆各县通过晋江上游河流可运送物资,水陆交通更加便捷,直接推动海外贸易的发展。

唐五代泉州尤其突出的是海外交通的发展,参军事、榷利院等海外贸易的管理机构均有设立。唐文宗《太和八年疾愈德音》要求包括泉州在内的福建、岭南、扬州地方官,对蕃客,即外国来华商人要"常加存问","自为交易"。[1] 这对外商来唐贸易很有鼓励作用,也十分有利于中外经济文化的进一步发展。经过两百年的经营,泉州港的重要地位逐渐呈现出来,公元9世纪中叶,阿拉伯著名地理学家伊本·库达拔在他所著的《道程和郡国志》一书中,把泉州与交州〈今越南境内城市〉、广州、扬州并列为中国南方的四大贸易港口。[2]

唐中期以后,除了新罗人、日本人外,阿拉伯人、波斯人、阿美尼亚人、印度人也陆续出现在泉州港,带动了泉州海外贸易的繁荣。为加强对海外贸易的管理,泉州设"参军事四人,掌出使导赞",[3] 管理海外往来的使节和商人。

公元10世纪以后唐朝衰亡,中国进入政权的空白期,这给泉州一个自由发展海外贸易的空间。这个时期泉州出现三个统治人物王延彬、留从效和陈洪进,他们都积极发展海外贸易。公元905年王延彬出任泉州刺史后,设置了专管海外贸易的机构"榷利院",并设专职官员海路都指挥使和转运使,加强对海外贸易的管理。他前后治理泉州达26年,被誉为"招宝侍郎"。[4] 在他统治泉州时期,"陶瓷铜铁,远泛于番国,取金贝而返,民甚称便。"[5]

公元946年留从效成为泉州的统治者,他推动泉州将自己制造的陶瓷、铜铁等产品销往海外,取得巨大财富。他在任职期间命令环绕城墙种植刺桐树,一种冬春之交落叶开花的树,泉州的别称"刺桐城"也是由此时开始流传。公元963年,陈洪进接替了泉州的统治权,他统治泉州16年,喜欢以海外进口物向朝廷进贡,而且无论是数量,还是品类和次数都达到惊人程度,从建隆四年(963年)至太平兴国四年(977年)短短十几年中,进贡宋廷乳香8.82万斤、香1.7万斤、木香1千斤、象牙1.3万斤、白龙脑20斤、龙脑5斤、白檀香1万斤、苏木5万斤、胡椒5百斤、阿魏2百斤、没药2百斤、麒麟竭2百斤、真珠5

---

[1]《全唐文》卷七五,《太和八年疾愈德音》。
[2] [阿]伊本·胡尔达兹比赫著,宋岘译注:《道里邦国志》,北京:中华书局,1991年,第71~72页。
[3] 陈懋仁:《泉南杂志》卷上。
[4] 吴任臣:《十国春秋》,《闽五·王延彬列传》。
[5]《清源留氏族谱》,《鄂国公传》。

斤、犀 20 株、牡犀 4 株、通牡犀 1 株、水晶棋子 5 付等，这些商品大部分是泉州海商从海外交易来的，说明当时海外贸易十分发达。

泉州在这三位统治者富有实效的统治下兴盛起来，他们追求舶来品、重视海外贸易带来的财富，也引导着城市逐渐往外向型港口经济方向发展。

第二节　唐五代的泉州商人

一、唐代的泉州商人

唐朝泉州商人包括本地商人、外地商人和外国商人。历代商人被载入史册者寥若晨星，何况早在唐代，但是从民间资料还是能获取一些信息。晋江东石人林銮，被盛传至今的一位唐代商人，其曾祖林智慧"航海群蛮，熟知海路"。据传，开元八年（720年）林銮坐船往渤泥从事贸易，"引来蕃舟，晋海舟人竞相率航之"。现石狮市的石湖码头长 70 米，宽 2.2 米，为条石纵横筑砌而成，上横盖石板，保存完好，为国家级文物保护单位，①相传是林銮创建，所以也称为林銮渡。

泉州商人赵缜在明代《闽书》中被记上一笔，但记录的不是他的从商经历，而是他被牵连进一桩欺诈案。据说唐文宗母亲萧氏是晋江东石萧妃村（俗称烧灰村）人，有一次文宗皇帝访问母亲故里时，有人冒名皇太后之弟，引见之人正是赵缜，结果被连罪。② 从这个事故只能推测，书中称为"估人"的赵缜应该是地方富豪，否则没有资格接近皇帝，也不可能被允许引见任何人。

外地来泉的商人名字没被历史淹没的，多为有德于当地人民，而被立庙奉祀。从扬州到泉州经营粮食生意的李宽，因"平粜济饥"，殁后泉州建"粜籴庙"奉祀。③ "行贾闽广间"的陶氏，江介人，取毒药自服而救郡民，化身后，郡人争舁法身供养，立龟山"广利尊王庙"奉祀④。

唐朝来泉州的蕃商，尽管有"南海蕃舶常到"、"岛夷斯杂"的说法，以及"船到城添外国人"的诗句，但是应该还是季节性往来的暂居者，尚未普遍出现定居商人。他们多数是大食人、阿拉伯人、新罗人、日本人等，而其中以大食商人为多。宋岘认为唐文宗在位时，中国和大食两国间的海上之交往已入高潮，太和八年（834年）文宗为招徕大食等国的客商下了道告谕，其中有"其岭南、福建及扬州蕃客"，并将泉州所在的福建排在扬州之先，这表明居泉州的大食人数足以同广州一带（岭南）相伯仲。《中国印度见闻录》提到，广州

---

① 丁家全主编：《石狮地名》，第 251 页。
② 何乔远：《闽书》卷七，《方域志·晋江县》。
③ （乾隆）《泉州府志》卷一六，《坛庙寺观》。
④ 何乔远：《闽书》卷七，《方域志·晋江县清源山》。

的蕃商于公元876年已达万人之众。以此推之,泉州的大食商人,也应以万计。"①

唐朝泉州与日本、高丽有贸易关系,阿拉伯商人也来泉州购买日本、高丽的商品,其原因有二:一是阿拉伯商人在广州无法得到日本、高丽商品;二是泉州的关税比广州轻。夏德、柔克义《赵汝适》中也阐述同样的看法,他认为9世纪,或者有可能比9世纪较早一些时候,中国南部的海上贸易有一部分移到泉州来。阿拉伯人发现此地有日本高丽等国的产品,因为这些产品,都是没法在广州得到。除此以外,在泉州还可以获得该地当局捐税较轻的优待。②

二、五代的泉州商人

关于五代泉州商人的史料相当少,但是从一些零散的记录中,还是能一窥端倪。南安市有一泉州著名古墓——"刘王墓",乃五代南汉高祖刘䶮的先祖刘安仁之墓。明代《八闽通志》记载,刘安仁从河南上蔡迁居泉州,"商贾南海,因家焉",往来南海贸易,后卒葬南安,其地因刘安仁墓而名为刘店。日本史学家藤田丰八通过刘氏后裔的长相,推论刘氏家族非纯粹汉人,他们自称籍贯系上蔡或彭城,不过是假托汉室后裔,其祖先可能为波斯人或大食人,先在泉州从事海外贸易,后来移居广州。台湾学者李东华先生同意此判断:"由此可见九世纪中期以前泉州人已从事海外贸易者。"③

创作于北宋的笔记《清异录》有则"争邸"事件,可以从另一个侧面看出闽商实力:"荆楚贾者,与闽商争邸。荆贾曰:尔一等人,横面蛙言,通身剑戟,天生玉纲,腹内包虫。闽商应之曰:汝辈复兵,亦自不浅,盖谓荆字从刀也。"④为了争夺地盘,湖北商人讽刺福建商人讲话似蛙言,而"闽"字是腹内包虫。福建商人也不甘示弱,针锋相对给予回应。这一争夺地盘事件,把五代闽商活跃于国内,拥有一定实力的现象描述的颇为生动。

五代时期割据泉州的清源节度使留从效在与后周的交往中,常常派使者扮为商人暗中传递信息,这很能说明当时闽商足迹遍及各地的事实。周世宗征淮南,后唐李景败,江北之地尽入于周,显德五年(958年)闰七月,清源节度使留从效"遣衙将蔡仲赟等为商人,以帛书表置革袋中,自鄂路送款内附"。⑤后周显德六年(959年)六月,留从效请求在开封设置商业机构-邸务,周世宗认为该机构一般设在江南,虑其非便,不许设置。周世宗敕书:"敕从效:黄禹锡至,省所上表,归附本朝兼于京都置邸务事具悉。……如上都置邸、与彼抗衡,虽百谷朝宗,无以异也。"⑥

---

① 宋岘:《古代泉州与大食商人》,《海交史研究》1988年第1期。
② 韩振华:《唐代南海贸易志》,《韩振华选集之三:航海交通贸易研究》,香港:香港大学亚洲研究中心,2002年,第368页。
③ 李东华:《泉州与我国中古的海上交通》,台北:学生书局,1986年,第46页。
④ 陶谷:《清异录》卷上。
⑤ 《宋史》卷四八三,《留从效传》。
⑥ 诸葛计、银玉珍:《闽国史事编年》,福州:福建人民出版社,1997年,第298页。

北宋建隆元年(960年)十二月,留从效抵达开封,向朝廷奉表称藩。建隆二年(961年),宋太祖派遣陈光嗣为使臣,厚赐留从效。其敕书云:"卿远临南服……貔虎之师甚众,必资回易,以济赡供……宜新其邸第,庶有便于梯航……今赐青州荷恩禅院,充卿本道回图邸务。"①在留从效再三努力下,福建的异地贸易机构回图邸务,或称回图务,终于设立。后梁开平二年(908年)汴、荆、襄、唐、郢、复州置回图务,"运茶于河南北,卖之以易绍缯,战马而归"。"湖南由是富赡。"②至宋太祖时对回图务"患之,未能止绝",于是下诏中外臣僚"不得令人于诸处回图,与民争利"。

除了官方的贸易机构,泉州的从商观念和风气应该是弥漫至乡村山区。詹敦仁在一首中诗吟诵的就是一幅乡村"野店"的有趣情境:"笑指西行路,云藏碧玉簪。溪清真可饮,地僻远来寻。趁渡敲金镫,传杯弃玉琴。浊醪付纤手,拼醉莫辞斟。"③诗中地点今安溪县的交通要道,诗人解释"马上远见小溪山,云中秀拔。过渡买酒于野店,当炉女子姝丽,酒中戏笔",原来是乡间女子经营的野店。

---

① 《清源留氏族谱》,《大宋敕》。
② 《资治通鉴》卷二六六,后梁开平二年七月。
③ 《詹敦仁诗文选》。

第二章

海上丝绸之路鼎盛时期的宋元泉州商人

宋元时期是泉州商人的黄金年代,他们拥有宽松的国内政策环境和广阔的国际舞台,集天时、地利、人和于一身,商人本色得以充分施展。在推动泉州经济发展的同时,泉州商人也是海上丝绸之路鼎盛时期最为活跃的群体之一。

在唐五代泉州地方政府蓄意引导港口城市发展方向,和民间勤勉拼搏、经验积累的基础上,泉州农业、纺织业、陶瓷业、冶炼业、制茶、糖、盐业、印刷业等手工业进一步商品化。造船业和航海技术提高很快,不仅可以建造稳定的远洋商货船,还有一批熟练掌握天文导航、地文导航、季风航海、航海水文的船员水手。港口、道路、桥梁、码头、航标塔等港市设施应运而生。元朝政府给予蕃商极高的政治地位,吸引各国蕃商纷至沓来。这是泉州商人的天时。

北宋福建省管理海外贸易的市舶司在泉州设立,为泉州商人海外贸易节省成本、提供便利。南宋政治中心南移,部分皇室权贵迁居泉州,带来了朝廷政策的倾斜和海外贸易进口奢侈品的需求。这是泉州商人的地利。宋元泉州社会崇商氛围浓厚,地方政府支持鼓励商业活动和海外贸易,为出海远航的船队举行祈风祭海仪式,显示官方的重视。社会各个阶层参与到海外贸易的大潮中,并且形成多种形式的合作关系,除了有利可图外,说明民间崇尚商贸行为。这是泉州商人的人和。

良好的商业氛围使泉州商人得以自由驰骋于国内市场和国际舞台,他们为泉州社会带来财富的同时,也积极参与城市公共设施建设,并热心于社会公益和慈善事业,地方文献和民间碑铭留下他们捐建桥梁、道路、港口、寺庙等诸多记载。在国际舞台上,他们在从事海外商贸活动的过程中,带动政治、经济、文化的交流,也为中西方文明对话和文化交融作出了不可低估的贡献。

第一节 泉州商人的构成

宋元时期,泉州商人构成涉及各个阶层,权贵商人、舶商、散商、僧侣商人、蕃商、华侨、船户水手、农民等,尽管经商规模和资产差别甚大,有的权倾政商两界,有的惨淡经营,但宋元社会崇商之风仍为历代之冠。蕃商人数多、地位显赫,是这一时期的特殊现象，他们或者杂处民间，或者聚族而居于同一街区，称为"蕃人巷"。蕃商的宗教信仰和风俗习惯得到尊重，积极"招诱"蕃商的商人还可以被政府委以重任。因此，各种身份、各个阶层的人被广泛地吸引到从商行列中。

一、权贵商人

泉州的权贵商人有三种类型：地方官员、皇族宗亲和蕃商。自留从效统治闽南地区以后，宋代皇族宗室的从商活动得到政策上的保护和鼓励，天禧五年（1021年）八月，枢密院就颁布允许他们置船自由贸易，并可受免差拨的优惠政策。① 南宋以后，宗室弟子，"为懋迁之利，与商贾皂隶为伍"，②"散居民间，出入市井，混杂市民。"③1974年在泉州湾后渚港发掘的宋代海船出土木牌签96件，其中"南家"18件，"南家记号"1件，宗子牌签8件。木牌签中的"南家"可能是泉州居民或南外宗正司官吏尊称南外宗子的徽记；安郡为安定郡王房派的徽记；河郡，入居泉州的赵元份四世孙仲雪封河东郡王，为该房派的徽记；昶郡，商王赵元份五世孙士剸卒后封赠咸安郡王，古船发舶在恭王时，故避恭王显，将咸改为昶；兆郡，南外京兆郡夫人的省称。④

居住在泉州的南外宗子享有朝廷专款俸禄，还直接参与海外贸易，绍兴二十六年（1156年）的一起纠纷可以看出他们甚至借手中之权巧取豪夺。有一蕃商向泉州知州和市舶司投诉南外宗正赵士剸强夺其舰，经三年杳无音讯。新任泉州知州范如圭"皆以法正之。宗官则大沮恨，密为浸泊以去圭，遂从中旨罢。"⑤到绍兴三十一年（1161年），因漳州百姓黄琼船只被夺，到杭州控告福州西外宗正赵士衎，赵士剸才一起被罢官。尽管随后规定"两宗司今后兴贩蕃舶，并有断罪之文。"⑥但禁而不止，嘉定间（1208—1224年），"南外宗子，商于泉者多横"。⑦

元代奉使海外的使臣，为皇室采办番货，自己也从事商业活动。

1953年，吴文良先生发现一方元代奉使波斯使者的墓碑，碑文表明元大德三年（1299年），泉州人奉使火鲁没斯（波斯），哈赞大王特赐七宝货物，呈献朝廷。七宝货物为金、银、琉璃、珊瑚、玛瑙、车碟、玻璃等矿贵之物。

元代权贵商人中回回人十分显赫，蒲寿庚最为典型。蒲家祖辈从阿拉伯或波斯到东南亚经商，尔后一路向东到广州，蒲寿庚的父亲最后抵达泉州并在这个城市开枝散叶，蒲寿庚成为宋元泉州政权交替和控制经济命脉的关键人物。他本人是泉州元代最辉煌时

---

① 李焘：《续资治通鉴长编》卷九七，天禧五年八月戊申。
② 《宋会要辑稿》帝系六之十三。
③ 《宋会要辑稿》帝系六之十二。
④ 傅宗文：《泉州古船：宋季南外宗室海外经商的物证》，《海交史研究》1989年第2期。
⑤ 朱熹：《朱文公文集》卷八九，《直秘阁赠朝义大夫范（如圭）公神道碑》。
⑥ 《宋会要辑稿》系帝二十之三十。
⑦ 何乔远：《闽书》卷一一六，《缙绅·泰宁县·邹应龙传》。

期管理进出口贸易的市舶使,同时又利用家族的财力和自己善于经商的能力,经营家族海外贸易,拥有庞大船队,"致产巨万,家僮数千"。元初朝廷多次派蒲寿庚旧部与亲属奉使海外,可见以蒲寿庚为首的海商集团在朝内与海外都有很大影响。其婿佛莲是侨居泉州的巴林人,也手握船队,据说死后家中有珍珠130石。

二、舶商

舶商是有独立身份的海商,有的自已出资打造船只,有的租用其他船户(船主)的船只。船户收取一定的舶货即"船脚费",作为佣金。

许多史料显示宋元时期舶商人群甚众,苏东坡执政杭州时发现"泉州多有海舶,入高丽往来买卖。"①朝鲜《高丽史》记录到高丽贸易的中国商人中,有名有姓的泉州舶商,从大中祥符八年(1015年)至元祐五年(1090年)有:欧阳征、林仁福、陈文轨、怀贽、陈亿、卢遵、林蔼、林禧、黄文景、林宁、黄慎、傅旋、徐戬、徐成等。中国史料也记录泉州舶商朱纺到三佛齐经商,获利百倍;泉州杨客为海贾十余年,致货二万万;泉州纲首陈应到占城,自贩物货并载乳香、象牙及使人入贡;北宋崇宁元年(1102年)、崇宁四年,李充两次到日本贸易等。

有的出身微贱而成为大海商。王元懋出身"祇役僧寺"随船到占城,在占城十年,归泉州后成为大海商。舶商中有的是世代相袭,如泉州舶商柳悦、黄师舜"世从本州给凭,贾贩高丽"。② 明朝李贽的先人林睦斋从事海外贸易的本钱"承藉前人蓄积之赀,常倈家客航泛海外诸国。"③元朝杭州张存"流寓泉州,起家贩舶",④浙江衢县陈庆甫,在泉州经商成为巨商,捐资修洛阳桥和衢州城垣。

有的舶商因资金不够,借高利贷从事海外贸易。如浙江海盐人陈思恭商于泉州,"尝贷其友石章钱五千缗",从事海外贸易,失利后"负市舶司系狱",其妻庄氏"倾所余偿之"。⑤ 有的合股经营,陈思恭客死海外,其子陈宝生移居太仓,与另一位移居太仓的泉州人孙天富,"约为兄弟,乃共出货泉,谋为海贾外国"。有的委托行钱为代理人出海贸易分利。行钱是高利贷资本的代理人,"凡富人以钱委人,权其子而(取)其半,谓之行钱"。⑥ 淳熙五年(1178年)泉州海商王元懋使行钱吴大作纲首,一去十载,获息数十倍。

舶商出海经商必须得到政府批准,向市舶司领取公凭,按章呈报所载货物的花色品种和数量,开列商人、船主和船上人员名单;注明船只大小和载重量;填写所到国家和地

---

① 苏轼:《东坡全集》卷五六,《乞令高丽僧从泉州归国状》。
② 苏轼:《东坡全集》卷五六,《乞令高丽僧从泉州归国状》。
③ 《学前李氏分支家谱》。
④ 陶宗仪:《辍耕录》卷二三,《圣铁》。
⑤ (弘治)《太仓州志》卷八,《烈女》,转引自《古代刘家港资料集》,南京:南京大学出版社,1995年。
⑥ 王明清:《投辖录》,《玉条脱》。

区;保证不夹带违禁品等。

船员和水手不但是船舶的操作和驾驶者,而且是海上贸易的直接参与者。他们参与经营的方式是在船上专门留给一定的货舱,让他们免费搭载自己的货物。泉州湾宋代海船出土的货签中有"吴兴水记"、"丘碇水记"、"陈小工记"、"张什"、"张绊"、"杨工"、"尤工"、"三九工"等,这是标明货物主人的标签,从中可以知道船上船员和水手的分工。

三、散商、农民经商

散商主要是沿海地区的小土地所有者、小商小贩、农民、渔民、失意的知识分子等,他们财力微薄,共同搭船出海贸易,在船上租一定舱位,从事小本买卖。《萍州可谈》载:"海船大者数百人,小者百余人。……船舶深阔各数十丈,商人分占贮货,人得数尺许,下以贮物,夜卧其上。货多陶器,大小相套,无少隙地。"①散商又称"搭客"、"贴客",他们惨淡经营,能发财致富者不多,有的要借高利贷维持营生。《睽车志》载:"建炎间,泉州有人泛海,值恶风,漂至一岛。其徒数人登岸……穴透得逸走,至海边,值番舶,得还。"②

农民从事商业活动的主要场所是墟市和草市镇。墟市是一种没有固定店铺,由各类商贩聚集设肆店的市场。草市镇是中国封建社会发展到一定阶段的产物,是农民从商的主要场所,农民是草市镇商品的重要提供、销售与购买者。泉州"驿道四通,楼船涨海,农士工商之会,东西南北之人"。③ 有许多农民经商的墟市和草市镇。

宋代福建沿海泉州等地的农民,也参与海上贸易活动。"漳、泉、福、兴,凡滨海之民所造舟船,乃自筹财力,兴贩牟利而已。"④元代弃农贩海的人越来越多,如元人熊禾《上致用院李同知书》所云:"何如弃之去,遂末利百千。矧引贾舶人,入海如登仙。远穷象齿徼,深入骊珠渊。大贝与南琛,错落万斛船"。⑤ 元汪大渊《岛夷志略》载:"昔泉之吴宅,发船梢众百余人,到彼贸易,既毕,死者十八九。间存一二,而多羸弱乏力,驾舟随风回舶。"⑥这些都是弃农贩海的人,他们在艰难的条件下经商,少数人能平安归来。

其实许多商人的身份是多元的,比如陈埭丁姓家族,从其明代家谱来看,他们是南宋末年从外地入泉经商并定居泉州的散商,但也是蕃商。《丁氏族谱》记载:"始祖节斋公,讳谨,字慎思。家世洛阳,因官于苏州而家焉。节斋公自苏贾于闽泉,卜居泉城。"⑦三世祖硕德,"徙居城南二十里许,是为陈江"。四世祖仁庵"植业于城南之陈江,因迁居焉,

---

① 朱彧:《萍州可谈》卷二。
② 张泊:《睽车志》卷四。
③ 郑侠:《西塘集》卷八,《代谢章相公启》。
④ 《宋会要辑稿》刑法二之一三七。
⑤ 熊禾:《勿轩集》卷七。
⑥ 汪大渊:《岛夷志略》,《古里地闷》。
⑦ 泉州历史研究会编:《泉州回族谱牒资料选编·丁氏族谱》(油印本),1980年。

业日以拓,族日以大,子孙至今广被其泽,绵绵无替"。① 但同一家谱的其他记录显示,丁氏家族取"赛典赤·瞻思丁"的最后一个字"丁"作为家族的姓氏,意思是有信仰的人,当时信仰伊斯兰教,明代中期逐渐融合到当地汉人社会中。也就是说,丁氏一世祖丁谨(号"节斋")应该是从阿拉伯地区到泉州经商的穆斯林,取了汉姓汉名,并娶妻生子繁衍后代。家谱出现族源矛盾,可能是元末明初对外政策骤变的原因,导致外国侨民和后裔隐藏身份。但从保留至今的丁氏宗祠、祖墓和族谱,丁氏家族祖先的穆斯林身份以及繁衍发展的脉络十分清晰。

四、蕃商

在宋元两朝的泉州商人群体中,来自世界各地的蕃商不容小觑,具体人数虽无法知晓,但从一些诗句,如"缠头赤足半蕃商,大舶高樯多海宝"的描述可见其人数之众。宋朝对积极招商者委以官职的政策,极大鼓舞蕃商积极性。绍兴六年(1136年),泉州知府连南夫向上奏请,凡各市舶纲首能招诱舶舟,抽解物货,累价及5万贯、10万贯者,补官有差。泉州蕃舶船长蔡景芳,"招诱贩到物货,自建炎元年至绍兴四年,收净利钱九十八万余贯,补承信郎"。阿拉伯蕃商蒲罗辛,"造船一只,般载乳香投泉州,市舶计抽解价钱三十万贯,委是勤劳,理当优异,诏蒲罗辛补承信郎"。② 这两位蕃商都因外贸创收显著而被委以"承信郎"的官职。

蕃商中人数最多的是来自阿拉伯和波斯一带的穆斯林商人,前文介绍过著名蕃商蒲寿庚和其女婿巴林人佛莲是泉州穆斯林商业巨头。伊本·白图泰特别提到的"巨商们来看望我,其中有舍赖奋丁·梯卜雷则。""他是我去印度时曾借钱给我的一位商人,待人甚好。"③他就是元吴鉴《重立清净寺碑》中的舍剌浦丁,碑刻中记述泉州清净寺的管理人员"没塔完里阿哈味不任",没有及时修缮好清净寺建筑,当至正九年(1349年)闽海宪佥赫德尔到泉州视察时,夏不鲁罕丁命舍剌浦丁和哈悌卜2人,带领教徒向闽海宪佥和泉州地方官员起诉"没塔完里阿哈味不任"的不作为。

元朝来泉州经商的阿拉伯商人沙律忽,将其获利在晋江县三十七都东塘头买花园、土地、房屋等,到至元二年(1336年),沙律忽之子麻哈抹将家产卖给另一个回回商人阿老丁。④ 留在史册中的穆斯林商人毕竟是少数,多数淹没在历史中,很庆幸在泉州出土数百方宋元穆斯林墓碑石,是对史料不足的补充。

这些穆斯林也就是意大利传教士安德鲁·佩鲁贾和犹太商人雅各都提到的萨拉森人。除此之外,泉州蕃商中人数较多的还有高丽人、日本人、犹太人、英国人、黑人,还有来自三佛齐、占婆、真腊、印度、法兰克、亚美尼亚等地商人。在前文叙述舶商时提到赴高

---

① 泉州历史研究会编:《泉州回族谱牒资料选编·丁氏族谱》(油印本),《仁庵府君传》。
② 《宋会要辑稿》职官四之九四。
③ 马金鹏译:《伊本·白图泰游记》,银川:宁夏人民出版社,1985年,第551页。
④ 庄为玑:《古刺桐港》,厦门:厦门大学出版社,1989年,第293~295页。

丽的泉州商人数量，占中国商人比例最多，同样，前来泉州的高丽商人也不少，至今在泉州尚有"高丽巷""新罗村"等地名，有可能是来自朝鲜半岛的商人聚居地。日本商人常来泉州贸易，据《诸蕃志》载：倭国"多产杉木、罗木，长至四五丈，径四五尺，土人解为大方板，以巨舰搬运至吾泉贸易。"①

宋代真腊（柬埔寨）商船来泉州贸易有具体数据，②乾道七年（1171年），4艘真腊船来泉州，其中2艘被巡海禁军以疑似毗舍耶"径捕至庭，自以为功"。泉州太守汪大猷亲自"验其物货、什器"，并说："毗舍耶面目如漆，语言不通"，而这些人"服饰俱不类"，确定"仍真腊大商"。命有司"即使尽入来远驿"，按外商礼遇接待。对船上"所贩黄腊，偿以官钱，命牙僧旬日间遣行"。③宋代三佛齐来泉州经商并定居泉州的人很多，泉州市舶司提举林之奇说："三佛齐之海贾，以富豪宅生于泉者，其人以十数。"④

赵汝适的《诸蕃志》也记载宋太平兴国五年（980年）五月，中天竺国僧罗护哆来献香药17000斤，贝多叶梵经一轴。⑤雍熙间（984—987年），印度僧人罗护那到泉州建宝林院。在介绍印度南毗国中，赵汝适说，"其国最远，番舶罕至。时罗巴、智力干父子，其种类也，今居泉之城南"。⑥泉州城南为外国人居住的商业区，罗巴、智力干父子当系商人，所以居住在泉州城南。元至元十八年（1281年），印度马八儿国的泰米尔商人圣班达·贝鲁玛获元廷恩准，在泉州建印度教寺院番佛寺。泉州出土的印度教寺庙建筑构件，印证了这一说法。

泉州蕃商杂处民间，但可能比较集中聚居在城南。祝穆《方舆胜览》描述泉州："土产蕃货，诸蕃有黑白二种，皆居泉州，号蕃人巷。每岁以大舶浮海往来，致象犀、玳瑁、珠玑、玻璃、玛瑙、异香、胡椒之属"。蕃人巷应该与广州的"蕃坊"性质类似，是相对独立的外国侨民聚居区。外国人的宗教和风俗习惯得到宋元泉州的尊重，除了印度商人建的番佛寺、佛教寺院宝林院，还有清净寺六七座，南宋绍兴三十一年（1161年），波斯试那围人在泉州东坂创建穆斯林公墓。

五、僧侣商人

僧侣经商在宋元时期很常见，"和尚、先生、也里可温、答失蛮"，"多夹带俗人过番，买卖影射，避免抽分。"⑦有的是先出家为僧后从商，如王元懋、林昭庆，有的是原为商人后出家为僧，如释文英。王元懋从小在寺院长大，边做杂役，边学习外语。后随商船到占

---

① 赵汝适：《诸蕃志》。
② 洪迈：《夷坚志》卷九，《婆律美女》。
③ 楼钥：《攻媿集》卷八八，《汪公行状》。
④ 林之奇：《拙斋文集》卷一五，《泉州东坂葬番商记》。
⑤ 《宋会要辑稿》蕃夷四之八九。
⑥ 赵汝适：《诸蕃志》卷上，《南毗国》。
⑦ 《元典章》卷二二，《户部八·市舶》；《宋会要辑稿》刑法二之五七。

城,深得国王的宠爱,被招为女婿,在占城经营十年后返回泉州,成为大海商。①

林昭庆,字显之,晋江人,生于天圣五年(1027年),因家境贫困,双亲将他送入漳州开元寺为僧。后结托乡里同好,组成海商集团,航行于福建、广东、山东间,十数年后成为一个富商。皇祐年间(1049—1054年),他将自己的全部财产托于同好,用于赡养双亲,自己又双手空空再度到漳州开元寺为僧,云游各地,成为临济宗名僧。②

释文英,宋泉州人,俗姓苏,"往来商成都,富钜万。留意禅悦,忽若有悟,尽捐赀。移书别妻子,祝发于嘉祐院。……师鸠工庀徒,创建禅宇,凡为屋千楹,阐龙宫藏贝叶,规模恢敞,气象雄特。……且请废寺之产于官,成三百亩,以备香积。"③

宋代的牙行、牙人不仅是舶货交易中从事居间说合的经纪人,而且包括管理市场,约束商人,承担信用担保,经营邸店和舶货买卖等多种职能的特殊商人团体。④ 从事牙行工作的僧人称牙僧。南宋泉州有牙僧,当时真腊商人航海至泉州贸易,官府命"使尽入来远驿,所贩黄腊,偿以官钱,命牙僧旬日间遣行。⑤

六、华侨商人

宋元时期,泉州许多人到海外经商,有的人留居海外,成为华侨商人。宋朝朱彧《萍州可谈》记载:"汉威令于西北,故西北呼中国为汉;唐威令于东南,故蛮夷呼中国为唐。""北人过海外,是岁不还者,谓之住唐。"这些"住番"者应是早期的华侨。有的住蕃者二十年不归国。"访闻入蕃海商,自元祐后,来押贩海船人,时有附带曾经赴试士人及过犯仃替胥吏过海入蕃,或名为住冬,留在彼国,数年不回。有二十年者,娶妻养子,转于近北蕃国,无所不至。""又有远僻白屋士人,多是占户为商,趋利过海,未有法禁。"⑥《岛夷志略》记载:龙牙门"男女兼中国人居之",勾栏山"今唐人与番人丛杂而居之",乌爹"故贩其地者,十去九不还也。"⑦

宋朝安海人李公蕴创建了安南李氏王朝,陈日照创建了安南陈氏王朝。安海李氏一家和陈氏一家,都是贸易于安南的著名华侨海商。⑧

随着华侨商人的增加,势力不断扩大,形成华侨商人集团。元末明初,泉州人朱道山及其亲友陈宝生、孙天富等就是著名的华侨商人集团。朱道山"以宝货往来海上,务有信义,故凡海内外之为商者,皆推焉,以为师。"明朝建立后,"道山首率群商入贡于朝","海

---

① 洪迈:《夷坚三志》卷六,《王元懋巨》。
② 秦观:《淮海集》卷二三,《庆禅师塔铭》。
③ 明河撰:《补续高僧传》卷二三,《文英传》,《高僧传合集》,上海:上海古籍出版社,1991年。
④ 廖大珂:《宋代牙人牙行与海外贸易》,《海交史研究》1990年第2期。
⑤ 楼钥:《攻媿集》卷八八,《敷文阁学士宣奉大夫致仕赠特进汪公行状》。
⑥ 《宋会要辑稿》刑法二之五七。
⑦ 汪大渊著,苏继庼校释:《岛夷志略校释》,北京:中华书局,1981年,第213、248、375页。
⑧ 韩振华:《宋代两位安海人的安南王》,《安海港史研究》,福州:福建教育出版社,1989年。

外闻之,道山入贡之荣有如是者也,至是海舶集于龙河,而远人之来得以望都城而瞻宫阙"。①

泉州市石狮永宁镇永宁村《温陵董氏沙堤分派永宁宗谱》载:"十四世,柳轩,开族吕宋大明街。"据考证这是宋末元初前往菲律宾的泉州华侨商人,也是目前所发现的最早的一位菲律宾华侨商人。②

第二节 泉州商人的经营形态

泉州商人到海外经商,其支付方式主要采取以货易货,有时也支付货币。交易方法有批发兼期货,交易前要先议定价格,价格由官方决定,价未定而私自贸易者要受罚。泉州商人从事海外贸易有多种经营方式,独资、合伙、合股、借贷、委托经营等等。

一、海外贸易的支付方法

以货易货是宋元时期海外贸易的主要形态,赵汝适在《诸蕃志》中对这一易货情形描述很生动:泉州舶商"每抵一聚落,未敢登岸,先驻舟中流,鸣鼓以招之,蛮贾争棹小舟,持吉贝、黄蜡、番布、椰子簟等至贸易。"③听见鸣鼓之声的当地商人,驾着早已装载好地产的船只,争相与泉州商人换取丝绸、瓷器、茶叶、金、银、铁、漆器、酒、米、糖等。中国钱币受到各国人民的欢迎,"得中国钱,分库藏贮,以为镇国之宝。故入蕃者非铜钱不往,而蕃货亦非铜钱不售。"④阇婆(今印尼爪哇岛上)"胡椒萃聚,商舶利倍蓰之获,往往冒禁,潜载铜钱博换"。⑤外国人对铜钱的追捧,一度导致中国铜钱通过泉商海外贸易的发展而严重外流。

泉州海商在海外贸易中也用当地货币进行交易。苏吉丹"民间贸易,用杂白钱凿为币,状如骰子,上镂番官印记,六十四只准货金一两,每只博米三十升,或四十升至百升,其他贸易悉用是,名曰阇婆金"。阇婆国"以铜、银、鍮、锡杂铸为钱,钱六十准金一两,三十二准金半两。"⑥

二、海外贸易的交易方法

宋元时期,泉州舶商同海外国家的交易,遵循各地习惯,主要有批发兼期货、议定价

---

① 王彝:《王常宗集·补遗》,《送朱道山还京序》。
② 李天锡:《泉州华侨华人研究》,北京:中央文献出版社,2006年,第20页。
③ 赵汝适:《诸蕃志》,《三屿》。
④ 《宋会要辑稿》刑法二之一四四。
⑤ 赵汝适:《诸蕃志》卷上,《志国·阇婆国》。
⑥ 赵汝适:《诸蕃志》卷上,《志国·阇婆国》。

格和官定价格等方式。

(一)批发兼期货

泉州商货运至海外港口后,先将货物批发给当地商人,由他们运载至其他岛屿销售。八九个月后,当地商人售完商货再返回结算货款。《诸蕃志》记载了泉州商船到达麻逸国(菲律宾古国之一)的交易情况:"交易之例,蛮贾丛至,随箧篚搬取物货而去,初若不可晓,徐辨认搬货之人,亦无遗失。蛮贾迤以其货转入他岛贸易,率至八九月始归,以其所得准偿舶商,亦有过期不归者。"①这种买卖全凭信用,大多数蛮贾能遵守信用,过期不归者只是少数。《岛夷志略》的记载说明以信用为基础的交易,从宋代持续到了元代:"蛮贾议价领去博易土货,然后准价舶商。守信事终如始,不负约也。"②

(二)议定价格

渤泥国的商品交易则需要买卖双方先议定价格。通常是中国商船抵达海外港口后,在船上击鼓示意,有交易需求的当地商人便携带本地商品驾驶小舟前来,双方先议定价格。《诸蕃志》描述船到渤泥国港口议价情形:"其王与眷属率大人到船问劳,船人用锦藉跳板迎肃,歆以酒醴,用金银器皿禄蓆凉伞等分献有差。…价定,然后鸣鼓以召远近之人,听其贸易。"③议价之后,依然击鼓示意,招呼其他商人前来。这种议定经常由权威人士拍板,有时甚至是国王亲自议定,属于官方议定价格。《诸蕃志》出现多处类似记录:商船到达渤泥国"既泊舟登岩,皆未及博易之事,商贾日以中国饮食献其王,故舟往佛泥,必挟善庖者一二辈与俱。朔望并讲贺礼,几月余,为请其王与大人论定物价"。④

如果价格一时无法敲定,留下一二人当人质,其他人可登岸互市,"如议之价未决,必贾豪自至说谕,餽以绢伞磁器藤笼,仍留一二辈为质,然后登岸互市,交易毕,则返其质,舟停一过三四日,又转而之他。"⑤如果价未定而私贸易者要受到处罚,"俗重商贾,有罪抵死者罚而不杀。"⑥

占城的贸易另有规定,商船抵达占城,先抽税然后交易,税赋大概是20%。"商舶到其国,即差官摺黑皮为策,书白字,抄物数,监盘上岸,十取其二,外听贸易,如有隐瞒,籍没入官。"⑦如有避税或者隐瞒,则被当地官方收缴货物。

---

① 赵汝适:《诸蕃志》卷上,《志国·麻逸国》。
② 汪大渊:《岛夷志略》卷上,《志国·麻逸国》。
③ 赵汝适:《诸蕃志》卷上,《志国·渤泥国》。
④ 赵汝适:《诸蕃志》卷上,《渤泥国》。
⑤ 赵汝适:《诸蕃志》卷上,《三屿》。
⑥ 赵汝适:《诸蕃志》卷上,《渤泥国》。
⑦ 赵汝适:《诸蕃志》卷上,《占城国》。

三、泉州海商的经营形态

(一)独资经营

独资经营者大多是地方上的富豪,有足够财力独资打造船只,购置货物。有的船主自己率雇员出海,有的船主委托"家客""干人""行钱"为商业代理出海贸易。宋代一名叫李充的泉州商人拥有自己的船只,一次运载象眼40匹、生绢10匹、绫20匹、瓷碗200床、瓷碟100床等货物,前往日本贸易。这组如此具体的数字,来自于保存在日本大宰府的一张泉州商人李充出国凭证——"公凭"。

前文提到的僧侣商人王元懋,从占城返回泉州后,自己不出海,而是委托商业代理"行钱"。有一次请吴大作为船长率船出洋贸易,获息数十倍。

(二)合伙、合股经营

合伙或者合股经营者一般出现在中小商人群体中,多为若干人合本造船,到沿海各港口或者海外进行贸易。合股经营是一种较合伙经营更为密切的商业资本的联合,其利润分配是根据各人占有的股份数额来确定的。《夷坚志》载:"泉州商客七人:曰陈、曰刘、曰吴、曰张、曰李、曰余、曰蔡,绍熙元年六月,同乘一舟浮海。"[1]晋江人林昭庆,乡里数人相结为贾,共同出资,往来海上数十年,成为富商。

合股经营者如果彼此守信用,可以发展成长期合作。泉州两个商人孙天富、陈宝生是长期合股经营的典范,他们"约为兄弟,乃共出货泉,谋为海贾外。天富曰:尔母一子惟尔,吾不忍尔远尔母,涉海往异域,吾其代子行哉。宝生曰:吾母即若母也,吾即远吾母,惟君以为母,吾行又何忧焉?于是两人相让,乃更相去留,或稍相辅以往。至十年,百货既集,犹不稽其子本,两人亦彼此不私有一钱。其所涉异国,自高句丽外,若阇婆、罗斛与凡东西诸夷,去中国无虑数十万里"。[2] 虽然合股经营是宋元时期常见的商业合作方式,但像孙天富、陈宝生两人互相扶持,约为兄弟,彼此不私自多占一钱,维持数十年的合股经营,在宋代应该不算多见,所以这两人被视为"义士",被撰文赞颂。

(三)借高利贷经营

为筹集资本借高利贷是一部分中小海商经商贸易的方式。朱彧《萍州可谈》云:"广人举债总一倍,约舶过回偿,住番虽十年,其息亦不增。富人乘时蓄缯绵、陶器,加其重,与求债者计息。何啻倍蓰。广州官司受理有利,债务亦市舶使专敕,俾其流通也。"[3]由此可见,宋代高利贷利息为100%,但是"住番虽十年,其息亦不增",借贷时间长,便于海

---

[1] 洪迈:《夷坚三志》巳卷二,《余观音》
[2] 王彝:《王常宗集·续补遗》,《泉州两义士传》。
[3] 朱彧:《萍州可谈》卷二。

商经营。但是富人乘时蓄增缯绵、陶瓷,折价赊给海商。海商归来后,必须以原货物的双倍价钱归还债主。当借贷发生事故时,市舶司"专敕"处理,以保护双方的合法权益,促使借贷流通。

元代市舶司仍然负责处理海商借贷事务。泉州海商陈思恭,尝代其友石章钱五千缗,思恭客死海外,"至是负市舶司系狱"。其妻庄氏"倾所余偿之,人无不义其所行者"。

(四)委托经营

多数人自己不到海外经商,而是"以钱附搭其船,转相结托,以买番货而归,少或十贯,多或百贯,常获数倍之货。"①这些人把自己平日省吃俭用积蓄的钱,交付船上人员,到海外购买番货,再将番货出卖,从中获得利润。

(五)"以舱代薪"经营

船员和水手被雇出海期间,通过"以舱代薪"直接参与商贸活动。船主在船上划出一定的舱位,以装载船员、水手的货物,用买卖所得的盈利替代雇佣金。宋朝对市舶司税收有规定:"海南、占城、西平、泉、广州船,不分纲首、杂事、梢工、贴客、水手,例以一十分抽一分。"②也就是说船员水手等运载的货物,和其他身份的人一样,按十抽一分,即抽取10%的货物抵税。泉州湾宋代海船出土的木质牌签中,有写着"吴兴水记""丘碇水记""陈小工记""张什""张绊""杨工""尤工""三九工"等的货签,这些是船员、水手贩运货物的标签。"以舱代薪"制将商人、船主、水手的利益紧密联系在一起。

(六)其他

宋元时期中国铜钱获外国人喜爱,"得中国钱,分库藏贮,以为镇国之宝。故入蕃者,非铜钱不往,而蓄货亦非铜钱不售。"③由于国外铜钱需求量很大,许多官员走私铜钱出口。"利源孔厚,趋者日众。今则沿海郡县寄居,不论大小,凡有势力者皆为之。官司不敢谁何,且为防护出境。铜钱日寡,弊或由此。"④海商也参加铜钱走私,"贩海之商,无非豪富之氏,江、淮、闽、浙,处处有之"。⑤南宋时"福建之钱,聚而泄于泉之番舶,广东之钱,聚而泄于广之番舶"。⑥可见当时有许多泉州海商走私铜钱。

宋朝严禁铜钱等出口,规定"钱出中国界及一贯文,罪处死",还立下重赏,鼓励告发

---

① 包恢:《敝帚稿略》卷一,《禁铜钱申省状》。
② 罗濬:《宝庆四明志》卷六,《市舶》。
③ 《宋会要辑稿》刑法二之一四四。
④ 《宋会要辑稿》刑法二之一四四。
⑤ 包恢:《敝帚稿略》卷一,《禁铜钱申有状》。
⑥ 张方平:《乐全集》卷二六,《论钱禁法事》。

走私者。① 海船"往来兴贩,夹带铜钱五百文随行,离岸五里,便依出界法。"②虽然对走私重罚,但由于铜钱在海外需求量大,许多商人还是铤而走险。

第三节 海外贸易和商人的管理制度

宋元时期,政府对商人有一套管理制度,对坐商通过市场管理,对海商则由市舶司加以管理。市舶司的主要职责是对海舶检查、缉查走私、办理海舶出海和返航手续,抽取税收,收购和出售进出口货物,管理和接待外国来华使节和商人。

一、市舶司的主要职责是对海商的管理

元祐二年(1087年),泉州市舶司设置后,由福建转运使、提举茶事等兼管,也有由知州兼任市舶提举。市舶司的官员:提举市舶,市舶司的长官,初由转运使兼,后朝廷派员专任。从南安九日山祈风石刻的文字记录判断,市舶司官吏还有提舶寺丞、提举集事、舶幕、权舶干、监舶等。元朝市舶司设提举二员,从五品;同提举二员,从六品;副提举二员,从七品;知事一员。吏员设置承袭宋代。

宋元时期,市舶司的职责是"掌蕃货海舶征榷贸易之事,以来远之,通远物。"③主要是对海商的管理,包括对船舶、进出口货物,外商和对权贵官吏从事海外贸易的管理,以及对海商贸易的规定等。

(一)出入港船舶的管理

宋代凡经营海外贸易的商船,必须在指定的港口发舶,如违制犯法,船货要没收入官。当时只有市舶司所在的港口才能发舶,如往东南亚、印度、阿拉伯等地经商的船舶,须到广州发舶;往朝鲜、日本的船舶,须到宁波发舶。泉州未设立市舶司之前,商船同样须到广州或宁波发舶,否则便是违制犯法,船货将被没收入官。

海商出海前要向市舶司领取"公凭",即出洋凭证。规定按章呈报出口货物的花色品种和数量,开列商人、船主和船上人员的名单,注明船只大小和载重量,填写要到国家和地区,还要有本地殷实户3人作保,保证不夹带违禁品、兵器或可制造军用品的物资,保证不将货物运载至所禁国。经市舶司批准,才给公凭。如不申请公凭而擅行,许人告捕,给船物半价充赏,在船要受处分。规定商人不得妄称奉使名目、妄作表章,妄有称呼。货物应抽买,若私自交易,应受处分等。前文提到的宋崇宁四年(1105年)往日本贸易的李充公凭,就是市舶司制度下的出海凭证,当时泉州商人李充宁波办理手续,由两浙路市舶

---

① 包恢:《敝帚稿略》卷一,《禁铜钱申省状》。
② 《庆元条法事类》卷二九,《铜钱金银出界》。
③ 《宋史》卷一六七,《职官志》。

司发给公凭,然后航抵日本进行贸易。此公凭收录于日本《朝野群载》卷二十《大宰府·大宋国客事》。

(二)进出口货物的管理

船舶出港前,市舶司官员会同转运司官员上船检查,按公凭开列的货物品种、数量进行核对,验明没有夹带违禁品,方准启航。放行时要派员随船出港,防止出港时舞弊。复检官要目视船舶离港后,方准回归。

回航必须回原来发舶的港口,泊于市舶亭下,由巡检司派兵监视,谓之"编栏",防止货物未经征税而自行交易。然后由市舶司官员会同地方行政官员和转运司官员上船检验,谓之"阅货",防止货物走私。

元朝市舶司对船舶的管理,据《通制条格》记载:凡本国船舶到海外贸易,事先向所在地市舶司申请,然后市舶司发给公凭、公验。"公验"是发给大商舶的证明文书,"公凭"是发给本船自带的柴水小船的证明文书,即"大船请公验,柴水小船请公凭"。公验为"开具本船财主某人、纲首某人、直库某人、梢工某人、杂(事)等某人、部领等某人、碇手某人、人伴某人,船只为胜若干、樯高若干、船身长若干"。① 写明所往地方,拟买货物。自海外回航时,要回原发舶港市舶司接受检查、抽分,然后才允许自由贸易。

摩洛哥旅行家伊本·白图泰对元朝海船的管理记载云:"中国的律例是一只艟克如要出海,船舶管理率其录事登船,将同船出发的弓箭手、仆役和水手一一登记,才准拨锚出发。该船归来时,他们再行上船,根据原登记名册查对人数,如有不符,唯船主是问,船主对此必须提出证据,以证明其死亡或潜逃等事,否则予以法办。核对完毕,由船主将船上大小货物据实申报以后才许下船。官吏对所申报货物巡视检查,如发现隐藏不报者,全艟克所载货物一概充公。"②伊本·白图泰所记载的与元朝《通制条格》是一致的。

(三)对外商的管理

宋朝重视海外贸易,鼓励外商来华贸易,指派市舶司、使臣到海外"招诱"蕃商来华贸易。宋太宗雍熙四年(987年)五月"遣内侍八人,赍敕书、金帛、分四纲,各往海南诸蕃国勾招进奉,博买香药、犀、牙、真珠、龙脑。每纲赍空名诏书三道,于所至处赐之"。③ 政和五年(1115年),福建市舶司"出给公据,付刘著收执,前去罗斛、占城国说谕诏纳,许令将宝货前来投进"。④

元朝继续积极招徕外商。至元十五年(1278年)元世祖向海外宣布:"诚能来朝,朕将宠礼之,其往来互市各从所欲。"⑤遣使分赴海外各国招谕入贡。根据延祐元年(1314

---

① 《通制条格》卷一八,《市舶》。
② 《伊本·白图泰游记》,马金鹏译,银川:宁夏人民出版社,1985年,第549页。
③ 《宋会要辑稿》职官四四之二。
④ 《宋会要辑稿》职官四四之十。
⑤ 《元史》卷一〇,《世祖本纪》。

年)修订的《市舶法则》对贡使规定:"番国遣使赍擎礼物赴阙朝见,仰具所赍物色报本处市舶司,秤盘检验,别无夹带,开申行省移咨都省。如隐藏不报,或夹带他人物货,不与抽分者,并以漏舶论罪断没,仍于没官物内壹半付告人充赏。""番人回还本国,亦于所在番船公验内附写将去物货,不许夹带违法之物。"①

市舶司负责接待贡使,由市舶司收受表文,安排到来远驿驻扎。政和五年(1115年)"于泉州置来远驿与应用家事什物等,并定犒设馈送则例,及以置使臣一员,监市舶务门,兼充接引干当来远驿。"市舶司"录国号、人数、姓名、年甲、及所赍之物名数申尚书、礼部、鸿胪寺,若为初入贡者,仍询问勘其国远近、大小、强弱、与已入贡何国为比",上奏朝廷。②

市舶司"每年于遣发蕃舶之际,宴设诸国蕃国,以示朝廷招徕远人之意"。③ 绍兴十四年(1144年),泉州市舶司依照广州市舶司体例,每年于遣发蕃商之际,"支破官钱三百贯文,排办筵宴"。市舶司官员,地方官员,蕃汉纲首、作头、梢工等参加,体现朝廷对海外贸易的重视。

宋元时期,市舶司对外负有管理和监督之责,蕃商犯法,市舶司参与审判和定罪,外商对审判如不服,市舶司有受理申诉之责。蕃商在华死亡,市舶司代为保管财产,并按法律处理。政和四年(1144年)五月十八日诏:"诸国蕃客,到中国居住已经五世,其财产依海行无合承分人,及不经遗属者,并依户绝法,其财产按户绝法仍入市舶司拘管。"④侨居的蕃客,欲往他处贸易,需经市舶司批准,发给公凭,方可成行。

二、市舶司对商人的征榷

征榷包括抽解、禁榷、博买,这是市舶司的主要职责。

(一)抽解

抽解即征收关税,因为征收实物税,以十分率进行抽解,又叫抽分。

宋开宝四年(971年)设立的广州市舶司,最初没有对商舶实行抽解,到淳化二年(991年)才开始实行抽解。各个时期抽解的数量不同:淳化二年"抽解二分"之制,到宋仁宗时,"海外舶䑸岁至,犀珠、玳瑁诸奇香,官取十一"。⑤ 元丰三年(1080年),宋朝廷制定了《市舶法》,将舶货分为粗细两种,"其抽解将细色直钱之物,依法十分抽解一分,其余粗色并以十五分抽解一分。"⑥南宋绍兴十四年(1144年),"一时措置抽解四分,"以市舶

---

① 《通制条格》卷一八,《市舶》。
② 《庆元条法事类》卷七八,《蛮夷门》。
③ 《宋会要辑稿》职官四四之二四。
④ 《宋史》卷一八六,《食货下》。
⑤ 《文献通考》卷二〇,《籴考一市舶互市》。
⑥ 《宋会要辑稿》职官四四之一九。

司言,蕃商投诉抽解太重,绍兴十七年十一月四日诏:"三路市舶司今后蕃商贩到龙脑、沉香、丁香、白豆蔻四色,并依旧抽解一分,余数依旧施行。"① 后又实行犀角、象齿十分抽二,珠十分抽一,船户惧抽买数多,止贩粗色杂货。所以隆兴二年(1164年)又恢复十分抽一之制。

元朝实行"单抽"与"双抽"。"双抽者番货也,单抽者土货也。"② 至元二十年(1283年)定市舶抽分例,"舶货精者取十之一,粗者十之五"。③ 至元二十九年(1292年)十一月,规定:"凡商旅贩泉、福等处已抽之物,于本省有市舶司之地卖者,细色于二十五分之中取一,粗色于三十分中取一,免其输税,其就市舶司买者,止于卖处收税,而不再抽。"④ 至元三十年规定,泉州物货三十取一,余皆十五取一,以泉州为定制。

(二) 禁榷

禁榷是由国家垄断,专买专卖。太平兴国初年(976年)京师设立榷易院,规定所有舶货都属禁榷之列,不准自由买卖。后来朝廷政策有所放宽,太平兴国七年(982年)规定,除珠贝、玳瑁、牙犀、镔铁、珊瑚、玛瑙、乳香8种为禁榷物,放通行药物37种。后又增加工业原料紫矿和瑜石共10种为禁榷物。到了南宋,可制作兵器的材料牛皮、筋角也列为禁榷物。禁榷物主要是统治阶级所需的奢侈品和民间畅销利润很高的香药和工业原料、军用物资等。宋朝对私贩禁榷物的处分非常严厉。

元朝取消进口商品禁榷制度,实行更加开放的政策,鼓励外商来华贸易。但元朝还是严禁出口一些货物,至元三十年《市舶则法》规定,金银、铜钱与铁货、男子、妇女人口"并不许下海私贩诸番物"。大德七年(1303年)又指出,金银、人口、弓箭、军器、马匹"累奉圣旨禁约,不许私贩诸番"。⑤

(三) 博买

博买,又叫和买、官市,除政府禁榷物品外,对一些获利较大的商品,由朝廷收购,然后才准许舶商买卖。

北宋初年,从海外贩来的商品,不论粗细,均由市舶司全部征购,不准海商私自出售。淳化二年(991年)规定:"除禁榷货外,他货择良者,止市其半,如市价给之,粗恶者恣其卖,勿禁。"⑥

和买,起初在支付上是"如市价给之",但到北宋后期,和买成了官府盘剥商人的重要

---

① 《宋会要辑稿》职官四四之二五。
② 《元史》卷九四,《食货志·市舶》。
③ 《元史》卷一二,《世祖本纪》。
④ 《元史》卷九四,《食货志·市舶》。
⑤ 《元典章》卷五七,《刑部》;卷一九《诸禁·杂禁·禁下番人口等物》。
⑥ 《宋会要辑稿》职官四四之二五。

手段,"凡官市价微,又准他货与之,多折阅,故商人病之"。① 南宋时,和买更加苛刻,官吏借和买之名进行敲诈勒索,"名曰和买,实不给一钱。"②

商人对和买也采取了逃避的办法,"象牙稍大者,必截为三十斤以下,规免官市"。元朝取消和买制度,货物经抽分后,准许自由贸易。

三、缉查商人等走私

宋朝严禁铜钱、铜器、熟铁、战马、书籍出口,但仍通过走私流出海外。铜钱主要向日本、南洋及至非洲泄漏,"福建之钱,聚而泄于泉之蕃舶,广东之钱,聚而泄广之蕃舶"。③ 参加走有"沿海郡县寄居,不论大小,凡有势力者则皆为之。官司不敢谁何,且为防护出境。铜钱日寡,弊或由此"。④ 除官员外,海商、水军也参与走私铜钱,"贩海之商,无非豪富之民,江、淮、闽、浙,处处有之","海上人户之中下者",也"转相给托,以买番货而归,少或十贯,多或百贯,常获数倍之货"。⑤

市舶司对铜钱出口的检查十分严格,在船舶离港前要进行多次检查,规定:"钱出中国界及一贯文,罪处死,"还"重立赏格,使人告捕。"⑥

元朝禁止行省官员、行泉府司及市舶司官员强迫商人揹带银钱下番贸易。不许回舶时将贵重物品贱价折算,牟取暴利,违者重治罪,并没收其钱物。凡因公出国的使臣,允许贩易番货回国,但须向市舶司抽分纳税,不得隐匿,违者以漏舶论处。

四、市舶司对商人和市舶司官员的奖惩

在前文介绍蕃商时已说明宋朝政府推出对积极"招诱"番商的商人委以官职的举措,是市舶司对商人的奖励,对"招诱"番商成绩卓著的市舶司官员同样可获晋升官职的奖励。闽广市舶官员,"抽买乳得每及一百万两一官,又招商入蕃兴贩,舟还在,罢任后,亦以此推赏。⑦ 政和五年(1115年),泉州市舶司提举施述因招诱抽买宝货增羡而转升一官。宜和元年(1119年),泉州市舶干办公事赵真有政绩,与提舶蔡格各转一官,令再任。

对挟权营私,勒索蕃商的市舶官员,或处之"放罢",或降官。嘉泰三年(1203年),福建市舶提举曹格,"移易乳香",被放罢。绍兴二十五年(1155年),郑震"为福私买市舶货物,论附贪冒,放罢"。淳熙十三年(1186年)潘冠英"以发纳犀角、象牙多短小,不堪应

---

① 朱彧:《萍州可谈》卷二。
② 真德秀:《西山先生真文忠公文集》卷三,《提举赵公墓志铭》。
③ 张方平:《乐全集》卷二六,《论钱禁铜法事》。
④ 《宋会要辑稿》刑法二之一四四。
⑤ 包恢:《敝帚稿略》卷一,《禁铜钱申省状》。
⑥ 包恢:《敝帚稿略》卷一,《禁铜钱申省状》。
⑦ 《宋史》卷一八五,《食货下》。

用,诏降一官"。淳熙十四年,诸按其苛敛殊求,诱致无术,蕃商海舶畏避不来,放罢。嘉定六年(1213年),赵不煺"多抽蕃舶,抄籍诬告",降两官放罢。

元朝《市舶抽分则例》对市舶官员的奖惩有明确条文:对明知故犯,纵容商船不往原发舶港抽解的市舶官员,决杖五十七下,并撤销其职务,舶商夹带违禁品出入港口,市舶官员不认真检查渎职者,决杖八十七下,撤销现任职务,降二等使用,受贿容纵者,以枉法罪论。

第四节　泉州商人的市场网络

宋元时期,泉州商人的市场从国内到海外均有广阔的网络。宋代赵彦卫《云麓漫钞》记载有31个国家和地区的船舶常到往,赵汝适的《诸蕃志》记载与泉州通商的国家和地区达58个,元朝汪大渊《岛夷志略》记载已达98个。泉州出口商品有丝纺织品、瓷器、茶叶、漆器、金银器皿、建本文字等,以丝纺织品、瓷器为大宗,进口商品以香料珠宝为大宗。

一、国外市场网络

(一)高丽、日本

福建与朝鲜有悠久的友好往来和通商贸易的历史。宋朝与高丽交通的主要港口是明州,福建许多商人取道明州到高丽贸易,也有许多泉州商人直航高丽。泉州商人的活跃情形甚至引起时任杭州知府的苏轼关注:"窃闻泉州多有海舶入高丽,往来买卖。"① 高丽对中国商人到来热情欢迎,"中国贾人之至境,遣官迎劳",安置于专门的宾馆。对他们的货物,"计所值以方物数倍偿之。"② 高丽王城"有华人数百,多闽人因贾舶至者,密试其所能,诱以禄仕,或强留之终身"。③ 福建商人趋之若鹜,成群结队到高丽贸易,其中有许多泉州商人。

泉州到高丽贸易的商人约在千人以上,最多一次达150人以上。④ 泉州商人运往高丽的货物主要有:绫绢、锦罗、白绢、金银器、礼服、瓷器、药材、茶酒、书籍、乐器、蜡烛、钱币、孔雀、鹦鹉等。带回来的货物有:金、银、铜、人参、茯苓、毛皮、黄漆、硫磺、白纸、扇子等。高丽的白折扇"藏于怀袖之间,其用甚便"。

宋代泉州海商不仅与高丽进行经济贸易,还注意发展与当地政府的关系,在宋朝与高丽的政治、经济、文化交流中起了积极作用。熙宁元年(1068年),宋朝遣泉州海商黄

---

① 苏轼:《东坡全集》卷五六,《乞令高丽僧从泉州归国状》。
② 徐兢:《宣和奉使高丽图经》卷六,《宫殿二,长龄殿》。
③ 《宋史》卷四八七,《高丽传》。
④ 陈高华:《北宋时期前往高丽贸易的泉州舶商》,《海交史研究》1980年第2期。

慎,赴高丽转达神宗与高丽的交流意图。熙宁三年,宋朝再遣黄慎出使高丽,得到高丽王朝的积极回应。熙宁四年,高丽遣使到宋朝,从而开创了宋朝与高丽之间的外交往来的新局面。熙宁二年,泉州商人傅旋"至彼国述朝廷之意。"南宋建炎元年(1127年),两浙安抚使叶梦得委托泉州大商柳悦、黄师舜到高丽经商时,打听金朝动静。高丽王朝通过宋朝商人延请宋朝文人、工匠、医师等到高丽供职和传艺,泉州商人在沟通高丽与宋朝文化交流中发挥积极作用。

熙宁八宁,泉州商人傅旋持高丽礼宾省帖乞借乐艺人等。元祐二年(1087年),泉州海商徐戬"先受高丽钱物,于杭州雕造夹注《华严经》,费用浩汗,印板既成,公然于海舶载去交纳。"①元祐四年徐戬载高丽僧统义天手下侍者寿介、继常,颖流、院子金保、裴善5人,携带义天祭文祭奠在杭州去世的泉州籍僧人净源。

有的泉州商人在高丽为官,如泉州人刘载,随商舶到高丽,官至尚书右仆射。泉州海商欧阳征被封为左右拾遗(谏官),萧宗明被封为权知阁门祇侯等。

元朝,泉州商人仍到高丽经商,孙天富、陈宝生长期从事海外贸易,"其所涉异国,自高勾骊外,若阁婆、罗斛,与凡东西诸夷,去中国无虑数十万里。"②自印度马八儿国王子孛哈里定居泉州后,高丽以蔡氏赠孛哈里,福建与高丽往来又趋频繁,"高丽王遣周侍郎浮海来商,"福建海商亦至高丽贸易。③

宋朝,中日两国商人友好往来,促进了经济的发展。像李充那般专营日本生意的泉州商人应该有许多。日本僧人成寻在熙宁五年(1072年)乘中国商船入宋,先后朝拜五台山、天台山和其他名山圣迹,圆寂于开宝寺。撰《参天台五台山记》,记录他在中国的活动,有很高的史料价值。在《参天台五台山记》中记载,成寻乘中国商船来华,船头三人,一为泉州人。

元朝与日本的贸易有两种形式,一是天龙寺船贸易,一种是民间私人贸易。泉州与日本继续民间贸易。泉州商人带到日本的货物主要有:锦、绫、绢、瓷器、香药、文具、书籍、茶叶等。从日本带回沙金、硫磺、水银、药材、工艺品,如折扇、屏风、铜器、刀剑等。

(二)东南亚各国

宋朝,许多福建商人到交趾(今越南北部、中部),受到欢迎,"闽人附海舶往者,必厚遇之,因命之官,咨以决事,"④许多人被委以官。宋晋江安海人李公蕴、陈日照,都是贸易于安南的著名海商,后做了越南官,最后登上王位,李公蕴创建了安南李氏王朝,陈日照创建了安南陈氏王朝。⑤ 占城(今越南中部)是中国与海外国家贸易的中转基地,泉州商人到占城的很多。北宋时,泉州商人邵保,先至占城贸易,庆历三年(1043年),"以私

---

① 苏轼:《东坡全集》卷五六,《论高丽进奉状》。
② 王彝:《王常宗集·续补遗》,《泉州两义士传》。
③ 廖大珂:《福建海外交通史》,福州:福建人民出版社,2002年,第98页。
④ 范成大:《桂海虞衡志》。
⑤ 韩振华:《宋代两位安海人的安南王》,《安海港史研究》,福州:福建教育出版社,1989年。

财募人之占城。"①南宋泉州纲首陈应等,到占城贩货物并载乳香、象牙及使人入贡。②纲首吴兵载占城进奉物到泉州。③

福建商人运去脑麝、檀香、草席、凉伞、绢扇、漆器、瓷器、酒、糖、色布、铅、锡、金银首饰等,交换占城出产的象牙、香料、黄腊、乌满木、白藤、吉贝、花布、丝绫布、孔雀、犀角、红鹦鹉等。有的泉州商人寓居占城,与当地妇女结婚,如王元懋深得占城王的宠爱,嫁以王女,在占城十年,后归泉州,成为大海商。《岛夷志略》载:元代福建商人到占城,当地妇女登船,与船人为偶,到船要离开时,则垂泪而别。明年船至,则偶合如故。如有遭难流落其地,妇女推旧情,以饮食衣服供其身,要返回时,送他一批财物。

"真腊接占城之南,东至海,西至蒲甘,南至加罗希,自泉州航行顺风月余日可到。"宋朝政和中有真腊船到泉州贸易。乾道七年(1171年),有四艘真腊船到泉州。④元朝,泉州与真腊仍有贸易往来,据周达观《真腊风土记》记载,泉州的青瓷器销往真腊。真腊地产黄腊、犀角、孔雀、沉速香、苏木、木枫子、翠羽、冠于各番。福建商人用金、银、黄红烧珠、龙段、建宁锦、丝布等与之交易。

北宋,暹罗派使臣到中国,与宋朝建立友好关系。政和五年(1115年),宋朝在泉州市舶司恢复后,派刘著等人,"前去罗斛、占城国,说谕招纳,许令将宝货前来投进。"⑤罗斛的船常到泉州贸易。⑥福建海商用青器、花印布、金、锡、海南槟榔等,交换罗斛出产的苏木、花锡、大风子、象牙、翠羽、犀角、罗斛香、黄腊等。

缅甸宋代称蒲甘。宋代蒲甘的商船来到泉州,运来金颜香等货物进行交易。元朝时,泉州商人运去金、银、五色缎、白丝、丁香、青白瓷器等,换取大米、黄腊、木棉、细布匹等货物。⑦

宋元时期,泉州与马来半岛诸国有贸易往来,《诸蕃志》《岛夷志略》均有记载。宋朝,从泉州到三佛齐贸易,先至凌牙门销售三分之一货物,再往三佛齐。⑧ 三佛齐是宋代东南亚强国,地处南海之中,诸蕃水道之要冲,来自中国、东南亚、印度、阿拉伯、东非的商品,多运到三佛齐集散中转。三佛齐与泉州商贸易往来频繁,据莆田《祥应庙记》碑载:南宋初,"泉州纲首朱舫,舟往三佛齐国,亦请神之香火而虔奉之,舟行迅速,无有险阻,往还曾不期年,获利百倍。"《夷坚志》记载泉州僧本称表兄为海贾,往三佛齐贸易的海上历险经历。⑨ 三佛齐土产有瑇瑁、脑子、沉速暂香、粗熟香、降真香、丁香、檀香、荳蔻、外有真珠、乳香、蔷薇水、栀子花、腽肭脐、没药、芦荟、阿魏、木香、苏合油、象牙、珊瑚树、猫儿眼、

---

① 司马光:《涑水纪闻》卷一三。
② 《宋会要辑稿》蕃夷七之五〇。
③ 《宋会要辑稿》蕃夷七之五〇。
④ 楼钥:《攻媿集》卷八八,《汪公行状》。
⑤ 《宋会要辑稿》职官四四之一〇。
⑥ 赵彦卫:《云麓漫钞》卷五,《福建市舶司常到诸国舶船》。
⑦ 汪大渊:《岛夷志略》,《乌爹》。
⑧ 赵汝适:《诸蕃志》卷上,《三佛齐国》。
⑨ 洪迈:《夷坚甲志》卷七,《岛上妇人》。

琥珀、蕃布、番剑等,皆大食诸蕃所产,萃于本国,用金、银、瓷器、锦绫、缬绢、糖、铁、酒、米、乾良薑、大黄、樟脑等物博易。

宋代,泉州是阇婆商舶住泊的主要港口之一。阇婆为了促进对宋贸易,对前来贸易的宋商,"馆之宾舍,饮食丰洁",福建商人接踵而至。元朝时,许多泉州人流寓东南亚各国。周致中《异域志》载:"泉州与爪哇之杜板间,每月有定期船舶通往,流寓其地之粤人及漳泉人为众极繁。"

宋代泉州与渤泥(今文莱)关系密切,元丰五年(1082年)二月,渤泥王锡理麻诺"遣使贡方物,其使乞从泉州乘海舶归国,从之。"① 可见,当时泉州商人到渤泥贸易。元朝时,泉州商人到渤泥的很多,受到当地人民的尊敬。汪大渊在渤泥,见到当地人民"尤敬爱唐人,醉也则扶之以归歇处。"②

元朝,泉州与古里地闷(今帝汶岛)之间经常有贸易往来。其国檀树为最盛,以银、铁、碗、西洋丝布、色绢之属与之贸易。泉州吴宅有许多人到古里地闷贸易,"昔泉之吴宅,发舶梢众百有余人,到彼贸易,既毕,死者十八九,间存一二,而且多羸弱乏力,驾舟随风回舶。"③

宋朝,泉州商船从泉州启航,至渤泥,然后再北上往麻逸贸易。交易时,"蛮贾丛至,随篓篛搬取物货而去,初若不可晓,徐辨认搬货之人,亦无遗失。蛮贾迺以其货转入他岛屿贸易,率至八九月始归,以其所得准偿舶商。"④ 采取先将货物批发当地商人到各地销售,售完后再结账的贸易方式。元朝,开辟了泉州—澎湖—琉球(台湾)—麻逸的新航线,双方交通往来更加方便,贸易日益兴盛。麻逸土产黄腊、吉贝、真珠、瑇瑁、药槟榔、于达布,泉州等地商人用瓷器、货金、铁鼎、乌铅、五色琉璃珠、铁针等博易。

(三)南亚

天竺国在印度北部,宋元时期,与泉州有贸易往来。雍熙间(984—987年)天竺僧罗护那航抵泉州,在泉州城南买地建宝林院。元朝,汪大渊从泉州漂海至天竺国。地产沙金、骏马,用银、青白花器、斗锡、酒、色印布交易。

南毗。12—13世纪,南毗国力强盛,商业发达,是东西方海上贸易中心。泉舶从泉州启航40余日到兰里住冬,至次年再发,一月始达南毗。土产真珠、诸色番布、兜罗绵,用荷池缬绢、瓷器、樟脑、大黄、黄连、丁香、脑子、檀香、豆蔻、沉香为货博易。南毗元朝称马八儿国,"自泉州至其国约十万里。"泉州与马八儿国贸易往来频繁,泉州烧制的瓷器、丝绸大量运往印度。至元十八年(1281年)马八儿国的泰米尔商人在泉州建印度教寺院—番佛寺。

细兰即锡兰,唐朝称师子国,宋朝称细兰,元朝称僧加剌。盛产猫儿眼、红宝石、红玻

---

① 《宋史》卷四八九,《渤泥传》。
② 汪大渊:《岛夷志略》,《渤泥》。
③ 汪大渊:《岛夷志略》,《古里地闷》。
④ 赵汝适:《诸蕃志》卷上,《麻逸国》。

璃、脑子、青红珠宝、珊瑚、白豆蔻、木兰皮、粗细香，与泉州有贸易往来，用檀香、丁香、脑子、金银瓷器、丝帛等交易。

(四)西亚非州

古称大食的阿拉伯国家与泉州交往十分密切，"自泉发舶四十余日，至兰里博易住冬，次年再发，顺风六十余日方至其国"。大食商人蒲罗辛运载乳香到泉州，抽解值30万缗，补承信郎。大食商人施那帏在泉州建穆斯林公墓。宋元时期，泉州商人到阿拉伯贸易。元初泉州海外交通没有中断，海外贸易继续进行，蒲寿庚海商集团在海外有很大的影响，元廷派泉州人为主体的使团到海外招商。也有泉州人奉使忽鲁谟斯。

宋元时期，泉州与非洲有商贸往来。《诸蕃志》记载的非洲国家和地区有层拨国、弼琶罗国、中理国、勿斯里国、木兰皮国、遏根陀国、默伽猎国等。主要出产象牙、龙涎、犀角、黄檀香、木香、苏合油香、没药、玳瑁等，泉州等地商人用白布、瓷器、赤铜、吉贝为货交易。北非埃及福斯塔特出土有德化白瓷器，坦桑尼亚基尔耳岛大清真寺遗址出土有德化白瓷等。

(五)欧洲

欧洲人在宋代已来泉州，《光明之城》作者意大利安科拉人雅各在泉州经商见到许多欧洲人。宋代，泉州与欧洲的贸易是先将丝绸、瓷器从泉州运去埃及，除一部分在当地销售，大部分通过憩野(开罗)、遏根陀转运到地中海沿岸，与欧洲人进行交易。元代泉州与欧洲的贸易，主要使用波斯湾航线。泉州商船运载丁香、豆蔻、青缎、麝香、红色烧珠、苏杭色缎、苏木、青白花器、瓷器、铁条等，至忽鲁谟斯与欧洲人交易。①

二、国内市场网络

宋代全国商人络绎前往泉州、广州。林光朝云："荆、淮、湖、川，商贾络绎，非泉即广"。② 楚人海王三"贾泉南，航巨浸"，③元至元二至五年(1336—1339年)重建六胜塔的凌恢甫，其先世宋初从河北迁居蚶江，从事海外贸易而成巨富。④

(一)浙江

宋元时期，泉州商人到浙江经商的很多。宋代，福建福州、泉州等地缺粮严重，仰给于浙西等地。泉州商人到浙江澉浦等地贩运粮食，运去布匹、生铁等。嘉泰《会稽志》云：

---

① 廖大珂：《宋元时期泉州与欧洲的交流》，《泉州港与海上丝绸之路》，北京：中国社会科学出版社，2003年。
② 林光朝：《直宝谟阁论对札子》，《历代名臣奏议》卷三四九，《夷狄》。
③ 洪迈：《夷坚志》甲卷一〇，《海王三》。
④ 林水强主编：《蚶江志略》，香港：华星出版社，1993年，第185页。

"今越人衣葛出闽贾,"两浙所用的铁器,"并是泉、福等州转海兴贩"。①

宋代的杭州"闽商海贾,风帆浪舶,出入于江涛。"②泉州杨客为海贾十余年,致货二万万。绍兴十年(1140年)于杭州钱塘江上"赍沉香、龙脑、珠琲珍异、纳于土库中,他香布、苏木不减十余万缗,皆委之库外。"③杨某从泉州运去大量香料、珍珠等到杭州出售。

南宋著名诗人翁卷诗云:"远从刺桐里,来看孤屿峰。"④"刺桐"就是泉州,"孤屿"即温州港内的江山屿,说明南宋时,泉州商人到温州经商。

元代的海外贡品一般集中到杭州,再通过大运河运载北上。泉州为元代东方第一大港,许多贡使从泉州登岸,元朝设立海上(泉州至杭州)与内地(泉州至真州)两贡道。

至元二十六年(1289年)自泉州至杭州置海站15站,配备船5艘,水军200名,专运贡物及商贩奇货。设海站,为"省陆路递送之劳",但"每年递运泉州贡赋及外国来使赴上,皆仰民力纲运,重劳之苦。"至元二十八年,废海站。

(二)广东

宋代,泉州与广东商业往来密切,许多泉州人到广东经商。刘克庄广州城南诗云"涉江多海物,比屋尽闽人。"⑤泉州设立市舶司之前,泉州海商到海外经商,要到广州市舶司办理手续,"自泉之海外,率岁一往复,今遵诣广,必两驻冬,阅三年而返"。⑥宋代,福建严重缺粮,泉州太守真德秀说"福、泉、兴化三郡,全仰广米,以赡军民。"⑦朱熹也说:"广南最系米多去处,常岁商贾转贩,舶交海中。"⑧许多福建商人从事转贩贸易。

泉州人林昭庆,"尝与乡里数人,相结为贾,自闽粤航海道,直抵山东,往来海中数十年,资用甚饶。"⑨泉州徐五叔兄弟,在广州、廉州、琼州贩槟榔为业20多年。"泉州徐五叔兄弟也,往来廉、广,归宿于琼,以贩槟榔为业,且见之二十年矣"。⑩广东化州,"以典质为业者,十户而闽人居其九。闽人奋空拳过岭,往往致富。"⑪在化州从事典质业者,人数众多,财力丰厚,其中当有泉州商人。

1963年在广东曲江南华寺发现北宋庆历年间(1041—1048年)木雕罗汉像360尊,其中154尊刻有题记,记载施像者。施像人中,除广州之外,还有寄居连州(今广州连县)的17人,其中泉州15人,潮州3人,衢州3人,这些人寄居连州,与当时广州商业发达有

---

① 梁克家:《三山志》卷四一,《物产》。
② 欧阳修:《文忠集》卷四〇,《有美堂记》。
③ 洪迈:《夷坚志》丁卷六,《泉州杨客》。
④ 翁卷:《苇碧轩集》。
⑤ 刘克庄:《后村先大全集》卷一二,《城南诗》。
⑥ 《永乐大典》卷三一四一,《陈偁》条引陈瓘《先君行述》。
⑦ 真德秀:《西山文集》卷一五,《申枢密院乞修治海军状》。
⑧ 朱熹:《朱文公文集》卷二五,《与建宁诸司论赈济札子》。
⑨ 秦观:《淮海集》卷二三,《庆禅师塔铭》。
⑩ 洪觉范:《石门文字禅》卷二三,《梦徐生序》。
⑪ 王象之:《舆地纪胜》卷一六,《化州》。

关。泉州和衢州商业发达,许多人到广州从事海外贸易。施造罗汉像的泉州人有一半以上是带眷属居住下来的,他们长期在广州从事商业活动。①

(三)海南岛

宋代有许多泉州人到海南经商。绍圣四年(1097年)苏轼谪居海南,欲渡海北归时。他说:"必待泉人许九船来,才可。"宋代泉州海船行驶既安全又快捷,所以苏轼要乘坐泉州人许九的船。

宋代泉州商船载酒、米、面粉、纱绢、漆器、瓷器等物。岁末或正月发舟,五六月间回舶。若载鲜槟榔,则四月至。海南土产中惟槟榔、吉贝独盛,"泉商兴贩,大率仰此。"泉州商人徐五叔兄弟,在琼州、广州、廉州从事贩卖槟榔20多年。

闽商在海上遭遇海难,"赀货陷没",他们会到海南黎族居住地耕种土地为生。②

(四)江苏

宋代,福建与江苏之间贸易兴盛,"自来闽、广客船并海南蕃舶转海至镇江府买卖至多。"③江阴之扬舍、蔡港、黄田三港皆"边临大江,应漳、泉、福、建、温、明、越等州,远商海舶,货物辐辏。"④苏州"闽、粤之贾,乘风航海,不以为险,故珍货远物毕集于吴之市。"⑤

宋元时期,许多泉州商人到江苏经商。陈埭丁姓始祖节斋从苏州来泉州经商,定居泉州。三世祖"硕德公商贩于外,往来于苏泉之间,未有定居。"元朝朱道山居姑苏,以宝货往来海上,讲求信义,海内外商人皆推以为师。居住于太仓的泉州海商孙天富、陈宝生,长期从事海外贸易。他们有高尚的商业道德,以信义为重,互相信任,不存私心,患难与共,长期合作,外国人称之为"泉州两义士"。明冠带通事林易庵祖父林弩"航吴泛越,为泉钜商。"

(五)山东

山东密州板桥镇是一个重要商埠,"东则二广、福建、淮、浙之人,西则京东、河北三路之众,络绎往来。"⑦元祐三年(1088年)三月,户部状朝请郎、金部员外郎范锷奏云:"广南、福建、淮浙贾人,航海贩物至京东、河东、河北等路,运载钱、帛、丝绸贸易,而象犀乳香珍奇之物,虽尝禁榷,未免欺隐,若板桥市舶发行,则海外诸物积于库者必倍于杭明二州。

---

① 黄玉质:《记曲江南华寺北宋木雕罗汉像》,《岭南文史》1985年第1期。
② 赵汝适:《诸蕃志》卷下,《海南》。
③ 《宋会要辑稿》职官五〇之一一。
④ (正德)《江阴志》卷五。
⑤ 朱长文:《吴郡图经续记》卷上,《海道》。
⑥ 《泉州回族谱谍资料选编》。
⑦ 《续资治通鉴长编》卷三四一,元丰六年十一月戊午。

使商舶行无冒禁罹刑之患,而上供之物免道路风霜之虞",①认为在此置市舶司,便利淮、浙、粤、广商人贩物至京东、河北、河东之地。元祐三年,宋朝在密州板桥镇设置市舶司,改板桥镇为胶西县,兼设临海军。

宋朝许多福建商人到山东经商,山东长岛县庙岛妈祖庙为宋代福建商人建。晋江人林昭庆"尝与乡里数人,相结为贾,自闽粤航海道,直抵山东,往来海中,数十年,资用甚饶"。②

(六)河南、四川

宋崔唐臣因科举落第,被逼无奈在开封从事商业活动。

崔唐臣与苏颂、吕璹为同学,庆历中(1041—1048年)到首都汴京(开封)参加科举考试。苏颂、吕璹登第中举,崔唐臣"怃然罢举。"他尝作诗云:"集仙仙客问生涯,买得渔舟度岁月。案有《黄庭》樽有酒,少风波处便为家。"有一天苏颂、吕璹在汴河岸边见到崔唐臣,问其别后情况。崔曰:"初倒箧中有钱百千,以其半贾此舟,来往江湖间,其半市杂货,时取赢自给。虽云汛梗飘蓬,差逾应举时也。"③

宋朝泉州人苏氏,往来成都经商,成为财富钜万的商人。"留意禅悦,忽若有悟,尽捐赀。移书别妻子,祝发于嘉祐院。……师鸠工庀徒,创建禅宇,凡为屋千楹,闸龙宫藏贝叶,规模恢敞,气象雄特。"④

(七)台湾

宋朝,泉州人已移居台湾。南宋绍兴三十年(1160年),苏钦为《德化使星坊南市族谱》记载:苏氏一族"分于仙游、南门、兴化、涵头、泉州、晋江、同安、南安、塔口、永春、尤溪、台湾,散居各处。"⑤使星坊南市即今德化县浔中镇宝美村一带,八百多年前德化苏姓已移居台湾。宋朝台湾称琉求,《族谱》中出现"台湾"可能系后人修谱时擅改。

宋朝,泉州商舶常到澎湖贸易活动。《闽书》卷7《方域志》引《清源志》云:

彭湖屿,在巨浸中,环岛三十六,人多侨寓其上,苫茅为舍,推年大者长之,不蓄妻女,耕渔为业,雅宜放牧,魁然巨羊,散食山谷间,各历耳为记。有争讼者,取决于晋江县。府外贸易,岁数十艘,为泉州外府。

台湾出土许多宋钱。朱景英《海东札记》载:"台地多用宋钱,如太平、元祐、天禧、至道等年号,铁质小薄,千钱贯之,长不盈尺,重不逾二斤。相传初辟时,土中有掘出古钱千百瓮者,或云来自东粤海舶。余往北路,家僮于笨港口海泥中得钱数百,

---

① 《续资治通鉴长编》卷四〇九,元祐三年三月乙丑。
② 秦观:《淮海集》卷二三,《庆禅师塔铭》。
③ 何乔远:《闽书》卷一二七,《英旧志·韦布》。
④ 明河撰:《补续高僧传》卷二三,《文英传》,《高僧传合集》,上海:上海古籍出版社,1991年。
⑤ 徐本章:《台湾唐山是一家》,《泉州文史》1979年第1期。

肉好深翠,古色可玩。乃知从前互市,未必不取道此间"。①

台湾出土的北宋钱币有的可能来自福建、泉州商舶。元朝在澎湖设立巡检司,隶属于泉州府晋江县。《岛夷志略》记载,泉州舶商用瓷器、土珠、玛瑙、金珠交易当地产的沙金、黄豆、黍子、硫黄、黄腊、鹿、豹、鹿皮等。

三、本地市场

宋元时期,泉州海外交通发达,商品经济迅速发展,人口增加,至宣和间(1119—1125年),泉州"城内画坊八十,生齿无虑五十万。"这里的"城内画坊八十",系指城市基层行政单位厢坊有80,"生齿虑五十万"指的是人口50万。泉州成为"驿道四通,楼船涨海,农士工商之会,东西南北之人","温陵大都会,朱门华屋,钿车宝马相望"南宋末年,泉州"每个城门口有市场","有各种各样不同的市场,如丝绸市场、香料市场、陶瓷市场、珠宝市场、书籍市场、牛市、马市、草市、鱼市、肉市等","这里的商店数目比世界上任何城市的商店都多,商店里有各种各样的商品",有一条叫三盘街,出售丝绸,名类不下二百种。由于商品经济的发展,商品交易从市区向城外发展,形成大批墟市和草市镇。镇市有:溜石镇、石井镇、潘山镇。草市有:围头市、法石港、后渚港、磁市、濠市、谢店市、五店市、赤店、池店、畲店、新店、刘店、陈市、江市、丘店、许店、徐店、张店、大盈驿(康店)、洛阳市等。

第五节　泉州商人在中外政治经济文化交流中的作用

泉州商人具有富于冒险,勇于拼搏,以信义为重的商业道德的人文精神。泉州商人从事海外贸易,也注意发展与当地政府的关系,起到了民间外交家的作用。泉州商人从海外输入商品,丰富国内商品市场,满足人民生产和生活的需要。输出外销商品,有利于海外人民生活水平的提高和社会的进步,有助于丰富美化当地人民的生活,促进中外政治、经济、文化的交流。

一、泉州商人的人文性格

宋代诗人刘克庄的一首诗,对泉州商人的特征和性格描述十分精准:

> 闽人务本亦知书,若不耕樵必业儒。
> 惟有桐城南郭外,朝为原宪暮陶朱。
> 海贾归来富不赀,以身殉货绝堪悲。

---

① 朱景英:《海东札记》卷四。

似闻近日鸡林相,只博黄金不博诗。①

泉州民谚"走海行船三分命",海上风云突变,经常发生海难,有的人葬身鱼腹。但是在奋发图强和富有冒险精神的航海家面前,海洋不但没有成为人类文明的障碍,反而成为人类征服的对象。泉州海商冒险进取的传统,在明清时期得到进一步发扬。泉州"频海之民,多以鱼盐为业,而且射赢牟息,转贾四方,罟师古人,高帆健舻疾榜击沐,出没于雾涛风浪中,习而安之,不惧也。"②

泉州海商孙天富、陈宝生从事海外贸易具有高尚的商业道德,对外国人能以孝友、信义化道之。经商以信义为准则,取得外国人的信任。外国人见他们"彼兄若弟",无不推崇备至,因称之为"泉州两义士",这也是他们获得成功的重要原因之一。他们以信义为重,彼此之间能"急难相援誓终始,"能互相信任,不存私心,"不稽其子本,无毫发私,"因此能长期患难与共,长期合作。这种经商道德,在今天仍然有现实意义。

陈宝生孝以奉母,悌以抚弟,晚岁携其母定居太仓,筑春草堂以奉养,恭敬其忌母弟宝一。宝一殁后,抚育其子。这些优秀品德与其母庄氏的教育分不开。

陈思恭在娶庄氏之前已在海盐娶妻并生一子,留在外家。思恭来泉州时,遗钱四千缗赡之,后又贷其友石章钱五千缗。思恭死后,负市舶司系狱。庄氏以"吾夫之信不可失",倾家所有积蓄偿人,这是值得称道的大义之举。

泉州海商富于冒险,勇于拼搏的人文精神,其表现一方面是飘洋过海,无远弗届,另一方面则是敢于经营谋利,从事商业交易掌握了海上贸易的主导达九百年,即使在明清的海禁时期,闽南人仍冒险出海,继续掌握东南沿海与东南亚的商品交易网络。③ 其形成的原因,"除了因其面临大海的环境之外,其受到阿拉伯穆斯林文化的影响,是一个不可忽视的重要因素。"④阿拉伯人在泉州活动长达数百年之久,他们有优良的经商传统,对泉州人的人文性格产生了一定的影响。

泉州商人致力社会公益事业,或周济贫穷,或造桥修塔、兴修水利、修缮寺庙等。晋江王元,元符间(1098—1100年)"尝航海之五洋。"经商致富后,"立蒸尝田四百陆拾亩,创铭心院輪藏,建开元寺佛殿,刻舍利塔八十四座分奉诸刹,造苏埭石桥。"⑤泉州海商陈宝生、孙天富移居太仓后,"方以周穷援难为务。"⑥林间散财以济饥。李广齐《方时诠》云:"是时,元纲解纽,夷人据泉,干戈相攘,狱讼繁兴,而岁又荐饥,公(林间)尝散积以济

---

① 刘克庄:《后村大全集》卷一二,《泉州南郭二首》。
② (万历)《泉州府志》卷二,《风俗》。
③ 李亦园:《从"海滨邹鲁"到"海滨中原"——闽南文化的再出发》,李亦园、林少川主编:《李亦园与泉州学》,北京:九州出版社,2012年,第38页。
④ 陈支平:《福建六大民系》,福州:福建人民出版社,2000年。
⑤ 《青阳王氏族谱》,转引自粘良图:《晋江史话》,厦门:厦门大学出版社,2005年,第59页。
⑥ 王彝:《王常宗集·补遗》,《泉州两义士传》。

之,活人者多。夷人虽暴,不敢有犯者,多惧公之德耳。"①

宋元时期泉修造桥梁的热潮中,商人也做出了应有的贡献。据地方志和族谱记载:宋代建适南桥的王元,建安平桥的黄护,建梅溪桥的苏展,都是富商。安平桥,绍兴八年(1138年)僧祖派始为石桥,镇人黄护与智渊各施钱万缗为之倡。派与护亡,越十四载未竟。二十一年太守赵令衿卒成之。《安平西桥》"里人长者黄护与僧渊各鸠金万缗倡修。"《公署志》云:"石井镇廨……市民黄护捐地建廨,在石井书院东。"②黄护"性厌捐浮,"称"长者"、"市人"、"镇人",当系一位富商。元朝在泉州经商的浙江衢县商人陈庆甫曾捐资修路阳桥。

二、沟通、发展中外友好关系

宋代泉州海商,不但与高丽进行经济贸易,还注意发展与高丽政府的外交关系,起到了民间外交家的作用。

宋朝与高丽王朝的陆路交通为辽、金所阻隔,双方的往来主要通过海路,主要港口是明州,福建海商多取道明州,也有许多泉州商人直航高丽,苏轼说:"窃闻泉州多有海舶入高丽,往来买卖。"③高丽政府对中国商人热情欢迎,"(中国)贾人之至境,遣官迎劳,"安置于专门的宾馆。对他们的货物,"计所值,以方物数倍偿之,"福建商人趋之若鹜,成群结队到高丽贸易,其中有许多泉州商人。

宋朝对高丽的外交,除满足于传统的海外来贡的需求外,还带有借高丽之力共同对付辽的战略意图。神宗即位后,又积极实行联合高丽以反对辽国的策略。泉州海商在这一外交活动中起了积极作用。

熙宁元年(1068年),宋朝遣泉州海商黄慎赴高丽转达神宗的通交意图。熙宁三年,宋朝再遣黄慎到高丽,得到高丽王朝的积极回应,高丽遣使到宋朝,从而开始了宋朝与高丽之间的外交往来的新局面。

南宋建炎元年(1127年),两浙安抚使叶梦得委托泉州大商柳悦、黄师舜,到高丽经商时打听金朝动静。

熙宁八年,泉州商人傅旋,持高丽礼宾省帖,乞借乐艺等人。

泉州商人与高丽佛教关系密切,高丽僧人搭乘泉州商船来宋求法,宋丽僧人通过泉州商人传递书信,互赠佛教书籍进行佛教文化交流,促进佛教在高丽的传播。

元丰二年(1097年),高丽僧统义天乘泉州海商林宁的船,从山东密州登陆到汴京。元祐四年(1089年),义天派弟子寿介、继常、颍流、院子金保、裴善5人,乘泉商徐戬的船到杭州祭奠净源法师。

---

① 《学前李氏分支家谱》,转引自叶恩典:《明冠带琉球通事林易庵及其家史考略》,《泉州文史研究》第2辑,北京:中国社会科学出版社,2006年,第140页。
② 《安平志》卷三,《水利志》;《安平志》卷五,《公署志》。
③ 苏轼:《东坡全集》卷五六,《乞令高丽僧人从泉州归国状》。

义天与净源通过泉州海商传递书信。义天《上净源法师书》云:"泊去年八月十五日都纲李元积至,得捧二月书教一通……跪受以迎,披阅无斁。"又云:"泉商继至,再捧手教,""今秋徐都纲等舶来,再辱手教。""近者,客帆至止,特辱芳缄,存记之情,良多感佩,"反映出义天接到净源来书时的喜悦心情。有时因仓卒不及奉书而感到惭悚,"昨值李元积行计,仓卒不及奉状,并叙愿意,极负惭悚。"有时因地方官断截商船而不敢奉书,"是时,闻苏牧断截商船,持书往复者,俱罹非法之诛,是以未敢裁答,非怠故也。"净源致义天书云:"今春二月内,都纲洪保来,得书三通,遐剖教宗,历叙师友,玩味其辞,若对面语。"①

宋丽僧人通过海商互赠佛经等,进行文化交流。都纲李元积至,净源赠送义天"手撰《花严普贤行愿忏仪》、《大方广圆觉忏仪》、《盂兰盆礼赞文》、《教义分齐章科文》等八本,共盛一箧者,跪受以还,披阅无斁。"徐都纲等船来,"所有新注《正元花严经》,某伫望多年,此者幸叨赐及,感喜交积,伏奉慈旨,更令祥勘。""所赐《慧因教藏记》、《楞严大师塔记》、《贤首宗总目图》等诸本文字,一依来口祇受讫。""兼蒙附至《大不思义论》二十卷,虽拙人所欲,渐遂于本心,而大士相成,极烦于注意,更有余卷,切托不忘,来春便舟,希示。"

宋僧有诚致义天书云:"又承借示《妙理圆成观》一卷,《康藏传》一卷。《华严旨归》一卷,此中有本请留检阅。"又云:"今得上人《花严传》五卷,又得《康藏新传》一卷,是为龟鉴。"宋僧辨真书云:"李纲首回,承惠及海东李公类所口《夹注金刚经》一册,《断疑金刚经》一册,《金刚经集解》一册,并《教藏总录》二册,《唯识论单科》三册,灌手焚香,捧授之次,良增感愧。"

元祐二年(1087年)三年,义天托泉州海商徐戬把杭州雕印的新注《华严经》送去高丽。元祐三年义天奉兄宣宗及母后之命,以"青纸金书晋义熙、唐证圣、正元中所译《华严经》三本,凡一百七十卷,附海舟捨入源师所住慧因教院,以报皇帝之德。"这些华严玄要,都"象签金轴,包甌严饰,"其中有:云华法师所著《华严搜玄记》、《孔目章》、《无性摄论疏》、《起信论义记》,贤首法师所著《华严探玄记》、《起信别记》、《法界无差别论疏》、《十二门论疏》、《三宝诸章门》,清凉法师所著《正元新译华严经疏》,圭峰法师所著《华严论贯》②。这些典籍,唐末五代以后,中国已散失殆尽,义天送回,对华严宗的整理、阐扬起了很大作用。杭州高丽寺成为华严宗复兴中心,典籍宝库,净源法师成为华严宗"中兴教主"。

宋朝,泉州商人与占城政府和当地人民建立友好关系,在两国关系中起了中介作用。南宋泉州纲首陈应、吴兵,载占城使者及贡物到泉州。乾道三年(1167年)十月一日,福建市舶司言:"本土纲首陈应等。昨至占城,蕃首称欲遣使付,恭上。恭赍乳香、象牙等,前诣太(孝)宗进贡。今应等船五只,除自贩货物外,各为分载乳香、象牙等,并付使人前

---

① 苏轼:《东坡全集》卷五六,《乞令高丽僧人从泉州归国状》。
② 义天门人编:《大觉国师文集》,转引自杨渭生编著:《十至十四世纪中韩关系史料汇编》下册,北京:学苑出版社,1999年。

来。"①继有纲首吴兵船入赍到占城,蕃首邹亚娜开具进奉物数……诏使人免到阙,令泉州差官以礼管设,章表先入递前来候到。②

太平兴国二年(977年),渤泥国王遣使施弩,副使蒲亚里、判官哥心等赍表贡大片龙脑二十家底,第二等八家底,第三等十一家底,米龙脑二十家底,苍龙脑二十家底,凡一底并二十两,龙脑版五,玳瑁壳一百,檀香三橛,象牙六株,"苦于"无路得到,适有商人蒲卢歇到达该国,""国人皆大喜,即造舢船,令蒲卢歇导达入朝贡。"③研究者认为,家底为阿拉伯文,原义为玻璃杯,后为容量单位。今1家底约2.06公斤。以上诸人名,均为阿拉伯语人名。所言家底,乃大食国内通用的量器名。上述情形,乃侨居渤泥国或经商于那里的阿拉伯商人在中国的贸易活动。这表明渤泥国有了解泉州港路,以便到泉州贸易。④

元丰五年(1082年)渤泥王锡理麻喏"复遣使贡方物,其使乞从泉州乘海舶归国,从之。"⑤渤泥使节从泉州乘泉州商人或外国来泉州经商的商船归国。

泉州海商到海外经商,受到海外国家政府和人民的欢迎。宋朝,高丽政府对闽商的到来热情欢迎,"贾人之至境,遣官迎劳",安置于专门的宾馆。阇婆对前来贸易的宋商,"馆之宾舍,饮食丰洁。"⑥福建商人接踵而至。苏吉丹"厚遇商贾,无宿泊饮食之费。"有些国家对宋商密试其能,诱以仕禄或强留之终身。宋高丽王城"有华人数百,多闽人因贾而至者,密试其能,诱以禄仕,或强留之终身。"⑦泉州商人刘载,官至尚书右仆射,欧阳征被封为左右拾遗(谏官),萧宗明被封为权知阁门祇侯(宣引赞之事)等。交趾统治者欢迎闽商,"闽人附海舶往者,必厚遇之,因命之官,咨以决事,"⑧许多人被委以官。

泉州海商受到海外人民的尊敬。元朝,汪大渊见到渤泥人民"尤敬爱唐人,醉也则扶之以归歇处。"⑨真腊人民"见唐人颇加敬畏,呼之为佛。"⑩三岛国人到泉州经商并文身,归国后,国人以尊长之礼待之,延之上坐。

居住在泉州的蕃商,有的致力于社会公益事业。淳熙中(1174—1189年),晋江县令林滉接到大造战舰的诏令后,不忍心加重百姓的负担,又不能违抗朝廷的诏令,想辞官。此事为寓居泉州的蕃商知道,对林滉的举动非常感佩,就集资帮助造战舰。由于没有额外科派百姓,战舰造好了,老百姓还不知道。反映了居住在泉州的外商与泉州人民的友好相处。

---

① 鲍志成:《高丽寺与高丽王子》,杭州:杭州大学出版社,1995年,第104~105页。
② 《宋会要辑稿》蕃夷七之五〇,蕃夷七之四。
③ 《宋史》卷四八九,《渤泥传》
④ 宋岘:《中国阿拉伯文化交流史话》,北京:中国大百科全书出版社,2000年,第53页。
⑤ 赵汝适:《诸蕃志》卷上,《阇婆国》。
⑥ 赵汝适:《诸蕃志》卷上,《苏吉丹》。
⑦ 《宋史》卷四八七,《高丽传》。
⑧ 范成大:《桂海虞衡志》。
⑨ 汪大渊:《岛夷志略》,《渤泥国》。
⑩ 周达观:《真腊风土记·贸易》。

蒲寿庚先世为阿拉伯人，侨居占城，后迁居广州，"总诸蕃互市"、"富甲一时"。至其父蒲开宗时从广州迁泉州。嘉泰四年（1204年），蒲开宗任安溪县主簿，绍定六年（1233年）为承节郎。他热心公益事业，淳祐三年（1243年）重修安溪龙津桥，淳祐六年重建长溪桥。宋熙宁年间（1068年—1077年），新罗国（高丽）人崔举等，随风漂流至泉州，被渔民救起。泉州地方官发给路条和生活费，派人护送到明州候便船回国。明州知州曹巩写《札子》云："欲乞今后高丽等国人船，因风势不便，或有漂失到沿海诸州县，并令置酒食犒设，送系官舍安泊。逐日给与食物，仍数日一次别设酒食。阙衣者，官为置造。道路随水路，给借鞍马舟船，具折奏闻。其欲归本国者，取禀朝旨，所贵远人得朝廷仁恩待遇之意。"

朝鲜（新罗）对中国遭风船及人员也给予良好的帮助。唐初登州人马行余，在前往昆山途中遭风被吹到新罗国。其国君闻行余来自大唐，即以礼宾给予接待，并同行余论及孔子经籍。后来，行余等人受到新罗国的帮助返回中国。①

许多来泉州经商的外国人与泉州人通婚，南宋时"三佛齐之海贾，以富豪宅生于泉者。其人以十数。"②元朝阿含抹是一个波斯穆斯林与刺桐妇女所生的混血儿。其先辈娶刺桐人为妻，在刺桐居住数代，所以墓碑称"艾哈玛德家族母亲的城市刺桐城，"这是波斯人民与我国人民友好往来的历史见证。

三、促进中外经济文化交流

海外商品的输入，丰富国内商品市场，满足国内人民生产、生活的需要。

宋元时期，泉州进口商品以香药为大宗，品种多，数量大，用途广。进口香药主要是满足统治阶级奢侈生活的需要，也作为饮食佐料，医药用品和工业原料。

统治阶级焚薰上等名香以祛除秽气，净化环境。一般平民也受其影响，泉州人每岁除，家无贫富，燃降真香"如燔柴"。③元朝时，香料风靡泉州城，释宗泐诗云："泉南佛国天下少，满城香气楠檀绕。缠头赤脚半蕃商，大舶高墙多海宝。"④

宋元时期，大量进口槟榔，槟榔成为泉州的重要礼俗，"里闾朋友，吉凶庆吊，皆以槟榔为礼。"以槟榔作礼物互相馈赠，"东家送槟榔，西家送槟榔。"宋林凤《咏泉州》诗云"玉腕竹弓弹吉贝，石灰荖叶送槟榔。"以槟榔代茶招待客人，宋时"自福建下四州与广东西路皆食槟榔者，客至不设茶。惟以槟榔为礼。"⑤还盛行喝槟榔酒，酒税成为宋朝财政的重要收入。宋时"三佛齐取其（槟榔）汁为酒，商舶兴贩，泉广税务收数万缗。"⑥

---

① 刘成：《中外关系史论文集》，香港：学风出版社，2002年，第151页。
② 林之奇：《拙斋文集》卷一五，《泉州东坡葬蕃商记》。
③ 赵汝适：《诸蕃志》卷下。
④ 宗泐：《全室外集》卷四，《清源洞图为洁上人而作》。
⑤ 黄仲昭：(弘治)《八闽通志》卷三，《风俗》。
⑥ 周去非：《岭外代答》卷六。

饮食品中加入适量香料,可使饮料和食品气味芬芳,可刺激食欲,还可起防腐作用。进口香药中,其中一部分是宋代医方中常见的药物,如乳香、降真香、木香、安息香、没药、肉豆蔻、苏合油等。他们的药性是:乳香为活血祛瘀、定痛的要药,在治疗外科疾病方面,具有止痛、生肌的作用;降真香,可理气、止血、行瘀、定痛、利水通;檀香,理气和胃;胡椒,温中、下气、清痰、解毒;槟榔,杀虫、破积、下气、行水;玳瑁,清痰、解毒、镇惊;沉香,降气温中,暖肾纳气。宋代大量进口药物,被临床广泛应用,出现许多进口药组成的医方,如乳香没药丸、玳瑁丸、槟榔丸、檀香汤、胡椒汤等。① 有的直接用进口药物治病,如苏合香油,"出大食国,气味大抵类笃耨,以浓而无滓为上,蕃人多用以涂身,闽人患大风者亦傚之。"②

泉州港输出的商品以丝绸、瓷器、茶叶为大宗。丝绸的外销,有利于海外人民生活水平的提高和社会的进步。丝绸的外销,有助于改善当地人民的服饰,丰富美化人民的生活。

朝鲜在汉代前后的服饰"大率皆魁头露紒,布袍草履。"③到3世纪时,一般以布帛为多,但其"公会衣服皆锦绣金银以自饰,"④说明朝鲜人民逐渐从丝绸服饰中得到美的享受。朝鲜人民喜欢戴冠或巾,常用紫罗为之,"贵者其冠曰苏骨,多用紫罗为之,饰以金银。"⑤到12世纪时,"高丽头巾唯是重文罗,一巾之价,准米一石,"⑥新罗时期,平人女子被允许服用绵䌷、绢、纶、绫等。

马来人常穿的沙笼是从扶南(柬埔寨)的"干缦"演变而来的。而"干缦"与中国文化有关。《梁书》载,"吴时遣中郎康泰、宣化从事朱应使于寻国,国人犹裸,唯妇人著贯头。泰、应谓曰:国中实佳,但人裒露可怪耳。寻始令国人男子著横幅,横幅今干缦也。大家乃截锦为之,贫者乃用布。"⑦据《诸蕃志》记载,注辇国男女结婚时,女家以"女所服锦衣遗婿。"天竺国,俗皆"以帛缠头,""王服锦罽"。大食国,"帷幕之属,悉用百花锦,其锦以真金线夹五色丝织成。"芦眉国,"以色毛段为衣。"渤泥国,"富室之妇女,皆以花锦销金色帛缠腰。"

丝绸外传,有利于一些国家丝织业的发展。朝鲜丝织业的生产得之于中国,其生产水平的提高也与中国丝绸文化的传播分不开。公元3世纪时,朝鲜丝绸生产落后,8世纪新罗时,官营丝绸工业发达,设有朝霞房(专织朝霞䌷)、染宫、红典、苏芳典、攒(扎)染典、漂典、锦典、绮(一作缟)典、机典等丝绸染织专业工场,生产的丝绸品种有朝霞䌷、鱼

---

① 王慧芳:《泉州湾出土宋代海船进口药物在中国医药史的价值》,《海交史研究》1982年第4期。
② 赵汝适:《诸蕃志》卷下。
③ 《后汉书》卷八五,《东夷列传》。
④ 《三国志》卷三〇,《乌丸鲜卑东夷传》。
⑤ 《北史》卷九四,《高丽列传》。
⑥ 徐兢:《宣和奉使高丽图经》卷一九,《舟人》。
⑦ 《梁书》卷五四,《扶南传》。

牙䌷、野草罗、乘天罗、小文绫、二色绫、纱、绅等。装饰手法有染缬、刺绣、金银泥、金银丝、孔雀羽等，染色色彩十分丰富。其中红花染法、扎染方法、锦绫织法、夹缬、金银泥等装饰方法，明显受到中国的影响。①

泉州等地陶瓷外销东南亚等地区，对改善当地人民的生活习惯，作出了一定的贡献。《诸蕃志》记载：登流眉国，"饮食以葵叶为碗，不施匙筯，掬而食之。"苏吉丹"饮食不用器皿，缄树叶以从事，食已则弃之。"渤泥国"无器皿，以竹编、贝多叶为器，食毕则弃之。"《真腊风土记》亦载："寻常人家，房舍之外，别无桌橙盂桶之类，但作饭用一瓦釜，作羹则用一瓦铫。就埋三石为灶。以椰子壳为杓。盛饭用中国瓦盘或铜盘，羹则用树叶造一小碗，虽盛汁亦不漏。又以葵叶制一小杓，用兜汁入口，用毕则弃之。"②反映了当地人民的饮食习惯，泉州外销瓷以碗、盆、杯、碟等餐具为大宗，正是适应当了人民的需要，改善了他们的生活习惯，美化了他们的生活。

一些外销瓷器成为一些国家宗教教徒的必须品，如军持原系佛教徒随身携带用以贮水和净手用的，后来伊斯兰教徒也广泛使用。东南亚国家的伊斯兰教徒在宗教活动中必需使用军持，德化和晋江磁灶窑大批生产军持外销，体现了宋元时期泉州与东南亚地区伊斯兰文化的交流。

"龙瓮"是古代菲律宾、加里曼丹等地盛行"瓮棺葬"使用的葬具。当地居民将"龙瓮"视为神圣之物，有"龙瓮"崇拜的习俗，每年举行"圣瓮节"。磁灶生产的龙瓮外销菲律宾等地，反映了泉州与东南亚的文化交流。

中国制瓷技术通过中外人民的友好交往传播到世界各地。南宋嘉定六年（1213年）日本加藤四郎随禅僧道元入宋，到福建德化学习制瓷技术，回国后在漱户烧制。日本的窑炉是受德化阶级窑的影响而设计的，所以日本把德化窑"估计为串窑的始祖。"③

指南针、造纸、火药、印刷术四大发明是中国人民对人类的伟大贡献。四大发明通过中外人民的友好交往传播到世界各地。指南针在北宋时作为导航仪器，应用于航海。赵汝适在《诸蕃志》中描述从泉州到海南岛的航行说："渺茫无际，天水一色，舟船往来，惟以指南针为准，昼夜守视唯谨，毫厘之差，生死系之。"指南针应用于航海，获得全天候航海的能力。宋代中国与阿拉伯国家之间海上交通发达，许多阿拉伯人到泉州、广州等城市贸易，指南针是通过海路传到阿拉伯，然后再传到欧洲。

造纸和印刷品运销海外，受到海外人民的欢迎。宋元以来，书籍是中国向周边国家出口的重要商品。《诸蕃志》载：新罗国"舶商用五色缬绢及建本文字博易。"南宋末年，建阳学者熊禾在为同文书院《上梁文》写道："儿郎伟，抛梁东，书籍日本高丽通，""儿郎伟，抛梁西，万里车书通上国。"④福建雕刻的书籍广销海外。元祐二年（1087年），泉州海商徐戬在杭州雕造夹注《华严经》等2900余片，载往高丽。嘉定十年（1217年），日本僧人

---

① 赵丰：《古代中朝丝绸文化的交流》，《海交史研究》1987年第2期。
② 周达观：《真腊风土记》，《器用》。
③ 叶文程、徐本章：《畅销国际市场的古代德化外销瓷器》，《海交史研究》1980年第2期。
④ 熊禾：《熊勿轩先生文集》卷六。

庆政从泉州带回福州版的《大藏经》。

五代,泉州招庆寺僧静、筠编的《祖堂集》是我国现存最早的灯录,是研究早期禅宗史和泉州佛教史的重要资料,后传入朝鲜,其版藏于朝鲜伽耶山海印寺,直到近代才被发现。福建书籍传入海外诸国,推动了这些国家印刷术的发展。

火药的西传,宋元时期侨居泉州的阿拉伯人起了重要的作用媒介作用。火药很可能由中国东南沿海经过海路传入埃及的,"因为当时中国帆船常到亚丁,这些帆船装备火器,往返于阿拉伯海岸和泉州之间。埃及侨民也分布在杭州和泉州各地,他们是这种新发明最可靠的传递者。"①火药通过阿拉伯人传到欧洲。

---

① 沈福伟:《中西文化交流史》,上海:上海人民出版社,1985年,第354页。

第三章

明代转型期的泉州私商

泉州地少人多、以海为田，海外贸易一直是泉州人的生命线。但是明朝政府对外贸易政策改变，推行海禁政策，三令五申禁止濒海之民出海贸易，违禁必"审之重法"，摧残了海外贸易，严重伤害了沿海人民的利益。成化八年（1472年）福建市舶司由泉州迁至福州，宋元时期纷至沓来的外商有的撤回，有的融入当地社会，泉州作为官方贸易港的繁盛时代彻底终结。

海禁政策的严格执行长期以来存在的地少人多的生存困境，迫使泉州人铤而走险，以走私形式继续出海经商。从国际环境来看，随着西方贸易势力的东来，全球性贸易网络正逐步形成，欧洲航海贸易势力迫切需要与中国通商，以便把中国丝绸、瓷器转售欧洲、美洲；同时，又可借中国丰富的农产品、手工业品来保证殖民地的日常生活。因此，西方贸易势力不断骚扰福建沿海，企图在福建建立一些贸易据点，以便与中国建立直接的贸易关系。但这一企图遭到明朝政府的抵制和打击，泉州商人无法在福建沿海港口与其他国家取得合法贸易的权利，纷纷以走私的形式冒禁出洋转贩菲律宾、日本等地，与葡萄牙、西班牙、荷兰等开展迂回贸易或三角贸易。

由于海上贸易竞争的激烈，为了防范西方贸易势力在海上的劫掠，也为了对付明朝官兵的追捕，出洋经商者需要武装配备，形成了具有武装性质的海商集团。典型的拥有雄厚军事实力和商业资本的海商集团，有李旦、郑芝龙等组织的著名船队，他们亦商亦盗，进行武装走私活动，同倭寇、西方贸易势力有着千丝万缕的联系。

明代的泉州私商贸易活跃，其商业规模之大、人数之多、范围之广，均为前代所望尘莫及。他们的足迹遍及东西二洋，东起日本，中经菲律宾群岛，南至南洋群岛，西至印度半岛，他们构建了错综复杂的、多向联系的国内外贸易网络，是世界贸易网络体系的重要力量。他们开辟了泉州历史上商人移民海外的第一个高潮，流传下来的爱拼敢赢精神和海外开辟的侨商人脉是一笔无法泯灭的财富。

第一节　顽强发展的泉州民间私商贸易

明朝建立之初即严海禁，中外贸易基本上限定在朝贡贸易的框架之内。永乐后，弛禁意见虽然时而提出，但总是以禁为主。所幸这种政策不能阻止泉州商人从商的热情，他们不断寻求突破，无惧铤而走险，冒禁出洋，在艰难的环境下顽强地生存发展并不断壮大，并且在各个时期都涌现一批成功卓著的商人。

一、明代早期在海禁夹缝中生存的泉州商人

（一）穿梭于国内市场的富商巨贾

明代初期，由于有"敢有私下诸蕃互市者，必置之重法"的重压，泉州商人从事海外贸易者锐减，商人将目标市场更多地转向国内。泉州粮食和棉花缺乏，不足以自给，"稻、米、菽、麦……由来皆仰资吴、浙"。但泉州染布技术发达，又盛产蔗糖，《闽部疏》："凡福之绸丝，漳之纱绢，泉之蓝，福延之铁，福漳之橘，福兴之荔枝，泉漳之糖，顺昌之纸，无日不走分水岭，及浦城小关，下吴越如流水。"因此，泉州年年以蔗糖往江浙贩换棉花，故古人有"糖去棉花返"之谚，购入的棉花纺织并制作蓝靛布，来料加工推向市场，广受青睐和追捧。泉州的陶瓷业很负盛名，德化的白瓷，晋江的陶瓷，都很受欢迎。茶叶和铁器生产则以安溪最盛。其他如泉州特产荔枝干、桂元干等，畅销全国。因此，泉州商人常以己之丰换己所缺，以地区资源差异博取利润，"富者上吴下粤，舟车所至，皆可裕生涯"。商人从商事迹记录甚少，但我们从散落各处的志书、族谱和墓志铭中商人故事和商业的记载，还是可以看到明代寻常百姓家的商业生计，如《县江县志》"节烈"中记载丈夫出外经商遭遇不测的妇女有数十条，如"张氏。陈殿庄妻。陈贾于漳，中途被害。""柯氏，世哲侯妻。哲侯贸易至漳，中途被害。""陈氏，黄万偕妻，名爱娘。万偕孤，育于叔父。叔父行贾长泰""郑氏，李某妻。夫为粤贾。""许氏，陈元超妻。元超商于粤，卒。""丁氏，张委伯妻，氏于归仅三月，夫为商舟山，客死。""王氏，年二十二。夫贸易，殁于宁波。"

明代著名思想家李贽（1527—1602）家族入闽的第二代祖先林驽，是频繁往来于波斯与泉州之间的大商，于洪武九年（1376年）奉朝廷之命"发舶西洋"，娶色目女为妻，从而林氏家族皈依伊斯兰教。三世祖林宣保继承父业，颇有建树，家境殷实，于永乐十九年（1421年）十月，购置"通衢公买盐仓后刘应宗及薛智地基"，两年后"起盖一座三落"的大厝。遗憾的是林宣保次年"偕（仆人）马全下广为商"，在经商过程中客死于广东惠州府龙川县。

李五（1386—1457），明初泉州另一杰出商人，"富得象李五"的说法流传至今。李五中年经营土特产，以榨蔗糖为主兼营桂元干，海运往江浙、天津和京城等地贩卖，货物售完又购买京果杂货回泉发售。传说李五将蔗糖盖沙土加工成为赤砂糖，独一无二，一到市场即售空，利润高、资金周转迅速，由此发财致富逐渐成为资金雄厚的大商贾。李五生平好结交朋友，恤穷赈饥，好义乐施，参与捐资重修洛阳桥，曾得到朝廷嘉奖，钦赐金字牌匾"乐善好施"。

民间族谱中对慷慨出资的商贾一定要记录谱牒，如拥有大量米商、布商和手工业者的石狮福全蒋氏族谱记录蒋继勋，生于弘治十四年，"十岁丧父，习计然，竭力以养祖父及

母。"他初为贩布小贾,以善经营而成为大贾,每以舟船运布、运米,后"累散千金,济人缓急,乡里待以举火者五百余家"。

(二)朝贡贸易制度下的泉州通琉球

明洪武年间,中国与琉球正式建立封贡关系。明初泉州市舶司的业务主要是管理对琉朝贡贸易,另在晋江口岸设立来远驿,专门接待琉球贡使。这一时期,琉球与泉州的贸易形式有两种,官方贸易和私人贸易。官方贸易是主要形式,私人贸易也占很大比例。

官方贸易主要体现在朝贡活动中。琉球通过朝贡不仅获得大量赏赐,更主要的是为了发展中转贸易,从中国购进大量商品贩运到东南亚各国,再从东南亚地区购买中国所缺之物,贩到中国,从中牟利。为了牟取更多的利益,琉球国王积极遣使入贡。据《明实录》记载,从洪武五年(1372年)至成化八年(1472年)泉州市舶司迁往福州之前的100年来,琉球遣使者入明朝贡就达到了248次。如此频繁的朝贡贸易极大促进了琉球经济的发展,同时也使泉州成为琉球的重要商贸伙伴。即使市舶司从泉州迁往福州,由于泉州丰富的物产和"乐于商贩,趋货什一之利,蹈不测之渊,回易于蛮夷之境"①的泉州商人遍布各地,在与琉球的交易中,泉州仍处于重要地位。

琉球与泉州贸易的另一重要渠道就是民间私人贸易。私人贸易分合法和违法两种。朝廷允许册封琉球时在政府许可的范围内从事私人贸易,如使团人员携带一定限额的贸易货物,以一定范围、一定数量的贸易活动,补偿租借船只,这是合法的私人贸易。但在海禁甚严的情况下,这种合法的中琉私人贸易就成了急切从事海外贸易的泉州商人最易想到的突破口。许多纯粹为了贩卖获利而不知操舟之术者往往冒名顶替参加册封琉球的活动。陈侃出使琉球后对此深有体会:"从予驾舟者,闽县河口之民,约十之八,因夷人驻舶于其地,相与情稔,欲往为贸易耳。"②这些"驾舟之人,皆欲乘便贸易,窜名于籍,而不知操舟之术者。"③可见,其时闽人借与琉球朝贡往来的机会进行私人贸易之甚,这里面不乏无奈而为之的泉州商人。

(三)悄然进行的海外贸易

明初泉州商人在海禁夹缝中发展,他们不仅开拓了国内市场、私贩琉球,而且积极寻求海外贸易的机会。明洪武初年入迁今泉港区肖厝村的肖氏一族,世代以海为生,明弘治、正德年间,即造尖尾大船经营大米贸易,曾拥有商船多达19艘,成为名闻远近的航运业主;自明代澳门开埠,以"安平商人"为代表的晋江海商就一直活跃在澳门市场上;《台湾通史》记载闽南人于明代初叶陆续移入澎湖。诸多事例表明,自洪武海禁政策推行之初,泉州的海外走私贸易即已出现。永乐、宣德年间,有一些海商利用官方朝贡贸易的间隙,私下打造船只与海外交易,只是数量还比较少,也很分散。成化、弘治时,明朝官方的

---

① 龚用卿:《云冈文集》卷一八,《送漳州太守曹侯入觐序》,清光绪刊本。
② 陈侃:《使琉球录》之《册封诏书》,北京:中华书局,1985年。
③ 严从简:《殊域周咨录》卷四,《琉球》,北京:中华书局,1993年。

朝贡贸易日趋衰落,西方殖民势力大举东来抢占东方贸易市场,此时的泉州商人逐步摆脱束缚,他们不再被动消极,开始以自由商人的姿态在海外贸易上更加活跃。"成弘之际,豪门巨室,间有乘巨舰贸易海外者。"①他们避开较受关注的泉州港,另辟蹊径,从安海、深沪、围头等,甚至从漳州月港出海。他们成了后来抗争海禁的商人先驱,有的甚至移民海外,成为早期华侨。

明初冒禁出海的商人不在少数,因此泉州不少港市在这一时期依然因海外贸易而兴盛。如崇武渔船除捕鱼外,还贩运鱼货和利用渔闲季节与商船一样,天南地北地运输货物经商贸易,以渔兼商,致"富商巨贾几遍崇中"。明初因为海防之需在沿海几个港镇兴建起的卫所,如洪濑、獭窟、崇武、福全等商业的迅速繁荣,也从侧面反映当时海上贸易的活跃。

二、明代中期抗争海禁的泉州商人

15世纪末至16世纪初的明代中期,西方世界掀起一浪高过一浪的航海热潮。他们不满与中国的交往需要通过阿拉伯人为中介,不断要求明王朝开放贸易。此时,经历一百多年严厉海禁后,明廷的官员们很清楚,私人海外贸易无法禁绝,与其让他们暗中进行,不如向他们抽税。正德初年,在布政使吴廷举的倡议之下,经历了一个半世纪之后,有了海外贸易的抽分制,即对海商的船只,在抽取一定税额后听其自行交易。明王朝随贡使来华的使团中,海商居多,这一政策的实施,标志着明代朝贡贸易进一步衰落。衰落的朝贡贸易和东来的西人,使海外贸易的利润空间更大。因此,海禁政策虽未明令废除,但实际已网开一面。

在此背景之下,泉州私商的海外贸易大为活跃,越来越多的人卷入海外贸易的大潮中。据傅衣凌估计"正德、嘉靖、隆庆、万历间,漳、泉商船,每年至少有三四十舶,停泊于马尼剌,运来各种生丝及丝织品"。② 泉州的民间族谱也留下了大量的记载。华美《洪氏族谱》记载,洪瑶庆于明正德十六年(1521年)往吕宋,次为其兄凉庆,其后乡人纷去。《安平东霞亭房颜氏族谱》记录16世纪20年代开始是颜氏家族人口移动相当活跃的时期,大批族人相率奔赴广州、潮州、海南、香山澳、雷州等广东一些沿海城市。最早的走广者是颜仙华,于明弘治十七年(1504年)往海南;其次分别为颜仙佑,于正德八年(1513年)往潮州;颜晟,于正德九年(1514年)往雷州……那时广东正是海外贸易的前沿,他们大批"走广"为的正是更方便地进行海外贸易。

抽分制后,沿海民众不仅格外活跃而且出海规模明显扩大。不少民众借贸易造船,私置兵器,纵横海上。这给一些保守派官僚以反对的口实,他们极力攻击抽分制,认为违背了祖制,大逆不道,应予禁止。嘉靖初年海禁再严,效仿洪武年间那样,一而再、再而三

---

① 张燮:《东西洋考》卷七,《饷税考》,北京:中华书局,1981年。
② 傅衣凌:《明清时代商人与商业资本》,北京:人民出版社,2007年。

地颁布有关禁令,严格禁止私人海外贸易。虽几次因有识之士的反对,海禁时有放松,但总又很快收紧。正德以后,挣脱了束缚的私人海外贸易已不可遏制,尤其是以海贸为传统习俗的泉州商人公然与明廷对抗,持续近百年的反海禁斗争。斗争导致了三种情形出现,一是不断增加个体私商,二是私商集结成伙,以海寇商人集团对抗朝廷,三是假倭寇之名行贸易之实。其中,以勾结倭寇及形成武装集团为主。

(一)沿海私商成风,逐步形成武装对抗朝廷的海商集团

嘉靖时,商人纷纷私造大船,带上违禁军器,收买奇货,远航到海外各国,"与番舶夷商货贩方物"。即使明廷严厉禁止,甚至"重以充军处死之条",商民们仍然造船出海,私相贸易。在海禁严至"沿海居民,私与贼市,其邻居不举者连坐"的情况下,嘉靖十三年(1534年)初,泉州海商林昱等仍"驾舟50余艘'冒禁入海',前后至松门海洋等处,因与官兵拒敌,多少杀伤,寻执之"。① 泉州地方志书和族谱记载,明代泉州人出海贸易以嘉靖年间为多。《岱峰英岱三瑞堂洪氏族谱》记,晋江十四都蔡埭村(今金井钞岱村)洪邦丽,"公以家淡薄经商,适奎峰黄先生开澳与夷贸易,公即抵广为之。自后二弟为巨商,白手起家,公始之也"。其弟洪邦质,"裔夷亦贾以数万金"。"葵峰黄先生"即晋江人黄光昇,嘉靖年间任广东按察使,开澳与夷贸易,主管过"夷市"、"夷税",洪氏兄弟可说是最早往澳门贸易的晋江人。据《新泉公行述合志铭》载,萧大举"家贫无以为生,赖陈氏强自支持,茶苦拮据。新泉公以少孤掇业事商,辛勤百状,不能悉述。……致薄屋四座,薄田四百余亩。"《宝树谢氏族谱》载,明嘉靖年间晋江磁灶洋美村谢福良(1510—1562年),"尝游广望外岳之任,因往来商货觅利,乘舟浮海。"谢福良因岳翁在广任职前往,遂加入商途,因当时广东"诸澳俱废,濠境独为舶薮",故其乘商舶往来,应该是往澳门市场。②

嘉靖时期,类似这样的泉州私商比以前大大增加,从规模、人数、范围都跨上了一个新的台阶。遗憾的是明廷不仅没有适时地给予支持,反而对"揽造违式海舡,私鬻番夷者"处以重刑。但海禁所导致的厚利,又进一步吸引更多的人加入走私行列,如《筹海图编》中所说:"若海禁愈严,则获利愈厚,而奸民愈趋之。"为了对抗朝廷的阻绝,共同的利益追求使私商开始集结成团,地方豪族甚至组织自己巨大的武装,与明王朝官兵进行长期的周旋。他们先是为商,然后亦商亦盗。一些沿海小民也相率入海跟随海盗,规模空前庞大,逐渐形成了海商集团,成为明代中期泉州私商的一大特征,也成为反海禁斗争的重要形式。

(二)混迹倭寇以对抗海禁

明朝中国东南沿海深受日本倭寇侵扰,这些由封建主、没落武士、浪人和走私商人组成的倭寇,在明初国力强盛,防范甚严时,尚未敢猖獗。明中期以后,政治腐败,边防松

---

① 《明世宗实录》卷一六六,嘉靖十三年八月壬子。
② 转引自《明代在澳门的晋江人》,晋江文化丛书第五辑,《晋江海港琐记》,福州:海峡文艺出版社,1998年。

弛,倭寇活动猖獗起来。为了躲避朝廷,一些富商大贾勾结倭寇进行走私贸易,不少泉州商人和失业贫民混迹于倭寇之中。海盗与倭寇的合流最让明王朝头疼。泉州府同安县的林希元在看到侵扰"安海之倭仅二百四十"时,感慨地说:"今虽曰倭,然中国之人,居三之二"。① 嘉靖三十一年(1552年),倭寇初犯漳泉"真倭十之一,余皆闽浙通番之徒"。这些假倭"顶前发而椎髻向后以从之,然发根下断与真倭素秃者自有异,战虽同行,退各宿食,此其异也"②。叶向高指出"彼时倭来极多,亦不过千人,其余尽系漳泉之人"③;明黄堪《海患呈》也分析"倭寇"的真实来因:嘉靖二十六年(1547年)"本年三月内,有日本夷船十数只,其间船主水梢,多是漳州亡命,谙于土俗,不待勾引,直来围头、白沙等澳湾泊。四方土产货,如月港新线、石尾棉布、湖丝、川芎,各处逐利商民,云集于市。本处无知小民,亦有乘风窃出酒肉柴米,络绎海沙,遂成市肆"④。一月之间就有十数只日船来泊,使海滩变成市肆,其走私贸易之盛,可以想见。倭寇、沿海的附倭、通倭者,还有葡萄牙、西班牙、荷兰等地的商人,他们相互交易,贸易进行得有声有色。

泉州商人并不只混迹倭寇中,甚至有的成了倭寇中的首领,典型的如洪朝坚。嘉靖年间,御倭官员王忬曾上奏朝廷,历数了最著名的倭寇头目:"臣询访在海贼首约有百人,其雄狡著名者……泉州洪朝坚。"⑤我们可以看到,倭患最严重的嘉靖时期,也正是泉州私人海上贸易走向兴盛的时期。他们利用倭寇身份作掩护,为的是争取贸易的机会,所以他们首要的身份其实是海商。嘉靖时期,正是他们构成了反海禁斗争的主要力量,推动着泉州商人在明末开创了一个新的时代。

三、16—17世纪世界贸易网络中的泉州商人

新航路开辟以后,西方殖民贸易势力纷纷东来,主导了16—17世纪的世界贸易体系,而这一时期的泉州商人正忙着与海禁政策作斗争,他们贩北、走广、出洋,"资食于海外,资衣于吴越,资器用于交广",他们所建构的国内外贸易网络不可避免地卷入世界贸易网络中,并成了这个贸易网络中的重要力量。

(一) 贩北—走广—出洋贸易网络的构建

明代泉州的商品生产出现了一些新特点。一是甘蔗、蓝靛等经济作物的种植更加普遍化,农业商品化程度加深。甘蔗的普遍种植加上制糖技术的提高,泉州生产的白糖很受欢迎,"红白及冰糖,商贩四方货卖"。蓝靛等染料作物的种植也在不断扩大,不仅产量多,质量也好,行销海内外。水果、蔬菜是居民日常生活的必需品,而且需求量也很大,行

---

① 林希元:《林次崖文集》,《明经世文编》卷一六五,北京:中华书局,1987年。
② 顾炎武:《天下郡国利病书》卷一〇四,上海:上海古籍出版社,2012年。
③ 叶向高:《苍霞正续集》,《明经世文编》卷四六一,北京:中华书局,1987年。
④ 黄堪:《海患呈》,《安平志》卷九,《轶文》。
⑤ 王忬:《王司马奏疏》,《明经世文编》卷二八三,北京:中华书局,1987年。

销利润亦相当可观,尤其是荔枝、龙眼的栽培和加工更加突出,"园有荔枝、龙眼之利,焙而干之行天下"①。二是工艺技术的提高,手工业产品适应市场的生产需求。明代泉州纺织业的最大特色,是染色工艺的高度发达。宣德三年(1428年),明政府特于泉州设"染局",其产品有"染色为天下最"之誉。正统年间(1436—1449年),又在这里设"织造局"。当时泉属各县民间盛产各种棉布、苎布和葛布等,尤以惠安的北镇布,青山细白布,晋江的龟湖细布,南安的翁绢最为著名。陶瓷器的商品生产,在明清泉州整个手工业部门中,仍然占据最重要的地位,其外销数量甚至远远超过宋元时期。德化烧制的富有特色的"建白窑",是这一时期泉州制瓷工艺的重大突破。这种凝脂似玉的瓷品传入欧洲后,被誉为"中国瓷器之上品",其中瓷雕大师何朝宗的作品更是"天下共宝之"。

经济作物的广泛种植与手工产品的生产,为泉州商人的商贸活动奠定了经济基础。泉州商贩到各县进入深山僻壤收购各种农产品及土特产品,或穿梭于各大小手工作坊采办各种手工产品,再将这些产品转贩四方或输出海外,以谋厚利。然而,泉州当地出产的各种农业或手工业产品并不足以满足海内外市场的需求,尤其是输往海外的大宗商品都要从外地转贩而来,于是泉州商人贩北走广,活跃在中国大江南北。

明代中国产丝的地方很多,浙江湖州生产的湖丝在当时堪称产量高、质量好,因此销路很广,各地商人争相贩之,泉州商人也不例外。泉州商人往往将贩来的湖丝织成绢、纱、罗、丝、布等,再转贩其他地方。另外一种大宗生产原料——棉花也主要贩自江浙。泉州商人除了从江浙一带贩回生丝、棉花等生产原料外,也贩回大量的成品,如"泉州府客人孙滔,为人诚实,有长者风。带银百余两,往南京买布"。② 泉州石崖许氏家族,从明正德以后至清康熙年间约两百年,皆以经营丝绸业为主,活动范围集中在江浙一带,甚至派人常驻江宁,自己开设丝房。

泉州自古"地少人稠",伴随着商品经济的发展,大力发展商业性农业,使本来就不足自给的粮食生产更加"捉襟见肘",因此粮食成为泉州商人贩运的主要贸易品。泉州商人从南北二路输入粮食,北路主要仰江浙,南路主要来源于潮广。胡宗宪的《筹海图编》云:"福兴漳泉四郡,皆滨于海,海船运来,可以仰给,在南则资于广,在北则资于浙,而温州之米为多。"广东除了是粮食的生产基地,也是对外贸易的前沿,于是泉州商人纷纷"走广",一是贩回粮食满足泉州当地的日常需求,二可以贩回各种海外珍奇异宝、香料药物。当然,泉州商人贩北、走广的贸易线不是单一的,而是交错在一起的,大部分商人既转贩江浙,亦经营走广,贩北与走广是相衔接的,"富者上吴下粤,舟车所至,皆可裕生涯"③。深沪杨氏族谱《厚轩江泉二公合传》记载,杨氏兄弟就经营着南北生意,老三胜祖曾从广东买珠宝贩往江浙,换回丝绸。

贩北走广的商贸活动虽然使泉州商人获得利润,但远远不及出洋贸易的利润丰厚。当时海外贸易的利润很高,经常可以得到几倍甚至更高的利润,"输中华之产,驰骋远国,

---

① 何乔远:《闽书》卷三八,《风俗志》,福州:福建人民出版社,1995年。
② 王慎中:《王遵岩集》卷一二,《处士易直王翁墓志铭》。
③ (道光)《晋江县志》卷七二,《风俗志·商贾》。

易其方物而归,利可十倍"①,漳泉之民"往往多至越贩诸番,以窥厚利"。一些泉州商人在国内经商,往往只能成为小贾、中贾,而出洋经营则可致大贾,可见其航海贸易的利润之巨,甚至可以说,一些泉州商人转贩南北,收购大量的土特产,最终是为了出洋牟取厚利。于是,泉州商人满载着生丝、丝绸、布、糖、瓷器等物品出洋贸易,贩回各种香料珠宝等海外奇珍以及大量的白银,再将这些海外货物转贩到中国各地,如《安海志》所言:"俗尚游商,富家挟财本置棉葛等布,胡椒、木香、牙、明珠、翡翠等货,以往两京、苏杭、临清、川陕、江广等处发卖"。

泉州商人不辞辛苦,敢于冒险,贩北、走广、出洋,从事各种商贸活动,沟通了地区与地区之间的物资交流,活跃了海内外市场,建构了一个跨省、跨国的商业贸易网络。

(二)中日走私贸易中的泉商

明朝初期,因倭寇为乱严重,明廷需要日本幕府帮助镇压,而日本幕府急需中国财政援助,于是中日建立了勘合贸易,宁波通日本,泉州通琉球,但明朝政府对勘合贸易采取了极为严格的限制,即十年一贡,人限二百,船限二艘,后期稍有变化,"人毋过三百,舟毋过三艘"②。这种严格限制的贸易形式无法满足日本对中国货物的大量需求,于是一些日本商人借勘合贸易之机私往中国沿海寻求贸易,从《明实录》中也可以看到经常有一些日本船舶驶到中国沿海,或因无国王印信,或因无勘合文凭而被拒绝上岸的记载。同时,明朝政府也意识到以勘合贸易来笼络日本协助镇压倭寇已难以实现,而且勘合贸易是一种不对等的经济关系,明朝政府往往以数倍的价值支付日本货物,如日本刀剑一把造价不过800文,而明朝则付给2000文,长此以往,极大加重了明朝政府的财政负担。因此,明嘉靖二十八年(1549年)后,明政府断绝勘合贸易,转而对日厉行海禁,这种对日政策一直持续到终明之世,即使中期实行部分开放海禁的时候,也没有对日开放。

明廷虽然禁止商人去日本交易,但由于"贩日之利,倍于吕宋","其去也,以一倍而博百倍之息;其来也,又以一倍而博百倍之息。愚民蹈利如鹜,其于凌风破浪,其偃息视之。违禁私通,日益月盛"③,且"禁之逾严,则值逾厚,而趋之者逾众",如明代一斤生丝在产地值250文钱,转至日本,即高达5000文之多,川芎、甘草等药材,在日本每斤值70两白银,还供不应求。1544年12月到1547年3月的两年多时间里,赴日走私贸易因风漂流至朝鲜而被解送回国的闽人即逾千人之众。而且中国海商往往假借去其他国家贸易,待出洋后再转而航去日本。这样一来,走私贸易便成为中日贸易的主要形式。

无论勘合贸易时代还是厉行海禁时期,泉州商人与日本商人的走私贸易都是十分活跃的。在嘉靖三十年(1551年),"有日本夷舶数十只,其间船主水梢多是漳州亡命,谙于

---

① 张燮等撰:(崇祯)《海澄县志》卷一一,《风土志》,日本藏中国罕见方志丛刊,北京:书目文献出版社,1990年。

② 《明史》卷三二二,《外国传三·日本》。

③ 郑舜功:《日本一鉴》卷六,《穷山话海》。

土俗,不待勾引,直来围头白沙澳停泊",当地居民和商人与日人交往:"络绎海沙遂成市肆。"①但勘合贸易终止后,日本商人前往中国沿海私下贸易,往往要冒更大的危险。于是,去日本经商的中国商人就极受欢迎。他们大力招徕明朝商船,为他们提供种种方便。如1608年,萨摩的岛津义久曾致书在日本居留的泉州商人许丽寰,约他明年再来,如不幸漂流到他州,也希望他等待萨摩派去官员,评定器皿财货的价格,信中约定:"其盟之坚者,金石胶漆,物莫能间。"也许是许丽寰带回日本欢迎中国商船的信息,于是更多的中国商人前往日本贸易,据载1609年7月,就有明朝商船10艘相继开到萨摩,停泊在鹿儿岛和坊津。② 日本除了以优厚条件吸引中国商人去日经商外,当了解到明朝政府对商人去南洋经商采取以税代禁、有限度地放宽政策后,也不失时机地去南洋各地采购中国商品,以减轻明对日严禁所造成的损失。对此,明朝徐光启也说:"我闽浙直商人,乃皆走吕宋诸国,倭所欲得于我,悉转市之吕宋诸国矣。"③这样,泉州商人也在菲律宾等南洋各国与日本商人互市。

泉州与日本的民间贸易日益频繁,各商船主往往有自己的经营伙伴,并立有契约与旗号,以便入港时确认和买卖。如日本福冈珍藏的一面布旗,是当时博多港(今福冈市)从事中日民间海上贸易的大商家——高须氏家族使用的旗号。④ 此船旗不仅印有日商家旗号,而且还有泉州府晋江县商船主等人姓名和内容。中日贸易的高额利润不仅吸引着泉州沿海人民冒禁下海,山区人民也"冒险射利",从事中日之间的走私贸易。

从事中日贸易的中国商人中,出现了如李旦、郑芝龙这样著名的泉州商人,一度主导着中日贸易,并与西方贸易势力斡旋。李旦于16世纪末前往马尼拉,成为马尼拉的华人领袖,但在与西班牙的贸易中,不满西班牙对中国商人的各种约束,与西班牙人激烈争吵,被迫离开马尼拉。不久,李旦来到当时日本对外通商的重要门户、国际贸易的重要据点——平户,并在那里定居,成为日本的"中国甲必丹",创建了属于自己的商业网络:在长崎,有欧阳华宇代理他在当地的业务;在中国,有兄弟许心素为他提供货源;在平户,也有兄弟为他处理日常商务;另外,他还以台湾为中转基地从事中日贸易。李旦在中日贸易中的主导地位得到中日官府的认可,他与中国福建官员打交道,与日本封建大名的交情更好。当德川幕府规定要凭朱印状(贸易特许状)才能前往安南、暹罗、吕宋、柬埔寨等东南亚国家进行贸易,虽然朱印状一般只发给日本商船,且数量有限,但李旦及其兄弟华宇等人却多次获得。李旦死后,郑芝龙获得其大部分资产,随之发展成东亚贸易网络中最大的中国海商,控制着中日贸易。

有明一代,泉州与日本之间的贸易往来十分频繁,泉州商人要么直接与日本商人贸

---

① 黄堪:《海患呈》,《安平志》卷十二,《附文》。
② [日]木宫泰彦著,胡锡年译:《日中文化交流史》,北京:商务印书馆,1980年,第624、621页。
③ 徐光启:《徐文定公集》卷四,《海防迂说》,《明经世文编》卷四九一,北京:中华书局,1997年,第5438页。
④ 林华东:《日本福冈珍藏的日明贸易船旗》,《海交史研究》1996年第1期。

易,要么通过葡萄牙、荷兰等西方势力与日本间接贸易,源源不断地将中国生丝、丝织品、瓷器、糖等运往日本,并从日本运回大量的白银。即使在1639年日本实行锁国令以后,泉州与日本的贸易仍然是有增无减,如1641年郑芝龙开辟了安海直达日本长崎的贸易航线,到日本的中国船达到创纪录的97艘。

(三)马尼拉大帆船贸易中的泉商

在西班牙入侵菲律宾以前,泉州与菲律宾两地的来往就已经很频繁,建立了密切的通商贸易关系。1565年,西班牙殖民者侵占了菲律宾的棉兰老、宿务等岛后,就发现通过香料贸易来获取丰厚的利润不可能实现,因为菲律宾并不像摩鹿加群岛那样大量出产丁香等香料,如棉兰老岛虽然出产肉桂,但出售肉桂并无利可图。同时他们很快就发现,只有与中国建立贸易关系,才可以维持其在菲律宾的殖民统治。为了招徕、鼓励中国海商赴吕宋贸易,西班牙殖民远征队的头目黎牙实备曾命令航赴武端(Butuan)的舰船要善待途中可能遇到的中国商船。1570年西人攻占马尼拉村时,不仅没有伤害当时在彼贸易的四艘中国商船及被俘的马尼拉华人,反而将华人送回中国商船,并用黄蜡与中国商人交易陶罐和瓷器。[1] 同时,西班牙开辟了马尼拉至美洲墨西哥的阿卡普尔科的航线,与中国至菲律宾的航线衔接。很快地,西班牙将马尼拉发展成国际贸易中心,菲律宾群岛地区成为太平洋两岸的贸易和文化交流的中转站:中国商船把中国的丝绸、瓷器、工艺品等货物运往马尼拉,然后由西班牙商人用大帆船把货物运销到阿卡普尔科;大帆船在归程时装载美洲的白银回到马尼拉,菲律宾的殖民政府用这些白银来购买中国商品。由此建立起一个持续250年的大帆船的贸易循环体系。

明朝部分开放海禁后,将中国与吕宋的贸易推向了高潮,中国—菲律宾—美洲成为16世纪至17世纪最繁忙的国际贸易航线。这时期,大量的泉州商人活跃在中菲的贸易航线上。泉州商人还开辟了从泉州经台湾南部到菲律宾的新航线,取代了隋唐以来从泉州经占城、渤泥至菲律宾的航线,大大缩短了中菲之间的航程。根据《顺风相送》一书的记载,泉州至菲律宾的航线主要有如下几条:泉州往彭家施阑(从泉州出发到冯嘉施兰);泉州往杉木线(从泉州出发,到苏禄群岛和乐岛的和乐港);泉州往渤泥(文莱)线(从泉州出发,经吕宋,芭荖员即今巴拉望到文莱);浯屿往麻里吕线(从金门出发,到马尼拉北面的马里拉奥)。

泉州至菲律宾新航线的开辟,加上经营菲律宾的商贸活动能获巨利,于是开往菲律宾的泉州商船日益增加,前往菲律宾谋生的泉州人也急剧增加。许多沿海城镇如安海、金井等有大量村民前往菲律宾谋生,或从事航运商贸,或留居本地从事小商贩活动,他们的足迹遍及菲律宾群岛麻逸、苏禄、猫里务、民多朗等地。

由于往菲岛谋生的泉州人不断增多,逐渐形成了固定的聚居区,"去者或久客不归,

---

[1] E. H. Blair sc. J. A. Robertson, *The Philippine Islands*, 1493—1898(Cleveland, 1903), Vol. 2, p. 116.

间有籍居生长子女"①。在马尼拉的泉州商人主要聚居在华商的居留地"帕利安"（Parian，意为市场，华侨称涧内），这里有华人 8000 多人，商店 400 座，活跃着许多来自泉州的商贩，他们每天向马尼拉市民供应着各种食物和日用必需品。此外，留居菲岛的泉州商人还不辞辛苦，深入穷乡僻壤，贩卖货品，收购土特产，沟通了各岛内地与城市之间的物资交流。

泉州与吕宋的贸易，主要是中国丝货与墨西哥银元的交易。据《明万历实录》卷二一〇记载，隆庆万历间，闽广商船从每年的三四艘骤增三四十艘，满载中国的丝织品、棉织品、瓷器等商品在菲律宾市场上销售。除了丝织品和瓷器等大宗商品外，泉州商人也运载了许多供西班牙人和菲律宾人享用的食品、日用品、农产品等。明末傅元初曾做了详细的叙述：吕宋等国"皆好中国绫罗杂缯。其土不蚕，惟惜中国之丝到彼，能织精好缎匹，服之以为华好……而江西磁器，福建糖品、果品诸物，皆所嗜好。"菲律乔治在其著作中曾详细描述当年福建商人赴菲贸易的情况："他们运来各种果品，如柑、花生、葡萄牙干及柿仔。……他们也运来各种布匹，有几种质地好的较诸法荷的出品，并无逊色。有几种墨色的布，东印度人用以缝制衣服，还有粗或细的私货、地毯、琵琶线、花边、化妆品、床帷、椅垫等。普通磁器也有运售，但非常精美，则因被禁止而不能出口。他们也运来珠、金、铁、麝香、雨伞、假宝石、硝石、面粉、各色纸张以及其他雕刻油漆极美的木器。"②

由于菲律宾地产贫乏，西班牙人没有商品能与中国的生丝、瓷器等货物交换，只得以大帆船将美洲的白银大量运至菲岛，用以购买中国商品。所以，泉州商人从菲岛回国时，运载的货物除了少量的菲律宾土特产如肉桂、珍珠、海参、玳瑁等，大部分是美洲白银。20 世纪 70 年代晋江市安海、南安市官桥、南安市诗山、惠安县城、泉州浮桥、泉州法石等地相继出土了西班牙银币，这些银币主要通过两种途径输入：一是海外贸易输入，二是归国华侨带入。这些银币的出土证实了泉州与菲律宾密切的商贸联系。

(四)澳门多向贸易中的泉商

新航路开辟以后，葡萄牙人率先来到东方。1511 年，葡萄牙人占领马六甲，继续扬帆北上。1514 年，葡萄牙人阿尔瓦雷斯乘坐中国帆船于 6 月抵达广东珠江口的屯门岛。从此，葡萄牙人把屯门作为活动据点，企图打开中国的贸易大门。但葡萄牙人谋求合法贸易不得，遂在广东沿海进行海盗活动，引发了中葡武力冲突。1522 年，明军击败葡人，葡人被逐出广东，转而在闽浙沿海从事走私活动。他们在福建以浯屿为活动据点，与中国商民进行走私贸易，泉州商人也纷纷前往浯屿与葡人交易。《东西洋考》记载在嘉靖二十六年，"有佛郎机船载货泊浯屿，漳、泉之贾人，往贸易焉。"另外《天下郡国利病书》卷 93 也记载："嘉靖中，有佛郎机船载货泊浯屿，漳、龙溪八九州民，及泉之贾人，往贸易焉"。其实，葡人早在占据浯屿以前，也曾经到泉州一带需求贸易的据点，但没有成功。

---

① 《安海志》卷一二，《海港三·侨外》。
② 菲律乔治：《西班牙与漳州之初期通商》，译文载《南洋问题资料译丛》1957 年第 4 期，第 45 页。

由于葡萄牙人和中国私商、倭人在闽浙沿海大肆从事走私活动，甚至大肆劫掠，于是明廷派朱纨出任闽浙巡抚，将葡萄牙人驱逐出闽浙沿海，他们被迫重返广东，并"完全放弃了任何诉诸武力的做法，而代之以谦卑、恭顺的言谈举止"[①]，广东官员考虑到海上贸易关乎广东社会各阶层的利益，给予默许。

澳门本是广东香山县滨海的一个渔村，嘉靖十四年（1535年）被明朝政府正式辟为国际性的港口城市，成为暹罗、占城、爪哇、琉球、渤泥诸国在华市舶交易之所。1557年葡萄牙人入居澳门，在获得港口经营权以后，大力拓展海上贸易，澳门很快由"番夷市舶交易之所"变成为葡人经营的国际贸易港口和中西文化的中心和枢纽。以澳门为中心的几条国际贸易航线主要是：里斯本至澳门、澳门至日本、澳门至里斯本、澳门至马尼拉。此外，还有澳门至印度支那半岛，澳门至帝汶等几条航线。可以说，以澳门为中心的多向国际贸易航线的开辟，使中国与欧洲的贸易中心一度转移到这里，而且在这么多的国际贸易航线中，中国产品是主体，而葡萄牙人必须与中国商人打交道才能获得大量的中国产品。在这种情况下，泉州商人必然纷纷走向广东、走向澳门，以寻求对外贸易的厚利。在王慎重《遵岩集》、李光缙《景璧集》、何乔远《镜山集》中均有泉州商人往广东、澳门贸易的记载，泉州部分族谱也有不少提到明代族人往澳门经商的事实。

往澳门经商的泉州商人中郑氏家族是非常突出的。《石井郑氏族谱》中记载迁徙广东、澳门的共有32人，占了该族明代外出族人总数的一半以上。该族人除了往澳经商，还在澳门娶妻生子，并出现了父子相率、兄弟同往、聚族而居等现象。澳门至日本是葡萄牙人控制的重要贸易航线，而石井郑氏大海商郑芝龙正是从这条贸易航线开始发迹的。

既然葡萄牙人控制了澳门的多条国际贸易航线，那么包括泉州商人在内的中国商人是如何在这些贸易中谋求生存的呢？为此，王赓武教授分析：

"当海禁在1567年被解除时，对日本贸易的禁令仍然生效。这意味着旅居日本的中国人不能返回中国，日本商人也不能直接与中国进行贸易。于是，闽南人便无法从富有的对日贸易中获益；闽南人对非法的私人贸易的积极性最初导致朝廷强化海禁，后来又是在他们强烈地呼吁和不顾一切地恳求下才使得朝廷在1567年解除海禁。而在澳门因葡萄牙人取而代之，成了主要的受益者，他们便利用其新建的澳门基地来进行中日之间的双向贸易。在这种情况下，闽南商人只好满足于与葡萄牙船主们结盟，依赖他们，并加入葡萄牙人设在日本各口岸的一些小型但颇为成功的贸易中心和传教中心。"[②]

这样看来，泉州商人大概是依附葡萄牙人以便获准从事葡萄牙人所开辟的国际贸易，郑芝龙就是一个实例，但不可否认，如果没有包括泉州商人在内的中国商人从各地包括东南亚收购的各种产品，葡萄牙人所建立的澳门多向国际贸易航线将无法循环运转。

（五）荷兰远东贸易网络中的泉商

16世纪末17世纪初正是荷兰资本主义发展的时代，企图从葡萄牙人手中夺取东西

---

① 张天泽：《中葡早期通商史》，香港：中华书局，1988年，第106页。
② 王赓武：《没有帝国的商人：侨居海外的闽南人》，《海交史研究》1993年第1期。

方航道要冲的马六甲,同中国和日本进行直接通商贸易。但荷兰人在谋求与中国进行直接通商贸易的努力频频受挫,便把注意力转向当时出洋兴贩的中国帆船,与之交易从中获取其所必需的中国商品。1609年前后荷兰相继在北大年、暹罗、宋卡,以及日本等地开设商馆,目的之一是为了向前来这些地方贸易的中国商船收购生丝。这时期,泉州商人也在荷兰开设商馆的地区与荷兰有了商业联系。

但是,这种方式的贸易远远不能满足荷兰人的欲望。1618年,荷兰派15艘舰队一举攻占了雅加达,并改名为巴达维亚。从此,荷兰将其东方贸易网络的总部设在巴达维亚,并积极加以经营,使之迅速成为当时东方海上贸易上一个极为重要的商港。荷兰人能够顺利开拓以吧城为中心的贸易网络,与泉州同安商人苏鸣岗分不开。苏鸣岗于17世纪初前往西爪哇万丹经商,后移居巴达维亚。1619年,苏鸣岗组织大批华人移民开发巴达维亚,有利于荷兰加强对这一地区的统治,作为奖励,荷兰殖民政府任苏鸣岗为巴达维亚首任华人甲必丹,还奖励给他的继承人封地,授予世袭的Sia称号。

荷兰人在促使吧城迅速发展为东印度最大贸易中心的同时,依然企图以武力打开中国市场。1622年,荷兰再次进攻澳门,试图将葡萄牙人逐出以取而代之,结果荷兰伤亡惨重,无功而返。同时荷兰袭击马尼拉的计划也惨败而归,于是,荷兰人第二次入侵澎湖,以此为据点,"乘汛出没,房掠商艘",甚至长驱直入福建沿海地区,试图以武力迫使明朝政府允许其在中国沿海直接贸易,然而却遭致明朝军民的抗击。在这场荷兰与中国政府的较量中,泉州商人李旦起了关键作用。1624年,在李旦的斡旋下,荷兰退出澎湖,转据台湾。

荷兰占据台湾以后,企图独揽中日贸易之利,通过海上拦截等方式企图切断西班牙、葡萄牙与中国、日本的贸易。荷兰人的海盗行径迫使泉漳海商纷纷转向台湾,他们运去中国生丝、瓷器等与荷兰人贸易,此时泉漳海商与荷兰的贸易额迅速增长。荷兰把台湾变成转贩中国商品基地,把中国的丝织品、瓷器等分别转贩到日本、欧洲等地,从中牟取暴利。在发展台湾为东方贩运中心的同时,荷兰仍继续招徕中国商船到其东方大本营贸易。

虽然荷兰占据台湾,但始终无法与中国其他地区建立直接贸易关系,主要依赖中国商人获取中国商品。荷兰一开始是依靠泉州同安人许心素提供中国商品。许心素与李旦是结拜兄弟,在中国大陆为李旦的商业网络提供货源。他借第二次澎湖危机与荷兰人开始打交道,并取得荷兰人的信任,多次获得荷兰人预付购买资金的待遇,金额多达数万两。而许心素也没有让荷兰人失望,他积极运用自己的大陆商业网络,曾在得到荷兰人预付资金后,一次性给荷兰人运去250担生丝。李旦去世后,无法再为许心素提供海上航行的安全保卫,于是许心素转而投身官府,借官府的力量保护自己。在成为官商后,许心素作为地方官府与荷兰人的中间者,成为唯一一个获得与荷兰人贸易许可的商人,利用这么大的一个优势,许心素几乎以承包形式包揽了荷兰东印度公司与中国的全部生意,垄断了中国与荷兰人的贸易。许心素把持和独揽中荷贸易的局面在1628年被打破。1628年,郑芝龙就抚于明朝政府,被委任为海防游击将军,遂将许心素取而代之,并与当年与荷兰签订了一项为期三年的生丝胡椒贸易合同。根据这项协议,郑芝龙每年向荷兰提供三千担的生丝、六千担的糖以及五千件的丝织品,而荷兰人则每年向郑芝龙交付三千担的胡椒,不足部分以现金支付。①

(六)商人移民构建的移民社区和"华侨社会"

明代泉州商人贸易而侨居东西洋各国以及台湾地区的,原因不一而足,有的是因为冒禁出海遭受明朝官兵的缉捕而无法返回,有的是因为等候季风返航,而不得不在主要港埠流寓,久而久之成为侨居群体的一部分;有的商人深入到东南亚各国的乡郊僻壤收集土产,输送到港口出售给前来收购的各船商,为着购销方便成为侨居华商的主体。

1. 移居广东

广东宋元时期曾是我国最大的海外贸易港口之一,进入明代又形成了香山澳(澳门)和南澳岛两个大的走私贸易中心,尤其葡萄牙人占据香山澳以后,中国与欧洲的贸易中心也随之转移到香山澳,这样一来,许多商人纷纷走向广东,寻求厚利。而毗邻广东的福建泉州商人,更是凭借着地利之便,大量的走广,时间一长,便寓居下来。

泉州地方族谱记载往广东经商并寓居的不乏其人。如《安平东霞亭房颜氏族谱》到广东的特别多,有186人,占总数的45.5%,主要集中在广州、潮州、海南、香山澳、雷州等沿海城市,其次为东南亚地区和日本,再为台湾。②据《西湖蔡氏族谱》载,约明嘉靖年间至清乾隆中叶(1522—1765年),该族往广东者就有20人,且不包含那些游商广东又回归家乡者,以及族谱漏记者。其移民地点和人数分别为:广东澳内6人、潮州4人、揭阳4人、惠州1人、崖州1人、广州2人、香山澳2人。又据崇武年间编修的《郑氏族谱》的记载,郑氏家族从开基到明末仅繁衍十一二代,仅数百人,而在族谱中明确记载死葬广东的就有数十人,所占比例亦很高。郑氏族人到广东各地谋生的最集中的在香山澳,有十七人。特别值得一提的是,广东东安县的郑若岗,"附广东罗定州东安县籍科乡试九十七名,榜名亮绩,号寅修"。这说明郑氏家族寓居在这里已经有较长的时间,并且在当地取得了一定的社会地位,才有可能在科举考试中占用当地的名额。③

2. 移居台湾

明代以前,就有不少泉州商人运载货物到台湾与原住民做买卖,到了明代,则出现了泉州人民移民台湾的热潮。明天启年间(1621—1627年),以颜思齐、郑芝龙为首的海商集团占据台湾北港,又适值福建沿海旱灾,泉漳一带破产的农民和城市的失业者竞相奔往,为数三千多人。连横《台湾通史》说:"海澄人颜思齐率其党入居台湾,郑芝龙附之,事在其传。于是漳、泉人至者日多,辟土田,建部落,以镇抚土番,而番亦无猜焉。"④荷兰人在进占台湾之前,曾派人调查发现在萧垄社(佳里)一地时,统计出约有1000—1500位从

---

① W. Campbell, *Fomosa under the Dutch*, p. 105, pp. 117~120, 载《郑成功收复台湾史料选编》,福州:福建人民出版社,1982年。
② 王连茂:《明清时期闽南两个家族的人口移动》,《海交史研究》1991年第1期。
③ 陈支平:《民间文书与明清东南族商研究》,北京:中华书局,2009年,第335~338页。
④ 连横:《台湾通史》卷一,《开辟纪》,北京:商务印书馆,1983年,第9页。

福建过来的中国人,活动于原住民之间,到处搭船交易牟利。①

此外,荷兰人占据台湾,热切欢迎中国帆船运载货物过来。他们十分清楚,这些中国商人是贸易的能手,同时手工艺强,可供应荷兰人日常生活的各种必需品。1633年郑芝龙与荷兰人协定,允许漳泉海商来台湾自由贸易,而荷兰人又提供土地和狩猎证,于是泉漳人民一波波的渡海来台,许多商人也随之聚居在荷兰人修建的商埠港市中。

3. 移居日本

尽管明朝政府规定"不得往日本倭国",但中国海商采取各种对策,继续扬帆日本,加上日本各藩领主对中国商人持欢迎态度,对日走私贸易的规模,殆可从万历四十年(1612年)明朝兵部给皇上的奏折中略窥一二,"通倭之人皆闽人也,合福、兴、泉、漳共数万计"。② 这个数字可能不会过于夸张,因据万历四十六年(1618年)亲身到过日本的刘凤岐说,万历三十六年(1608年)侨居在长崎的明商还不到20人,而"今不及十年,且二三千人矣,合诸岛计之,约二三万人"。③ 又据天启五年(1625年)福建巡抚南居益说:"闻闽越三吴之人,住于倭岛者,不知几千百家,与倭婚媾长子孙,名曰唐市。"④

由于从事对日贸易的走私商人日益增多,便有不少商人寓居日本。由于从事对日贸易的走私商人日益增多,便有不少商人寓居日本。据吴法考证,田川七左卫门原系泉州人,原名翁翌皇,在日本经商已久,娶日本女,改用日本姓,称田川翌皇,成为长崎肥前平户岛主。⑤ 明代泉州商人侨居日本大致可分为两个时期:一是大约从1540年到1635年,泉州商人可以同当地日本商民自由互市,并可以不受限制地居住在九州岛上的任何港埠,于是在九州岛出现了数个闽南商人的侨居社区,如博多港、萨摩藩、平户等。在平户的闽商侨居社区中,泉州商人李旦曾任侨领,他拥有大批船舶,从事日本、台湾、福建沿海之间的贸易活动;二是从1635年起,日本下令,所有的外国商船只准到长崎贸易,于是所有到日本贸易的泉州商人都被限制居住在长崎岛上。这个时期,侨居长崎的泉州商人屡见记载,如《崇武文献黄氏族谱》载:"宝夫公,爱泉公三子,讳良珠,生万历七年己酉十一月十五日吉时,商游于日本国,籍长崎澳,康熙丙子余见其子孙云。"又吴荣宗,原籍福建晋江人,明末贸易商,后东渡长崎,成为居唐人;蔡昆山,原籍泉州同安县人明末贸易商,后于日本宽永年间(1624—1643年)东渡长崎,1663年被任为长崎"唐船请人"。⑥ 郑芝龙开辟了安海直达长崎的航线以后,定居长崎的泉州商人就更多,因此长崎的唐通事,在很长一段时间内,多为泉州商人充任。

4. 移居东南亚

由于欧洲人东来,世界贸易市场的形成,急需大量的商品交易,泉州商人前往东南亚

---

① 江树生:《荷据时期台湾的汉人人口变迁》,《妈祖国际学术研讨会论文集》,北港朝天宫,1997年,第11～12页。
② 《明神宗实录》卷四九八。
③ 朱国祯:《涌幢小品》卷三〇,《倭官倭岛》。
④ 《明熹宗实录》卷五八,天启五年四月戊寅。
⑤ 吴法:《台湾历史札记》,"海上之王"郑芝龙,第113页。
⑥ 童家洲:《明末清初中日私商贸易与华侨》,《海交史研究》1993年第2期。

国家不再只是与原住民零散的、小规模的买卖，更主要的是直接与欧洲人贸易，所进行的是集中的、大规模的交易。在这种情况下，也出现了泉州人民移民东南亚的浪潮，而这些移民大部分是商人群体，正如王庚武所言："经商和开店唯一开放给他们的财富之源。所以，从广义上说，海外华人社会只分为商人和热切成为商人的人。"①而且东南亚地区的港口商埠往往也是商人聚居的地区，"最早是分布在中国通往印度、阿拉伯、北非的海路商道上的几个重要点上，比较集中于占城、旧港、爪哇、真腊等地。元代，华侨分布更加广泛，在文莱、婆罗洲、勿里洞、东爪哇等地的华侨人数增多了。明代……华侨聚居地的分布便由集中在几个重要点逐渐向周围地区浸润，但大多数华侨仍然集中在沿海的城市，少部分华侨分散在农村，其间隔在比较稀疏、比较空白的地区。"②

洪武年间，满者伯夷王朝统治下的三佛齐旧港"多是广东、漳泉等处人逃居此地"③，后爪哇灭三佛齐，却不能尽有其地，"华人留寓者往往起而据之"。④ 暹罗是福建海商的一个据点，嘉靖时代已出现中国街。崇祯时，泉州商人在暹罗与日本、荷兰商人竞争过鹿皮贸易。

在东南亚各国中，尤以吕宋与泉州的渊源最深。明清时期泉州人民除了一部分人往暹罗、顺塔（即交瑠吧）、旧港与占城外，更多的人则集中在吕宋。⑤ 尤其西班牙占领菲岛后，需要华商运载大量的商品前来以维持殖民地的生存。大量的华商前来并定居下来，形成了像"涧内"这样的聚居区。泉州商人中，往吕宋的安海商人尤其多，而且在吕宋的闽商群体中出类拔萃，声名显赫，以至于城内的任何华人富商都被称作"Aanyes"（安海人）。

第二节　明代安平商人的崛起

安平镇位于泉州南边的围头澳内，陆路北达泉州、莆田、福州，西通永春、德化，海路南由东石、石井直通金厦，是闽南的水陆交通枢纽之一。安海港作为泉州港的一个组成部分，宋元时期已经相当发达，明代私商贸易时期迅速取代泉州主港的地位，成为中国重要的私商贸易港。明代的海禁没有扼杀安平人追逐海外利润的传统，他们不仅闻名于国内市场，而且直接参与到世界性的大航海贸易中，是明代中后期屡禁不绝的中国私商的缩影。

---

① 转引自王亦铮：《神户闽南商人的海外贸易网络及其家族性特征》，《海交史研究》2009年第1期。
② 陈碧笙主编：《南洋华侨史》，南昌：江西人民出版社，1989年，第57页。
③ 马欢著，冯承均校注：《瀛涯胜览》，"旧港国"条。
④ 张廷玉等：《明史》卷三二四，《三佛齐传》。
⑤ 王连茂：《明清时期闽南两个家族的人口移动》，《海交史研究》1991年第1期。

一、安平商人

明代中叶以后,各地涌现出不少著名的商人集团,其中徽商广为大家所熟知。明代杰出史学家何乔远曾将安平商人和徽商相提并论,"吾郡安平镇之为俗,大类徽州,其地少而人稠,则衣食四方者,十家而七"。①

(一)安平商人崛起的历史背景

与宋元时期泉州的枢纽港后渚港相比,安海港距郡之统制偏远,官府控制力相对薄弱,港口位于围头湾内,利于商舶避风,出海门,就是外海,利于海上贸私,同时离"番人之巢穴"的浯屿(金门)很近,便于私商与外商贸贩。于是民间商人便纷纷弃泉州港而至安海,安海港成为民间商人走私活动最活跃的地方。此时,国际海上通商形势也发生了变化。15世纪,欧洲开始出现殖民主义国家,它们冲破阿拉伯人的控制,相继向东方扩张。与此同时,日本的走私商人也竞相到我国沿海买卖。这些贸易走私的东西方海商,为避官府的禁制,常在安海附近的围头、石井、白沙等澳强贸甚至掠夺。因此当后渚港由盛转衰之际,安海港却从元代的偏港迅速转入全盛。

安平港的兴起为安平商人提供了天时地利,而闽南地区社会经济的繁荣又为安平海商的发展提供了物质基础。明代,漳泉人民开垦荒地,围海造田,兴修水利,大力发展粮食作物和各种经济作物,普遍种植木棉、桑、麻、甘蔗、茶叶等。在农业发展的基础上,手工业的发展也很快,棉布种类极多,尤其是制茶技术、制糖技术等都有很大提高。明代德化及安平附近的晋江磁灶瓷器业更是以规模庞大、产品优良而著称。

另外,宋元以来泉州人民先进的造船航海技术为安平海商的发展奠定了基础,在惊涛骇浪中,"如走平原"。《诸蕃志》《岛夷志略》等专门记载海外诸国情况和航海活动的专著,为安平海商了解海外市场的商情,组织销路对口的商品和收购各地的物产提供了信息。

总之,历史为安平商人备足了条件,他们的脱颖而出是时代的必然。他们不断壮大,到对全城影响至深,以致妇女儒人皆参与其中,并最终发展成明末的大海商集团。

(二)安平人的涉海经商规模

何乔远在《镜山全集》中记述:"故今两京、临清、苏杭间,多徽州、安平之人"②,与他的另一著述相得益彰:"安平一镇尽海头,经商行贾,力于徽歙,入海而贸夷,差强货用。"③他明确了安平商人在明代商业史中的地位:东南大贾,势力与徽商相匹敌。在何

---

① 何乔远:《镜山全集》卷四八,《寿颜母序》,日本内阁文库藏明刊本,第12页。
② 何乔远:《镜山全集》卷四八,《寿颜母序》,日本内阁文库藏明刊本,第12页。
③ 何乔远:《闽书》卷四五,《风俗》,福州:福建人民出版社,1995年。

乔远的笔下,安平商人的规模变得具象。

明初,海禁甚严,大多数安海商人私下贩海,采取独家经营的方式,后来,由于海上竞争,强弱相凌,互相劫夺,于是相互连结,依附强者以为船头,"或五只或十只,或十数只,成群分党,分泊各港"。此时的安平商民,以地方豪右为后盾,以宗族为基础,结帮集伙,其卷入人数之多,及不断壮大发展之态势成为朝廷的一大心患。"福建遂通番舶,其贼多谙水道,操舟善斗,皆漳泉福宁人。漳之诏安有梅岭,龙溪海沧、月港,泉之晋江有安海,福鼎有桐山,各海澳僻,贼之窝,向船主、喇哈、火头、舵工皆出焉。"①"漳泉地方,如龙溪之五澳,诏安之梅岭,晋江之安海,诚为奸盗渊薮。但其人素少田业,以海为生。"②。根据这些记载,不难想象当年安海港民间海外贸易之况已令朝廷忧心忡忡。《温陵旧事》也说:"民无所征,贵贱惟滨海为岛夷之贩,安平镇其最著矣。"正是大量的安平商人冒险贩海经商,才使得安平镇在严厉的禁令下仍"四方商贾,集聚如云"。朱纨所言:"泉州之安海,漳州之月港,乃闽南之大镇,人货萃聚,出入难辨。"③将其贸易规模描述地如此生动。由于经商获利丰厚,例如,"丝每百斤价银五十六两,贩去者其价十倍";"水银,镀铜器之用,其价十倍中国;常因匮乏,每百斤价银三百两";"古文钱,倭不自铸,但用中国古钱而已,每一千文价银四两。"④这种厚利,更加引起人们的向往,下海贩贸者越来越多,而且阶层广泛。到嘉靖时期,下海通番成为公开的活动,普遍的风气,明政府已无力禁止,不得不作事实上的承认,开海禁,准贩东西洋。

海禁放开致私人海上贸易迅猛发展,安海港出海谋生也以前所未有的速度增加。明代中后期,安海人出海经商,侨乡族谱记载颇多。如安海《颜氏族谱》中记录该族族民颜嗣祥、颜嗣良、颜森器、颜森礼以及颜侃等五人,都是在成化、正德、嘉靖年间侨寓暹罗而死在该地的。《陈氏族谱》载:"陈朝汉,名荣祖……生成化庚寅(1470年)……卒嘉靖庚子年(1540年)二月二十七日,殁真腊(今柬埔寨)国。"从商人数的增多与商品经济、文化水平的发展产生了良性循环,思想更为开放,安平社会由过去讥笑鄙视经商,转而取笑闭户不出的人。这种意识观念的改变,促使安平商人更多地离乡远商,"服贾两京都、齐、汴、吴、越、岭","衣食四方者,十家而七",其足迹不仅遍及全国,从《安海志》的史料中,还可以查到其至东西洋的记载。陈斗岩至吕宋,陈士勋商于咬磂吧(今巴达维亚),颜嘉冕到达顺塔洋(爪哇西部),陈之锡远游大年赤子澳(指今婆罗洲)。至于与日本的贸易,安海商人更是首屈一指。于是在明代末年,安海出现很多巨商大贾,像陈斗岩、李寓西、曾友泉等,均曾于垂髫之年,即附商贾于闽粤之间。

---

① 赵文华语,沈廷芳等:乾隆《福建续志》卷七四,《艺文》,转引自傅衣凌:《明清时代商人及商业资本》,北京:人民出版社,1980年,第109页。
② 王忬:《条处海防事宜仰祈速赐施行疏》,《明经世文编》卷二八三,王司马奏疏,北京:中华书局,1987年,第2993页。
③ 朱纨:《朱中丞甓余集》,《阅视海防事》,《明经世文编》卷二○五,北京,中华书局,1987年,第2158页。
④ 郑若曾、邵芳:《筹海图编》卷二,《倭国事略·倭好》,北京:中华书局,1985年。

至明代中后期,安平人卷入经商者范围甚广,涉及农、儒、童、妇,人数庞杂,各类人等几乎都卷入商贾的行列,既有稚年能贾和壮岁事贾者;也有从儒入贾,儒贾兼之者。如杨乔,安平人,本来业儒,因父兄经商客死异乡,便辍儒从商;又陈洁,安平人,从小家境贫困,于是弃儒就贾。文人学士在商业潮冲击下,侧身末业,追求财富,正是贾风之盛的一种反映,甚至缙绅士大夫之辈,也"多以货殖为急","阀阅之家,不惮为贾"①。而安平妇女的经商更成为封建社会中的独特景象。李光缙在《景璧集》生动记述了两个经商致富的安平妇女。一姓沈,李光缙为其作寿序,引古证今,以古代四川采矿致富的寡妇清和卓文君卖酒的典故,来颂扬这位经商发财的安平女商人。另一位是郑氏妇女,随夫到广东经商,因夫客死,遗下两个小孩,郑氏即接替丈夫的事业,并抚养孩子成人,方回到安海。李光缙亦为其作寿序赞其能用财致富。在封建社会,女人一直是男人的附庸,没有独立人格。但安平女人在浓厚的商业氛围及价值观的感召下,居然不甘示弱,勇敢地投身商业中。这也正从另一个侧面反映了安平商人之多,经商风气之盛。

(三)安平商人是智商善贾的典型

明代李光缙对安平商人的善贾有很生动的描述:"大都贾之为道,其贯贷郡国,可以览胜;其争时斗智,可以获赢;其什卑佰惮千役万仆,可以倾闾里;其本末文武智勇仁强,可以吐发胸中之奇。以故士君子不居朝,必游戏市肆"。② 他在《钱峰洪公传》中不吝溢美之辞:"公治贾有三策:无财时作力,少有财时斗智,即饶则争时"③,在《处士陈斗岩公传》中也说陈斗岩"其初斗智,最后争时"。"作力"、"斗智"、"争时"④,是安平商人治贾之术。因此,多商且善商正是明代安平商人能日后留芳的重要原因。

安海是一个商业重镇,也是文化市镇,文风很盛。安平人重视教育,从小好读诗文,涌现不少藏书家,如黄居中、黄虞稷父子的"千顷堂"闻名全国。区区一镇,能出现如此规模的私人图书馆,可见学风之盛。安平人也注重培养经商的实际技能,为使商贾在经商的过程中掌握各种必备知识,如辨别商品质量,辨认银元真伪,清楚各种法令,计算运输里程,办理业务等,甚至购进相关书籍如《士商必要》、《士商类要》、《古今经世格要》等。

安海有不少"舍儒就贾"或者"儒贾兼之者"的商人,亦儒亦商。安平商人中记载下来的就有不少这样有成就的儒商,如曾友泉"赠光伟姿观,善心计,初治邹鲁家言,后乃弃去行贾"。李光缙称他"以文持武,智能权变,勇能决断,仁能取予,强能有所守","盖有儒侠之风焉"⑤。李寓西,著名海商,他的家族"余家世治书,不喜贾,有之但坐窥市井耳,不喜行贾。"但李寓西从小聪明灵活,"兄伯自其王父由吾儒林徙安平,安平人多行贾周流四

---

① 黄省曾:《吴风录》,转引自谢国桢:《明代社会经济史料选编》中册,福州:福建人民出版社,1981年,第113页。
② 李光缙:《景璧集》卷一八,《祭曾友泉文》,福州:福建人民出版社,2012年。
③ 李光缙:《景璧集》卷一四,《钱峰洪公传》,福州:福建人民出版社,2012年。
④ 李光缙:《景璧集》卷一四,《处士陈斗岩公传》,福州:福建人民出版社,2012年。
⑤ 李光缙:《景璧集》卷一八,《祭曾友泉文》,福州:福建人民出版社,2012年。

方,兄伯年十二,遂从人入粤"。① 他在商业竞争中诚信待人,灵活应付,因而得到人们的信任和尊崇,连广东当地的商人,都乐意跟他合作贩运商品。嘉靖四十四年(1565年),西班牙人占据吕宋,招募华人去吕宋经商,开始无人敢去冒险,由于李寓西长期与外商交往,情况熟悉,遂率先贩运出口商品去吕宋贸易。因为他"能夷言",可与殖民者的首领直接通话交往,得到他们的重视和信任,于是"已徙南澳与夷人市","收息倍于他氏,以故益饶为中贾","吕宋澳开,募中国人市,鲜应者,兄伯遂身之大海外而趋利,其后安平效之为上贾。太史公称卓氏、宛孔、程郑之属"②,很快地打开市场,获取巨利归来。

王慎中的《处士易直王翁墓志铭》,系为一位安平商贾而撰,简明述说他自年少起"移缩就余,以寡为多,贾行吴中",并终于被同行推之"以为能",其名在"吴中颇盛"的经历。③《史母沈孺人寿序》以赞赏的口气记述小楼公的经商历程:"始窥邑市,岁酤所出入赢得三之,为小贾";"继行旁郡国,岁转毂以百数,赢得五之,为中贾";"最后四方郡国无所不至,珠玑、犀角、琦瑁、丝帛、果布之贸,转毂以千万数,赢得十之",成为上贾。④ 何乔远在为支里君撰写墓志铭时,盛赞他善于运用智力经商"本之以信,佐之以智,因之以天,以处厚为丈夫,以任遇为明达,常舍竞而多奇中,中经折阅,亦无所苦"。⑤

安平商人作为明代几个著名的商人集团之一,比起偏重国内市场的徽州商人,安平海商能够"梯航海外","贾行遍郡国",把国内市场与海外市场结合起来,编织一个适应安海港海内外交通贸易需求的庞大商业活动网,开辟出众多的流通渠道,触角遍及东南西北,城镇山村。近如本省的同安、南安、惠安、永春、安溪、德化、漳州、长泰,远如两京、吴、越、齐、粤、豫、蜀、陕等地,更远者转战逐鹿于东南亚市场。他们在本地市场、国内市场和海外市场有着不同的贩运人群,形成了事实上的贸易范围分工。明代的安海港就像国内外物质运输的枢纽,安平商人是这个枢纽的搬运工。一部分安平商人深入城乡各地购回米、䄂、北镇布、青山布、磁器、柑橘、茶叶等,再将这些土特产品转贩给海外的安海商贾交换舶来品,或贩给远行海外的商人出海贩洋,还有的则行贾至两京、吴、越、齐蜀等地,并转贩当地的丝绸、锦缎、药材而回,从而集各地物产于安海港,以转输海外,如远贸琉球、占城、麻逸、渤泥等国,以博厚利。他们把这些"舶来品"又销往国内市场,以刺激进口。

二、雄踞一方的郑氏海商集团

地处闽南安海的郑芝龙集团是所有海商集团中势力最大,资本最雄厚,坚持时间最长,历史影响最深远的。他在发展成形的过程中与许多大海商如李旦、颜思齐等有着密切的关系,是探讨私人海上贸易集团形成的典型例证。他的兴衰隆替,是明代海商集团

---

① 李光缙:《景璧集》卷三,《寓西兄伯寿序》,福州:福建人民出版社,2012年。
② 李光缙:《景璧集》卷三,《寓西兄伯寿序》,福州:福建人民出版社,2012年。
③ 王慎中:《遵岩集》卷一二,《处士易直王翁墓志铭》,上海:上海古籍出版社,1993年。
④ 李光缙:《景璧集》卷四,《史母沈孺人寿序》,福州:福建人民出版社,2012年。
⑤ 何乔远:《镜山全集》卷七〇,《支里君墓志铭》,日本内阁文库藏明刊本。

发展的缩影,在中国商业史上占有很重要的地位。作为安平海商发展至巅峰时期的一个特殊例证,作为中国海商史上最为重要的人物之一,郑氏海商是研究明代海商集团发展不可或缺的话题。

郑芝龙(1604—1661),福建泉州府南安县石井乡人。石井地处金门围头海湾腹里,安平港海门南岸,村民倚海为生。郑芝龙从小习海事,知海情,海洋是他与家族成员活动的舞台。他生于明代朝政腐败、海寇猖獗扰乱、朝廷长期海禁、私商络绎不绝、殖民主义相继东侵的风雨飘摇之秋,先为武装海商,中受明廷招安,最后叛明投清。数十年间,他纵横海上,无人敢于匹敌,演出独具特色的三部曲:早年离乡背井闯荡世界;继而成为海盗兼营海商,亦商亦盗;最后由盗而官,亦商亦官,一身兼具商、盗、官三种名分。郑芝龙一生出没于海浪波涛之中,始终左右逢源,从事海商活动的范围甚为广泛,从海上到陆地,从国内到国外,同海盗、商、农、工、士、官各阶层及诸色人都有联系,同葡萄牙人、西班牙人和荷兰人有过接触,与日本朝野人士关系尤为密切。在海外商业竞争中,他善于经商,富可敌国。当海盗时,他有强大的武装船队,拥有千艘舰船与十万部众,入仕明王朝后,他控制各种海船万艘,能号集大海船三千艘,可称之为"世界史上第一个船王"。① 他是抗击荷兰,统一海洋,威震东南海上的将领;又是开发台湾,促进海外贸易发展,特别是促进安海港繁盛的一个关键人物。其长子郑成功更是响彻中国历史的史诗般的英雄人物。

(一)郑氏海商集团的形成

郑氏海商的起源可追溯到安平商人。这个人们纷纷泛海扬帆,争利世界各地,海商辈出的地方,正是郑芝龙的家乡,也是郑氏海商集团的基地。在安平商贾成风的影响下,郑芝龙不甘遁规蹈矩,于天启元年(1621年),潜往广东香山澳追随母舅黄程。郑芝龙到香山澳后,广泛接触中外商人,学习从事海上贸易的实际知识,学会了葡萄牙语,懂葡萄牙文。他与葡萄牙人打交道,受其影响而接受天主教洗礼,后来又为荷兰人当了几年翻译。黄程见郑芝龙能干,因有一批货物附泉州海商李旦船载往日本,遣他随往,东渡日本。

郑芝龙在日本与李旦海商集团建立了亲密关系,"以父事之",后又娶长崎王族之女,诞下长子郑成功。李旦死后,大部分资财和部众归郑芝龙所有,构成了郑氏海商资本的重要组成部分。郑芝龙继承李旦的海商事业,从事海外贸易。

郑芝龙海商资本的另一个来源是接收颜思齐海商集团的财产。颜思齐,海澄人,因罪"逃日本"后,流寓长崎平户,但他胸怀大志,广结朋友,被华人青年杨天生、陈衷纪、陈德、郑芝龙等豪士推为首领,欲推翻幕府,殖民日本。在日举事失败后,颜思齐逃往台湾,在台拓荒,成为开台英雄。郑芝龙在以颜思齐为首的28个结拜兄弟的海盗式武装商业

---

① 郑广南:《世界史上第一个船王郑芝龙的奋斗史》,《福建史志》增刊《郑成功诞辰370周年纪念特刊》,1994年。

集团中虽年纪最小,但聪颖过人,有驭众之能。天启五年(1625年),颜思齐病逝,众人推举郑芝龙为新首领。郑芝龙继承颜思齐地位与事业,以台湾为海上活动基地。从此郑氏海商资本初具规模,开始了大规模的海盗式经商生涯。

(二)亦商亦盗亦官

早在郑芝龙依附李旦、颜思齐等人时,便已是亦盗亦商,他们购置苏、杭各地细软宝玩,兴贩外国珍奇玩物进行贸易,并不时劫掠沿海州县。从开始的劫掠商民,继而杀害官兵,随着队伍的壮大,甚至登岸围城,海上的明朝将士皆望风披靡。其实海商与海盗合二为一,是那个时代的海上贸易特点。在那个拓荒的年代,海盗是拓荒的先驱。不仅中国海商如此,外国海商也一样,日本商人、荷兰商人、葡萄牙商人、西班牙商人都是一边以贸易盈利,一边在海上抢劫贸易对手的船只。因为海上抢劫是无本生意,往往利润高得惊人。天启五年,郑芝龙继任颜思齐首领地位后,为求海上霸业,着手组建军事性的机构,督造战船,扩大船队,招募部众。在台湾建立基地后,即率队攻略沿海,劫掠闽广,于福建沿海一带招兵置船,扩大实力。天启六年至七年(1626—1627年),闽南发生严重旱灾,遍野赤土,郑芝龙利用机会,招抚了泉州饥民数万人赴台拓垦。郑芝龙是个富有战略眼光的人,他在亦盗亦商时特别打出"劫富济贫"旗号,与穷苦贫民联在一起。因此,在穷苦贫民的心眼里,郑芝龙不是海盗,而是靠山,穷人、灾民与饥民"悉往投之","归之如流水",故势力迅速强大起来。郑芝龙势力日盛后,攻城略地,逐渐控制了海权,航行于中国沿海、台湾、澳门、日本、菲律宾等东南亚各地之间,商贸网络也随之形成,成为名震一时亦盗亦商的大集团。17世纪上半叶,另一股海上强劲势力荷兰"东印度公司"与郑芝龙展开了一场争夺制海权和贸易权的战争,荷军大败,其贸易不得不依附于郑氏海商集团。

面对如此强大的郑芝龙势力,一心海禁的明政府无力剿灭,只好转加利用,利用他与荷兰人抗衡,并镇压其他海盗,于是明朝廷绥抚郑芝龙。崇祯元年(1628年)七月,朝廷招抚了郑芝龙,任其为"五虎游击将军"。郑芝龙离开海上贸易根据地台湾,坐镇闽海,率部众三万余人,船舶千余艘。家乡安平更成为他拥兵自守的军事据点和海上贸易基地。郑芝龙受明朝招抚后,福建巡抚宣布恢复海禁,企图力阻其与在台湾的荷兰人私下通商。他却利用安平的航海和经商基地,打破官方的海禁,繁荣海市,充分利用自己的权势和财力,扩大海上贸易,垄断了中国与海外诸国的贸易。时值闽南又遭大旱,郑芝龙再度招纳漳、泉灾民数万人,人给银三两,三人给牛一头,用海船运到台湾,大规模垦荒定居。台海两岸皆成为郑芝龙的据点。

如日中天的郑芝龙,一方面大肆招募饥民迁居台湾,另一方面则为明朝清剿其他活动在东南沿海的异己海商、海盗团伙。剪除群雄的郑芝龙,把海上力量纳入明的地方官府体制,取得制海权,合法掌控东西洋贸易,成为东方海上的唯一强权,先后与葡萄牙人、西班牙人建立贸易关系。他官商结合,以强大的武装力量和雄厚的资本在国际市场上同荷兰、日本、南洋各国商贸公司竞争逐角。

从此以后,郑芝龙家族雄踞海上,几乎独占南海之利,荷兰、葡萄牙、西班牙的商船都要在他的配合允许下,才能与中国的商船进行贸易。郑芝龙降清后,东南沿海的海外贸易大权,仍然一度掌握在郑氏家族的手中。闽海商船前往海外诸国经商的仍然要领取盖有"石井郑氏"的牌照。郑芝龙又规定船不分大小一律"每舶例入三千金",每年收入达千万,郑芝龙从此富可敌国。他的儿子郑成功及其后的郑经等人,率领郑氏集团的主要力量,凭借着雄厚的海上实力,扛起反清复明的大旗,赶走荷兰人,收复台湾,与清朝军队在东南沿海一带周旋了三四十年之久。

(三)郑氏海商集团海外贸易的特点

纵观郑芝龙的一生,带领郑氏海商集团不断扩大,海外贸易不断扩张,直至郑成功时代直接与中央政权相对抗。他有着不同一般海商集团的一些鲜明特征。

首先,他以武装政权来争取并维护自己的海外贸易权,从而自成王国。郑芝龙作为海商集团的首领,经贸活动一直以集团组织形式进行,虽被招抚,却始终坚定自己利益原则,在海外贸易上不受约束,至郑成功时更是与朝廷分庭抗礼。因此他们没有内陆文明中心的顽固观念,有着宽阔的视野,重视海洋经济的发展,在西方人东来的重要时代参与了互动,参加了世界市场的竞争。在竞争中,郑氏集团的可贵还在于他能认识到如果不为中国东南商人在海外的贸易中提供支持与保护,会危及郑氏集团的生存发展,从而多次向出外经营的海贸商人提供帮助,在共同利益驱使下郑氏海商与出海的沿海商人联合在一起。这使严厉海禁时代沿海人民重要的重商和外贸传统得以延续。

其次,郑氏海商集团的海外贸易具有明显的中介特征。郑氏集团的根据地闽南三角区和台澎诸岛,上达宁波定海,下至广州澳门,北上日本、朝鲜,南下吕宋、暹罗。因此是个十分重要的位置。郑氏集团于此作起了货物搬运工,成为大陆与西方商人和东南亚各国贸易的中介商团。他并没有自己产业,也没有产业投资,其贸易规模虽不断地扩大,但资本却没能像西方海商资本那样不断地集中和积累。郑氏海商集团是封建时代中国海商最后的辉煌。

第三节 明代泉州商人与社会变迁

明代随着商品经济的繁荣,商人的地位有了很大提高,其商业活动引发了一系列社会变迁,如城镇发展、社会公益、家族发展等。更为重要的是,处于经济发展重要转折时期的明代商人,其财富的走向与价值观的取向深刻影响了社会商品经济的发展方向。

一、明代泉州商人与市镇的发展

明代泉州商人十分活跃,他们贩北走广出洋,成为各地畅销商品流通的媒介,不仅促使泉州社会旧市镇的繁荣,也促使许多新市镇的形成,甚至也对外地市镇的形成有很大的影响。

(一)泉州商人的经营活动促使各类市镇的兴起

1. 传统市镇的发展

历史上,大多数市镇是由于处于交通要道,便于商客休息、贸易而逐渐形成固定的市,进而发展为城镇的。在泉州,一些宋元时期发展起来的市镇到了明代,受商品经济的刺激更加繁荣,如晋江池店,为宋代集市,明代更为繁荣,并出现了像李五这样经营海内外贸易的巨商。

除了旧市镇的繁荣,新的传统市镇也在形成。如南安洪濑,扼永春、德化通丰州、泉州。商人贩运东溪上游山区的生铁、苎麻、木材、陶瓷、药材,要经停洪濑,来自晋江沿海的鱼货商也来此寻求商机,于是市集日趋繁盛,附近居民也争相入市谋生,市易兴隆。《南安县志》(康熙)载:"洪濑在邑治北三十五里乃永德通衢,水陆交冲之所,市长里许,相传辟自明初,昔盛时,双股辐辏,颇称巨镇,其盛倍于邑治,每日贩到鲜鱼甚多。"又如安溪湖头,处于西溪上游,有道路通往永春、大田、德化、华安、漳平,是内外安溪、山区和沿海商品的集散地。尤其明正统年间,湖头李氏六世祖李森捐资凿通渊港巨石后,湖头的船只可直航泉州。而西溪又属九龙江水系,九龙江船的货物可经白桃德涵口到达福田乡的徐州圩,经感德里白石圩、双垵圩、多卿圩、珊屏圩、福春圩、长坑圩等圩场的小商小贩运到湖头销售,泉州一带的商品经湖头向上述圩场贩运到漳州、汀州一带,湖头又成为泉州、厦门、漳州、闽南、闽中、闽西主要商品交流的集散地,有"小泉州"之称。①

2. 港口型市镇的发展

泉州地处福建东南沿海,具有绵长的海岸线,密布着众多优良的港口,号称"三湾十二支港"。明代,随着私人海上贸易的发展,一些优良、偏离政治中心的且具有一定隐蔽性的港口很快成为商人走私的天堂,这些港口所在地也因此发展成为繁荣的市镇。如位于围头湾内安海港,宋代就已经通海贸外,并渐成集市,但直到明代,由于大量安平商人的走私贸易活动以及郑芝龙海商集团的崛起,才真正引起世界性的关注。安海镇亦改称安平镇,成为海内外各种商品的集散地。

3. 出现了军事商贸一体的市镇

明朝政府厉行海禁,在沿海许多重要港口都布置了军事力量,建立卫所的地方军事体制。明代泉州的海防要地有泉州卫、永宁卫、崇武所、福全所,以及石湖、围头、峰尾等巡检司。卫、所、巡检司等海防体系的构建,本来是为了防范外敌入侵,以及禁止滨海人民下海,但这些地方往往具有优越的地理位置,内连经济腹地外通大海,商人活跃,逐渐成为商贸中心,受贩海贸易高额利润的诱惑,一些官兵也参与走私贸易活动。崇武城,"富商巨贾,凡遍崇城"②;福全商贾云集,城内商业街道纵横交错;峰尾也有舟楫之盛的记载等,都是军事商贸一体的市镇。

---

① 凌文斌主编:《安溪地名志》,北京:方志出版社,2008年,第152页。
② 叶春及:《崇武所城志》之《生业》,福州:福建人民出版社,1987年。

4. 专业集市的形成

随着社会经济的发展，明代商人对所贩运的商品要求更高，不仅要量多质优，且随着商品流通速度的增快，生产速度也要增快。传统上手工业依附于农业，农副产品与手工业产品在数量、质量、速度上等都达不到市场的要求。于是农业和手工业逐渐脱离，农业与手工业的商品化发展，使商品贸易出现了市场专业化的趋向，形成专业集市。泉州市区的花巷、打锡巷、打铁巷、打线埔等专业性生产的地名都是明代出现的。晋江有专门从事陶瓷生产的磁灶村，惠安有专门造船的西坊乡，德化有许多陶瓷的交易集市，安溪有许多的茶墟。以纺织品为例，纺织品是世界贸易网络中的大宗交易商品，各地涌现了许多生产与行销纺织品的专业市集。如南安翁山（英都）的"翁绢"、晋江龟湖的细布，惠安的北镇布与青山的细白布等都是产销海内外的产品，都有专门的交易墟市。

（二）商人活动主导市镇的商品生产

明代商品经济活跃，农业和手工业的商品化生产突出，生产者生产什么商品，生产何种商品，取决于市场的需求，这一切有赖于商人的经营。明代商人对市场信息的反映更灵敏，尤其是世界市场的形成，商人能否及时把握市场的供求状况，决定了商业能否成功，可以说，商人主导着商品生产的程度。

以丝织品为例，由于受海外市场的刺激和需要，明后期的东南沿海市镇的商人已经能够根据市场的需求来组织生产。马尼拉大帆船贸易时代早期，泉漳为主体的中国商人运往马尼拉的丝织品质量均比较差，第一次大量的中国商品运往墨西哥时，西班牙殖民者对它们的评价很低，但是中国商人很快就提高了丝织品的质量和增加了花色品种，以迎合西班牙殖民者对优质织品的需求。丝织品是日本的大宗进口商品，澳门至长崎的贸易衰落后，泉州商人能够及时捕捉市场动态，迅速转移商品生产。海商郑芝龙将广东、澳门的一百五十多户职工召回安海，继续丝织品的生产。每年又派商人到周围各县以及苏浙一带运回数千包棉花由当地手工工场织成布，再销往日本。于是，安海的丝织业繁盛一时，并开辟了安海直到长崎的贸易航线，安海的市镇经济达到前所未有的繁荣。

再如陶瓷。由于世界市场对陶瓷有大量的需求，刺激了泉州的陶瓷生产。泉州瓷商为制瓷业及时地传递市场信息，陶瓷匠师们根据市场信息设计了许多适应海外市场不同需求的产品，如东南亚一带穆斯林大量需求的宗教用器军持、东南亚以大碗大盘作为主要餐具的大型海碗、日本和东南亚畅销的各种用途的青白瓷盒、17世纪模仿欧式金属器皿造型瓷器（如啤酒杯、咖啡壶等）的大量生产与外销，等等。这一时期，许多旧的陶瓷市镇更加繁荣，并出现了一些新的陶瓷交易墟市。

明代海外贸易的发展，促进了中国与海外诸国的物种交流，番薯、玉米、花生、烟草等粮食作物引进了中国，不仅改变了家乡的主粮生产农业，也丰富了市场交易的商品种类。

市镇的发展，受商人活动的制约，而商人活动又受许多繁杂因素的影响。如明代倭患严重时，许多沿海市镇成了重灾区，商人往往不至，商品流通不畅，市镇萧条，有的因此衰落下去。但一些市镇却因为聚集了许多因倭患而内迁的沿海商民而发展成为市镇。又一些市镇因地理条件的变迁，商旅渐少而衰落。

二、明代泉州商人与民间力量的崛起

明代以前公共事业的兴办往往靠官府收入由地方官吏督办而成,民办力量只是一个小小的补充。入明以后,随着泉州商品经济的发展,重商思潮的兴起,商人的社会地位大大提升,尤其是海外贸易的繁荣,催生了一些资本雄厚、势力庞大的巨商或巨商集团。以商人为主体的民间力量渗入社会事业的各个领域,包括最基本的路桥修造、捐资助赈,以及建祠堂、修族谱等。

(一)力行善事以提高社会声望

商人修桥筑路、疏财仗义、济贫赈灾等义举自古有之,这些是最基础的公共事业,明代泉州商人仍延续这样的传统,兴办各种基础事业,回馈社会,并借此提高商人的社会声望。商品经济越活跃的地区,商人的社会影响越重要。如晋江鉴湖张氏家族经商历史悠久,明代从商人数更多,其中不乏乐善好施的人。如张逸林"初业儒,后从贾,颇有粒积。买田五十亩,置厝三座,富甲一方。性温厚,乐善好施";张雅量"初业儒,后就贾,懋迁得法,射利独厚,置乾坤建新店,盛极于时,而对乡间善益乐输,舍施不计时日矣";张尚廉"文林郎,不仕,从贾,乐善好施"。① 福全在明代发展成为军事商业市镇,商人活跃,他们发家致富后,也致力公益事业,如蒋继勋"因善经营渐饶富,疏财仗义,累散千金济人缓急,乡里待举火者五百余家";庄南亨"至其周舍赈施,竭尽心力而后己";②陈朝礼"买义冢与人襄葬,制药饼施人疾疫……贫乏无措者与以钱财"。洛阳桥是泉州名桥,对于南北的人员与物资交流具有重要的作用,池店富商李五(又名李英)以捐资修洛阳桥而留名后世,也因此使李氏成为当地的望族,这在《泉州府志》有详细记载:"以资豪里中,而急为义,人自为长者。县洛阳桥岁久海沙日积,桥址下没,而风潮遇,当尝漫桥不得涉。守冯祯以委英,英出资自高之几六尺,凡费资万计。郡南洋天界于海,捐资筑堤堰。时启闭。自是旱潦无虞。今其子孙多衣冠,而风池之李为华族。"③即使在移居地,泉州商人仍保持乐善好施的传统,如晋江王静庵"居澳门间,又乐周急济贫,癸巳岁凶,公买粟赈饥,全活甚众"。④

商人通过各种义举提高社会声望后,也发挥了在地方基层管理方面的影响,充当了"绅"的作用,为人排忧解难。如晋江鉴湖张三阳"及长奉父命改业贾,知名乡里。秉性朴诚长厚,好排纷解难,遇人角争则劝之事寝乃快,邑中各公皆推重之"。⑤ 上述蒋继勋,"待人无论少长贵贱,必整肃衣冠,为人排解必得释"。

---

① 《鉴湖张氏族谱》。
② (乾隆)《泉州府志》卷六〇,《笃行》。
③ (乾隆)《泉州府志》卷六一,《乐善》。
④ 《瀛洲王氏族谱》。
⑤ 《鉴湖张氏族谱》。

(二)建宗祠、修族谱、设义学以增强家族的凝聚力

商人的商业活动离不开家族、乡族的支持，他们商业成功后，纷纷捐资修建祠堂。祠堂是一个家族组织的中心，它既是供设祖先神主牌位、举行祭祖活动的场所，又是家族宣传、执行族规家法、议事论事的地点。①"族必有祠"在明代泉州是极为普遍的现象，地方志、族谱等有许多关于商人修建祠堂的记载。泉州商人将部分资金投入祠堂的建设，有利于家族的组织建设，进一步增强家族的凝聚力。明代祠堂建设获得较为稳定的资金，进入了繁荣时期，家族庶民化观念深入人心，这也正是以商人为主体的民间力量崛起的重要表现。

与祠堂互为补充的是各类族谱的修纂，族谱记载了以血缘关系为主体的家族世系繁衍和重要人物事迹，有房谱、支谱、家乘、族谱、宗谱等类型。明代以前，福建族谱的修撰只局限于一些大族，明中期以后，商人的贸易活动为族谱修撰提供了经济基础，民间修谱活动进入兴盛时期，出现了普遍化趋向，泉州许多家族都是在这一时期首次修撰族谱。如梅溪陈氏家族、薛氏家族、尤氏家族等。

商人在商业经营过程中，除了依靠家族力量，还千方百计寻求官方力量的支持，所以他们十分愿意投资办学，培养自己的士大夫代表，从而提高商人的社会地位与家族影响力。"明清时期，许多家族通过兴办家族教育跻身于仕宦行列或保持住了仕宦地位的长期延续，可以说，服务于科举是家族教育的根本宗旨，因为一个家族科举及第的人数及为官的人数、为官者官位的大小，都是衡量一个家族社会地位高低的重要标准。在南方地区，子弟入仕与家族发展互为促动，相推而进。"②因此，明代泉州商人注重培植子弟，族学有了很大发展。安海商人经商久之，有所赢余，即"爱族姓莫若教学，乃自置祀田、塾田各若干亩"③。海商颜里学对资助族人读书登第特别慷慨，有族人颜魁槐，幼孤无力就学，颜理学资助了读书期间所有费用。晋江金井石圳商人李绍英发家致富后，"择地向吉，起盖房屋一座，开设学校以教族中弟侄。"④著名海商郑芝龙十分重视教育，郑成功七岁时即延师课读，十五岁补县学生员，二十岁入南京太学，师钱谦益。

此外，商人还担负着维护家族安全的责任，他们或修义堡以居族人以抵御外患，或在天灾人祸时带领族人克服各种困难，渡过难关。总之，明代泉州商人的社会地位有了极大提升，是家族发展的重要力量。他们通过各种义举尤其是祠堂、族谱的兴修，使庶民家族获得发展，并步入兴盛时期，进而对整个社会变迁产生深刻而广泛的影响。

---

① 陈支平：《近五百年来福建的家族社会与文化》，北京：中国人民大学出版社，2011年，第25页。
② 王日根：《明清民间社会的秩序》，长沙：岳麓书社，2003年，第147页。
③ (同治)《泉州府志》卷五九，《明笃行》。
④ 《石圳李氏族谱》。

三、明代泉州商人与社会经济的走向

在明代的两百多年间,社会商业化氛围不断浓厚,重商思想不断加深,商品经济日益繁荣。然而,不同的是,欧洲的商人财富逐步转向了资本的原始积累,而泉州商人的财富发展始终处于封建王朝的伦理框架之中。

(一)明代泉州商人财富追求的缘起

泉州商人虽然很早就有着与欧洲商人一样的冒险远征行为,有着经商牟利的冲动,但是他们对财富不顾一切地追求与激情远不如同时期的欧洲商人。明代泉州商人对投资于农工商等产业从而实现财富的更多增殖,没有表现出充分的追求,反倒深受"知足常乐"的传统伦理所影响,他们更愿意将人生的美化与经济适度分离。这从他们投身商业更多的是缘于生活所迫可以看出一斑。如新泉公正是因为"家贫无以为生,赖陈氏强自支持,荼苦拮据。"才在年少的时候便改从商业[1];李绍英也是"因祖父以来,家事清淡,田园希微""念兴家之无策"才"揭本营生"的[2],像这样的事例比比皆是。《闻见偶录》中有这样一则记载:"蔡廷魁,字经五,泉州南安人,少贫落魄",后来他游粤东,从事贸易,积累了大量财富"迎举父母以养,厥后营室庐奉父母归,构土堡以居族人,立大小宗祠,置祀产,俾族人沾光泽,有服之属无令有鳏居失业者,设书塾捐修脯以课子姓,计所费较遗子者过半焉"[3]。泉州府志里崇尚的孝子丁怀可也是因"家贫业贾以养父"。充分的事例可以说明,明代泉州商人投身商业或多或少有些许被动。

因此,我们很容易发现,明代泉州商人的社会构成与他们投身商业的缘故表现出高度的一致性。一般来说,明代泉州商人的构成分子及其阶级出身,大体上分为三种类型。一是被传统的封建关系排斥出来的地方贫民,这一部分占绝大多数。他们迫于衣食而逐末,他们经商的目的,更多在于养亲养家。第二类是以儒治贾者,也占有相当的数量。这些弃儒从贾者,或是因贫辍儒,或是失职衣冠士,或是不得志儒生,总之几乎是"学不遂"才"行贾四方"的,多少也有些无奈之举。其三,泉州商人的构成中还有一类数量很少的势家望族。族大之家,如梅岭的林、田、傅三巨姓,安平的陈、柯、黄、杨诸姓,都以经商行贾著称。这些人一面违禁通海,擅放巨舰,勾引接济,一面私充牙行,居积番货,包庇走私。但他们始终以封建王朝为保护伞,其经商的行为前提是不能触及已有的权势和地位。因此,明代泉州商人整体与统治阶级联系紧密,具有较浓的封建性。

(二)明代泉州商人的财富路径

商人职业的特殊性使其财富积累与去向具有各种各样的途径,往往因人而异,难以

---

[1] 《泉郡萧衙萧氏本房谱系》之《附新泉公行述合志铭》。
[2] 《石圳李氏族谱》。
[3] 朱象贤:《闻见偶录》,上海:商务印书馆,1915年。

一概而论。然而有趣的是,许多记载留传下来的明代泉州商人的财富路径却高度相似。对这种相似的探讨,无疑具有深刻的学术意义。

大部分由贫入商者,几乎是从小本经营开始,起步于小商小贩,逐渐积累财富。他们从商之始,没有本金,或贷或借或合伙。李寓西行商之初"甚少有诚壹辐辏之术,粤人贾者附之纤赢薄货,用是致赀,时为下贾。"①石圳李绍英也是"揭借微本,以为远游之计。幸有知己,同心合本,用银买货,直抵苏杭诸州……去发其货,而收子母之利;来取其物,而得所产之贵。"②从谱记看,李绍英是个典型的海商,他没有资金,从揭借资本起步,从苏杭购买当地所产丝绸,运回泉州,以供出口,渐至财本充足。《泉州府志》记载晋江人诸葛希孟"少食贫,与兄贷富人金,浮海为生。卒大困,富人操子母来算,先世遗产殆尽。"③像诸葛希孟这样因缺乏资金,而采取借贷方式筹款的,正是许多小散商筹措起始资金的途径。这些商人从小本资本开始,都要经过艰难的奋斗。萧新泉"辛勤百状,不能悉述"④;李绍英"幸知己之有人,总角之年,方知世事,二八之天,始悟艰难。远离双亲,漂流江湖"⑤;洪贺"自奉俭约,服取蔽体,食取充饥,居室取完固。用能铢积寸累,有中人之产"。当然也有少数商人是通过特权和垄断牟取暴利,从而迅速致富,但占绝大多数的仍是一步一个脚印,通过艰苦奋斗勤奋俭朴而发迹的。

从泉州商人发家致富的路径分析中,我们不难发现,这时期商人的活动,有促使资本原始积累的现象产生,有许多由小商业的累积而逐渐扩大为大商业,这一点,是不容忽视的;也有了富家出财,贫者出力,初步具备资本原始积累时期雇主与被雇佣者的关系,进而发展到自由商人阶段,一定程度上已有促使在封建生产关系中萌芽出新生产关系的可能。《闽书·间巷志》载,晋江有黄廷榜,机织为业,一门三十口,合居共爨无异言;晋江石崖《许氏族谱》称:"享氏,丁亥戌子(1647—1648年)沧桑,与其兄各窜外所,平后独归,晖潜公喜不自胜,畜于家,送至机房,学治丝之事。……为昌……承叔父启务开鬻绸缎,市情热闹,甲于同行。……亮昌……家境乏后,兄弟协力经营,专理丝房。……万昌……自幼从兄协理丝务,后开铺营生"⑥。许氏家族自设丝房和染房,自设商行外销,其行销的地点,南至江宁、江浙、漳厦,北至包头、燕、齐、鲁、卫。从这个意义上讲,商业财富的发展正在具有新中国成立封建生产力的进步作用,代表了社会发展的进程和方向。

如果这些商人财富能作为原始积累而被利用,如果这些财富当时能够投资到手工业生产中去,资本主义萌芽将会有个长足的进展。遗憾的是,历史的发展并非如此。明代商人财富同封建社会有着千丝万缕的联系,商人资本来源,大部分出于高利贷资本,而所获的资财,又大部分不能转化为扩大再生产的资本。大量的商人资本重新流入封建经济

---

① 李光缙:《景璧集》卷三,《寓西兄伯寿叙》,福州:福建人民出版社,2012年,第10页。
② 《石圳李氏族谱》。
③ (乾隆)《泉州府志》卷六〇,《明笃行》。
④ 《泉郡萧衙萧氏本房谱系》之《附新泉公行述合志铭》。
⑤ 《石圳李氏族谱》之《璋廿六公绍英传》。
⑥ 陈聪艺、林铅海选编,粘良图审校:《晋江族谱类钞》,厦门:厦门大学出版社,2010年。

的动脉中,对封建经济不是瓦解而是起着维护作用。

商人致富后将大部分资财用于"兴土木"、"置田宅"等,这成了明代商人最普遍的财富流向,与同时期的欧洲商人有着截然不同的经济伦理。16—17世纪的欧洲商人表现出对财富极大的兴趣和追求,他们总是尽其所能地追求财富,为实现财富的增值,将财富更多地投向生产,最大限度地以钱生钱,从而形成摧毁封建王朝的强大生产力。但泉州商人与乡族组织的密切结合,使泉州商人有着自觉的乡族责任感,自觉肩负着振兴乡族,和谐乡族的任务,商业利润很多用于满足家族的各种礼仪活动,继而建祠立祀,整器修谱等,财富更多地体现为消费性的投资,逐渐丧失财富的积累。

(三)明代泉州商人的价值取向

财富最终的走向正是商人价值观取向的直接体现。泉州商人在追求财富的同时,价值观始终受到中国传统文化和思想的熏陶。不论他对财富和商业是怎样地热望和追寻,最后仍是依附封建王朝,或回归农本,或追求功名,或慕儒尚学。

安平人李寓西认为"用贫求富,农不如贾,积德累行,贾不如农,"他甚而将悠然田间,回归农本作为积德之行。"故兄伯晚年税驾于贾,而息肩于农,筑庐田间,锄云耕月,笠雨蓑风,酿禾而醉,饭稻而饱,徐徐陶陶,春秋不知,荣枯不问,而兄伯老矣。"兄伯因晚年息肩于农,躲过了吕宋一劫。李光缙将此归之兄伯超出常人的预见之能,"或曰:贾若是非凡贾者亦多矣。余笑曰:不然,白圭教人为贾,若猛兽鸷鸟之发,非谓其能发也,能收也。安平人任发,父兄取收,故居然可免其患。其初兄伯之吕宋,皆身自往。自权使出,海上之税归之中官,兄伯策其必败,遂不复往。不数年,好事者言夷地多金,遣使侦之,夷人疑有它谋,遂屠戮中国贾人以数十万。令兄伯俱去,能独免乎?愚者暗已然,智者识将然。斗智争时先一市人,此吾所以不凡吾兄伯也"。① 其实"吾之兄伯"之所以不再往吕宋,未必是真的能够预见到将来的危险,更重要的倒应该是可收可放的求财理念,也反映了其时泉州商人"知足常乐",以农为本的经济追求。

泉州商人与欧洲中世纪后期的商人阶层相比较,最明显弱点是具有十分强烈的政治依附性。研究欧洲社会发展史的学者,包括马克思主义的学者们,都十分重视古代社会商品经济的萌生发展以及与之相关的商人阶层的形成,对于中世纪社会与制度的瓦解作用。在欧洲中世纪晚期,商人是以与封建领主制度相对立的面貌出现在社会政治舞台上的,他们形成了一股足以与封建领主制度相抗衡的社会势力,并且最终推翻领主制度,迈入资本主义时代。但明代泉州商人集团乃至整个中国的商人阶层,恰恰与此相反,他们不但不是已有政治制度的对立面,而且对政治有着一种与生俱来的依附性。生意越是成功,越是企盼政治当权者的青睐,能够身兼富商与官绅,能够跻身于代表着社会政治地位的士绅阶层,大概便是最为理想的人生追求。

政治上的追求途径,就是千方百计地求取功名,最为明显传统的方式是慕儒求仕。

---

① 李光缙:《景璧集》卷三,《寓西兄伯寿叙》,福州:福建人民出版社,2012年,第10页。

从秦汉以来,中国社会一直倡导以农为本的立国观念,所谓"士农工商",商人总是处于被歧视压抑的状态,虽可以财富夸耀于世,然往往被视作为富不仁的卑下人物,社会地位总是处于比较低下的景况。在这样的社会氛围里,商人即便致富巨万,也仍是对自己的出身耿耿于怀。在泉州商人的传记中"弃儒从商""舍儒就贾"的类似字眼比比皆是,这固然反映了不少商人早期接受儒家基础教育的事实,但也不排除粉饰包装的成分,以及从事商业的些许无奈,"儒"已经成为商人的一种精神资源。弃儒就贾者成功后的自足,与其说是自觉自愿的感受,毋宁说是无可奈何的自慰。他们总要强调自己原本业儒,只因生活所迫不得已弃儒入贾,一直将不能完成儒业视为人生憾事。在科举取士的社会里,一个家族社会地位的高低,常以该家族科举及第和入仕的人数以及入仕者官阶的大小为衡量标准。透过族众的入仕,家族组织也能加强与国家政权的联系,并能获取社会经济上的实利或特权。子弟进学仕进,跻身士绅阶层,意味着包括自己在内的整个家族的社会地位自然而然得以上升,这也是改变自己社会状况、提高自己社会地位的一种重要途径。因此,明代许多泉州商人的后代子孙,反而是尽量为官为仕,走向士绅阶层。这就是泉州商人热衷于捐资助学、提携子弟的原因所在,因此,在现实作为中,不惜捐资设学,振兴宗族教育事业。

依附政治的另一种表现是隐盗为官。当政府严厉实行禁海禁商政策时,泉州商人往往采取激烈手段保护自己的经济利益,亦商亦盗,武装贸易。这些商人虽因"寇盗"行为而腰缠万贯,但绝不甘心于"寇盗"身份,总是希望得到现政权的招安,希冀自己从现政权对立的寇盗变成现政权之中的人物,从而能够在阳光下享用财富带来的荣耀与舒适。随着经济力量、武装力量的增强,他们相信自己与现政权讨价还价的筹码越来越多,渴盼招安的心理也越来越强烈。明中叶至明清之际,是海商集团海上武装贸易最激烈的时期,也是他们最热衷于招安的时期。泉州海商以郑氏集团势力最大,其投靠的热切也表现得最为典型。郑芝龙一边纵横东南沿海,一边以不追不杀不掠的实际行动向官方示好,郑芝龙的行为反映了当时商盗并兼的许多海盗的普遍心理,他们从内心深处是不愿反政权的,而是迫切地希望得到朝廷的认可。

这种依附于政治的商人,对于现实政治眷恋不已,并且将这种为商为官之道谆谆嘱咐子孙后代,希望子孙后代把这一通达的道路作为人生奋斗的理想梦境。因此,他们是不可能团结起来,通过与旧体制的抗争来争取本阶层应有的社会与政治地位的,只是向现实政治乞讨某种恩赐。这种依附于某一个政治王朝的官商阶层,也必定随着王朝政治的兴衰而兴衰。尽管明代泉州出现许多著名的商人以及商人集团,但是他们的结局犹如流星一样,只有短暂的光芒,而无法像欧洲中世纪末期的商人、市民阶层那样,组合起自己的政治力量,瓦解旧的体制,从而走向崭新的历史时代。

第四章

清代泉州商人

郑氏海商集团自郑芝龙受明政府招抚为官后,逐渐发展成为一个官、商结合的海商集团,掌控了当时东南沿海的对外贸易活动。郑成功接手郑氏海商集团,以封建政权的组织形式使之正规化和制度化,对内成立以"五大商"为主的贸易组织;对外则成立东西洋船队,出租船只,贷本经营,在日本、台湾、吕宋及南海各地进行商贸活动。

郑氏集团收复台湾后,清政府为了断绝沿海居民与郑氏的联系,连下三道迁界令,将东南沿海的村庄居民全部内迁50里,房屋、土地全部焚毁或废弃,不准沿海居民出海。在清政府严厉的迁界政策下,泉州沿海地区的农业与手工业遭受到严重破坏,泉商的海外贸易活动几乎停滞。直至清康熙二十二年(1683年),台湾统一于清朝版图,泉州沿海居民迁移台湾者逐渐增多,台湾岛内的社会经济得到迅速的发展。

清政府开放大陆与台湾形成五口对渡后,两岸贸易往来频繁,使"郊"在台湾的发展渐入高潮,百货充盈,郊行林立。台湾郊行迅速发展的同时,泉州出现了专门经营台湾生意的郊行。郊行按经营地域有大北郊、小北郊、大南郊、泉郊之分,按经营货物则有油郊、糖郊、布郊、干果郊等。商人们通过行郊来了解商性、议定价格、分配市场、协调关系,建立起覆盖两岸的商业网络,成为清代福建地区最具影响力的地方商帮。

除泉州本地的泉商外,广东十三行的泉籍商人也是一股不容小觑的商业力量。在广东十三行的众多商号中,同文行行商潘启、怡和行行商伍秉鉴、泰和行行商颜时瑛、丽泉行行商潘瑞庆、资元行行商黎光华元等均为泉州籍商人。其中,潘启和伍秉鉴还曾相继成为十三行中的首领与首富。

泉商们在获得商业利益的同时,无一例外地慷慨解囊,回报社会,热心地方的公益事业。他们的乐善好施,在泉乡各地的碑刻、匾额、铁钟等多有铭记,在文献资料中也屡见记载。泉州商人的善举形式多样,修桥筑路、兴学助教、济贫助困、赈灾救荒,为清代泉州的城乡发展贡献自己的一份力量。

第一节　郑成功时代的海上贸易

清顺治三年(1646年)十一月,郑芝龙降清后,郑彩、郑鸿逵、郑成功皆率部入海。郑氏海商集团的海上优势,由郑成功来加以继承和发扬光大。郑氏集团在经济上主要从事海上贸易,以追求商业利润为目的。为保护海上贸易而建立水师,并用商业利润来维持他的水师。其所运行的海上商贸活动都是在地方割据政权支持下进行的,其政治和外交功能也基本围绕海上贸易这一核心运作,所获取的经济利益已渗透到整个集团军事、政治、经济、生活、文化等各个方面中去。这与中国历史上统治政权以海商贸易在海外采办鲜贵之物主要供皇室享用的利益追求不同,也与以往内地的割据政权不同。因商贸和手工业需求而进行的海外市场的开拓与发展是郑氏政权最主要的特色。①

一、郑氏海商集团的组织与管理

在明末清初的海外贸易史上,郑氏海商集团有着极为重要的地位。郑氏海商集团自郑芝龙受明政府招抚为官后,逐渐发展成为一个官、商结合的海商集团,凭借其显赫的权势和雄厚的实力,掌控了当时东南沿海的对外贸易活动。清初,郑成功接手郑氏海商集团后,更是在其父郑芝龙的基础上发展壮大,并以封建政权的组织形式使之正规化和制度化,从而继续维护其海上贸易的霸主地位。郑氏经营海外贸易,主要有两种组织形式,一种是"五大商"的贸易组织;另一种是成立东西洋船队,出租船只,贷本经营。

郑成功的海外贸易组织,实际上是郑氏政权的一个组织机构,由郑氏政权中的户官郑泰直接管辖,下设两大银库,即裕国库和利民库,两银库各设有主管官员。两大银库之下又有东西二洋船队,及以"五常"和"五行"来命名的"五大商"。"五常"以"仁、义、礼、智、信"来命名,是郑氏的海路五大商;"五行"则是以"金、木、水、火、土"来命名,是当时郑氏的山路五大商。郑氏的海路五大商一直驻厦门及其附近地区,而山路五大商则分布于杭州及其附近地区,并随着郑成功抗清的进退战守而随时变迁。由此形成了一个自上而下,层层支配的官商贸易组织,而郑成功本人就是这一组织中至高无上的支配者。②

此外,值得一提的是,郑成功的山海两路五大商行,还是集贸易、军事及情报等多功能为一体的秘密组织。郑氏五大商的成员,大都有一定的身份背景为掩护,暗中从事内外商货的买卖与情报信息的往来传递工作。在内外商货的交接、情报信息的传递,以及组织内部成员的往来活动中,不仅要有暗语、切口等联络手段,而且还须持有"国姓牌票"③等印扎照牌为其人员货物往来交接的印信,所到之处,均有所谓的"强盗窝家"为之打点护送。直到郑氏集团自大陆退守台湾以后,仍屡派人船,"挟带伪印伪扎",④潜入沿海内地,进行招集余兵旧部的活动。所以,这种严密的组织及其秘密的活动,始终是郑氏

---

① 王恩重:《17世纪郑氏海商集团地位论》,《学术月刊》2005年第8期。
② 聂德宁:《明清之际郑氏集团海商贸易的组织与管理》,《南洋问题研究》1992年第1期。
③ 《两广总督李栖凤为拿获违禁船货事本》,厦门大学台湾研究所、中国第一历史档案馆编:《郑成功档案史料选辑》,福州:福建人民出版社,1985年,第365~367页。
④ 《刑部尚书莫洛题为拿获散扎招党之叶瑞等事本》,厦门大学台湾研究所、中国第一历史档案馆编:《康熙收复台湾档案史料选辑》,福州:福建人民出版社,1983年,第88~89页。

政权与清朝相持抗衡的一个重要手段,而且也是日后各种秘密会社组织活动的嚆矢。①

郑氏海商集团海上贸易的另一种组织形式是成立东西洋船队,出租船只,贷本经营,航行于日本、台湾、吕宋及南海各地以通贸。东西洋船队与"五大商"组织并列于裕国库和利民库之下,据杨英《先王实录》所载:永历十一年(1657年),"二月间,六察常寿宁在三都告假先回,藩行令对居守户官郑宫傅察算裕国库张恢、利民库林义等稽算东西洋船本息,并仁、义、理、智、信、金、木、水、火、土各行出入银两。时林义因陈略西洋一船本万余未交付算,已先造报本藩存案明白,寿宁谓林义匿赚此项系与郑户官瓜分欺瞒,密陈本藩,藩未见册,亦心疑之。但报册系藩标日铃印可查"。② 由此可知,东西洋船与五大商组织是并列于裕国、利民二公库之下,"东西洋船和十行没有统属的关系"。③ 而郑成功要稽算"东西洋船本息"以及"五大商行出入银两"的情况,说明"东西洋船"是一个与五大商行并列的贸易组织。另从"稽算东西洋船本息"以及"西洋一船本万余未交付算"来看,所谓的"船本息"指的应是郑氏出租船所得本钱和利息。因此可断定,"东西洋船"是作为郑氏集团海上贸易的一种组织形式而设立的。在这种贸易组织下,郑成功或郑氏集团内部管理东西洋船之人便成为船商。他们把商船租借给商人出海贸易,每只船的船本大约是1万多两白银,郑氏集团从中获取利润。

不仅如此,郑氏海商集团内部各将领也有出租海船者。据连横《台湾通史》写道:"初,经知永华贫,以海舶遗之,商贾僦此贸易,岁可得数千金,不受"。④ 这说明郑经部属亦可将郑经赠予的海舶租给海外贸易商出海经营,以坐收租金致富。可见出租海船以获取利润,在郑氏家族及其部属中都普遍有存在。

郑氏海商集团对海外贸易的管理,大体上沿袭了明代后期海澄月港的饷税制度,并在此基础上又有所改进和创新,形成了自己的特点。在对往来洋船的征税管理上,郑芝龙采取了(船)租(商)税合一的征税管理措施。郑成功则在此基础上,有进一步确立了牌饷征税制度。这种牌饷的征收,是以船只的梁头丈尺计量其装载担位而税之,实际上是将船、货二税合二为以,作一次性征收,使之更适应于战争环境的需要,从而满足其养病给饷的需求。

迄至清初,郑芝龙"石井郑府"的令牌,以及郑成功自己的"国姓牌票",仍然是出洋商船的贸易许可证。关于郑成功"国姓牌票"的格式,虽未见有明文记载,但亦当与其父郑芝龙的"石井郑府"令牌同出一辙,即牌内俱有备写本府商船一只,仰某人督驾,往某地通商贸易的字样。每一牌内挂号于郑成功之下,用有篆文图记二颗,并标有年月日期。⑤ 所不同的是,郑成功采用了南明永历的年号。当然,在郑成功强盛时期,海上武装力量的强大以及其所能控制的范围,远胜于乃父郑芝龙。况且郑成功既蒙赐国姓,其所建立的

---

① 聂德宁:《明清之际郑氏集团海上贸易的组织与管理》,《南洋问题研究》1992年第1期。
② 杨英:《先王实录》,陈碧笙校注,福州:福建人民出版社,1981年,第151页。
③ 南栖:《台湾郑氏五商之研究》,第195页。
④ 连横:《台湾通史》卷二九,《陈永华传》,北京:商务印书馆,1983年,第525~526页。
⑤ 《明清史料》己编第四本,《兵部题为李楚杨奎违禁出海事本》。

明郑政权亦更为名正言顺地对往来洋船稽察管理,征饷收税。举凡在郑成功势力范围之内的商船,都必须向郑氏纳饷给票,而后才能出洋。因此,郑成功对往来洋船的稽察课税亦自有一套相应的措施,这一措施在当时被称为"牌饷"。照额纳饷给牌之船,在郑成功的势力范围之内,可受到保护以免遭不虞。反之,则属违令走私,被缉捕扣留。如果给牌船商遭到荷兰人房掠,亦由郑成功出面向荷兰人索赔。对纳饷给牌商船海商航行安全的保护,一直持续到郑经时代。

二、郑氏海商集团的海外贸易

郑成功对于郑氏海商集团海外贸易活动的全力拓展,体现于他在传统的东西洋贸易基础上,建立一个勾连中国与日本以及东南亚各地的庞大贸易网络。在这个海外贸易网络中,对日本的贸易活动始占据着主导地位。

在郑成功尚未取厦门为家以前,即已接管了原属郑芝龙的对日贸易商舶,并遣其人船往来日本。至据有厦门岛后,郑成功更是采纳了冯澄世的建议,"以日本粮饷充足,铅铜广多,与之通好,且借彼地彼粮,以济吾用,然后下贩吕宋、遥罗、交趾诸国,板源不断,则粮饷足,而进取易也",于是"随令族史郑泰造大舰,洪旭佐之,遣使通好日本,并以所得铅铜,铸铜贡、永历钱、盔甲、器械等物"。① 据《长崎荷兰商馆日记》1650年10月19日条所载:"一官的儿子(郑成功)所属的戎克船自漳州入(长崎)港,装载了十二万零一百多斤的生丝,一千八百匹的纶子以及一千八百匹的纱缓,此外还有相当数量的缩缅、药材。据说,还有四艘满载货物的戎克船亦即将入港。"② 是年八月,郑成功已据有厦门,取代郑彩而成为闽海洋船之主,因而更加致力于对日贸易的拓展。在当年驶入长崎的70艘中国船中,郑成功势力范围之内的安海船、漳州船、福州船就占了59艘,约为当年全部对日贸易的中国商船数量的80%左右。

迄至郑成功合并了浙海督王系统的海上武装,形成了上踞舟山,下守南澳,从而据有整个东南沿海之后,对日贸易活动更加完全为其所垄断。对此,荷兰东印度公司总督马埃祖克(Maetsuyker),在1656年2月1日的一般性政务报告中有载:"从一六五四年十一月三日最后一艘荷兰船驶离长崎,直至一六五五年九月十六日为止。此间,由中国各地驶入长崎的中国戎克船有五十七艘。其中安海船四十一艘,这些均为国姓爷所属。泉州船四艘,大泥船二艘,福州船五艘,南京船一艘,漳州船一艘,此外还有二艘广南船。从日本商馆日记末后所载入的明细帐中可知,上述各戎克船共载满了十四万零一百斤的生丝,以及大量的纺织品和其他各种货物。据说,这些货物全部结在国姓爷的帐上。"③ 在其后的1656年至1657年间,驶往长崎的47艘中国商船,全部为郑成功及其部下所有。

---

① 江日升:《台湾外记》卷三,福州:福建人民出版社,1983年。
② [日]村上直次郎译:《长崎荷兰商馆日记》第二辑,东京:岩波书店,1957年,第302页。
③ Coolhasa, *Generale Missiven*, Vol.3, p.38,转引自村上直次郎译:《巴城日志》下册,《序说》,第9页。

其中，安海船 28 艘，柬埔寨船 11 艘，暹罗船 3 艘，广南船 2 艘，北大年船 2 艘，东京船 1 艘。除安海船外，其他各船皆经由南洋各地而转入长崎。这些船只装载了十一万二千斤的各种生丝，六十三万六千斤的黑白砂糖，以及其他各种大量的丝织品、皮革类、药材和杂货等物，据荷兰人的报告说，本年度日本方面没有输入清朝势力范围内的中国生丝，荷兰驻长崎商馆的利润因此而明显的下降。① 当时正是清朝政府于沿海地区厉行海禁的时期，但郑成功仍凭籍其所建立的海外贸易网络，从海外各地采购日本市场所需的生丝、蔗糖等货物输往日本，以维持他在对日贸易中所占据的主导地位。

东南亚也是郑氏海商集团重要的贸易地区。当时与郑氏海商保持贸易往来的东南亚地区有巴达维亚、东京（今越南中部）、交趾、暹罗、占城、广南、马尼拉、柬埔寨、柔佛、北大年、六昆等，分布于今越南、柬埔寨、泰国、马来西亚、印度尼西亚等地。

郑氏海商集团的贸易船只常往来于中国与东南亚之间。据《热兰遮城日记》记载，1655 年 3 月 9 日，有属于国姓爷的船只 24 艘，自中国沿岸前往各地贸易。其中，往巴达维亚 7 艘，往暹罗 10 艘，往东京 2 艘，往广南 4 艘，往马尼拉 1 艘。② 在柬埔寨，据《巴城日记》1656 年 12 月 11 日条记载："今年国姓爷派遣了六艘帆船来柬埔寨，于此收购了大量的鹿皮及其他商品驶往日本"。③ 另据《巴城日记》1661 年 6 月 10 日条所引东印度公司驻暹罗的商馆长报告中提到："国姓爷在攻打台湾之前，曾下令所有在交趾、柬埔寨、暹罗等地贸易的中国商船，都要装载大米、硝石、硫磺、铅锡货物，不要去日本，而要他们一路直接回厦门"。由此可见，在一般没有特殊使命的情形下，这些前往东南亚各地的商船，大都不直接回航，而是从海外各地装载货物驶往日本长崎交易，然后再自日本换货而归。郑氏商船采取这种多边贸易的形式，不仅缩短了贸易航线，而且在较短的时间内更能发挥其贸易资本的效用，从而增强了中国商船在当时东方海上贸易竞争中的实力。据估计在郑成功时期，平均每年派往东南亚贸易的船只大约有 16~20 艘。④ 在郑经时期，派往东南亚贸易的船只也不少。如 1665 年，郑经派遣 20 艘帆船前往东南亚各地进行贸易，其中就有 10 艘前往暹罗。⑤ 这些商船从东南亚运出的主要是各种香料、象牙、燕窝、铅、锡等。

在郑成功锐意拓展海外贸易活动的过程中，始终受到来自西方殖民者，尤其是当时侵占台湾的荷兰殖民者的阻挠与破坏。所以，对抗荷兰殖民者的商业掠夺，直至驱逐荷夷，收复台湾，亦是郑成功拓展其海外贸易活动的一项重要内容。1660 年，郑成功大败清军，取得了金、厦诸岛保卫战的胜利。翌年（1661 年）正月，郑成功召集部下诸将密议：

---

① Coolhasa, *Generale Missiven*, Vol. 3, p. 194, 转引自村上直次郎译:《巴城日志》下册，《序说》，第 9 页。
② 转引自村上直次郎译:《巴城日志》下册，《序说》，第 10 页。
③ *Dagh-Register*, Batavia, 1656, pp. 37-38.
④ 台湾省文献委员会编:《台湾省通志》卷三。
⑤ [泰]沙拉信·威拉蓬:《清代中暹贸易关系》，徐启恒译，《中外关系史译丛》第 4 辑，上海：上海译文出版社，1988 年，第 76 页。

"前年何廷斌所进台湾一图,田园万顷,沃野千里,饷税数十万,造船制器,吾民鳞集,所优为者,近为红夷占据,城中夷伙不上千人,攻之唾手可得。吾欲克平台湾,以为根本之地,安顿将领家眷,然后东征西讨,并可生聚教训也"。① 是年阴历三月,郑成功大集舟师进兵澎湖,继而进通台湾,历经数战,终于将荷兰殖民者逐出台湾。从此,台湾成为郑成功及其郑氏海商集团继续抗清和从事海外贸易活动的一个重要基地,并在这个东方海上贸易航路的重要枢纽上扼守数十年之久,有力地遏止了西方殖民者,尤其是荷兰殖民者在东方海上的肆意扩张。②

三、郑氏海商集团的衰亡

康熙皇帝即位后,郑氏降将黄梧向当权者鳌拜建议"平贼五策",内容包括:长达20年的迁界令,自山东至广东沿海20里,断绝郑成功的经贸财源;毁沿海船只,寸板不许下水;同时斩成功之父郑芝龙于宁古塔流徙处;挖郑氏祖坟;移驻投诚官兵,分垦荒地。郑成功接连听闻噩耗,加上在台将士水土不服人心惶惶,使其内外交逼,于康熙元年(1662年)五月初八急病而亡,年仅39岁。

郑成功病死后,郑氏爆发争夺权力的军事冲突,由郑经获胜继任延平王,形势才安定下来,但郑氏政权便从此日趋衰败,台湾的各种社会危机也开始显露出来。首先,是统治集团内部的危机。郑经自厦门败归之后,意志消沉,"怠于政事"、"溺于酒色"。③ 统治集团之间,"陈(永华)、冯(锡范)互相争权,刘(国轩)拥重兵在外,叔侄相猜,文武解体,政出多门,各怀观望"。④ 不久,陈永华被迫辞职并很快死去。接着,1681年3月17日(康熙二十年正月二十八日),郑经病逝。

在郑经死后,清朝政府便决定乘台湾郑氏政权内部动乱之际,以武力统一台湾。在大学士李光地和闽浙总督姚启圣的一再推荐下,清廷任命靖海将军施琅为水师提督,积极筹饷,整军经武,造船制器,准备大举进军台湾。康熙二十二年(1683年)六月,施琅率师攻澎湖。八月十五日,施琅率大军至台湾受降。郑克塽既降,明宁靖王朱术桂即上吊自缢。至此,奉明正朔的台湾郑氏政权宣告覆亡,以郑氏为首的郑氏海商集团也不复存在了。⑤

---

① 杨英:《从征实录》,永历十五年(1661年)正月条。
② 戚嘉林:《台湾史》上册,台北:自立晚报社,1986年,第108~109页。
③ 郑学檬、蒋兆成、张文绮:《简明中国经济通史》,哈尔滨:黑龙江人民出版社,1984年,第324页。
④ 厦门大学台湾研究所、中国第一历史档案馆编辑部:《康熙统一台湾档案史料选辑》,福州:福建人民出版社,1983年,第232页。
⑤ 陈支平:《郑成功海商集团兴衰的历史反思》,《郑成功与台湾》,厦门:厦门大学出版社,2003年。

第二节　清代泉州商人的行郊贸易

清顺治十八年(1661年)八月初三日,清廷下诏宣布大规模迁界,命令由山东至广东的沿海居民内迁。泉州沿海的农业和手工业在这场规模浩大的迁界中被破坏殆尽,海外贸易活动也被完全禁止,所有的商业活动几乎停滞不前。直至在清康熙二十二年(1683年),台湾统一于清朝版图。清政府相继设立闽、粤、江、浙四海关,昔日对沿海贸易的种种禁限大都自行废止,沿海贸易迅速兴起,海道成为新的南北商品贸易大通道。与此同时,泉州沿海居民迁移台湾者逐渐增多,特别是到了雍正、乾隆年间(1723—1795年),泉州沿海居民迁移台湾进入高峰期,台湾岛内的社会经济因此而得到迅速的发展,泉台之间的行郊贸易往来也随之兴盛起来。泉州郊商建立起覆盖两岸的商业网络,成为清代福建地区最具影响力的地方商帮。

一、清初迁界对泉商的影响

为了瓦解郑氏的武装力量,顺治十三年(1656年),发布《海禁敕谕》给福建、浙江、广东、江南、山东、天津各地督抚,对这些地方实行禁海政策,严禁商品下海贸易,犯禁者不论官、民,一律处斩,货物入官,犯人家产全部赏给告发人。地方文武官,一律革职,从重治罪。不过禁海这一政策在执行过程中,并未达到彻底隔断海内外联系的目的,也未遏制住沿海人民对明郑反清力量的支持。

清政府对郑氏集团的招抚和海禁等政策在实际过程中的成效未达到预期效果,清廷不得不继续研究进一步遏制的对策,终于决定采用迁界的方法。清顺治十八年(1661年)八月三日,清廷下诏宣布大规模迁界,命令由山东至广东的沿海居民内迁。

清王朝的禁海和迁界,对泉州港的海外交通贸易破坏极大。泉州民间商人"走私"出入的大小港口,都在禁海、迁界的范围内,这就造成了泉州港的海外通商出现了时断时续的状态。尽管康熙二十二年(1683年)台湾的抗清力量被消灭后,清王朝宣布取消海禁,但是泉州港作为中外贸易中转站的地位就此衰落下来。[①] 同时,禁海迁界沉重打击了泉州经济,给当地农业、手工业商品生产以沉重打击。禁海迁界使沿海百姓背井离乡,失去生计,严重损害了当地人民的利益。沿海百姓世代居住其地,以种田、捕鱼、经商为业。清政府实施禁海迁界,又无法妥善安置,使百姓失业流离,如同生机勃勃的草木突然被拔离故土,忍受烈日的暴晒,因道路颠沛或无法谋生,冻饿而死者以十万计。

迁海政策只是给沿海居民造成了极大的灾难,给清政府自身带来了重重困难,对郑成功父子并没有起到多大的威胁作用。康熙二十三年台湾的回归大陆是当时的大势所

---

① 沈玉水:《明清泉州港海外交通贸易衰弱原因初探》,《泉州文史》第4辑,1980年。

趋,无论在直接意义上还是在间接意义上都不是迁海政策的结果。如果清廷抱住迁海政策不放的话,台湾问题不仅不能解决,分离的局面还将继续拖延下去。在短短二十八年间(1656—1683年),清廷先后重申海禁五次、下达迁界令三次,使"滨海数千里,无复人烟",福建废民田达20000余顷,减徵正供200000两,反映清初禁海迁界不但严重破坏东南沿海一带的生产力,而且直接影响清初社会经济的恢复与发展。

二、清代的泉州郊商

(一)从事国内贸易的郊商

泉州地区背山面海,四季如春,土特产品丰富,如蔗糖、桂圆、陶瓷、泉缎、茶叶,畅销国内外;但人稠地少,粮食和棉花不足自给,大部分靠外地供应,这就具备了互通有无的条件,"糖去棉花返"的民谚,正说明这种贸易关系。

关于行郊的兴起,早在元代,一堡街就设有苏郊、杭郊,并建龙溪宫为郊址。泉州与苏杭二州互相贸易,交流土特产,泉缎停产以后,郊商采购苏杭丝绸充作泉缎,出口东南亚及南洋群岛一带。①

清代泉州的郊商足迹遍及全国各地,对经济的繁荣起了一定的促进作用。郊商,就是经营郊行的商人。"郊",即在某一地区经营或专营各种商品的同业公会,分为内、外郊,内郊对内贸易,外郊对外贸易;"行",即商行,指经营大批货物的批发商。郊行分为两大类:一类以经营同商品商人的同业公会,如糖郊、布郊、米郊、碗郊等;一类是贸易同一地区商人的行会,如鹿郊、淡郊、笨郊、宁郊、申郊、厦郊等。② 郊商们主要从事搜集本地土特产品运到外地销售,到外地采购本地所需货物。经营的形式主要是批发,有的采取直接贸易,有的采取转口贸易。郊商们通过行郊来了解商性、议定价格、分配市场、协调关系。

泉州当时对省北港口的贸易,有宁波郊、梧栖郊(台湾)、厦门郊、申郊等等,尤以宁波郊最大,资金雄厚,长袖善舞,可以垄断泉州商业市场,操纵物价。宁波郊,又分为大、小北郊,均经营南北土特产品。穿行泉州至宁波为小北郊,穿行青岛、烟台、天津、大连、牛庄、营口之各埠间为大北郊。另有经营大米郊,与台湾的基隆、台北、高雄、鹿港,运去的是锅鼎、陶瓷、罗布、竹器,采购台湾水果、米,运来泉州销售。清道光——同治年间,拥有财势的泉州官绅及其家族,多为宁波郊的行东。如两广总督黄宗汉家(观口黄)、四川总督苏廷钰家(元祥苏)、翰林陈棨仁家(象峰陈)、状元吴鲁家(钱头吴)以及万厝埕王、后城何等等大小官绅豪族,莫不开设行郊。除宁波郊本行外,还可运用势力,控制一些进出口行业,如北郊、梧栖郊(台湾)、厦门郊还有米郊和各种"九八行"(丹麻行、鱼行、鲔行、大猪

---

① 《泉州行郊点滴》,《泉州鲤城文史资料》第20辑。
② 李玉昆、李秀梅:《泉州古代海外交通史》,北京:中国广播电视出版社,2006年,第196页。

牙行、小猪牙行等，都是有牌照的专利行业）的营业。垄断了出口的大宗桂元、蔗糖、丹麻、锅鼎、农具等本地土特产和手工业产品；入口的棉花、大米、油、豆等北方土特产。

泉州宁波郊商经营的主要商品是泉州糖。在现今浙江宁波的庆安会馆中，保存着一个清代的石铭砣。这个石铭砣是在宁波城东东渡路与江夏街一带宁波天后宫（又名灵慈宫）即福建会馆旧址上发掘出来的。该馆在1950年因国民党飞机轰炸宁波东西交通主干道灵桥时被炸，成为一片废墟。1982年由浙江省文物考古研究所与宁波市文管办联合组织的考古队进行发掘时在大殿中出土的。[①] 铭砣上镌刻着："□□砝码　叁佰叁拾觔　温陵糖帮　冰糖公砣　同治甲子建置"铭文。

砣中所写的"温陵糖帮"即为清代泉州郊行组织中的一个。在泉州晋江市安海龙山寺前，有光绪五年（1879年）立的《龙山寺重兴碑》，碑高264厘米，宽94厘米。此碑由晋江知县叶小兰撰文，记载龙山寺于同治十二年至光绪五年一次大规模重修。从捐资名录中可看出捐资郊商行号遍及台湾、福州、漳州、厦门、泉州、晋江、南安、安海、深沪、东石等地达46家以及温陵糖帮、洋药帮，安海台郊、安平干果郊、台郡泉郊、台郡笨郊等6家郊行组织。其中就有关于"温陵糖帮公捐银壹百元"的记载，全文如下：

龙山寺重兴碑记

　　龙山寺者，安平千手眼观音佛祖古刹也。佛之灵感异常，笔难尽述，而寺则东汉时高僧一粒沙所创建。隋皇泰间重兴，而后历代修葺不能尽记。迨明天启年间，御史苏君同思敬堂颜，住持僧玄默募捐重修。国朝康熙丁酉年靖海侯施君赐进士出身在仪风颜君、僧浮生募修。乾隆戊申年，孝廉时普颜君、贡生紫霞颜君、僧普杨募修。道光辛卯年，前晋江县朱公、举人叙适颜君、僧然信募修。阅今四十余载，风雨飘摇，瓦砾不无渗漏。于是住持僧方彻爱请檀樾主思敬堂颜洎安平诸董事，议廊旧规。殿堂门庑，钟鼓楼亭，一尽卸平，重新起盖，易木柱以石柱，拆土墙为砖墙。山门之外，左右壁堵皆用青石雕成。而于殿之后，重建大雄宝殿，崇奉三世尊佛。两旁翼堂互对，环列为中堂屏障。东旧有罗汉堂，肖厅祀名宦禄位。兹又于西再建一堂，与东相配。前厅为节孝祠，规模宏笃。望之则树木成阴，栋宇凌云。施以丹□，蔚为宝刹之巨观，虽大禅林不是过也。是役始于同治癸酉年正月廿六日，告竣于光绪己卯年，计费白金一万四千一百五十余员，钱八百九十余千文。以兹庙貌聿新，增巍峨之气象；山川灵秀，美轮奂之光辉。况是宝象庄严，晨钟暮鼓，永奠神恩，广大法雨，慈云齐施，民物安阜，遐迩均沾矣。是为记。

　　钦加同知衔署晋江县正堂加十级纪录十次叶小兰捐廉首倡并撰文。

　　光绪五年岁次巳卯仲秋之月吉旦诸绅士勒石。

　　安海林瑞佑、（瑞）岗捐银捌百六十员，吕宋众信士捐银贰千七百员，檀樾主颜君仕倡修捐银四百元，芙蓉乡杨合春号捐银三百员，东石乡蔡树滋捐银贰百员，福省南

[①] 林士民：《再现昔日的文明——东方大港宁波考古研究》，上海：三联书店，2005年，第307页。

含馆公捐银贰百元,总董洪步阶捐银壹百员又青石门球壹对,沪江陈兴泰号捐银壹百五十员,安海许德兴捐银壹百壹十六元,营前洪合胜号捐银壹百员,安海吴香兰捐银壹百大员,沪江詹孔怀捐银壹百员,东石蔡怀春号捐银壹百员,北轩僧了醒捐银壹百元,安平干果郊公捐银壹百元,温陵糖帮公捐银壹百元,安海台郊公捐银壹百元,沪江尤开淮捐银七十元,衙口施瑞成号捐银六十元,漳郡张如嵩捐银五十元,曾埭黄光籴捐银五十元,安海桂崇礼捐银五十元,东石蔡树基捐银五十大员,曾埭黄光造捐银五十大员,东石蔡协和号捐银五十大员,沪江吴协芳号捐银五十大员,东石杨和发号捐银五十大员,沪江陈宝合号捐银五十大员,泉郡接官亭捐银四十大员,沪江陈东昌号捐银四十员,厦门许泗漳捐银四十员,沪江陈嘉兴号捐银四十员,温陵洋药帮公捐银四十员,台郡泉郊公捐银三十六员,沪江吴协庆号捐银三十五员,南邑蔡清良捐银三十五大员,台郡笨郊公捐银三十贰大员,沪江陈益源号捐银三十壹员,泉郡浮桥庵公捐银三十大员,沪江吴协昌号捐银三十大员,晋邑林协茂号捐银三十大员,沪江翁吉记号捐银三十大员,梅岭张天台敬捐银三十大员,沪江同丰号敬捐银三十大员,沪江陈义胜号捐银三十大员,杉行安向荣公捐壹佰元,福建金永兴钱八十千,福省蔡顺发五十员,湖格乡吴菩良五十员,南邑溪东李太和捐青石山底,安海□顺令捐银三十大员,福省金和、连顺号合六十元,福建陈春源号四十元,黄恒丰号三十元,四方人等助小工者不计其数。

住持僧方彻幕缘重建①

从石铭砣上所记的时间"同治甲子(1864年)"与《龙山寺重兴碑记》上的时间光绪五年(1879年)来看,这两处的"温陵糖帮"应该为同一个郊行,主要经营的是泉州与宁波之间的糖业贸易,即宁波郊中的小北郊。而泉州的天后宫,则是清代宁波郊的商业活动场所。不仅在泉州天后宫正殿存有苏福宁郊捐修的石柱,在天后宫内原本还存有三个清代苏福宁郊的糖砣(现已展陈在中国闽台缘博物馆),分别是两个清嘉庆七年(1802年)泉郡苏宁福郊的青糖砣,铭砣上镌刻着:"嘉庆壬戌年公订 泉郡苏宁福青糖砣"铭文。以及一件清嘉庆七年泉郡苏宁福郊的白尾糖砣,铭砣上镌刻着:"嘉庆壬戌年拾月置 泉郡苏宁福糖行公订白尾糖砣"铭文。这三个糖砣与宁波天后宫出土的温陵糖帮公砣一样,说明泉州天后宫为宁波郊的商业活动场所,宁波郊经营的主要商品是糖。

以天津为例,闽船北行每年一次,顺风十余日即可到达天津。每年四、五月南风的时候北上,到九、十月间即可返回。清代北京所需的巨量物资,在海运兴起后,大多通过天津转输。在康熙五十六年(1717年),就有2只泉州府出发的船载运白糖、乌糖、粗碗、冰糖、鱼翅等,进入天津港。其中,有白糖1050篓、乌糖4篓、糖果28桶、冰糖50桶。② 以《台海使槎录》所载,糖"每篓一百七、八十斤;乌糖百斤价银八、九钱,白糖百斤价银一两

---

① 吴金鹏:《清代蚶鹿对渡史迹调查》,《中国社会经济史研究》2007年第4期。
② 《直隶总督赵弘燮奏报闽船到津并载货情形摺》,(康熙五十六年七月初一日),中国第一历史档案馆编:《康熙朝汉文硃批奏折汇编》第7辑,北京:中华书局,1985年,第1048~1049页。

三、四钱",若按每篓糖170斤计算,则该年共运乌糖680斤,白糖17.85万斤,则总运糖量达到了17.9万斤。假设乌糖每百斤0.8两,白糖每百斤1.3两,则此次运载的总糖价为2300多两。雍正、乾隆时期,闽广商船前往天津的数量进一步增加,年约在100只左右。① 据清雍正七年(1729年)七月二十七日直隶总督唐执玉闽船到津摺中所奏,从雍正七年六月十四日起至七月十七日间,共有10只闽船陆续抵达天津,船中所载的货物以松糖、鱼翅、橘饼、胡椒、鞭杆、粗碗等货物为主。在这10只闽船中,除其中1只是从漳州府龙溪县出发外,其余9只闽船均是从泉州府出发的。

表4-1 雍正七年六月十四日至七月十七日到津闽船

商船编号	商人姓名	水手人数
泉州府晋江县发字壹千壹百拾贰号	张宁世	18
泉州府同安县顺字贰百陆拾贰号	赵志荣	17
泉州府晋江县发字捌百玖拾伍号	王崑瑜	23
泉州府同安县顺字壹百陆拾壹号	陈兴万	18
泉州府同安县顺字拾玖号	林桐甫	19
泉州府晋江县发字叁百伍拾捌号	洪全兴	17
泉州府晋江县发字壹柒拾伍号	林升璋	18
泉州府晋江县发字壹千玖拾壹号	李和美	18
漳州府龙溪县宁字贰百号	杨士元	18
泉州府晋江县发字壹千贰百拾壹号	庄岑	21

又据雍正七年八月初九日直隶总督唐执玉再奏的闽船到津摺,从七月十八日起至八月初九日间,有闽广船共12只陆续抵达天津关内,其中有闽船10只,广船1只,船中所载的货物也以松糖、洋碗、苏木、铁锅、毛边纸等货物为主。而10只的闽船中,泉州府出发的占5只,福州府闽县出发的3只,漳州府龙溪县出发的2只,福州府福清县出发的1只,由泉州府出发的闽船占其中的大多数。

表4-2 雍正七年七月十八日至八月初九日到津闽广船

商船编号	商人姓名	水手人数
泉州府晋江县发字肆拾叁号	蔡必胜	14
漳州府龙溪县宁字贰百捌拾陆号	林正顺	18
泉州府同安县顺字壹百捌拾壹号	范苍盛	23

---

① 范金民:《清代前期福建商人的沿海北艚贸易》,《闽台文化研究》2013年第2期(总第34期)。

续表

商船编号	商人姓名	水手人数
泉州府晋江县发字肆百柒拾捌号	施玺观	17
漳州府龙溪县宁字贰百玖拾伍号	柯荣盛	22
泉州府晋江县发字贰百肆号	蔡万源	15
福州府闽县平字肆拾捌号	曹广兴	22
福州府闽县平字壹百捌拾壹号	张长吉	22
福州府福清县昌字柒拾叁号	张德亿	19
福州府闽县平字叁百肆拾柒号	张彩鸣	21
泉州府晋江县发字壹千贰百伍拾肆号	德隆号	18
广东琼州府琼山县贸字壹号	王兴使	19

从雍正七年六月到八月间到津闽船的船数,我们可以得知泉州商船船数在同时期的到津闽船中占多数,但是关于商船中运载的商品及其种类、数量等,仍不具体,更难以反映其北艚贸易的总体规模和具体内容。但是从雍正九年(1731年)十二月十五日刑部尚书直隶总督刘於义的闽船到津摺中,我们可以得知,从六月二十四日起至九月二十日近三个月时间,共有53只闽船陆续抵达天津关内,其中自泉州府出发的有22只,其中晋江县13只,同安县9只;福州府12只,全部来自闽县;漳州府10只,全部来自龙溪县;兴化府8只,全部来自莆田县。① 在这份奏折中,还详细载明了这些商船所运载商品的品种和数量,为我们判明泉州北艚运贩商品的具体内容提供了可能。

表4-3 雍正九年六月二十四日起至九月二十日泉州商船运载货物表

商船编号	商人姓名	水手人数	运载货物
泉州府同安县顺字十号	魏兴宝	21	松糖584包、白糖77包、陈皮12包、苏木410斤
泉州府晋江县发字四百七十八号	邱得宝	17	白糖200包、冰糖10桶、粗碗100000个、粗茶钟5000个、粗酒钟18800个、调羹2800个、粗小菜盏7000个、橘饼50斤、荔酒3坛、针鱼酱110斤、糟鱼160斤、荔干5斤、浒苔菜10斤

---

① 其中一只商船的归属地在奏折中载明为宁波府鄞县,而海关记录列为闽船,可能由于船主黄同春是福建人。

续表

商船编号	商人姓名	水手人数	运载货物
泉州府晋江县发字一千四十二号	王源利	18	白糖370包、冰糖40桶、橘皮8包、松糖16包、鱼鳔80斤、茶叶236斤、粗碗120050个、粗茶钟13500个、调羹14000个、粗酒钟14000个
泉州府同安县顺字三百一十二号	陈凤升	21	白糖778包、松糖408包、冰糖29桶、橘饼30桶、海粉6箱、橘皮30袋、苏木2500斤、茶叶226斤
泉州府晋江县发字一千六百八十八号	李德兴	23	白糖739包、松糖676包、橘饼25桶、陈皮16袋、海粉2箱、冰糖71桶、闽姜18桶、门冬2桶、麒麟菜11捆、枝元4箱、苏木2355斤、茶叶1132斤
泉州府晋江县发字三百五十八号	庄豸	17	白糖210包、冰糖20桶、白矾9篓、散粗洋碗45000个、酒钟7000个、茶盅5000个、小菜碟45000个
泉州府同安县顺字一百八十一号	金隆顺	23	白糖90包、台松糖656包
泉州府同安县顺字三百九十三号	洪振源	20	白糖213包、台松糖511包、冰糖10桶、胡椒10包、橘饼6桶
泉州府晋江县发字一千六百六十八号	曾方泰	20	松糖475包、白糖4包、茶叶30篓、橘饼9桶、槟榔7包、海粉3箱、苏木1260斤
泉州府晋江县发字一千二百二十九号	郭凤兴	23	白糖736包、松糖770包、橘饼76桶、冰糖35桶、闽姜4桶、瓜钱2桶、门冬3桶、橘皮11袋
泉州府晋江县发字二百四十二号	林胜兴	18	白糖220包、冰糖19桶、栀子9袋、香附2袋、粗碗90000个、粗汤碗5篓、鱼翅150斤
泉州府晋江县发字八百九十五号	苏元合	23	白糖993包、松糖415包、橘饼84桶、冰糖32桶、闽姜2桶、门冬1桶、橘皮9袋、苏木990斤
泉州府同安县同字一百六十二号	黄万春	23	松糖506包、白糖57包、苏木271斤、烟3箱、枝元1箱、糖果2桶、细茶5篓
泉州府同安县顺字一百二十五号	苏振万	17	白糖613包、松糖238包、三奈42包、良姜40包、槟榔27包

续表

商船编号	商人姓名	水手人数	运载货物
泉州府晋江县发字一千三百十九号	陈元兴	18	茶226箱、白标布82匹、斜文布70匹、姜17篓、白矾27篓、粗碗18000个、茶钟1800个
泉州府同安县顺字二百四十四号	王起兴	21	白糖676包、松糖290包、冰糖64桶、胡椒35包、乌梅5篓、橘饼26桶、闽姜4桶、茶叶38篓、苏木5410斤、茶叶117篓
泉州府晋江县发字九百七十九号	蔡兴盛	16	白糖60包、糖水26桶、粗碗19000个
泉州府晋江县发字八百七十四号	王得万	21	白糖1060包、松糖66包、苏木625斤、藤丝5捆3包
泉州府晋江县发字一千三百三十四号	李德利	20	白糖467包、松糖380包、白糖57篓、绍兴酒451坛
泉州府同安县顺字一百五十一号	徐良兴	18	兴茶548箱
泉州府同安县顺字二百四号	徐永兴	21	白糖1227包、松糖275包
泉州府晋江县发字一千六百八十七号	陈振丰	19	白糖1339包

资料来源：故宫博物馆编：《民国文献资料丛编》第五册，《雍正朝关税史料》，北京：北京图书出版社，2008年，第487～500页。

这些泉州商船北艚所载商品中，最突出的是大宗商品蔗糖，且种类也不局限于白糖一种，还有松糖、冰糖、糖果、糖水等。其中，白糖共有10129包，57篓；松糖有6266包。以山海关税则每包红、白糖108斤计算，①这三个月间，从泉州府运往天津的白糖有1103622斤，松糖有676728斤，总价约为11624.2两。其次是各种果品和日用器皿，并有一定数量的茶叶、苏木、海产品、酒类等。虽然品种较为单一，但是也充分体现出当时泉州地区输出商品的特色。从中我们可以看出，蔗糖是其中最主要的商品。

在这三个月从泉州运往天津的22只艚船中，除了泉州府晋江县发字一千三百十九号和泉州府同安县顺字一百五十一号外，每艘船都会运载一定数量的蔗糖。而且有的船还是专门运载糖的糖船，如泉州府同安县顺字一百八十一号、泉州府同安县顺字二百四号和泉州府晋江县发字一千六百八十号。另根据雍正四年（1726年）五月初四日福建巡抚毛文铨奏报关税盈余数目折可知：雍正三年（1725年）分所收海关税银正课共66549两，扣除役工食银、铜斤水脚银、庶吉士银外，净得盈余42562两。其中从雍正三年正月二十七日起至八月二十八日，闽海关所收的糖船验规银有5022两；八月二十九日至九月

---

① 参见邓亦兵：《清代前期沿海运输业的兴盛》，《中国社会经济史研究》1996年第3期，第47页。

二十三日所收的糖船船验规银有2500两;九月二十四日起至雍正四年正月二十六日止所收的糖船验规银有3700余两。① 仅雍正三年一年间,闽海关共收了糖船验规银11222两,占当时海关收入盈余的近四分之一。由此可知,糖船往来之频繁,贸易额之大,是其他商品所不能比拟的。

这样,从康熙年间开海后,每年三四月间,从泉州满载蔗糖之船,通过海道北上温州、宁波、上海、天津、登莱、锦州等地,至秋天东北风起,又贩运棉花、棉布回程,这才有了"糖去棉花返"的民谚。

这种南北间的商贸往来一直持续到鸦片战争。鸦片战争以后,帝国主义加紧对我国进行经济侵略,在我国设立轮船公司,控制我国沿海运输,我国的帆船逐渐为轮船所取代。同时我国的海关权力也落入帝国主义者手中,泉州仅设"常关"(即内地的海关),规定只许帆船靠岸,轮船要在通商口岸的厦门海关卸货报关。②

(二)从事泉台贸易的郊商

清政府统一台湾后,采纳施琅将军的一系列建议,先后公布减免台湾赋税、开放海禁、设关通洋等一系列措施,大大地促进了台湾和东南沿海经济的发展。同时,清政府规定海峡两岸的通商港口为福建厦门与台湾凤山县安平镇鹿耳门之间的单口对渡。清政府之所以选择两门为对渡口岸,是有其历史及经济地理之背景。"厦门放洋,至澎湖七更、台湾鹿耳门十一更、北路淡水港十七更、漳氏鹿子港十五更、南丰港十四更。"③因两门的特殊地理位置,是当时闽海间的主要航道。1661年,郑成功是以厦门为基地,驶抵鹿耳门港,驱逐荷兰侵略者的;福建漳、泉移民亦是由厦门至鹿耳门相率移居台湾,并保持两门的贸易往来;施琅收复台湾时,是由鹿耳门入台,"十三日入鹿耳门至台湾",十八日郑克塽就率文武投降了。④ 可见,在当时厦门与鹿耳门在闽海的战略地位是非常重要的,故首开贸易口岸为两门,在这之后的一百年,鹿耳门与厦门的对渡贸易成为闽台贸易的唯一港口。

厦门与鹿耳门的对渡贸易,受到了当时清政府的诸多限制。规定凡商船自厦往台者,有糖船、横洋船之分;由厦防厅给发印单,开载舵工水手姓名、年貌并所载货物,于厦之大埕门会同武汛照验人货相符,便可启航。由台湾返回厦门经类似手续,由台防厅查明舵水姓名、年貌及货物数目,换给印单,于台之鹿耳门会同武汛点验出口。"其所给印单,台、厦两厅彼此汇移直销毁。"⑤"台厦两厅各于船只入口时查验,进港如有夹带等弊,

---

① 故宫博物馆编:《民国文献资料丛编》第四册,第225～226页。
② 泉州市工商联工商史整理组:《近代泉州南北土产批发商史略》,《泉州工商史料》第1辑,1983年6月。
③ 周凯:(道光)《厦门志》卷四,《防海略》,第32页。
④ 张本正主编:《清实录台湾史料专辑》,福州:福建人民出版社,1993年,第59页。
⑤ 朱景英:《东海札记》,中国方志丛书台湾地区第50号,第18页。

即行查究,其印单彼此移销。如有未到及印单久不移销,移行查究。"①虽然清政府对商船往来限制条件很多,但因是独占贸易商船获益丰厚,故商船往来仍是络绎不绝。②

在此基础上,行郊组织应运而生。据记载,闽台地区最早的郊应为澎湖台厦郊。台湾本岛最早的郊出现于雍正三年(1725年),为成立在府城以苏万利为首的北郊。继北郊苏万利之后,府城又相继成立了以金永顺为首的南郊和以李胜兴为首的糖郊。其中,南郊专营泉州、漳州、厦门、金门、汕头、南澳等处货物运销,有三十余号郊商。

鹿耳门独揽陆台贸易的百年期间,正是台湾在大量移民的涌入下,进入大规模开发的时期。一方面是台湾各地农产品日渐充盈,另一方面则是对大陆日常生产生活必需品的迫切需求,鹿耳门一口对渡已经不能满足陆台两地扩大贸易的要求。故乾隆四十九年(1784年),福建水师提督将军永庆上疏请增设鹿港与泉州晋江的蚶江交通往来。

清政府在乾隆四十九年(1784年)加开鹿港与晋江蚶江对渡,并设立蚶江海防官署负责管理蚶鹿对渡的商船渔船的挂验、海域巡查、督催台运并处理商贸纠纷诉讼等事务。乾隆五十四年(1785年)十月,清政府又出台优惠政策扶持蚶鹿对渡,即"准官渡商船由厦门至鹿耳门,每名许收番银二元;由蚶江到鹿仔港、南至八里岔,每名许收番银二元,不准多索"。乾隆五十七年(1792年),蚶江又与台湾八里岔(淡水河口)对口通航。蚶江成为大陆对台贸易最主要港口。清嘉庆十一年(1806年)新建官署治事。蚶江海防官署的设置,促成泉台贸易走向全面繁荣。嘉庆十一年(1806年)的《新建蚶江海防官署碑记》,俗称"对渡碑",立于今石狮市蚶江前安清代海防官署遗址内。碑高292厘米,宽86厘米,厚18厘米。碑额横排篆书10个字,字径14厘米,竖排5行。碑文竖排楷书,字径4厘米,计14行。碑记记载蚶江与台湾鹿仔港对渡等史实:

> 自古设官分职,职有治,各视其命,以为崇庳,凡以昭体制,重责成也。蚶江为泉州总口,与台湾之鹿仔港对渡,上襟崇武、獭窟,下带祥芝、永宁,以日湖为门户,以大小坠山为藩篱,内则洛阳、浦内、法石诸港,直通双江。大小商渔往来利涉,其视鹿仔港直户庭耳。利之所在,群趋若鹜,于是揽载商越,弊窦滋焉。岁甲辰,当事者条其利弊上诸朝,议设正口,乃移福宁府通判于蚶江,专管挂验、巡防、督催台运,暨近辖词讼,而以鹧鸪巡检改隶辖属。盖滨海分防通津,专寄职任,若斯之隆也。顾建治之举,原议虽有成规,而在事者每虞度支之绌,经费之艰也。是故因循二十年,大都傥郡城居民以为治,而另凭口馆于蚶江,置丁胥焉。予于癸亥冬代篆斯职,念口岸紧要,责任匪轻,且当洋匪滋蔓,防守尤难刻离,乃职愈殷而治未立,乌乎可□爰陈于院司,遵成规领银三千六百余两,购前安民地,累石定基,庀材营建,经始于乙丑春三月,是冬以台警停工,至丙寅六月续建,秋九月告成。背海面山,西南向缭以周垣,外为照墙树栅,东西吹亭各一,前后厅事共五进,左花厅一进,合神祠、科房、书室、旁舍、厨厩之属,统计七十有四楹。取材唯良,程工务固。核实用银万三千二百两零,

---

① 董天工:《台海见闻录》卷一,中国方志丛书台湾地区第50号,第23页。
② 李文杰:《浅谈清代闽台商业贸易》,《福建省社会主义学院学报》2010年第3期。

除领销外,余皆捐输。于是蚶江一官乃有治,以为奉职之所。方今圣天子加意海疆,简舟师、严保甲,将以肃清巨浸,奠安商渔,则奉斯职也,睹体制之崇闳,思责成之艰巨,宜何如兢兢者。予以三载代厄,承建兹治,不遗余力,故粗述颠末,俾后之君子,于职守三致意焉,是为记。

嘉庆十一年岁次丙寅秋九月吉旦,署理泉州府蚶江海防通判事、长垣郑谨撰候选教谕同安许温其书

而后,于乾隆五十三年(1788年),再开淡水厅所辖八里岔口对渡五虎门、斜对蚶江。这样,分列台湾西海岸南、中、北三处的鹿耳门、鹿港、八里岔口三港,成为台湾重要的货物集散地,有力地促进了陆台贸易的发展。道光四年(1824年),又开彰化县五条港与蚶江对渡,噶玛兰厅的乌石港与五虎门对渡。至此,台湾形成与大陆的五口对渡之势,两岸贸易进一步发展。随着对渡港口的增加,贸易往来的频繁,郊在台湾的发展也渐入高潮。除原有的台南三郊外,在其他相继开设的正口,郊的发展十分迅猛。如鹿港开港后,成为继鹿耳门之后又一陆台贸易要地。当时在鹿港,舟车辐辏,百货充盈,郊行林立。其先后成立有顶郊、布郊、糖郊、杉行郊、泉布郊、绸缎郊、丝线郊、厦鹿郊、泉郊、厦郊等诸多郊行,①后发展为有名的鹿港"八郊",即泉郊、厦郊、南郊、布郊、糖郊、油郊、染郊、簎郊。"彰邑与泉州遥望,鹿港为泉、厦二郊商船贸易要地","正对蚶江、深沪、獭窟、崇武者曰泉郊,斜对渡来厦门曰厦郊。"②其中泉郊创立最早,"主要经营与泉州地区的贸易"③,"泉郊所属商号达一百余家,其主要商行有日茂行……厦郊所属商号有一百余家"④。

道光咸丰年间,台湾北部的八里坌、艋舺等地和西北部的新竹也陆续建立郊行。先有泉郊,继有北郊,后又有厦郊,二者合为"台北二郊"。艋舺是台湾北部各郊商的聚集之地,该地郊户"或赕船,或自置船,赴福州、江浙者曰'北郊';赴泉州者曰'泉郊',亦称'顶郊';赴厦门者曰'厦郊',统称为'三郊'。"⑤除上述"一府二鹿三艋舺"之行郊外,台湾其他较晚开发的港口,如笨港、噶玛兰等地也有郊商频繁活动,郊在台湾的发展渐入高潮。

台湾郊行迅速发展的同时,泉州也出现了专门经营台湾生意的郊行。郊行按经营地域有大北郊、小北郊、大南郊、泉郊之分,按经营货物则有油郊、糖郊、布郊、干果郊等名称。大北郊经营青岛、牛庄、天津、大连,货物以黄豆、麦粉、豆饼、细布为主;小北郊经营镇江、南通、温州、福州,货物以大米、竹木制品,杉木及一些食品为主;南郊指厦门、漳州、汕头,货物有烟丝、纸张、丝线、洋布、日用杂货等;泉郊则有本地产的石材、陶瓷、砖瓦、土布、金褚等。行郊把各地货物运集泉州,而后发往台湾。

从台湾出口的货物,有米、糖、油料、樟木、水果、麻、水产品等。在台经营的郊行按地

---

① 黄曲权:《台湾南部碑文集成》,台北:大通书局,1987年,第593页。
② 周玺:(道光)《彰化县志》,台北:大通书局,1984年。
③ 林仁川、黄福才:《台湾社会经济史研究》,厦门:厦门大学出版社,2001年,第197页。
④ 张炳南:《鹿港开港史》,《台湾文献》第19卷第1期,1968年。
⑤ 陈培桂:《淡水厅志》,台湾文献丛刊本,台北:台湾银行经济研究室,1963年,第298~299页。

域分台郊、笨港郊、淡水郊、鹿港郊。蚶江作为与台湾鹿港对渡的港口,统辖泉州一府五县对台人员往来和商业贸易等事宜,因此蚶江郊行林立。据载,当时各地来蚶江开办郊行的商人增至近百家,其中"较有名气者为前埯欧姓的泉胜号、王姓的珍兴号、珍源号、和利号等,后埯的泉泰、谦记、勤和、锦瑞、坤和、谦隆、泰丰、裕坤等,纪厝的谦恭、协丰、谦胜和莲塘蔡姓开设的晋丰号。还有崇武郑氏的惠和号,泉州□姓的泉仁号……以上所列行号,都属资金充足,经营有方,业务兴隆的行号。其中泉盛、珍兴、和利、协丰、晋丰、谦隆等行号在台湾都设有分支机构;其他各行都派出人员常住台湾,负责办理购销事宜,了解商情市情。"①据《泉郡鹿港郊公置铁钟铭文》中"泉郡南关外浯江铺塔鹿港郊公置"记载,道光年间泉州仅鹿港郊即有商行46家,分别为:

美记号、建源号、泉记号、振泰号、裕成号、胜裕号、万泰号、振利号、复吉号、复升号、彝林号、义发号、鳌胜号、泰源号、盛泰号、长春号、义美号、源瑞号、振兴号、金顺号、德利号、宝源号、颖丰号、锦丰号、广裕号、厚裕号、振芳号、源茂号、德顺号、恰源号、谦泰号、泰成号、合裕号、滋源号、合瑞号、瑞源号、瑞泉号、资生号、正利号、盛源号、日升号、成顺号、振益号、德丰号、丰裕号、盈丰号。

道光十七年岁次丁酉阳月榖旦②

泉台之间频繁的经济交流,使得两岸的农业、手工业产生处于良性的发展状态,对泉台两地的商品经济、商业文化、城市发展都产生了较大的影响。清光绪二十一年(1895年),甲午战败台湾被割让给日本,使得蚶江鹿港对渡丧失其价值,海防官署随之关闭,在日寇统治下仅存民间贸易。此时情况据光绪三十四年(1900年)厦门"三五公司"之《福建情况实查报告》记述:"泉州湾东南面又有一小港叫蚶江,人口一万,帆船多与台湾交通","泉州的海港——与台湾的交通除安海、东石、洛阳等外,各港几乎没有船只往来,其中只有蚶江、深沪二港,每月帆船五六艘到台湾,那些走私的商人,也由此二港出口"。据调查,此时仅有谦记、谦益、谦顺、谦金等二十余艘来往于鹿港、梧栖间而已。运来的货物有米、水果、机制白糖、海产品、火柴、水泥、日本布以及楠木、磺土等,而运往的只有药材、冥钱、汕头陶瓷而已,形成贸易上的逆差。这条航道的贸易一直苟延至抗日战争前夕。③

1. 林日茂家族

"林日茂"是清代台湾鹿港有名的郊商,在台湾商业史上居重要地位。它创建于乾隆中期,嘉庆年间达到鼎盛阶段,道光初年以后开始走向衰落并出现家族商业分散经营的状况。"林日茂"在经过创立和发展以后,其基业由两岸子孙共同继承,泉台两地族人都共同使用"日茂"名号。

"林日茂"家族的兴起始于鹿港,而他的根却在大陆,更具体地说,"林日茂"家族是从石狮永宁林氏发展起来的。林氏在永宁开基以后,子孙繁衍颇盛,传至九世祖必显公生

---

① 林水强、林为兴:《蚶江志略》,香港:华星出版社,1993年。
② 庄为玑、王连茂:《闽台关系族谱资料选编》,福州:福建人民出版社,1984年,第469页。
③ 《闽南工商业重镇——安海》,《晋江文史资料》第9辑。

有八子,取名攀燕、攀祥、攀茗、攀荷、攀茂、攀桂、攀芷、攀芝,分作八房,其中第八房林攀芝派下即如今被称作"日茂房"的,与台湾的"林日茂"有直接关系。渡往台湾并在鹿港创建"日茂行"的是林攀芝之子、十一世祖林振嵩。林振嵩约在乾隆二十四年至三十八年渡台,先在鹿港谋生,"初从事零售食盐,经营有方乃成富家。"①当时清政府对台湾仍采取禁渡政策,只开放鹿耳门一口与厦门对渡,但很多人仍潜往鹿港等地谋生。因此林振嵩在鹿港从事食盐生意,显然是要冒走私贩运的风险,同时也很容易获取暴利。至乾隆四十二年(1777年),林振嵩在鹿港已经很有名气,此时他不再像盐贩子那样,而是被称作"绅士"。道光《彰化县志》云:

> 敬义园:在鹿仔港街。乾隆四十二年浙绍魏子鸣同巡检王坦首捐倡,率绅士林振嵩及郊商等捐赀建置旱园,充为义冢。仍以赢余捐项,置买店屋租业,择泉、厦二郊老成之人,为董事办理。逐年以所收租税,作敬拾字纸、收敛遗骸、施舍棺木、修造义冢桥路之用。②

可见,鹿港敬义园的设立是由魏子鸣和王坦首倡,而实际上是"绅士林振嵩及郊商等"捐赀建置起来的。这时林振嵩不仅被称作"绅士",而且与著名的泉、厦郊同列榜首,显然他在当地已拥有显赫地位及经济实力。此时,"日茂行"也应当创立了。

乾隆四十九年(1784年),清政府开放鹿港与蚶江对渡,泉、台贸易更为繁盛,"林日茂"由此蒸蒸日上。乾隆五十一年(1786年),林振嵩再次出面,与许乐三等人负责鹿港龙山寺的迁建工作,这是林振嵩发迹以后做的第二件大型公益事业。③是年冬,台湾爆发林爽文起义,全台震动,鹿港、彰化首当其冲,清政府屡派大军渡台进剿。次年(1787年),"天子命提督任承恩师讨之,时振嵩率男文会、文浚及侄文凑,已倡义恢复鹿港。任公虑军需未继,振嵩即倾赀助饷,共白金五千。又自备糇粮,招募义勇,随军前导",复彰化县城,平北路。事后,清政府论功行赏,"振嵩父子三人,皆以监生加六品职;惟侄文凑愿就武职,以千总实缺用。"④可见,林振嵩因林爽文之役而与清政府建立了密切关系,这对于"日茂行"日后的发展是极其重要的。乾隆五十二年(1787年)冬,清廷命在鹿港建造天后宫(俗称"新祖宫"),以纪念清军顺利登陆。林振嵩再次董理其事,并勉力输诚,将清廷拨付未敷的工程款"四千八百圆"全部补上,因而大受赞赏。⑤

林振嵩在鹿港天后宫建成后,于乾隆五十三年(1788年)下半年回到永宁,参加当年林氏祭祖。此时,他见到祖祠因"年湮代远,将就倾颓",于是"商诸族人",捐赀倡率予以重修。林氏祖祠自乾隆五十五年(1790年)十一月兴工,至次年(1791年)六月间完成,总

---

① 张炳楠:《鹿港开港史》注70,《台湾文献》第19卷第1期,1968年。
② 周玺:(道光)《彰化县志》卷二,《规置志·养济》。
③ 道光十一年二月《重修龙山寺碑记》,《台湾中部碑文集成》,台湾文献丛刊本,第37页。
④ 周玺:(道光)《彰化县志》卷八,《人物志·军功》,台北:大通书局,1984年。
⑤ 福康安:《敕建天后宫碑记》,周玺:(道光)《彰化县志》卷一二,《艺文志·记》,台北:大通书局,1984年。

共费"番银一千五百余圆",林振嵩亲自勒石纪事。林振嵩的所作所为,实际上为"林日茂"家族的兴旺发展奠定了重要基础。

林振嵩返回大陆以后,他在鹿港创建的"日茂行"便交由三子文浚去经营管理。林文浚,谱名元品,字金伯,号渊岩。据其《墓志铭》记载,他从小生长在永宁,长大后才东渡台湾:

> 按状公讳文浚……少而歧嶷,授书颖异过人。比长,见毅圃公久旅台湾,跪请王母卢太宜人及母蔡太恭人曰:"儿长矣,忍使吾父远羁海外乎?"遂辍业渡台,代理生计。毅圃公得回籍养老者,赖公力也。

乾隆六十年(1795年)春,台湾又爆发陈周全起义。"日茂行"由于邻近鹿港理番同知衙门,很快就受到影响,因此林文浚曾一度回泉。据福州将军魁伦奏报:"(三月)十九日申刻,有向在泉郡开行林华观之子监生林文浚兄弟二人自台回泉,随即传进署中面询。据称伊等素在鹿仔港开行生理,与理番同知衙门贴近。三月十三日四更时候,突有贼匪多人拥入理番厅内署,逢人便杀……"①这里提到的"向在泉郡开行林华观",即是林文浚之父林振嵩,可见林氏是同时在泉、鹿两地开行贸易的,林振嵩告老还乡后仍在泉州掌管业务。而林文浚向官府报告起事经过以后,又随提督邹兰保返台进剿,事后被"以功议叙"。②

嘉庆六年(1801年)以后,林文浚参与社会活动更加频繁,嘉庆二十一年丙子(1816年),是林文浚最辉煌的年份。这年他不仅赈济众多饥民,受到官府表彰;而且他的第五子廷璋、长孙世贤同年秋联袂中举;③他重修的林宅也在是年落成,并亲题"日茂行"、"鳌波东注"等石刻镶嵌于门额上。④ 值得注意的是,林文浚的祖居地称"鳌西",而他在鹿港的住家门额题"鳌波东注",显示林氏自西向东发展并事业有成、前程无量等多重含义。

林文浚不仅热心公益事业,而且对家庭、族人也特别关照。嘉庆三年(1798年)其父林振嵩去世,文浚返乡"奔丧哭泣,葬祭竭尽礼诚。丧事毕,仍渡东经略。"其母蔡氏在堂时,"遇贾舶西掉,必致意请安,附物味资洗腆。邮书戒其四弟布政使司理问例封武略骑尉敦崖公(即文时)、五弟殷宁学广文怡岩公(即文献),侍养无阙。"对于宗族,"为祖宗置祀田,为王母党、母党置祀田。申约族中寡妇,不可改适,按月支给,延师课其孤儿。"⑤由于有林文浚的关照,林氏家族在闽台两地都得到长足发展。许多族人纷纷前往台湾经商、读书。

嘉庆二十二年(1817年),林文浚派人赴仙游重修祖坟。二月间,他亲率子侄孙辈等

---

① 乾隆六十年三月二十三日《福州将军魁伦奏折附片》,《台案汇录己集》,台湾文献丛刊本,第116页。
② 周玺:(道光)《彰化县志》卷八八,《人物志·军功》,台北:大通书局,1984年。
③ 周玺:(道光)《彰化县志》卷八,《人物志·行谊》,台北:大通书局,1984年。
④ 叶大沛:《鹿港发展史》,彰化:左羊出版社,1997年,第326~328页。
⑤ 《林文浚墓志铭》。

20余人返乡祭祖,仅《祭文》中列出的有功名绅士就达15人,包括2名举人、2名贡生、5名生员、5名监生。① 一时冠盖云集,"林日茂"家族达到了鼎盛阶段。

道光六年(1826年)二月,林文浚去世,归葬故里。此时,"林日茂"已家大业大,并有文人入仕,但其经营状况却大不如前,开始出现明显的变化。从三份有关"林日茂"的契约中,可以见到端倪。其中第一份订于道光三年(1823年),此时林文浚还健在,向彭化吴姓业户购买了大片田产,共支付价银1200元。然而到了道光十七年(1837年),"林日茂"的第二份契约却出现了欠缴盐课、受到官府追讨的困难局面。这份契约全文如下:

  仝立合约字人,鹿港林日茂六房子孙林黄宗等、盐馆旧总理陈妈富。窃惟恨弥积而弥深,冤宜解不宜结。我等夤本同乡共井,兼作头家伙记,有无相同,苦乐与共,各无怀挟之见。近因本馆内诸务浩繁,课项亏缺。宗等以雇用陈富掌理,银钱图吞,课项短敨,造帐混开抵塞等情,赴府宪告控。而富亦以林黄宗等滥支,致欠课项,措借民债垫缴,怒阻支银,架诬图吞造帐等情呈诉。蒙宪传讯,各执一词,未能了结。兹日茂欠缴盐课贰万余员,蒙府宪委员并饬书差到地讨收。爰有泉厦郊炉主金长顺、金振顺等,廑念先人情面,嘱令宗等与富将帐簿数目赍到公所,公仝会算。因年欠数目纠缠,不能骤清,但日茂现在亏欠课项,富家道颇殷,饮水知源,且兼两世知好,从中妥议,令富备银贰仟伍佰员付林家凑缴课项。又将富从前经手缴课项内,借过郊铺欠项共六条,计银陆仟玖佰员,经富出向各债主认坐,恳限分年还楚。除此而外,无论富有无经手再借他人债项,登记在数内者,宗等一应支理,不干富之事;如数内无记者,系富私借,应归富理还,不干宗之事。泉厦郊议如此,实系一片公心,宗与富俱已听处,甘愿息讼,各无异言,并遵议取具依(保)结付委员赍禀府宪和息销案。日后出入相遇,永相和好,亲友如故,毋敢藉此再滋事端。恐口无凭,合约字贰纸一样,内列债项陆仟玖佰员(六)条,各付执一纸为照

  计开债项六条于左:
  长发号银壹仟伍佰员,又母银陆佰员
  成记号银贰仟员 荣源号银贰佰捌拾玖员
  广厚裕银壹仟员 德记号银伍佰员
  万记号银叁佰叁拾员
  纪盛俊老
  陈泰抑老
  金长顺
  泉厦郊公亲 金振顺
  王子全老
  陈宗悦老

                    子青

---

① 叶大沛:《鹿港发展史》,彰化:左羊出版社,1997年,第329~330页。

		祥卿
		子丹
道光拾柒年翎月 日仝立约字人林日茂六房子孙	林黄宗	
		子壁
		子榜
		伟卿
		盐馆旧总理陈妈富

从这份契约可见，"林日茂"在道光十七年（1837年）以前就已经营不善，以致欠缴官府课款达二万余员。导致积欠的原因双方各执一词：盐馆旧总理陈妈富（即"林日茂"管家）说林黄宗等人"滥支"，而林氏家人却说是由于陈妈富"图吞"银钱。最后在泉厦郊商的调停下才达成协议：由陈妈富"备银贰仟伍佰员付林家凑缴课项"，向郊铺借过的"陆仟玖佰员"债务亦由陈妈富认坐偿还，其余借项各自清理。达成这项协议的外在压力是由于官府派员前来追讨，这与林振嵩父子在世时与官府保持良好关系形成了鲜明的对照。

"林日茂"是在清代两岸开展交通贸易的背景下发展起来的，它的发展历程及其家族文化也体现了当时泉台关系的某些特征。林振嵩渡往台湾最初仅孤身一人，把妻儿老小都留在大陆。乾隆末期才携长子文哲、次子文会、三子文浚在台创业，并在泉州设立商行，开展泉、台及岛内贸易。晚年返乡后所做的第一件事便是祭祖、重修祖祠。林文浚也是把家庭留在永宁。尽管他极善经营，"日茂行"已如日中天，但其晚年想到的仍然是重修祖坟和祭祖，死后归葬大陆。①

2. 许志湖家族

许志湖是19世纪末期鹿港泉郊行的郊商。鹿港是清代台湾三大港口城市之一。乾隆四十九年（1784年），清廷开放鹿港与泉州蚶江为对渡正口之后，促使该港成为台湾中部主要吞吐口。根据道光十五年（1835年）的《彰化县志》记载："远贾以舟楫运载米粟糖油，行郊商皆大陆股户之人，出赀遣伙来鹿港，正对渡于蚶江、深沪、獭窟、崇武者曰泉郊。"泉郊是往来于鹿港与泉州各港之间贸易商人所组成的商人团体，其不仅是鹿港八郊中最早出现的行郊，而且财势最雄厚，最盛时期达到一百多家商号。鹿港的"泉郊"与泉州的"鹿郊"均有泉州商人与鹿港本地商人共同组成。规模较大的泉州商号，可能本店设在泉州，同时开张泉、鹿两地均有相同商号的"联财对号"，或是分号。另一方面，泉郊也有本店开在鹿港的在地商人，例如谦和号许志湖家。

许志湖家原籍福建省泉州府晋江县，属瑶林石龟许氏一支。其下并分成前东派、后东派、下厝派以及六房派四祧。许志湖家属于下厝派，最迟于乾隆年间第二十六世许高赤（1721—1761）时已经渡台，至三十世许志湖（1841—1901）时因成立谦和号，又称谦和派，定居于鹿港牛墟头。该地是一个农产品的集散地、"鹿港米"的重要据点，也是鹿港许姓的主要聚落。

---

① 杨彦杰：《林日茂家族及其文化》，《台湾研究集刊》2001年第4期。

早在清代初期,晋江沿海的海上私人贸易活动备受挫折,但是长年形成的经商传统,并没有因此而中断,而是得到顽强的承继,许多乡族外出经商的风气依然相当兴盛。石龟(石崖)的许氏家族,根据雍正年间的族谱记载,同族父子相继、兄弟联袂从事经商者大有人在,如:

> (二世)讳福,字本实,别号潜溪,小字福官,南桥公长子,冠带寿官,敦行孝友。南桥公所遗薄产居室,尽畀厥弟,自力于废著,家政丰饶。独购大平埔山一所,开筑双亲寿藏,并割其余穴以葬弟妇。而慷慨尚义,有鲁连季布之风,乡邻多倚伏焉。
>
> (三世)讳国华,字尔登,别号仰潜,乃南桥公长孙,潜溪公长子……生而聪明,稍长就傅,书过目辄成诵,师奇,谓青紫可立待。竟以父老居长任重,总角即弃儒业贾,佐吾祖经营乘家政,内外咸餍意无间言。
>
> (四世)廷〈木昂〉,字世沾,别号元斋,小字惠官……淳雅质直,弱冠攻举业,寻以家清学计然,而绰有儒风。尝与商家贩包头,客误减值十余金,公弗之昧也,曰:君误算矣。如直备还,不少铢黍,作事较然不欺类如此。
>
> 廷标,字准吕,别号莹峰,小字德官……少代父支家,辍举业逐什一,能以诚信感人,市货者云集,家业一振。友爱弟姪,不设私橐。后为郡邑掾;三考候选经历,不就仕,逃跡桃源,仍逐什一。
>
> 亨民,字世嘉,小字亨官……丁亥戊子沧桑,与其兄各窜外所,民后独归,晖潜公喜不自胜,谓可续奕桥。公后畜之于家,送就机房学治丝之事。
>
> (五世)祚昌,字克衍,别号瞻弼,小字拔官。弼甫公之长子,少受父叔之荫,弱冠弃举业营生,辛勤俭啬以自支撑,上孝养节母,下课子读书,是亦志行之可嘉者。①

清康熙二十二年(1683年),台湾统一于清朝版图,福建沿海居民迁移台湾者逐渐增多,特别是到了雍正、乾隆年间(1723—1795年),福建沿海居民迁移台湾进入高峰期,台湾岛内的社会经济因而得到迅速的发展。石龟许氏家族的许多族人也纷纷改变经营方向,投身于闽台之间的商业贸易活动中去。乾隆初,有许高赤渡台谋生,几经奋斗,在台湾中部一带有所发展。至清代后期,其裔孙辈许志湖、许志坤兄弟在鹿港开设商郊行,并与内地祖家的族人保持紧密的家族联系和商业往来,从而得到较快的发展。到了清末民初,许氏郊商成为鹿港一带首屈一指的富商之一。

许志湖(又称许湖),是许逊旺(1819—1847)和曾聪娘(1819—1893)之长子,②六岁时丧父,家境不佳。由于许姓在鹿港拥有庞大势力和宗族组织,许志湖的崛起,除了勤俭经商起家外,也受到了同宗的影响和奥援。最迟至1870年,许志湖已经在横仔街(鹿港民族路)经营米刈(米行、米割、米批发商)和进口杂货买卖,拥有谦和号和春盛号两家商

---

① (雍正)《石崖许氏族谱》。
② 林玉茹:《导读:略论十九世纪末变局下鹿港郊商的肆应与贸易——以许志湖家贸易文书为中心》,林玉茹、刘序枫编:《鹿港郊商许志湖家与大陆的贸易文书,1857—1897》,台北:"中央研究院"台湾史研究所,2006年。

号;并在鹿港街购买三家店铺,出租予其他商号,收取租金,以支应日常生活所需的现金。此外,许家也从事放贷业,通常出借现金少则数十元多则数百元;或是出借米谷给鹿港商号和民人,收取"利息谷"。

自1870年末到1890年,许志湖大多通过先典后买的方式,于彰化县内,特别是鹿港地区陆续购置不少土地,且兼具大租户和小租户的身份。春盛号米行年收租谷至少2300余石,尚不包括利息谷。放贷、胎及典的利息谷,是许家米谷收入的另一项重要来源。在春盛号的"备忘录"中可见,许家有不少胎借银字,典大租契及转典田字的范本。胎借利息谷的算法是每借佛银100元,则每年"贴清风搦净利息谷十石",并分作早冬(早稻)七、晚冬(晚稻)三的比例,要求现佃缴纳。① 许家更重视早稻,乃因早稻与晚稻品种有别,早稻的品质更佳,市场价格亦较高,充分显现该家族精打细算的生意人精神。

由于每年拥有大量租谷和利息谷的米谷收益,许家不但自置土砻间来碾米,且自行经营米行生意。通常每年分早、晚冬两季,委派店内伙计催收"各庄田地银项、租谷、利谷"。如收租人手不足,即临时调派其他店号或是亲戚协助。收回的现金,主要供应商号之开销。米谷的处理则较为复杂,一般而言,如有其他"米客"来田里采买米谷,价钱合理即卖出。不然自己砻米之后,或是直接在店面零售,或是卖给鹿港瑞兴号和锦义号等米行,或是配运到泉州出售。整体而言,许家不但直接控制米谷生产、加工,而且兼具零售、中介以及出口米商的角色,显现其米行经营的弹性域多样化。

《彰化县志》指出:"其在本地囤积五谷者,半属土著殷户。"这群"土著殷户"应该是像许家这样,一方面拥有大量土地,另一方面经营米刈生意的米商。他们除了在鹿港出售米谷之外,也等待中国大陆商船来时卖出米谷,或者直接自行配船输出。因此,一些米商往往也透过米谷交易,涉足中国大陆输入商品的贩卖,甚至变成操控两岸进出口贸易的在地郊商。春盛号米行与传统商号相同,是由许家经营的家庭式企业,再雇佣与其有血缘或是地缘关系的伙计。

除了自己开米行、经营进出口杂货之外,对于鹿港、泉州其他商号的投资,亦是许家致富之道。许家至少与鹿港郊行振成号合伙振丰成号,投资鹿港专卖烟和金纸的连兴号、泉州地区许氏本家族及姻亲戚友们所开设的,如"丰盛号"、"东益号"、"东成号"等,出资金额则200元至500元不等。与其他商号合伙投资,虽然有时不免出现倒号,但是如果投资得宜,收益颇丰。这些商号各自成为对方的异地代理商,关系十分密切。这些具有乡族特征的商郊行的商业合作关系,不仅可以相互委托配运、采购和卖出商品,互通市场信息,而且还可以相互插股或共同投资其他的商号等等。这里略举两份关于商行相互委托办理的货单、货函及商业书信如下。

丰盛号货函:

  敬启者:查客蜡十七日由沪转奉一札,内述为配沪金宝顺船北油拾笼。然该船几番启帆,为风所队,况新正绵雨,是以致延未进,早晚抵鹿就货向出。内封清总单,

---

① 《鹿港郊行春盛祭祀礼仪备忘录》(手稿本)。

祈即过覆注账。其油内地及膠价硬,扳企(上扬之意)。刻下永(宁)北油升一〇四元。按油新出,日远市价望分,必难到,祈观局而沽。永(宁)中新正米价转企,市尚平,迨正月抄,闻上海米奖(涨),泉州四处觅採,故价日兑日升,刻下螺米四·二九元,九芎种四·七元左,北术四·六元,北油一〇·四元,气油分五·三四元,火察(火柴)唱廿元左。此奉

春盛大宝号、湖官老仁台足下。

丙申(光绪二十二年,1896年) 花月十七日

丰盛兑货支取不凭

高妈禁致许志湖商业书信:

再启者,因王元官汉墀股内所落小号一股,对本五〇〇元,并长利息,计共按有五五六元之颇。渠之兄弟思欲外出,意决将此股份缴落别人。弟思欲请吾兄照落股额,前日承来手教,谓生理欲待来春,观此定局,即要设法,无如他要抽去,乃是就此年终为止。以弟鄙思,足下亦有被他借去银项,而况有项在于坠官处,此甚至妥,未卜贵意如何?乞示。如欲自落此股更妙,不则,或欲与友生兄合股亦可。与他相商如何?祈速示知,方好按额千千。勿外。余不尽言,草此。再启上

志湖老仁台大人升照。

丁酉(光绪二十三年,1897年) 十月初五日

高妈禁手书,永宁东成(号)书柬①

从上举的晋江与鹿港两地商郊行之间的商业书信及货单、货函中可以看出,虽然他们分属于不同的地点及商号,远隔大海,但是在商业的合作方面,已经相当地协调而有效。双方不仅结算明白,交割及时,而且还能随时通报商业信息,提出下一步经营的设想,甚至在尚未征得对方授权的情况下,先替对方做好有利的决策。由于在鹿港定居已久,又拥有大批田产和各种社会网络,清末许志湖家已经是地道的本地商人。即使1895年面临日本割台变局,许家一度避居泉州晋江县,但是一旦台湾状况稳定后,仍在日本国籍选择的最后期限举家迁回鹿港。② 回到鹿港的许志湖,仍然继续经营进出口贸易,家业更加繁昌,并成为日治时期鹿港的大贸易商。1901年许志湖和其弟许志坤两人辞世后,遗产至少有三、四万圆。③ 至1920年代,许家财产高达30万圆,名列鹿港街资产家

---

① 林玉茹、刘序枫编:《鹿港郊商许志湖家与大陆的贸易文书,1857—1897》,台北:"中央研究院"台湾史研究所,2006年。

② 林玉茹:《导读:略论十九世纪末变局下鹿港郊商的肆应与贸易——以许志湖家贸易文书为中心》,载林玉茹、刘序枫编:《鹿港郊商许志湖家与大陆的贸易文书,1857—1897》,台北:"中央研究院"台湾史研究所,2006年。

③ 《台湾日日新报》(台北),1907年6月12日第4版。

首富,①且与有名的原厦郊成员合和号及胜大和并称"鹿港三大和"。②

第三节 晚清泉州的绅商

泉州的绅商阶层是在晚清特定的社会历史条件下形成的。清代中叶以后,由于中国社会经济发生了很大变化,泉州士绅的眼光已由乡转向市,他们的兴趣之所在,也由以前的田连阡陌转而为店铺相望,服贾南北,其主要的经济收入即以经商赢利取代了以前的地租,而这正是绅商与传统乡绅最重要的区别之处。晚清的泉州绅商为数不少,足以形成一个社会群体,并在当时的社会生活中具有很大的影响。1908年,日本人设在厦门的"三五公司"曾派出职员到晋江县作过社会调查,在其后所编印的《福建情况调查报告》中,列举有当时晋江县的"乡绅豪富"42人,身份注明为翰林、进士、举人等的达38人,③其中许多人据有关资料的记载,可认定为绅商。这些绅商除了在商业活动中具有举足轻重的地位外,在当时泉州社会生活的许多方面,也有着广泛的影响,其中不少是值得称道的,如为民伸张正义,化解纠纷,稳定社会秩序;积极参与社会公益事业,捐赈灾区,修桥造路,资助育婴堂等等。

一、晚清泉州绅商的经商特点

晚清泉州绅商的经商特点,首先表现在通过郊行垄断市场。清道光至同治年间,经营郊行的多为绅商,其中规模最大,财力最厚的为宁波郊。晚清泉州势力较大的绅商,多为宁波郊的行东,如观口黄(两广总督黄宗汉家)、通政巷苏(四川总督苏廷玉家)、象峰陈(翰林陈棨仁家)、钱头吴(状元吴鲁家)以及万厝埕王、后城何等官绅豪族。宁波郊会馆的馆址设在泉州南门天妃宫,以每年农历三月廿三日的天妃诞辰日为本途行东的集会日,其时与会者多为穿龙袍戴圆顶有官阶有功名的人,白衣虽富也无资格参加,故泉州人称之为"五龙袍郊行"。黄宗汉胞侄黄贻檀(长合号宁波郊行东)在世时,就是该会馆的领袖。绅商们除经营宁波郊本行外,还可运用其背景势力及其雄厚的资本,控制一些进出口行业,如北郊、梧栖郊(台湾)、厦门郊,以及米郊和各种"九八行"(丹麻行、鱼行、大猪牙行、小猪牙行等有牌照的专利行业)的营业,从而垄断了出口的大宗桂圆、蔗糖、丹麻、锅鼎、农具等本地土特产和手工业品;入口的棉花、大米、油、豆等北方土特产。例如泉州出口量最大的土特产桂圆和蔗糖,其收购的日期及价格,均得郊商行东开会公议决定,任何

---

① 《役场公文类纂》(手稿本)。
② 林玉茹:《商业网络与委托贸易制度的形成——十九世纪末鹿港泉郊商人与中国内地的帆船贸易》,《新史学》第18卷第2期,2007年6月。
③ 王连茂、庄景辉编译:《一九〇八年泉州社会调查资料辑录》,《泉州工商史料》第2辑,1983年10月。

人不得破例收购。货物出口后如发现问题，要追究勒赔，重则通知各郊户一律停止向该农户收购，以断其生机。这些郊商还利用其垄断地位，在泉州本地的消费市场上，以设秤偏重、货币折扣等手段来剥削小商小贩和广大消费者。①

其次是商品经营资本和货币经营资本相互支持，混合生长。商品经营资本和货币经营资本是商人资本的两个形式，晚清泉州绅商在经营商行的同时，也经营高利贷的典当业，规模较大的有黄宗汉、苏廷玉、庄俊元（道台）、张瑞（翰林）等家所开的当铺。其中以黄宗汉家族最多，除泉州城内外，在南安、安溪以及晋江的安海、河市等地都有。当铺以质物贷钱，计月取息，营利最稳，有赚无蚀。商行方面也以黄宗汉家族最多，营业面相当广阔，包括郊商、绸缎店、布店、香店、金纸店、纸行、碗行等，其中长合号宁波郊和晋源号绸缎店，分别为泉州城内同行业中资本最大的。在厦门也有黄家开设的商行，包括自营和合股，一般均雇请熟悉业务的人为掌柜和经理，而派家族子弟前往巡视监督。雄厚的商品经营资本和货币经营资本及其两者之间的相互支持，相互渗透，使黄家的商人资本得到较大的发展，从而获得了较高的商业利润，并得以经营捐助地方公益事业和捐买官阶官衔。

再次是广辟则源，多种经营。晚清泉州绅商除了主要经营商行和典当业外，还广辟财源，从事其他行业，如房产租赁。苏廷玉休致后归居泉州城内通政巷，即广置房产，屋宇连绵，后门直出奎章巷，东临南大街一列店屋皆其产业，苏家仅利用通政巷东北畔临街处的两间店面开设当铺，取号"元祥"，其余大都出租。黄宗汉家族也把自家周围的旧屋成片收买，兴建大厦和书斋别墅，使"观口黄"的住宅区由观口、后巷扩展到敷仁巷、镇抚巷，连成一片。同时，黄家还在泉州城闹市区广置店屋出租，作为其经济收入的来源之一。据说泉州城内闹市区的店屋，仅"观口黄"和"万厝埕王"两家，曾合计占有近一半。有的绅商为获取更高的利润，在经营商业的同时，还经营手工业、种植业等。晚清进士黄谋烈（黄宗侄孙）曾在象峰巷开设晋记号织布局，后又分设后巷织布局，专织土布。同时，还增设晋源号布庄兼染房，自行漂染和销售，后因无法与大量销泉的英日洋布和上海、天津的机布竞争而停办，资本转入商业。另一晚清进士黄抟扶，于光绪二十年（1904年）创办"清源种茶公司"，在清源山垦辟茶园，并设制茶厂，生产出来的茶叶，由该公司设在泉州城内的门市部销售。② 当时泉州的绅商还有另外一种经济收入的来源，为其他地方所罕见，即购置种有龙眼树的"龙眼宅"。龙眼烘干而成的桂圆，是宁波郊贩运省北的泉州主要土特产之一，种龙眼比种庄稼费省而利久，堪为子孙世业，业主可逐年坐收其利。龙眼收成时，业主与所雇的守顾人按八二分成。

---

① 泉州市工商联工商史整理组：《近代泉州南北土产批发商史略》，《泉州工商史料》第1辑，1983年6月。
② 倪郑重：《清源种茶公司和清源茶》，《泉州工商史料》第2辑，1984年5月。

二、晚清泉州绅商与辛亥革命

清中叶以后,泉州地区灾害频发,仅武昌起义前20年中,泉属各县严重的水灾、旱灾、瘟疫、米荒,就发生7次之多。帝国主义的野蛮侵略,清统治阶级的残酷压榨,激起人民的强烈反抗。近代以来,泉州地区不断爆发反帝反封建斗争,如1853年同安小刀会起义、永春林俊起义、晋江会党进攻郡城,1854年惠安邱二娘、胡熊起义,1863年安海教案,1864年南安谢险、刘洸居起义,1866年泉州毁抢教堂案,1891年德化陈拱起义,1900年德化王寮冒起义,1905年泉州反美运动等。这些斗争此伏彼起,极大地动摇清王朝在泉州的统治基础。① 在这样的历史背景中,泉州的绅商们开始创办新式企业,致力于新式教育事业。在辛亥革命中,积极参与革命活动和各地政权的建立,在其中扮演着十分重要的角色。

清光绪三十二年(1906年)泉州大商家吴维纯、何光恺、蔡生平、蔡锵等发起筹组商务会。光绪三十四年(1908年)成立泉州商务会,址设打锡巷考棚内,进士林翀鹤任总理,后因经费支绌,林翀鹤辞职,举人龚显鹤继任。② 1909年毕业于北京高等实业学校电气专科的陈耀煌,与华侨富商、买办集资15万元,筹办厦门电灯、电力股份有限公司,于民国元年投产发电。③ 作为地方绅士名流,他们还涉足、参与创建地方新兴的近代企业:例如1904年泉州清末进士,部郎黄抟扶、联合邑绅洪里仁、林心存、宋书实等创办清源种茶公司,并向海外华侨及绅商各界募股集资,推举黄抟扶任总董事,洪里仁任经理,设办事处于清源洞,除销售清源茶外,还贩运武夷岩茶。"其品种宋树为精制高档茶,在菲律宾嘉年华会(商品展销会),得金质奖章。清源种茶公司、借此作商业广告,扩大外销,因而泉州清源茶曾在东南亚各国华侨聚居地享有盛誉。"④黄宗汉的侄孙黄谋烈(同治二年进士,以进士授内阁中书),本着发展实业的愿望,多方筹措资金,聘请外地纺织技师,于1908年在泉州象峰巷开设晋记织布局拥有织布机40多台,招收男工数十人,专织土布,并增设晋源布店兼染房,自行漂染和销售,后因英、日洋布在泉大量销售等原因,晋源土布无法与其竞争而不得不停办。光绪三十四年(1908年)进士黄抟扶、举人洪里仁等人发起组织农务会,并在释仔山创办农事试验厂,附设气象站,研究改进农业技术。1913年泉州贡生谢俊英、龚显鹤等等集资筹办泉州电气公司,后又邀请厦门鼓浪屿台湾富商林尔嘉投资10万银元,于1916年在泉州成立泉州电气股份有限公司,在金山建成电厂,安装一台60千瓦煤气发电机组。⑤ 1918年由南安归侨吴记霍出资,前清进士吴桂生、地方绅士伍叔畴创办嘉福职业学校,附设织布机数十台,向外聘请技师,培养纺职业技术

---

① 吴泽华、陈智勇:《共和之光照古城——辛亥革命在泉州》,http://www.qzwb.com。
② 泉州市鲤城区地方志编纂委员会:《鲤城区志》,北京:中国社会科学出版社,1999年。
③ 叶近智:《厦门电灯公司概述》,《厦门文史资料》第4辑。
④ 倪郑重:《泉州清源茶》,《泉州文史资料》第7辑,1982年。
⑤ 泉州市鲤城区地方志编纂委员会:《鲤城区志》,北京:中国社会科学出版社,1999年。

人员。

清末废除科举、推行新政、创办学堂,传统士绅失去安身立命的制度保障,知识分子开始出现结构性分化,纷纷流向实业、教育等领域,在这一背景下,在泉州各种新式学堂兴起的过程中,一批在当时很有影响的名儒士绅成为先驱者,虽然这些名儒所接受的基本上是传统的封建教育,且绝大多数均参加过科举并取得了功名,但对当时封建教育的种种弊端却有较深刻的感受与认识,因而能顺应时代潮流,并利用其社会声望,积极投身新式学堂的创建,成为其中的核心力量,为泉州新式教育的兴起做出了重大贡献。

三、黄宗汉与"观口黄"家族

黄宗汉为清中叶后期官阶最高的泉州人,其家族后昆作为官绅,也多有一定的社会地位。被称为"观口黄"(黄宗汉家住在泉州元妙观口)的这一家族的形成与发展,处在鸦片战争前后,正是中国社会性质趋于变化的时代,是晚清泉州绅商阶层的杰出代表之一。

黄宗汉是奠定"观口黄"这一家族的主要人物。黄宗汉,字寿臣,生于嘉庆八年(1803年),父亲黄念祖在其七岁时过世,由其嫡长兄黄宗澄教养成人。道光十五年(1835年)中进士,进入翰林院,散馆改兵部主事,先后充军机章京,历员外郎、郎中,迁御史给事中。在都十年,是他做京官的阶段。道光二十五年(1845年),黄宗汉出为广东督粮道,调雷琼道,历山东、浙江按察使。咸丰初迁甘肃布政使。咸丰二年(1852年)擢云南巡抚,未到任,调浙江巡抚。咸丰四年(1854年)擢四川总督,咸丰六年(1856年)调京任内阁学士,兼署刑部侍郎、顺天府尹;出为两广总督;咸丰九年(1859年)由粤调京。这十四年,主要是他作外官的阶段。

"观口黄"这世家,由黄念祖开其端,黄宗汉奠其基,其当京官时虽油水较差,然也不无额外收入;而多年外放,位至封疆大臣,财源就滚滚而来。有了他的政治地位和财政基础,才得以建立"观口黄"这世家豪族。黄宗澄,黄念祖嫡长子,生于乾隆四十七年(1782年),嘉庆二十四年(1819年)中福建乡试第二名举人,继其父为高级塾师,因学问渊博,能因材施教,受业的人比他父亲更多,不但遍及八闽,远及台湾、浙江也有人闻风前来。取得功名的门下士,有两进士十余举人。宗汉七岁丧父,由宗澄一手培养的,所以宗汉对他非常尊重,在官所有收入,除自用者外,都寄交宗澄支配。宗澄既拥巨资在观口一带建了十多座三间张四落有护龙的大厦,以及书斋别墅——六渊海、梅石山房、静妙轩等等。由观口、后巷扩展到敷仁巷、镇抚巷,连在一起,显示着世家大族的派头。但这些是作为住宅用的,还不是经济收入来源,其家族经济来源之一是广置店屋出租。有个老泥水匠蔡金司,虽不是黄家的专用建筑工人,而他父子两代数十年间,主要是为黄家修缮店屋。据他说,泉州闹市的店屋,观口黄与万厔垾王(大典当商)两家占近半数(指两家兴旺时期)。因为是业主,还可左右租户的营业,黄家原开设晋源绸缎庄,后有人向其租附近店屋开布行,就指定只能开布行,不能卖绸缎与其竞争。其次是开典当行。泉州的乡绅富室,不少人经营高利贷的典当业,如与黄宗汉同时代的四川总督苏廷钰家,就开有元祥号等大型典铺,被称为"元祥苏"。道台庄俊元、翰林张端等,也都开有典铺。"观口黄"的典铺就更多了,在河市有源美,安海有胜美,南安溪尾有锦美、黄胜美,安溪有和安、和裕诸号。商行方面有长合号宁波郊,自己置船往返泉甬沪,"糖去棉花返"地经营着,后营业不佳,改为长合干果行。糖房(囤积、加工蔗糖)在泉州也是一大行业,黄家有怡美、悦津两家,后来缩小范围,改为糖品店与粿炊店。此外有长美纸行、恒昌碗行、百和堂香店、协美金纸店,商业经营面相当广阔。规模较大的还有晋源布郊,经营顶盘,一度专营绸缎,后改称晋源布庄,历史达七八十年。在厦门,除自营胜义号外,还以诗记(长房贻檀的代号)、书记(三房贻杼的代号)的名义,与人合股开设联昌号,前往香港置办洋货来厦销售;又与人合股开设锦昌号,置办浦南等处纸货来厦销售。所营行店一般雇请熟悉业务的人为"当事"(掌柜、经理),而派家族子弟去巡视监督。

除了行郊贸易,黄家在清末还经营手工业,在象峰巷开设晋记织布局,拥有旧式织布机四十多台,吸收男童工四十多人,聘请外地纺织技工传授技术,专织土布,后又分设后巷布局,在晋源布庄设染房,自己漂染和销售。

黄家没有置买田地(祖墓附近略有薄地,系供看墓人耕种,不作家庭收入),但有买"龙眼宅"。龙眼是泉州特产,种龙眼比种田费省而利久,可为子孙世业,因此城里富户多置有种龙眼树的"龙眼宅"。雇人守顾,每年龙眼熟时,卖得款项,业主得八成,守顾人得二成。业主一投了资,不必什么劳动,就可逐年坐收其利。黄家在鲤洲等处,拥有"龙眼宅"多处,作为一种收入。

还有一种可能别处罕见的财源,置岩即厕所出租。旧时粪便为主要肥料,厕所都属私人所有,有一种以买卖大粪为业的粪户,向岩主租岩,雇工每天收粪,卖给农民,获利甚丰。人烟越稠密的地点,厕所出粪越多,但厕所既脏又臭,非强有力者无法在闹市设厕所,所以主人多为当地豪强。黄家也有厕所出租,不过为数不多,不是重要财源。

"观口黄"族大丁多,子弟会读书的专心攻读,求从科第出身;不善读书的,就去从商,分管行店。这样以货殖收入来哺养族众,以家族势力去支持经济经营,从而保持世家望族的地位。因此,在黄宗汉死后,其家族簪缨相续,后昆继起,仍不失其世家豪族的地位。他的长兄黄宗澄与其子贻檀都为当地所推尊,地方有事必向其咨询。黄贻楫、黄谋烈叔侄,蜚声翰苑,历任京卿,先后家居二三十年,更成为泉州乡绅的班首,地方官遇事必造府请教,当地绅士也唯他们的马首是瞻,地方公益业必请其主持,霁翁(贻楫字霁川)和佑翁(谋烈号佑堂)的大名,在那时候几乎泉人皆知。①

第四节 广东十三行中的泉籍商人

泉州自古土地贫瘠,滨海居民可耕之地十分有限,外出经商一直是泉州人的传统。对于泉州商人来说,位于邻省的广东,就是他们最为理想的贸易市场。因为以广州港为

---

① 陈盛明:《晚清泉州一个典型的世家——黄宗汉家族试探》,《泉州文史》第8辑,1982年。

主的广东诸多港口城市,不仅中外商贾云集,货物充盈,海运交通便捷,而且有广阔的经济腹地作后盾,故历来均被广大商人视为上机无限之地,乃至走向国际市场的起点与中转站。正因如此,明清时期泉州人向邻省广东各港口城市的移动,几乎形成一股强大的潮流。

清康熙二十四年(1685年)在广州设立粤海关,次年成立十三行。十三行行商的籍贯,多为广、闽、徽,同文行行商潘启、怡和行行商伍秉鉴、泰和行行商颜时瑛、丽泉行行商潘瑞庆、资元行行商黎光华元等均为泉州籍商人。①

一、泰和行行商颜时瑛

颜时瑛(1727—1792),字谷修,号肇斋,原籍为福建晋江县田中村人氏。其父颜亮洲"会奉榷部檄,募充十三家与蕃汉通市,公(亮洲)乃投笔厕身其间",②于雍正年间建立泰和行。乾隆十六年(1751年)颜亮洲死后,泰和行由其长子时瑞接手经营。时瑞(1720—1763)字谷书,号书巢,少年时亦读书应试,但屡考不中,及至亮洲去世,他便索性继承先业了。时瑞经营泰和行凡十三年,业务应是顺利的,据称"粤东向与外夷通市,君在事开诚布公,为远人所信爱。"③到乾隆二十八年(1763年),时瑞因病去世,泰和行由其弟时瑛经营。

其实,泰和行早期业务亦颇兴盛,只不过资料缺乏,无法详悉而已。据《绰亭公(亮洲)暨柯太夫人墓志铭》称:"公(亮洲)投笔厕身其间(指十三行),时则有若陈监州、叶比部皆公同事,然尤推公为领袖云……十余年,拥巨赀成巨室,称城西甲乙之家焉。"④其时广州的富商巨族,多聚居城西叫作西关的地方,颜家雄居甲乙,则其富可知,亦足见其在行商中已占居重要地位了。泰和行在颜亮洲、颜时瑞手中已经经营得法,行务畅旺,至时瑛时,贸易更蒸蒸日上,比前益见发展。据《广东十三行考》考证,当时行商名单的排列次序,是以资产及贸易规模的大小而分先后的。该书据马士《东印度公司对华贸易编年史》(英文本)卷2及卷5所载1768—1779年之行商排列,发现"瑛秀"被列于第二位,可见其规模及经营之盛。颜氏到了时瑛这一代,兄弟十二人,加上子孙妇孺,已成百口之家,内外诸务繁多,势难兼顾,于是时瑛将事务作了明细的分工,以利管理。时瑛自己负责行务及对外交酬联络,其三弟时球负责家业及家族内部事务,四弟时珣负责建造宗祠及纂修家谱,九弟时理主要在福建采购茶叶,当是负责泰和行出口物资的采办工作。⑤ 经此分工,时瑛得以全力投入行务经营,从而促进了贸易的发展。

正当泰和行业务最盛,颜时瑛左右逢源的时候,却爆发了一场意外的灾难。乾隆四

---

① 章文钦:《广东十三行与早期中西关系》,广州:广东经济出版社,2009年。
② 《颜氏家谱》。
③ 《颜氏家谱》。
④ 《颜氏家谱》。
⑤ 颜嵩年:《越合杂记》。

十五年,泰和行以诓骗罪名被封,颜时瑛革去职衔,充军伊犁。《粤海关志》卷二五云:"乾隆四十五年七月刑部会奏言,广东巡抚李湖等奏称,广东颜时瑛等借欠夷商银两,分别扣缴给还一折,奉硃批……查例载交结外国诓骗财物发远边充军等语,今行商颜时瑛、张天球明知借欠奉有例禁,乃不将每年所得行用余利樽节归还,任夷人加利滚算,显存诓骗之心,应如该抚等所奏,颜时瑛、张天球均应……革去职衔,发往伊犁当差……所有泰和、裕源行两商资财房屋交地方官悉行查明变价,除扣缴完饷钞外,俱付夷人收领。其余银两着落联名具保人潘文岩等分作十年清还。"①当时外商对十三行行商除借给高利贷款外,还常将货物赊销给行商,加算利息。行商货物销出,洋船未到,不免将货款挪作经营资本,及至外商船到时,已因日久而利上滚利,行商周转失灵,无法偿付,往往有之。②

颜时瑛在伊犁充当苦役,至乾隆五十七年(1792年)去世。死后曾被草草暂葬于西安,迨四年后始由其后人从西安移棺南归。这是因为颜氏自家产入官变估后,一贫如洗,境况甚窘,至此时才能将时瑛骨殖移葬回粤。③

二、潘启与同文行

潘启,又名振承,字逊贤,号文岩,又号封翁,出生于福建泉州府同安县明盛乡栖栅社。18世纪30年代,时值壮年的潘启从泉州来到广东,"往吕宋国贸易,往返三次,夷语深通,遂寄居广东省",任职于陈姓商人的洋行中,经理事务。没多久,潘启的诚信可靠获得了陈姓商人的肯定,将洋行业务全权交与他处理。数年后,陈姓商人"获利荣归",潘启于乾隆九年(1744年)左右,请旨开办同文洋行。"同"字取本县同安之义,"文"字取原籍文圃山之意,以示不忘本。

潘启的同文行开张之后,长期与英国东印度公司等欧美国家商业机构及个人保持良好的贸易伙伴关系,贸易区域几乎遍及所有当时与中国有贸易往来的欧美及东南亚国家,潘启的名字史是伴着洋船传到世界各地,成为十三行中的首富。生丝出口,是当时中国出口商品中位居前列的货物。乾隆三十三年(1768年),英国东印度公司向广州行商订购生丝2000担,潘启同意交售生丝1500担,每担价售价265两,其他三家商行答应一起交售1000~1500担,每担270两,于是英国东印度公司与潘启成交。从此,同文行每年与英国东印度公司的生丝贸易量均达到1000~2000担,超过其他商行,有段时期甚至几乎垄断了全国的生丝出口贸易。④ 为了完成合约,潘启曾派其子到内地采购生丝。乾

---

① 梁延枏:《粤海关志》卷二五,广州:广东人民出版社,2002年。
② 萧致治、杨卫东编:《鸦片战争前中西关系纪事》,武汉:湖北人民出版社,1986年,第228页。
③ 黄国声:《十三行行商颜时瑛家世事迹考》,《中山大学学报(哲学社会科学版)》1990年第2期。
④ 马士著,区宗华译:《东印度公司对华贸易编年史》,广州:中山大学出版社,1991年第2期。

隆四十年（1736年），同文行向公司交售生丝1000担，价值276250两。四十七年（1782年），粤海关监督重申限制生丝出口的禁令，规定每艘外船运出生丝不得超过100担。潘启向监督行贿4000两，使他取消限制。次年，又将生丝的价格每担提高5两，将提价所得货款向海关监督送礼，使生丝交易照常进行。再以行商缴纳的费用为例，1786年，潘启的同文行所承保商船达到5艘，向政府缴纳的船钞、货税和规礼居于各行商首位。

特别是乾隆二十二年（1757年），清政府关闭江、浙、闽三海关以后，广州成为海路唯一的中西贸易口岸。为垄断西洋贸易，统一承销、代办进出口货物，乾隆二十五年（1760年），同文行等九家商行呈请设立"公行"，"专办夷船，批司议准。嗣后外洋行商始不兼办本港之事"。从此，十三行与经营中国海商海外贸易的福潮行和经营暹罗等东南亚各国贸易的本港行分离开来，成为专营中西贸易额垄断机构。①潘启资金雄厚，不易受外国资本制约，毫无悬念地当上了"公行"行首。然而，由于清政府限制官员与外商直接接触，控制"公行"来达到"以官制商，以商制夷"的目的，阻隔了外国商人与中国政府、内地其他商人的联系，引起中外商人的不满。因此，乾隆二十五年（1770年），潘启等"复行具禀，公办夷船，众志纷歧，渐至推诿，于公无补，经前督臣李侍尧会同前监督臣德魁示禁，裁撤'公行'名目，众商皆分行各办。""公行"虽然解散，但潘启一直是商人们一致公认的行商领袖，并通过捐纳获得候选兵马司正指挥的官衔（六品官），加三品顶戴，成为"广州一口通商"以来的85年中，出任行首时间最长的行商。官方称他为"首名商人"，英国东印度公司职员也称其是"公行的大人物，行商中的巨头"。

潘启凭着自己的努力，靠诚实的待人接物、精明的商业才干、玲珑的外交手段，从一个穷小子发展成广州十三行商人的首领，对乾隆年间全国的经济、政治以及外交产生了不容忽视的作用。②潘启于乾隆五十二年十二月（1788年1月）去世后，亦归葬于原籍同安县覆顶山。在潘启之后，其子有度、孙正炜相继成为行商，开设同孚行，仍在十三行商中居于重要地位。而在19世纪前期取代潘家行商首领地位的伍氏怡和行，其创始人伍国莹，原来就是同文行的司事。潘启处理同官府与外商关系的手法，有不少被行商首领伍秉鉴和伍崇曜继承下来，并有所发展。③

三、行商伍怡和家族

伍秉鉴（1769—1843），又名伍敦元，其先祖为福建泉州府晋江县安海人，长期在武夷山以种茶为业，康熙初年定居广东，开始经商。到伍秉鉴的父亲伍国莹时，伍家开始参与对外贸易。1783年，伍国莹迈出了重要的一步，成立了怡和行，并为自己起了一个商名

---

① 章文钦：《十三行行商早期首领潘振承》，《广州十三行沧桑》，广州：广东省地图出版社，2002年。
② 宾静：《乾隆年间的广州十三行首领潘启》，《江苏商论》，2007年4月20日。
③ 章文钦：《十三行行商早期首领潘振承》，《广州十三行沧桑》，广州：广东省地图出版社，2002年。

叫"浩官"。该商名一直为其子孙所沿用,成为19世纪前期国际商界一个响亮的名字。1801年,32岁的伍秉鉴接手了怡和行的业务,伍家的事业开始快速崛起。

在经营方面,伍秉鉴依靠超前的经营理念,在对外贸易中迅速发财致富。他同欧美各国的重要客户都建立了紧密的联系。1834年以前,伍家与英商和美商每年的贸易额都达数百万银元。伍秉鉴还是英国东印度公司最大的债权人,东印度公司有时资金周转不灵,常向伍家借贷。正因为如此,伍秉鉴在当时西方商界享有极高的知名度,一些西方学者更称他是"天下第一大富翁"。当时的欧洲对茶叶质量十分挑剔,而伍秉鉴所供应的茶叶曾被英国公司鉴定为最好的茶叶,标以最高价出售。此后,凡是装箱后盖有伍家戳记的茶叶,在国际市场上就能卖得出高价。在产业经营方面,伍秉鉴不但在国内拥有地产、房产、茶园、店铺等,而且大胆地在大洋彼岸的美国进行铁路投资、证券交易并涉足保险业务等领域,使怡和行成为一个名副其实的跨国财团。

经过伍秉鉴的努力,怡和行后来居上,取代同文行成为广州十三行的领袖。伍家所积累的财富更令人吃惊,据1834年伍家自己的估计,他们的财产已有2600万银元(相当于今天的50亿元人民币),成为洋人眼中的世界首富。

作为封建王朝没落时期的一名富商,伍秉鉴所积累的财富注定不会长久。就在他的跨国财团达到鼎盛时,一股暗流正悄然涌动。1840年6月,鸦片战争爆发。尽管伍秉鉴曾向朝廷捐巨款换得了三品顶戴,但这丝毫不能拯救他的事业。由于与英国鸦片商人千丝万缕的联系,他曾遭到林则徐多次训斥和惩戒,还不得不一次次向清政府献出巨额财富以求得短暂的安宁。《南京条约》签订后,清政府在1843年下令行商偿还300万银元的外商债务,而伍秉鉴一人就承担了100万银元。也就是在这一年,伍秉鉴病逝于广州。

伍秉鉴死后,其子伍崇曜接任行商和总商,曾经富甲天下的广东十三行开始逐渐没落。许多行商在清政府的榨取下纷纷破产。更致命的是,随着五口通商的实行,广东丧失了在外贸方面的优势,广东十三行所享有的特权也随之结束。第二次鸦片战争爆发后,又一场突如其来的大火降临到十三行街,终于使这些具有100多年历史的商馆彻底化为灰烬。①

第五节　清代泉商对社会公益事业的贡献

"穷则独善其身,达则兼济天下",乐善好施是中华民族的传统美德,"散则种德"、"市义以归"是我国传统商人立身宏业之本。在清代,随着泉台两地商业的不断发展,泉州商人们所取得的利润也日益增多。商人在致富后,无一例外地慷慨解囊,回报社会,热心地方社会的公益事业。

---

① 章文钦:《从封建官商到买卖商人——清代广东行商伍怡和家族剖析(下)》,《近代史研究》1984年第4期。

一、修桥补路,修固水利

民谚道:"修桥补路,尽是善事,"古代没有大型的公共设施,公益事业往往就是从修桥补路和巩固水利堤堰之类的公益做起,但事虽小而不失其善端。泉州一带由于港湾、河道多,阻碍了人们的陆上交通。为适应社会经济的发展,从宋代开始,在一些交通要冲的港湾、河道之处建造了许多大石桥。后来由于自然或人为的破坏,有几座大石桥遭到断毁,给交通和社会经济的发展带来了不利的影响。于是,筑桥修路是一件积德行善、造福于家乡人民的义举,对此,经商致富的商人们,往往不惜斥巨资予以慷慨资助,捐资重修。如泉州顺济桥在清代曾多次修缮,每次修缮,商人们都积极捐资参与。"乾隆丁酉,吊桥朽敝,重造者林公振嵩。嘉庆癸亥,吊桥没于洪水,承造者林公文时。丁丑,石版折坠,暂架以木,即黄君清和。己卯狂飙折阑,伐石修整,即林君文献。乃工成,循桥检校,桥之第十坎十一坎架桥石墩已欹侧裂痕,行将欹倒,呼工估价修葺,非数人所能共功。于是王君日曜、黄君清和、林君文献、陈君鸿谟、石君焕章倡议捐修。"①此记载着清代著名商人林氏、黄氏等多次捐资参与修缮。蚶江在乾隆四十九年(1784年)成为与台湾鹿港对渡的港口之后,泉台之间货物集散大部分必须经过石狮。但当时蚶江与石狮之间的交通运输十分落后,所有货物的集散,都是以人肩挑或骡马驮运,沿途又都是崎岖狭窄的土路;因而货物集散缓慢。因此,开辟蚶江至石狮的运输通道势在必行。后"经各郊行及船主共议,以自愿捐献方式,郊商们筹集修路。该路由'海防官署'前屈桥路为起点,经莲战、海仔、埃后、洪窟、仑后、龟湖塘堤岸直达石狮。全程土路15里,中间架木桥一座、石桥二座,部分地段的上石板。一些狭窄弯曲的路段,通过与经过路段所在村庄的当事人协商,加宽取直,逐步改变以前崎岖不平的路况,货物出入、商贾、旅人来往均感较前便捷了。"②

在台湾的郊商也踊跃捐资修缮桥梁与道路。乾隆四十四年(1779年),郊商参与盐水港佳兴桥的重修;光绪七年(1881年),"巡抚岑毓英议建大甲桥,命各属绅商输助。洪腾云捐工七十名,桥成,大府嘉之。"③嘉庆六年(1801年)广安桥的重修、嘉庆二十一年(1816年)里仁桥的重建、同治二年(1863年)崇福宫乐安桥的重修、同治三年(1864年)广福桥的重修、同治四年(1865年)安澜桥的重修等,郊商都积极捐资参与桥梁修缮,对此,相关的重修桥梁石碑都有记载。有的甚至独资修筑桥梁、道路。如林文浚,晋江人,"少长渡台湾,代父理生计"。成为"日茂行"的后继者,他在台湾"天后宫、龙山寺及咸水港、真武庙各处津梁道路,或独建,或倡捐,皆不吝多赀以成事"。④ 再如晋江人吴洛,乾隆年间游彰化,遂家焉。"又修霞浯溪筑,石岸造,青芒桥。又修郡试院津头埔起至□头、

---

① 周学曾:(道光)《晋江县志》卷一一,福州:福建人民出版社,1990年。
② 黄杏川、林祖炳:《蚶江公路话今昔》,《石狮文史资料》第7辑,2000年。
③ 连横:《台湾通史》卷三五,北京:商务印书馆,1983年。
④ 周玺:道光《彰化县志》卷六,台北:大通书局,1984年。

双坑、布袋潭等处石路。又造台湾鹿港二桥、刺桐脚庄桥及上□庄后桥,当道咸称之。①

水利是农业的命脉,商人们也慷慨解囊,热心于水利的修固。如泉州府属晋江人黄汝涛"上姑苏,游燕蓟,再鹜吕宋,重贾东宁(台湾)",在鹿港开办"锦镇"商行(属泉郊)。乾隆三十七年(1772年),与侄黄树珍捐银800余两,重修龟湖塘。"龟湖塘,在二十四都,长一千八百馀丈,阔八十二丈,深一丈,东至塘后村,西至石狮亭,南至塘岬村,北至大洋。灌田三千八百馀亩。国朝乾隆壬辰秋,霖雨岸崩百馀丈,铺锦乡乡宾黄汝焘(涛)暨时芳修筑,费白镪八百馀两,乡人欲伐碑纪德,焘力辞之。"②

二、砌造码头,修缮航标

在清代,泉台之间行郊贸易兴盛。泉台郊商主要业务是从事海峡两岸商业贸易,因此,在码头附近聚集着许多郊商,郊商也积极捐资在沿江、沿海一带砌造码头。清嘉庆年间海关官员主持重修道头时,众郊商踊跃捐资修筑,在捐银修竣海关道头的有20多家郊行店铺的商业组织机构中,列于榜首的首推专营台湾鹿港生意的"鹿郊"公捐银拾大元。现存的《重修馆口道头碑记》为花岗岩石勒刻,高145厘米,宽59厘米,厚12.5厘米,刻于清嘉庆二十三年(1818年)。碑记全文录下:

> 窃以南北迢遥,贸易必资乎舟楫,而水陆高下,升降必由夫津涯,道头之设,自古为然,而创造修葺之功,诚不可苟也。曩因道头鸠工建筑石板连基,以为长坦宽宏,陆便水安,务求永远巩固。何期年久,潮水冲刷,梁石欹斜,难保无虞。于是本关莅任斯土,不忍坐视,重兴义举。幸荷诸公踊跃乐捐,共宏胜事。现经修理完竣,特将乐捐银项以及费用账目逐一分晰,开列勒碑,以垂永远为记。
>
> 计开,鹿郊公捐洋银拾大元,碗郊公捐洋银拾大元,四税行公捐洋银捌大元。福苏宁:益兴号捐洋银四大元,万益号捐洋银三大元,源记、盛利、利记、益利、树滋、兴利号各捐洋银一元,长胜、协春号各捐洋银一元。本关王、文、虞公捐洋银贰拾伍大元。杉行:吉成、珍兴各捐银一大元。商船:□捷利、阮进益各捐银一大元,蒋全记捐洋银一大元。扁舟杨合发、蔡合兴各捐洋银一大元。通共捐过洋银七十四大元。费用出:石匠工料连碑银共银七十元,谢土戏并谢下界纸共银八元,通共用出银七十八大元。除用外尚不敷银四大元,交□西为捐凑,本关文捐凑。
>
> 嘉庆戊寅年菊月　日泉关宛平王浩、长白文哲、武林虞标同劝捐勒石③

台湾境内石多河宽,渡河非舟莫济,需设许多渡口。泉台郊商也热衷于台湾渡口的修筑,台湾地方文献载:"今老古石渡口,为商旅往来之地、人民辐辏之区。凡船入港,距岸尤遥;深厉浅揭,不无颠踬之忧;手胼足胝,惟觉涂泥是患。"道光二年(1822年)对老古

---

① 《福建通志台湾府·人物·国朝孝义录·泉州府晋江县》,台湾文献丛刊第84种。
② 周学曾:(道光)《晋江县志》卷一一,福州:福建人民出版社,1990年。
③ 政协泉州市委员会:《泉州与台湾关系文物史迹》,厦门:厦门大学出版社,2005年。

石渡口进行重修"为想病涉堪伤,乘兴难济;惟是肇基有愿,徒杠可成。遂即捐题银项,共一千五百有奇,为集胺成裘之举,未几鸠工告竣"。捐资者有"三郊苏万利、金永顺、李胜兴,同捐番银四百大员。……吉成号捐番银三十二员。陶成号捐番银二十大员。苏仁顺捐番银十四大员。源泉号捐番银十四大员……"①道光二十七年(1847年)修筑八奖溪义渡,捐资者有"布郊金顺□捐银二十员。糖郊李胜兴捐银二十员。□郊金长顺捐银二十员。……"②可见郊商也热衷于台湾渡口的修葺。

航标是位于泉台海滨的险要地带,起到指引航船辨别方向的作用。从事海上商贸活动的郊商,充分认识到航标的作用,也积极参与沿海航标的修葺。今存于姑嫂塔门亭内右侧立有一道清乾隆四十三年(1778年)的《重修塔峰记》载:

> 关锁塔者,泉南形胜也。位主离宫,焕文明之象;高出海甸,表堤岸之观。自辛卯秋震击去芦尖,越戊戌重修,两都倡义。自兴工迄落成,费百有十员。既属一时义举,爰志都人盛事。至踵起为全墙之修者,不能无厚望焉。
>
> 十九都陈元老、□廷新、王世懋、陈仕贵、商世楠;二十都高志绍、董俊金、卢其珊、林振嵩、李恩察。
>
> 大清乾隆戊戌孟冬,董事英山、郭仲山、许陈彪镌。

这块含有郊商林振嵩名字的碑刻记述了乾隆四十三年戊戌重修姑嫂塔的缘起及其经过,参与者包括董事在内共计13人,来自晋江县的十九、二十都,费银110元。永宁姑嫂塔是泉州湾重要的航海标志,不仅风水攸关,而且"高出海甸",对于船只在海上航行辨识方向特别重要。林振嵩参与此次重修,可谓与自己的经历和现实需求相联系。③

三、赈灾济贫,热心慈善

泉州自古以来就是自然灾害多发之地,几乎无年不灾。据不完全统计,在清初康熙年间泉州就发生水灾24次、旱灾10次。④ 自然灾害频发,给泉州人民带来了无尽的苦难。每当灾害发生时,商人们总是积极捐资赈灾济贫,他们或施粥赈济,或掩埋尸骨,或平籴平粜。在台湾,自乾隆至道光年间,从"日茂行"创始人林振嵩到林文浚、林廷璋子孙三代的善行见诸于许多记载。如林振嵩捐资创立鹿港第一个慈善组织"敬义园","敬义园,在鹿仔港街。乾隆四十二年(1777年)浙绍魏子鸣同巡检王坦首捐倡,率绅士林振嵩及郊商等捐赀建置旱园,充为义冢。仍以赢余捐项,置买店屋租业,择泉、厦二郊老成之人,为董事办理。逐年以所收租税,作敬拾字纸、收敛遗骸、施舍棺木、修造义冢桥路之用。"林文浚,在台湾"天后宫、龙山寺及咸水港、真武庙各处津梁道路,或独建或倡捐,皆

---

① 《修造老古石街路头碑记》,《台湾南部碑文集成》,台湾文献史料丛刊第218种。
② 《八奖溪义渡碑记》,《台湾南部碑文集成》,台湾文献史料丛刊第218种。
③ 杨彦杰:《林日茂相关史料补正》,http://2t.Chinashishi.net.
④ 泉州市水利水电局:《泉州水利志》,北京:中国水利水电出版社,1998年。

不吝多赀以成事。"①还捐资重修文昌阁、新建白沙书院学署和鹿港文开书院,且两次率商人捐资平粜施粥,救济灾民数以万计。林廷璋,承袭先祖对地方事务的关心,参与彰化孔庙、鹿港龙山寺、鹿港新祖宫、鹿港城隍庙等重修工作的修建。林家因而被誉为"积善之家"。林振嵩捐资倡率族人于乾隆五十五年(1790年)重修永宁林氏祖祠,历时8个月,至隔年六月重修完成,共计费"番银"一千五百余圆。在石狮永宁大夫第旁林氏祖祠内,仍保存乾隆五十六年重修时的碑记:

> 庙之立也,所以迪前光,启后嗣。有举莫废,有颓必新,庶祖宗之灵□,与子孙之思成,默相感格,而绵绵延延重光弗替矣。吾宗派分晋安,族聚鳌水,蕃衍已阅几传。
>
> 今上御极之十六年,族人鸠建祖庙,大凡两进,坐寅向申兼艮坤,门堂户寝,制度丰备。廊外墙围门从其偏,时仕旭仕老实董事焉,自是年湮代远,将□倾颓,嵩戊申岁归自东陵,适逢□祭,入庙瞻仰,心为恻然,于是有志鼎新,而弗敢专也,因谋诸族人,佥曰是举非君莫属,嵩承其意,竭力为之,即于庚戌年十一月十六日兴工,迄今辛亥年六月间竣事,上进高一丈九尺四寸,中间阔一丈八尺八寸,下进高一张四尺六寸,阔二丈三尺四寸。瓦木砖石,悉焕而新,黝垩丹梁,顿易其旧,计糜番银一千五百余元,其两落间数如旧,唯墙围之门共议易居而中,俾岁祀奉祭,凡我子孙奏假趋承,可以一向直前,用肃观瞻,且山川之拱秀,地灵之蜿蜒,亦得以直把其胜,从此庙貌巍峨,不愧西河世胄,孙支挺出,长振九牧家声,既落成,爰勒数字于石,非敢言志也,亦愿后之子孙嗣而起之,相与随时而振兴也云尔。
>
> 乾隆五十六年岁次辛亥荔月穀旦十一世裔孙振嵩薰沐敬勒②

七星桥是连接蚶江通往泉州郡城的商旅要道。在石狮蚶江莲棣村龙津寺立的光绪辛巳年(1881年)《重修七星桥碑》,碑文中记载了本次七星桥重修共有蚶江鹿港、安海、晋江等商家郊行121家捐银三百九十六大元。其中鹿港商号16家、蚶江鹿港郊99家。全文如下:

> 锦铺监生黄景辰捐银陆拾大员,鹿港林慎泰、莲棣林谋泰各捐银二十大员,蚶鹿林协兴捐银壹拾伍大员,蚶鹿王顺安捐银柒大员,石壁林德泰捐银陆大员,洪尾蔡通观捐灰贰拾担,蚶江林恭记捐银壹拾伍大员,浙绍吴葆坤、林合益各捐银陆大员,马巷诸布郊、安海崇盛、芙蓉守善堂各捐银壹拾大员,鹿港林振发、前吴治篇、蚶江林泉记各捐银伍大圆,林迪源捐银陆大员,安海林衍远、蚶江林士淮、莲棣林束昌各捐银肆大圆,鹿港施进益、梁新荣、欧成泰、亭下王捷益、青阳李进利、山仔吴锦兴、蚶江王妈阵、林裕益、纪义记各捐银三大员,鹿港黄锦源、谦益号、锦美号、复盛号、利源号、顺利号、洪瑞虔、协春号、王万成、水头王则保、王则钟、王则振、王则明、王玉佩、王道万、洪进源、洪复兴、洪源昌、蚶江林协源、林福源、林顺发、林锦珍、林义泰、王金锭、

---

① 周玺:(道光)《彰化县志》,台北:大通书局,1984年。
② 陈仕贤:《永宁、鹿港日茂行家族文化研究》,《蚶江鹿港对渡文化》,武汉:武汉大学出版社,2011年,第24~25页。

欧协益、纪经栓、存德党、珍裕号、黄长百、蔡源顺、蔡崇兴、纪义合各捐银贰大员,裕春号、昆和号、隆瑞号、丰源号、振源号、协美号、盈隆号、合利号、□成号、源吉号、兴顺号、振裕号、泉胜号、湖泰号、泉美号、锦益号、三益和、苏福泉、卢合源、李胜源、庄德兴、庄和发、郑晋顺、黄存恒、纪万利、纪玉坤、林协源、林益裕、林长泉、林锦瑞、林茂顺、洪得成、洪协兴、纪候树、纪瑞泰、蔡碧观、吴顺发、吴武轩、吴景发、姚守诚、王钱观、王胜泉、王爱监、王道审、王则枚、王子赞、庄和裕、林妈桥、王涌利、蔡晋发、蔡广元、曾长兴、黄洽顺、陈庆安、王合春、洪合源、蔡协美各捐银壹大员,谢振吉、赏观合捐壹大员,共捐佛银三百九十六大员四一,共享佛银三百九十六大员四一,蚶江林泉瑞喜捐银壹拾捌大员九一。

光绪辛巳七年冬月蚶江董事生员林延员、林佩兰、莲棣林宽巽、蚶江监生林延默、总董林士瑞日给。

从碑记中我们也可以得知,道光至光绪年间,单晋江所属的各个港口,专营台湾生意的郊商达百余家,捐资的数额也较大,充分体现了当时蚶鹿对渡带来了泉台贸易的全面繁荣,大大地促进泉台两地经济社会的发展。①

四、兴学助教,发展教育

泉州向有"海滨邹鲁"的美誉,各个家庭几乎都对教育给予特别的关注。在这种重视教育的氛围下,泉州的各类学校如书院、社学、私塾教育等都十分发达,泉州的重学之风也随着泉州人移居台湾而在台湾广泛传播。泉台郊商在致富后,也重商不轻文,不忘为海峡两岸的教育事业出一份力。他们或直接捐资助学,或积极捐建、修缮书院、考棚、试馆等教育设施,尽可能地为学子提供舒适的学习环境。晋江人林道宠,"乾隆年间弃举子业从商,置船经营行郊,渐成殷富。在后土安建书房一座,匾曰'翰墨园',既可以会友论文,又供以课子侄辈读书。"②惠安人涂正昇,"越东宁……修学宫葺义学,建贡院,改考棚……俱有捐助。"③吴洛在泉州修府学、捐助清源书院。"在泉修府学大成殿、明伦堂,充清源书院租。"④现存的《重修泉郡试院记》也记载郊商黄贻檀出资修葺了当年府学考棚的事迹。

在台湾郊商也致力于修建书院,兴学助教。清道光四年(1824年)鹿港同知邓传安倡议兴建书院,泉厦八郊商绅捐资响应,至道光七年(1827年)完成书院的建筑,名为"文开书院"。晋江人洪腾云,"台北初建,新筑考棚,腾云献地,并捐经费。"⑤林文浚"在彰尤多建立倡造。县城改建,文昌阁重新,白沙书院学署新建,鹿港文开书院……皆不吝多赀

---

① 吴金鹏:《清代蚶鹿对渡史迹调查》,《中国社会经济史研究》2007年第4期。
② 林水强、林为兴:《蚶江志略》,香港:华星出版社,1993年。
③ (乾隆)《泉州府志》卷六一,《乐善》。
④ 周玺:(道光)《彰化县志》,台北:大通书局,1984年。
⑤ 连横:《台湾通史》卷三五,《列传》,北京:商务印书馆,1983年,第699页。

以成事。"吴洛在台湾修郡学及彰化学宫,捐给海东书院和白沙书院的租谷各有数百石,以解决两所书院办学的困难,为台湾书院做出了很大的贡献。"在台充海东、南湖书院租,在彰充白沙书院租;及捐建学宫之类。"①光绪十八年(1892年),有董事金兴文即陈献深、张凤仪、陈儒林等办理兴直、摆接、八里岔等处院租事务,历年将所收租项拨缴淡水的学海书院、新庄山脚旧明志书院并新竹明志书院各款经费,当时系清保充,经选张振昌号即张春涛保家具结在案……兹得艋舺街郊户德记号即例贡生赖成寿殷实可靠,生理正旺,实堪接保"。②

清代泉州商人的善举行为,体现了商人们乐善好施的良好美德,在一定程度上有利于社会秩序的安定,也减轻了地方政府的压力,因此他们的善举得到当时官府的褒扬及民众的赞誉。民众将他们的义举或以"慷慨好义"、"乐善好施"、"急公好义"等名义在一些地方方志中予以记载;或以立碑的形式给予褒扬,至今仍存在着不少商人善举碑刻。一些地方官员则对商人的善举给予嘉奖。光绪十三年(1887年)春,对于洪腾云的乐善好施,"巡抚刘铭传奏请嘉奖,赐'急公好义'之匾,建坊北门";对于张仲山的多次义举,当时"总督卞实第手书'乐善好施'之额以赠。"③吴洛"凡有义举,罔弗赞襄,故当道累赠匾额。曰'儒林模楷'、曰'史首世家'、曰'清时硕彦'、曰'名士风流'。"④清代泉州商人们的善举让他们赢得了信誉,也为商业贸易的进一步发展开拓了获利的空间,形成商人与社会的良好互动。⑤

---

① 周玺:道光《彰化县志》,台北:大通书局,1984年。
② 《台湾教育碑记》,台湾文献史料丛刊第54种。
③ 连横:《台湾通史》卷三五,《列传》,北京:商务印书馆,1983年,第700页。
④ 周玺:(道光)《彰化县志》,台北:大通书局,1984年。
⑤ 丁玲玲:《清代泉台郊商的善举》,《泉州师范学院学报(社会科学)》2008年第5期。

第五章

民国时期泉州商人的动荡与转变

1911年辛亥革命后,民国成立,军阀割据,战争频仍,国家危难。北洋政府时期(1912年—1927年)政权更迭频繁,国民政府时期(1927年—1949年)又经历了1937年7月—1945年8月的抗日战争和1945年8月—1949年10月的国内战争,在这种政局动荡、战火纷飞的时代,泉州商人举步维艰,却始终努力前行。

民国初年,第一次世界大战爆发(1914年8月—1918年11月),把大多数国家都卷入了这场战争,中国也未能幸免。大战的结果,使日本和美国迅速崛起,并进一步加紧对中国的控制,日本出兵强占了中国的青岛,还强迫袁世凯政府接受"二十一条"。在帝国主义的操纵下,北洋军阀混战加剧。大小北洋军阀在泉州疯狂剥削与掠夺,混乱之状,莫可言喻,而境内"土匪"——民军也在军阀混战之际产生。军阀与民军常以摊派形式进行搜刮,屡向商人借款,名为"借",实则为"勒"。兵患匪患频仍,商家受害尤烈,苦不堪言,绝大多数巨商富贾被迫外逃。20世纪20—30年代,即抗日战争爆发之前,在侨商、华侨投资的带动下,泉州商业及商人在动荡中求生存求发展。

1937年7月7日,日军悍然发动侵华战争,经营几十年的"大小北线"被迫中止,许多商户无奈先后歇业。1938年5月,日军占领厦门,厦门一些商户迁入,一度促进泉州市区的商业经营。1939—1940年,日寇飞机炸毁泉州商船、强夺商民,罄竹难书。1942年12月,太平洋战争爆发,泉州地区沿海被日本侵略军封锁,航线被切断,商品奇缺,投机倒把盛行,加上侨汇断绝,市场萧条。在侨汇断绝后,商业更加萧条。

抗战胜利后,处于奄奄一息的泉州市场复苏。随着沪泉海路复航,侨汇畅通,泉州的市场经济一度活跃,尤其是和台湾加强了商务往来,一些地方官绅也参与经营商业。

1946年内战爆发后,刚恢复的"大、小北线"再度中断,加上国民政府滥发钞票,横征暴敛,物价飞涨,私营商业陷入困境,中小商业大受打击,经营艰难,不少商户关门倒闭。

第一节 泉州侨商、侨资兴办实业

泉州地区是我国华侨最主要的祖籍地之一,也是归侨和侨眷最集中的地区之一。20世纪上半叶,泉州华侨主要分布在东南亚各国,在侨居国绝大部分靠出卖劳动维持,从事农业种植、矿山工人、工厂职员和店员,有一部分是小贩,从事摆货担、挑货郎担、小食担等,真正属于资产阶级的在海外华侨人数中不到10%①。然而,广大华侨无论贫富,都辛勤经营、艰难创业,而且始终爱国爱乡,希望为祖国分忧,有着强烈的为建设故土奉献力量的美好愿望和优良传统。近代以来,政府腐败无能,国家多难,国是日非。在西方资本主义国家工业革命的影响下,不少华侨怀抱"实业救国"的思想,认为"振兴中国唯一出路是发展实业"②,于是,纷纷回国投资兴办企业。泉籍侨商、华侨投资的行业有工业、交通业、商业、农垦业和房地产业等。

一、泉籍侨商、华侨投资的工业

第一次世界大战期间,帝国主义国家无力东顾,给中国民族工业喘息的机会,民族资本家、侨商与地方绅士纷纷集资开办工厂,新式工业有了发展的空间。历史上泉州几无工业,基础极其薄弱,侨商和华侨对此投资也极为有限,且主要集中在轻工业范畴的电灯电力和纺织业。

(一)电灯电力

1. 泉州电灯电力公司

1913年,由前清贡生谢俊英发起,泉州商人李丹臣、董福禾、陈启仑、林樵庵、苏应南等筹集1万元,筹备电灯电力事业。但因资金不足,无法进行,不久由厦鼓富商林菽庄出资8万银元才得以组织而成。1916年9月正式发电营业,定名为"泉州电灯股份有限公司",建厂于市郊菜洲,市区三朝铺设办事处。由谢俊英任董事长兼总经理,董事会设有董监7人。在39名股东中,除林菽庄在厦门和台湾经商外,大部分是泉州商人与华侨商人。资本10万元,其中林菽庄占80%,地方商人占15%。1917年,股东龚显鹤任总经理。但由于用户大部分为机关和部队,以致营业不振,连年亏损。从1916—1927年10年间,公司负债达5万银元,财力上已陷入无法维持经营的困境。1931年,安海归侨蔡子钦(安海归侨,后任董事长)和归侨万福来、陈清机、周起梁、蔡具意等筹资承顶,实行改组后,更名为"泉州电灯电力股份公司",办事处改设于中山南路507号。③

1933—1937年是企业盈利发展的时期,总算扭亏为盈。可是,好景不长,1938年福州、厦门相继沦陷,敌机时常肆虐沿海。泉州工商业萧条,电灯用户锐减,加上柴油来源

---

① 林金枝:《近代晋江地区华侨的国内投资》,《华侨史》第2辑,晋江地区华侨历史学会筹备组编,1983年7月,第191页。
② 陈德贤:《陈清机与泉安公路德开创》,《晋江文史资料》第5辑,晋江市政协文史资料委员会,第46页。
③ 林金枝:《近代晋江地区华侨的国内投资》,《华侨史》第2辑,晋江地区华侨历史学会筹备组编,1983年7月;林金枝、庄为玑:《近代华侨投资国内企业史资料选辑(福建卷)》,福州:福建人民出版社,1985年。

断绝,为保存企业资产,只能将柴油机迁往永春,从此开始衰落下去。

抗战结束后,海上交通恢复,柴油恢复供应,1946年将永春柴油机运回。然而,1949年金圆券更为贬值,用户拖欠电费的现象,收费困难,后来实行实物计算办法,才稍有好转,在有盈余的情况下,添购了一部185匹马力的柴油机和购地建筑仓库,并且开始发每股2元的现金股息。这样使企业维持到新中国成立。①

2. 安海电灯电力公司

安海电灯电力股份公司(简称"安海电灯公司"),是晋江最早的电灯公司,也是福建省最早的电灯公司之一。1918年,以厦门鼓浪屿富商林菽庄为主集资开办。后因公司聘用的日本工程师西山氏被人枪伤,致使工程停顿。1927年,归侨商人蔡德远出任董事长,主持续建工程,同年6月29日正式供电营业,公司址设黄墩村,服务范围限于安海中心区照明用电。因经验不足,管理不善,企业亏损较严重,营业1年多,就几乎难以继续维持。1929年3月,蔡德远、陈清机、吴善卿等募集侨资5万银元承顶安海电灯公司。承顶后名称不变,聘原董事长蔡德远之子蔡子钦任经理。新公司经过整顿改革,企业逐渐扭亏为盈。②

1935年,安海电灯公司资本额为5万银元,营业电灯数为包灯制810盏,表灯制1650盏,共计2460盏,营业范围为安海镇市区中心,公司职工16人。当年全年实收入25665银元,实支出24381银元,略有盈利。至1937年,公司平均每月发电量约300度,群众用电约600户,每年盈利约2000元。抗战期间,业务每况愈下,直至抗战胜利后,才逐渐得以恢复和发展。抗日战争后期,蔡子钦辞职,改聘王一平继任经理,虽仍继续维持正常营业,但到新中国成立前夕,企业因亏损严重而难以为继。③

除了上述两家较大的电力电灯公司之外,这一时期的泉籍侨商和华侨资本参与合资创办的还有青阳洪光电灯公司、石狮电灯公司、永宁电灯公司等,他们共同为泉州地方电力事业的发展做出了巨大贡献。

(二)纺织业④

1918年,为解决侨属子女就业问题,一些归国华侨在市区承天巷开设"华侨女子职业学校",附设织布机20多台,采用边学习边生产的方法。同一时期,南安归侨吴记霍出资,聘请前清进士吴桂生、地方绅士伍淑畴开办"嘉福职业学校",附设织布机20多台。这两所职业学校均向外聘请技师,从培养技术人员入手,为发展纺织业打基础,但参加学习的人数寥寥无几。未及一年,嘉福职业学校改组为嘉福小学,华侨女子职业学校也遗憾宣布停办。

---

① 林金枝、庄为玑:《近代华侨投资国内企业史资料选辑(福建卷)》,福州:福建人民出版社,1985年,第137~146页。
② 晋江市地方志编纂委员会编:《晋江市志》,上海:三联书店,1994年,第469页。
③ 晋江市地方志编纂委员会编:《晋江市志》,上海:三联书店,1994年,第469页。
④ 蔡崇德:《东石古港促进纺织业和盐业的发展》。

1920年5月,周文格、陈登波二人合资300元,创办了"人生织布局"。经过多年探索经营,从手工业操作过渡到半机械生产,发展成为泉州最有实力的纺织手工业工场,至1932年达年产2万匹,并一直保持到1934年。人生织布局突飞猛进的发展,给泉州纺织手工业打开了局面,一些有发展实业欲望的人,特别是一些商业资本家,纷纷集资办厂。①

侨商、华侨在泉州城内投资了几家纺织厂,但他们投资的地点最主要的是集中在晋江东石,因为东石是泉州地区近代纺织业的兴起之地。民国初年,古田人陈为直、陈为重兄弟从上海把最新的纺织技术带入东石,在东石的沙堀、前头开设厂房。随后,东石人及华侨纷纷也在本地投资开办纺织厂,这里成为福建省电动染织业发展最早的、最为发达的地方,其发展规模和数量上在福建省均占有很大的比重。1930年代,东石著名的5家纺织厂民星、利群、振东、化光、东安,都是侨商投资或与华侨资本合资经营的。②

抗战期间,由于交通断绝,原料缺乏,东石纺织业陷入萧条。利群、民星两厂迁往山区,振东、化光两厂转卖外地,剩下1/5厂家维持生产。抗战胜利后,华侨纷纷返乡探亲,积极投资,恢复纺织业。东石布商将产品运销台湾,换回大米、白糖、水果等货,台湾布袋镇的协盛行、中南行都经营东石布,转销台南、高雄、凤山、屏东等地,销售量占东石布总产量90%,使得东石纺织业重新振兴,这种局面一直持续至1949年。③

二、泉籍侨商、华侨投资的交通运输业

"要致富先修路",这句今天妇孺皆知的口头语,在20世纪上半叶,记录的却是泉籍侨商、华侨践行投资家乡实业的又一开端和一段历程。1905年,南洋侨商、华侨筹集投资数百万元建设的漳厦铁路,这是海外华侨投资福建交通业的开始,当时不少泉籍侨商、华侨也参与投资。漳厦铁路工程因种种原因最终未能成轨,许多侨商转而投资见效快的公路事业。综观泉州地区的公路建设,即使不是侨商倡办的,也与华侨资本有关。因此,泉州交通事业的进步发展与侨商、华侨有着最为密切的关系。

(一)公路建设

安海籍著名侨商陈清机曾言:"世界文明各国,交通首重路政",而"祖国家乡只有封建时代遗留下来的大路,交通工具多赖马驴与肩舆,这实不足适应现代的潮流。……所以公路交通之开辟,尤为最先。"④1913年,他率先在家乡安海筹办"闽南民办摩托车路股

---

① 蔡崇德:《东石古港促进纺织业和盐业的发展》,《泉州工商史料》第1辑,1983年6月,第68~79页。
② 泉州市地方志编纂委员会编:《泉州市志》,北京:中国社会科学出版社,2000年,第3328页。
③ 《东石纺织业发展梗概》,《晋江文史资料》第2辑,1984年,第27~29页。
④ 陈德贤:《陈清机与泉安公路的开创》,《晋江文史资料》第5辑,第47页。

份有限公司",但因战乱不休,难以遂愿。1919年4月,他开始筹办"闽南民办汽车路股份有限公司"(1927年改为"闽南泉安民办汽车路股份有限公司"),着手进行筑路工作。他远赴南洋,争取华侨投资,并亲自指挥工程,克服诸多困难,1922年6月1日,泉州至安海公路终于正式通车。此后,该公司又修筑了灵水至石狮、青阳至石狮、安海至东石、石狮至浦内、安海至南安八尺岭、瑶琼至双沟、安海至南安小盈岭7条公路,构成了晋江侨乡的交通网络。泉安公路的修筑通车,开启了华侨投资福建公路事业的先声,促进了全省公路交通运输事业的向前发展。

1. 1919—1927年的侨办公路

华侨对公路事业的投资,无论就整个行业来看或从个别公司来看,都占很大的比重。[①] 泉属地区自1919年至1926年计开筑公路25段计484公里,占当时全省公路总里程的53.54%;至1932年陈国辉被十九路军消灭止,前后14年计开筑公路77段共1533公里,占全省总里程的44.14%,占泉漳二属公路的70%,十九路军时期忙于发动"闽变",在泉属公路线上仅将古洛阳桥改造为钢筋混凝土公路大桥,陈仪入闽后集中力量整修闽西北军用公路,其他地区亦有所顾及,略有发展。至于泉属地区,则被主管部门视为"畸形发展"而加以搁置。

2. 1928—1937年的侨办公路

1927年4月18日国民政府成立后,福建省政府将前北伐军东路军成立的福建省公路委员会改为省公路局,隶属省建设厅,办理全省路政。1929年颁布各项章程,全省民办公路及私营运输业统一遵循规则。华侨投资正式纳入政府规定范畴,分为两类性质。一类是根据《福建省民办汽车路章程》组成汽车路公司,如泉安、安溪等10余家。在自建的公路上专利行驶汽车,经营客运业务,由政府给予30年行车专利权,发给立案执照,专利期满,路权无条件归公。另一类是根据政府公布的《福建省公路承租办法》,租营政府修建的路线,以负担若干贷款和每月认缴若干租金为条件,取得公路承租权,一般专利年限定为15年。

3. 1937—1945年的侨办公路

抗战时期,从战略上的考虑,福建省军事当局曾作预为破坏公路、封锁港口的部署,以期扼制敌人的机械化、重武器横行,而利于持久抗战。由于破坏公路过多,战时劳民伤财,战后修复困难,造成福建省公路建设莫大损失。

4. 1945—1949年的侨办公路

1946年,福建省公路管理局又拟具了分期修复公路计划、增筑新路计划及改善原有行车干线计划,以期早日恢复并完善福建公路网。[②] 当时泉州复路的有泉永德线和泉安线。除上述外,尚有泉围、溪安、同溪、石永各汽车公司,路线较短,战时车辆财产均已损

---

① 林金枝、庄为玑:《近代华侨投资国内企业史资料选辑(福建卷)》,福州:福建人民出版社,1985年,第259页。
② 福建省公路局编辑组编:《福建公路史》第一册,福州:福建科学技术出版社,1987年,第72~141页。

失无存,恢复较为迟缓。① 内战爆发后,"国统区"通货膨胀,民不聊生,经济崩溃,无暇顾及建设,因此福建省公路管理局于1947年1月颁布《鼓励商民投资修筑及修复公路租营办法》,提出三个途径,鼓励商民投资修复公路,给以承租专营权,以求社会人士支持。②

(二)侨办汽车公司

泉州地区华侨投资的汽车公司,最早的是由晋江菲律宾华侨筹组的泉安公司,成立于1919年。该公司修筑泉州至安海线,事后又修筑安海至东石、安海至磁灶、水头至小盈岭。同年,菲律宾华侨李文炳、庄骏声创办泉围公司,修筑泉州至洪濑线,原先开办人力车路,后扩展为汽车路,后又改组为泉永公司。1926年,缅甸华侨王尚玉创办泉溪公司,修筑泉州至溪尾线。1931年,菲律宾华侨吴记霍创办泉秀公司,修筑泉州至后渚线。与此同时,安海人许书亮创办溪安公司,修筑溪尾至安海线,菲律宾华侨蔡培庆创办东石公司,修筑石狮至永宁以及石狮至蚶江两线。在惠安,缅甸华侨黄选卿于1924年创办鸭杏线(鸭山在后渚对面,与秀涂附近)。在安溪,缅甸华侨陈丙丁创办安溪公司,修筑安溪至同安、官桥至西坪两线等。根据闽南汽车公司联合会的估计,1930年代时,闽南公路投资共约400万元(1935年币值),大部分是华侨投资的。7/10的汽车路是在泉属各县,3/10在漳属各县。据该会估计,泉属汽车路的资本华侨拥有7/10,漳属汽车路的资本华侨拥有5/10。③ 华侨创办的汽车公司主要有:泉安汽车公司、泉永德汽车公司、安溪汽车公司、石永蚶民办汽车公司、泉秀汽车公司、溪安汽车公司、泉围汽车公司、石浦汽车公司、泉洪汽车公司、泉官水汽车路公司。

1. 泉安汽车公司

闽南泉安民办汽车路股份有限公司为福建省最早的汽车公司,也是侨办汽车公司中最先成立的一个。其创办人陈清机是旅日华侨,日本发达的工业和交通深深触动了他。1913年,陈清机回国发起创办"闽南摩托车路股份有限公司",积极鼓吹"实业救国",但当时军阀横行,未获成功,再次东渡日本。1919年,孙中山南下主持护法运动,在好友、靖国军司令许卓然的邀请下,回到故乡安海,任路政局长筹办泉安汽车公路。他一方面着手勘路兴工,一方面于赴菲律宾向华侨招募股份,获得华侨赞助与支持,投资巨款。1922年6月1日,全线完成通达至泉州顺济桥。

泉安原始股本额为银元25万元,计分12500股,每股银元20元,1931年第三届股东大会决议,将1925—1927年盈余额及未发股息和1927—1930年未发的股东红利增加股本至50万元(即每股增红利股一股,计25000股),以后又于1937年第15届股东大会决

---

① 林金枝、庄为玑:《近代华侨投资国内企业史资料选辑(福建卷)》,福州:福建人民出版社,1985年8月,第261~262页。

② 福建省公路局编辑组编:《福建公路史》第一册,福州:福建科学技术出版社,1987年,第141页。

③ 晋江地区华侨历史学会筹备组编:《华侨史》第2辑,晋江地区侨务办公室;晋江地区归国华侨联合会,1983年7月,第198页。

议,将 1922—1938 年未发股息及 1931—1935 年未发红利又转作增资股本至 75 万银元(即每股又增红利股一股计 37500 股)。它是民国时期泉州较具规模的资本主义企业。

在组织、人事和制度方面,泉安公司根据政府颁布的公司法长途汽车公司条例及福建省府颁布的民办车路暂行章程,建立了一套完整的资本主义企业制度,其组织系统最高为股东大会,下设董事会,董事会下设经理室,经理室统有四课、一室、一队,即机务课、站务课、总务课、会计课及稽查室和工程队。

1949 年,企业财产被盗窃,吴警予逃亡香港劫走轮船一艘,估计达 10 亿元 746 百万元(旧币),卷逃资金(无账可查)损失估计达 40 亿元,超过公司当时财产的 180%,使公司遭受巨大创伤,破碎不堪,仅保留着庞大企业外壳。1950 年 2 月,晋江县人民政府接受县人代会代表提案,开始组织工作组到公司调查摸底。同时,成立股东大会筹委会,重估财产,清理股权,澄清企业资产面貌。至 1951 年 7 月,召开第 17 届股东大会,宣布实行公私合营,成立"公私合营泉安汽车轮船股份有限公司",制订新章程,成立新的董事会。①

2. 泉永德汽车公司

泉永德长途汽车公司于创建于 1933 年 4 月 18 日,由黄克绳、黄钦书、杨孔莺等集合泉永(泉州至永春)、淘芸(金淘至芸美)、诗美(诗山至溪美)、鹏码(鹏口至码头)4 家汽车公司组建而成。公司创建后,业务不断发展,规模逐步扩大。抗日战争爆发后,公司内迁永春、大田,勉强维持。②

抗战期间,公司最精华的车辆 8 部全部被征用,剩余陈旧车辆仍勉力经营,且当时内运物资缺乏,川走白兔港等至泉州路线,在同安马巷沿途等处,被日机枪扫射亦损失引擎数部。1939 年 5 月间,泉永德奉令破坏,物资内撤永春,惨淡经营永德路段之业务。及至 1942 年 7 月间,永德公路段复奉令破坏,即内撤大田经营,但斯时业务上之经营重点在外线,而大田系处于偏僻,且材料来源缺乏,成本高贵几至无法维持,便设法迁进永安,争取外线各省业务,俾便维持员工生活,于此数年之经营,收支均不得平衡,一切存余物资已将次用罄。故 1943 年来,业务随生随灭,苟延残喘,员工日常生活陷于不能支持。

抗战胜利,一切亟待复原,因公路线为晋江流域交通命脉,沟通闽中物资至为重要,修复自不能容缓。经政府责成旧泉永德公司从速修复,改公司董事会,再召开会议,决定增加股本,及招募新股,事隔 2~3 年均无头绪,政府以如此延宕,影响泉永德交通至巨,乃严限旧公司于短期完成,否则按"本省鼓励民商投资修筑及修复公路租营办法"另行招商承办。1948 年 2 月沿线华侨及地方人士,以故乡交通不容旁观,乃与旧公司洽议发起组织泉永德公司复路委员会,另行招股负责复路事宜,由各委员先行认定股额,并负责分头招募,俟将来与旧公司分别估值合并经营。工程开始于 1948 年 4 月雇工修复,5 月

---

① 福建省泉州市鲤城区地方志编纂委员会、政协泉州市鲤城区委员会文史资料委员会:《泉州文史资料》第 1—10 辑汇编,1994 年 12 月,第 375~389 页。
② 泉州市地方志编纂委员会编:《泉州市志》,北京:中国社会科学出版社,2000 年,第 87 页。

20日由泉州修至洪濑,并通车营业,是时限于资金未收足,仅修简易桥梁及单行道,便以路养路的办法,先后完成双车道及办永久式桥梁和涵洞,1948年10月继修复洪朋线(洪濑至朋口),路基已具全,惟限于地方环境半途停工。1949年3月继续修复永诗段(永春至诗山长潭),7月完成。至诗洪段修复工程(诗山至洪濑)由陈委员拔萃负责修复,于将来再估计合并。但因该段仅由诗口修至长潭,故无法衔接(诗口至洪濑),暂以轮渡接运。①

3. 安溪汽车公司

安溪民办汽车路股份有限公司于1928年由创办人陈丙丁、陈文章,叶采真等发起,呈奉政府创办,向海外华侨募股,计银元100万元。总公司设在安溪龙门,董事会设厦门,董事长陈丙丁,副董事长林成竹,经理陈清杰。路线由同安小西门起至安溪县城对溪之北石为干线,再由安溪县城至魁斗为支线,拟扩充至南安诗山、安溪湖头和永春达埔,并由安溪官桥至西坪为支线,拟扩充至漳属至浦南为止。于1931年4月全线通车,全路线经过之田亩地基、果地、厕地房屋,概由公司出资购买,其土方、路面、桥梁、涵洞、车辆、站屋,也全由公司出资建置,路面均用沙及小石子散铺,顺利行车。桥梁有钢骨混凝平面桥21座,石台木面桥28座,石拱桥16座,大小洋灰方涵及大小石方涵,并洋灰圈水管,计550座。于1931年呈奉福建省建设厅颁发民办汽车路公司立案执照列汽字第2号,准由公司专利30年。至抗战时期,所有路基桥涵悉遭破坏。1946年7月,增募股本国币6亿元,进行复路,于1946年底,龙同线先行通车。

因路途遥远,公司为谋客货运输便捷与安全起见,架设电话线杆,在经理部龙门站、同安站、安城站及半岭碉楼,安设电话机,至1949年4月底因地方发生战事,所有电话杆线,悉遭破坏殆尽。因龙同线,均系崇山峻岭,路线蜿蜒,油料轮胎损耗较巨。后因地方战事,客货稀微。裁所后到1949年12月只剩2队20名从事修养路基桥涵。②

4. 石永蚶民办汽车公司

石永蚶民办汽车路公司于1925年由石狮旅菲华侨蔡培庆创办,开筑石狮至永宁、蚶江2条公路。1930年投入营运汽车8辆,其中客车6辆、货车2辆,经营客货运输。1935年公司有职工28人,其中职员8人、技术员2人、技工8人、养路工10人。全年行车22464公里,年营业收入5.4万元,其中客运收入4.3万元、货运收入1.1万元;资产总值12.5万元。抗战初期公司停办。1947年与石东汽车公司联合复办。董事会设于菲律宾,由蔡鼎常任总经理。募集侨资修复石狮至东石公路22公里和石狮至永宁9公里,投入营运。③ 公司经过路线概为侨区。在侨汇畅通时,业务尚属正常。在新中国成立前,石东石永二线桥梁、涵洞及路面电杆、电线等,因战事遭受大破坏十余次,小破坏十余次,

---

① 林金枝、庄为玑:《近代华侨投资国内企业史资料选辑(福建卷)》,北京:福建人民出版社,1985年8月,第314~317页。
② 林金枝、庄为玑:《近代华侨投资国内企业史资料选辑(福建卷)》,福州:福建人民出版社,1985年,第330~332页。
③ 石狮市地方志编纂委员会编:《石狮市志》,北京:方志出版社,1998年9月,第350页。

小破坏不计其数,损失重大。①

5. 泉秀汽车公司

1931年,菲律宾华侨吴记霍发起创办泉州民办汽车公司,资本额25万银元,有汽车8部,修配车间一座,材料库一座,站房。职工50人。由吴记霍在菲募资10万银元,计分三期交款,第一期集资7万银元,回国通过泉州绅士曾振仲、吴桂生、叶青眼,即行创设。但因在创设筑路时,受地方势力阻挠,迁延日久,路仅修道法石,全部花去7万元。因此,影响花去投资人的信心,致2—3期股款,未能收集,诸股东认为无利可图,前途不好。但发起人吴记霍认为大有厚利,坚持创办。故在1934年即由吴全部承顶,投资25万银元,1938年修通,开始通车,并和厦门泰利轮船公司合用联运,由泰利参加少数资本。通车初,投资人另募银元2万元,雇用德国工程设计师设计,准备开筑后渚码头,买了大部分钢板。后因地方不靖,即行中止,一大部分钢板为钱东亮部队征用,去作防御工事。通车后由于地方连年战乱,汽车被征用,公路被破坏,因而年年亏损。1942年投资人死后,即由吴桂生、曾振仲与泉安公司接洽,全部转让给泉安,以55000元收买,以认股抵额,并转作花桥善举公所,妇人养老院,男人养老院,各1万元,泰利1万元,吴记霍1.5万元了事。②

三、侨商、侨资与泉州农垦业的发展

抗日战争爆发不久,泉籍侨商、华侨对国内的投资方向出现转变,由以往多关注工业、交通运输业、房地产业等转向投资农垦业。这一时期,侨商、侨资大量转投农垦事业,主要基于1938年5月厦门沦陷后,福建省政府机关迁移永安,并对战时经济实行高度集中垄断,凡工业、交通运输业等国民经济部门均为政府垄断,由省设的的企业、贸易、运输等三大公司实际上包办了一切。即使当时华侨汇回的资金很多,超出赡养家眷生活的需要,出现侨资过剩局面,但侨商即使要投资这些行业亦无从下手,无奈转向农垦。③ 抗战期间侨商、华侨投资的农垦业有十多家,主要集中在永春、南安、德化等山区县,规模较大的有永春太平种植公司、太平华兴公司、雪峰垦殖公司、南安华侨种植有限公司、晋江安海西垵垦荒委员会等等。④

---

① 林金枝、庄为玑:《近代华侨投资国内企业史资料选辑(福建卷)》,福州:福建人民出版社,1985年,第328页。

② 林金枝、庄为玑:《近代华侨投资国内企业史资料选辑(福建卷)》,福州:福建人民出版社,1985年,第333~334页。

③ 林金枝、庄为玑:《近代华侨投资国内企业史资料选辑(福建卷)》,福州:福建人民出版社,1985年,第197~198页。

④ 泉州市地方志编纂委员会编:《泉州市志》,中国社会科学出版社,2000年5月,第3337~3338页。

(一)永春侨商、华侨投资的农垦事业

1. 太平种植公司

1938年,马来亚永春籍侨商李汉青在永春创办"太平种植公司",利用公山进行开垦,李俊良任经理,李队金任工头。当时公司资金约数万元,便开始募股,如居銮的李振文便入股金3000元。公司除给雇工发薪水外,其余负责人如主席均为义务,因此极富信用,南洋华侨认股者甚为踊跃,10万元之股额,闻已满足。公司种植油茶、杉、柏达数万株。

公司经营前后20余年,却未曾赚钱,从未分过红利。究其原因主要有:①油茶、杉等经济植物的种植,其效益往往时间较长,如杉木须种植20年后,方能成材加工;②存在公款私贪现象,许多华侨的回款根本没有进入公司的账户,华侨自然也未收到"收条",仅李根南一人私吞的就有千余元。③国内货币贬值加剧,钱不值钱,如1948—1949年南安华侨李俊捕寄回几千股,李振烈也寄款来,都因贬值,由大变小。④年年入不敷出,公司年收入仅千元(柴草、油茶、杉收入各数百元),扣除3名工人每月每人工资30元,已逾千元,收支相抵,便没有赚钱。新中国成立后,该公司仅存800元,1960年合并于"北硿华侨农场",此时公司的茶杉折银达8万元。经过20年,其苦心经营的植物开始出现良好的经济价值。①

2. 太平华兴公司

华兴公司是永春农垦公司最有代表性的公司。1917年由马来亚麻坡华侨组织发来,初股本有2.8万元,23人共50股,公司推举华侨李辉芳回国任经理,李再欺管财务。后每股为1000元,50股5万元,实收3~4万元。1918年开始种植茶树7万株,当时土匪民军变乱,工人为保护茶树常住在山寮林树中。公司在麻坡设立办事处,组织系统健全。其工作人员都未领薪金,只为义工,股东全凭一片爱国心,亦未分红,把全部收入再投入山林的开垦。公司每年印有清簿,历年结有清册,全部石印,送给股东。

至1925年公司开始有收入,以后年年赚钱,1928年达到小高潮。之后平均每年收入2000~4000元,全部用以支付开垦。随着资金的连续不断地积累,到1935年已建设楼房3座,厂房平房4座,工人的工资按个人工作不同领取。开垦费由海外寄来的,收成茶叶,在国内能卖则卖,不能卖便运往南洋,由南洋股东义务推销,卖后再把钱寄回,所以资金周转很快,大都用作开垦经费。1940年公司已有钱可赚,却没有分股息。1942年的投资资本更多。②

---

① 林金枝、庄为玑:《近代华侨投资国内企业史资料选辑(福建卷)》,福州:福建人民出版社,1985年,第200~201页。

② 林金枝、庄为玑:《近代华侨投资国内企业史资料选辑(福建卷)》,福州:福建人民出版社,1985年,第201~203页。

(二)南安华侨投资的农垦事业

南安侨商、华侨兴办农垦始于1928年,当时旅印尼侨商李春熙集资10万元,创办"眉山茶厂"。1929年,旅日华侨陈清机,集资在水头康店安海成立的"桥西垦殖公司",是个颇具规模的畜牧试验场,引进日本桑苗、果树、鸡、兔良种及农业机械。1935年该公司转由吴巨典接办,投资11万元,购田40亩,经营农垦、畜牧、砖瓦等业务。1929年旅马来西亚侨商李松柏投资5万元,在华美乡创办"一隅茶山公司",种茶树10万株、马尾松2万株。1937年,吴栋梁投资7万银元,创办"紫阳艺植农场"(1936年由吴芝渊承办),面积100亩。1938年,马来亚华侨创办"南安华侨种植公司",租购地1200亩,种植油茶6万株、梨1万株、龙眼数千株。后因资金不足和管理不善而荒芜。

(三)德化华侨投资的农垦事业

1932年春,侨商曾瑞瑶独资在科荣的暗坑、西天草池、南坂、冬坑岭等山地创办"西天垦殖场",营造经济林2100多亩,其中油桐树500亩、油茶树500亩、杉树1000亩、松树1000亩、茶叶100亩。1936年,侨商郑荆伦返国考察,由其家族集资创办"霞山上丰东南公司",郑荆伦任董事会主席。在霞碧乡的大溪、霞山、下山屯一带35处,种植杉、松、油茶、桐、板栗、桃、李,面积539.35亩。民国27年,郑荆伦联合侨商叶泉回到德化南埕一带勘察,决定在南埕至石龙溪沿岸发展种植业。由华侨集资国币10万元,定名为"华侨种植股份有限公司",种植油桐苗3万余株,桔苗数万株。次年,又购买了村场、前锋以及沿溪两畔的山地41段(份),5337.60亩,田地2.09亩,垦殖土地7000余亩。种植油茶、油桐、杉、松以及梨、李、板栗等经济作物。1940年8月,该公司易名为德化华侨南埕种植有限公司。1942年,日本南侵,马来亚沦陷,外汇断绝,加上用人不当,管理不力,又遭遇山火焚烧,长期处于荒芜状态。[①]

(四)晋江华侨投资的农垦事业

1937年,陈清机于晋江大宅创办"陶倚畜牧场",两年后,又投资10万元,在南安康店创办"泉州安海桥西垦殖公司",引进不少日本桑苗、果树、鸡、兔良种以及先进农械。1933年,金井旅菲华侨李文炳、李汉昌等集资在同安南尾创办"裕民农场",有水旱田300多亩,并盖有办公楼和宿舍。1954年12月,缅甸归侨、金井侨联主席王昭备组织归侨6人,在南安坂桥乡投资创办新侨农牧场,开办后不久因故停办。[②]

---

① 德化县地方志编纂委员会编:《德化县志》,北京:新华出版社,1992年4月,第714页。
② 晋江市地方志编纂委员会编:《晋江市志》,上海:三联书店上海分店,1994年3月,第1211页。

四、侨商、侨资与泉州房地产业的兴起

1912年,南安旅菲华侨陈光纯在泉州城内奎章巷购地建房作为住宅。从是年起至1929年,陈光纯及其长女陈慈义先后投资100多万银元,在泉州购买大量房地产,购建房屋达140多幢。除7幢自用(包括商、住用房)以及10多幢用于办学校和宗教用途外,其余均用于出租或借给有关机关使用。这当中最具规模的是位于许厝埕的天主教堂和3层钢筋水泥大楼,其他房屋中亦有部分为3层或4层大楼,在泉州城内赫赫有名。

1920年代,随着厦门、泉州、石狮等地市政建设的推进,泉籍华侨投资房地产业的户数和投资额逐渐增加。石狮建兴街和泉州市区改建的各主要街道两旁的楼屋,华侨投资购建的占大多数。侨商、侨眷在泉州城内的房地产投资地点集中在涂山街以南至新桥头一线,这一带的房屋大都是在1945年后增建的,部分为1945年以前所建。这些房产的拥有者以侨居国菲律宾最多,占有592户,建筑面积56954平方公尺,占总数56%;其次是印尼华侨,占有265户,建筑面积14527平方公尺,占总数17%;再次为新加坡华侨,建筑占95户,面积6114平方公尺,占总数7.3%。

当时泉州地区的华侨房地产业中,以石狮比较有名,可作为代表。石狮华侨建置房地产业,主要集中在湖边、宽仁、后花、街尾等地区。建置房地产,是大多数华侨一生中重要的愿望之一,早已成为传统。但早期的不少建筑委员会和建筑公司,是由当地势力者或有名望的人士出面鼓动海外华侨回国投资建筑,自己却从中取利,不管是买地皮或建置房屋,千方百计赚取华侨的钱款。例如石狮街尾设有建筑委员会,又设一建筑公司名曰"丰南营造厂"。在修筑福建路时,是分为两段建的。近街一段地价贵,如3×1丈方的地产就要600美元,离街较远的3×1丈方,也要200~300美元,连同建屋费用,每座需费2300~2600美元。据调查,石狮的房屋,70%~80%都是华侨投资建筑或购买的。在晋江的安海、深沪、青阳等地都有不少的房地产属于华侨投资的,有的自用,有的出租。[1]

抗战胜利后,泉籍侨商、华侨投资家乡的房地产大多集中在市区及各县城关。据1958年12月《泉州市华侨企业调查报告》资料,1945—1949年9月,泉州(市区)华侨房地产的投资,自建的有301座,购置的有268座,其中自住的有246座、出租的有323座。主要分布中山南路、中山中路、新门街一带,几乎每条主要街巷都有华侨购建的房屋。[2]

第二节 变革时代中各行业的泉州商人

民国时期,处于时代大变革的泉州商人,他们出身不同、学识不同、地位不同、经历和

---

[1] 晋江地区华侨历史学会筹备组编:《华侨史》第2辑,1983年7月,第205~207页。
[2] 泉州市地方志编纂委员会编:《泉州市志》,北京:中国社会科学出版社,2000年5月,第3346页。

事业生涯的侧重点不同,但共同之处在于都历经了传统与现代的嬗变历程。他们当中绝大多数是中小商人,鲜有影响力的巨商,但仍不乏可圈可点的商号及其风云人物。他们在变幻时局里,奋发有为,努力克服难为的商业环境,体现了敢拼敢赢的精神。本节所选的商号大多集中在泉州城(即原晋江县城区),因为它是泉州地区的政治、经济和文化中心,商业历来较为繁盛,同时兼及其所属各县的名店或老字号。由于缺乏系统的详细资料,笔者只能根据前辈追忆的零星材料进行筛选,选择部分行业和人物加以叙述,以求大致反映在这一时期风云变幻中泉州商业及经商者之状态。

一、茶商

民国时期,泉州一些大茶商、茶庄多以经销武夷岩茶为主,安溪茶商则在潮汕、台湾地区和东南亚另辟蹊径,除销售武夷岩茶更大力销售安溪乌龙茶,并屡获殊荣,使安溪茶名扬四海。泉州地区从而形成了以张泉苑茶庄为代表的城市茶商和安溪茶商两大群体,他们在时代大变革的商海中展现出泉州商人锐意进取、勇于开拓的精神。

(一)泉州城的茶商及其商号

泉州城里的卖茶者,有泉州人、南安人、安溪人、同安人,早年间一般都从各自家乡自产或贩购而来,挑贩卖于街市,没有固定店铺和固定地址。直至1828年张泉苑茶店设立,泉州城开始出现了专营茶叶的品牌商店。不久,丁泉岩茶店、周玉泉茶店相继开店。随后本市经营茶业者,如雨后春笋,计有廖泉茂、北苑春、维林、周玉苑、茗圃、泉春、春苑、劳圃、仙苑、新春、甘泉、名苑、崇林春等号,它们构成了19世纪中后期至20世纪上半叶泉州茶叶营销兴盛的局面。泉州城区也涌现出泉苑、仙苑、倪鸿记等茶叶行业的商贾大家,他们创立了"水仙种"、"万应茶"、"武夷清源茶饼"等享誉海内外的品牌。

泉州茶商经销的茶叶主要有:(1)武夷茶。武夷岩茶属乌龙茶,简称"武夷茶"或"岩茶",分别通过厦门、福州、泉州等口岸大量输出,尤其在闽南和粤东地区十分畅销。泉州茶商分析情势,敏锐地看到商机,不少名牌商品茶应运而生,并成为武夷岩茶传播史上不可忽视的主角。每年春天泉州各茶店都派员携巨资往武夷山选购,最兴盛时每年采购量在1000箱左右(每箱25~30市斤),光"泉苑号"一家就占一半以上。(2)浙江温州茶(即今天所说的浙江红茶)。主要是由泉州商人贩运糖、桂元等去温州换回。(3)安溪茶(铁观音等乌龙茶)。抗战之前,泉州每年吞吐茶叶2000担左右,其中除了销售本地外,一部分转销晋江、金门、同安以及南洋地区。

最初,泉州城内的茶叶商号各自经营,在经营方法上多少抱着以低质量的茶叶换取高利润的目的,忽视了质量,个别的甚至掺杂使假,对茶叶拼配粗工滥制,加上同业间互相嫉妒,经营方式落后,中途倒闭者不少,维林、北苑春、廖泉茂、芳圃、崇林春、新春、春苑、甘泉等商号因此相继倒闭。至1921年,存者仅有张泉苑、丁泉岩、周玉苑、周玉泉、丁茗圃、仙苑、泉春等,继而兴起的有倪鸿记、李岫峰、丁集春、颜芳岩、名峰、鳌旋、一枝春、福太和、祥安、黄胜泰、周玉芳、安奇苑等。①

当时较有影响的茶商其经营活动绝大多数集中在泉州城内,而规模最大、经营效益最好、最出名、持续时间最久的莫过于"泉苑茶庄",它也是福建著名的茶庄之一。

在泉州,泉苑茶庄是一个具有传奇故事的茶庄,妇孺皆知。茶庄在创始人张白源(1789—1856)之孙张聪明(1850—1905,1877—1905年第四任经理)执掌泉苑茶庄的28年间,发展势头迅猛。他创立的"水仙种"品牌名闻遐迩,其盛名甚至传到了末代皇帝溥仪的老师陈宝琛那里。陈宝琛告老福州后,曾专程到茶庄品茗,并盛赞之为"茶中至尊"。1898年,在陈的力荐之下,茶庄选送"水仙种"等5个品牌参加当年在巴黎举办的国际博览会,一举获得铜牌。泉苑茶庄一时间在泉州城和海外华侨中引起热烈反响,由此带来了极大的商业利益。茶庄里的茶叶价格一路水涨船高,在张氏后人珍藏的一件老茶罐商标上有这样两行字:"真正铁罗汉名色奇种 每两佛银三大圆五角",而当时一个普通劳动力的月收入也仅仅一圆多。

1916年,张丕烈(1883—1933)在家族内部矛盾重重、茶庄背负巨额外债之际出任第六任经理。为了继承和光大百年基业,他毅然担起重建之责,筹措资金,以最快的速度将被焚毁的泉苑茶庄重建起来,凭借近百年的老招牌和早已树立的信誉,以及幸存的200多箱旧岩茶,使茶庄彻底摆脱困境。从1916—1933年,是张泉苑茶庄的全盛时期。张丕烈对泉苑茶庄的最大贡献有二:

首先,他确立了水仙种的规格质量标准。为适应当时消费者喜爱陈茶的习惯,选用3年以上的武夷岩茶作为水仙种的主要原料,另加5%左右"花茶"——一种有别于茉莉花茶,而是用新的武夷半岩小种作为茶胚,以桂花或树兰花窨制而成的。为确保规格质量不变,在拼配水仙种茶时,设立"堆茶簿",详细记录不同年度、不同茶厂出产的武夷岩茶,备作下次拼配时的参考。拼配后,花香似有似无,恰到好处,目的在于提高陈茶的香气。

其次,他想方设法获得优质武夷岩茶。泉苑茶庄早年已在武夷山购置了青云和磊珠两个岩厂。1920年前后,张丕烈利用武夷山僧道多为泉州人这一有利条件,通过各种渠道拉上同乡关系,与武夷山的碧石岩、竹窠岩、幔云岩、弥陀岩4个岩厂的主持僧签订长期包销契约,从而控制了货源,保障了供应,也保证了产品的质量。1930年,他又想尽方法,最终以3万余银元购得慧苑岩东厂,慧苑岩是武夷山的名岩之一,名枞多,铁罗汉、白鸡冠等就产自此岩,每年能出产奇种800余斤,天下难得。难怪他时常对族人说:"得此即可安天下矣。"

泉苑茶庄的经营特点:(1)拼配精品茶,树立品牌形象。(2)精工细作,产供销一条龙。(3)明码标价,信誉为本。(4)独家经营,顾客至上。由于泉苑茶庄的名气很大,闽南

---

① 张一朋:《张泉苑茶庄的回顾》,《泉州文史资料》第3辑,1961年,第30~49页;《张泉苑茶庄兴衰史》,《泉州文史资料》第12辑;周植彬:《泉州茶叶经营概况》,《泉州文史资料》第●辑,第343~345页;《集泉茶庄简史》,《惠安文史资料》第8辑;倪郑重:《乌龙茶早期产销情况及其演变》,《泉州文史》第9期。

一带的茶庄都不能与之匹敌,当时有泉州绅士曾写了一副对联送给泉苑茶庄,云:"泉南佛国无双品,苑北仙家第一春。"然而,这种封建家族传统经营模式,伴随着生意的日益兴隆,同时也孕育着没落衰败的胚胎,久负盛誉的泉苑茶庄最终还是走向了没落。

除了张泉苑茶庄最为出名外,众所周知在泉州城内还有倪鸿记茶店、仙苑茶庄,它们分别创制的武夷清源茶饼、万应茶,至今仍是名闻海内外的名牌茶品。泉州所属各县也有一些茶商,但都是小本经营,只有惠安县的施集泉茶庄名气较大。

1956年1月,泉州茶店接受对私改造的有泉苑、泉岩、鸿记、玉苑、名峰、泉春、集峰(嵋峰、集春、茗圃、安奇苑、胜泰合并)、仙岩(仙苑、芳岩合并)、鳌旋等。

(二)安溪茶商

1. 经营武夷岩茶的安溪茶商

在武夷岩茶风行的大趋势下,一些安溪茶商为迎合市场也经营武夷岩茶,在潮汕和武夷山地区纷纷开店经营,安溪茶商日渐增多,并形成一个商业群体,被潮汕人称为"福建帮",而武夷山人则称之为"铁湖帮"(因龙涓姓李的称为"铁湖李")。这些福建帮茶店,1930年前后都在武夷山或建瓯设点收购岩茶及闽北中低档乌龙茶。规模较大的有林心博家族的林奇苑茶店、李湖山的湖山茶店、李竹湘的瑞兴茶店,等等。

2. 经营安溪乌龙茶的安溪茶商

长期以来,武夷岩茶的主要销售区域是在闽南及粤东。然而,自1930年卢兴邦在建瓯扣押10万箱茶叶勒索赎金的事件发生以后,闽北地方不靖,外地茶商视武夷山为畏途。随后抗战爆发,海运受阻,外销中断,侨汇不通,加上厦门及潮汕地区的沦陷,岩茶的市场营业额锐减。

借此之机安溪乌龙茶逐渐渗透茶叶市场。事实上,早在1915年,安溪龙涓茶商李寿山就将安溪茶拼配在武夷岩茶中,使武夷岩茶除了具有原来独特的色、味之外,又增添了香气,从而提高了茶叶品质,受到消费者欢迎,品饮安溪乌龙茶的人日益增多。尤其在潮汕沦陷期间,武夷岩茶货源被切断,安溪茶则源源不断地运达,逐渐占领了市场。1930年代,安溪茶商周玉苑率先将安溪乌龙茶烤火制焙(俗称焙大火),去掉茶中原来苦涩青味,消费者反应良好。从此,许多华侨都到茶店选购安溪铁观音出国,以特产名茶赠送亲友。

安溪茶遂成为市面珍品,其中如泉岩小种泡、玉苑乌龙种、特产铁观音、鸿记三印水仙、清源万应茶饼、倦苑万应茶、嵋峰盒庄铁观音,最终都以安溪乌龙茶制作而成。抗战期间,沿海沦陷,武夷茶货源被切断,安溪茶商改外销为内销,以潮州、汕头人为销售对象,源源运抵潮汕,大有取代武夷茶之势。

3. 安溪茶商引领南洋市场

据官方统计,1921—1944年,安溪茶商在本县开设的茶号有王尧阳、张源美、林金泰、王有记、高源苑等60多家;开设在泉州的茶号有玉泉(周耿灿)、玉苑(周植彬)、芳苑(王国祥)等10多家;开设在厦门的茶号有泰美、泰发、尧阳、金泰、和泰、奇苑、联成、三阳、锦祥等40多家；开设在漳州的茶号有荣胜、连圃、源春、武安、奇苑、瑞源、裕美等10多家。①

安溪乌龙茶外销始于清初。开始都是由侨商、华侨自己运载或携带前往国外销售，销售品种也不都是安溪乌龙茶，以后逐渐形成产、购、销一体化的模式，从安溪至泉州、厦门，再在这些口岸转销海外，构成一条通往海外市场的完整渠道。安溪茶销售的国家和地区主要有新加坡、菲律宾、泰国、缅甸、越南、印度尼西亚、美国旧金山，以及香港、澳门、台湾地区等，销售的对象主要是华侨，所以长期以来外销安溪乌龙茶又称"侨销茶"。

安溪茶商多以厦门为跳板前往南洋经商，并保持中国传统的家族式经营模式。据安溪侨亲白如冰《新加坡安溪乡亲的成就与贡献》描述：1928年新加坡成立"茶叶出入口公会"时，在30家商号中有一半以上为安溪人开设，有林金泰、源崇美、高铭发、林和泰、白三春、张馨泰、高芳圃、茂苑、高盛泰、东兴栈、李光华、陈英记、林合泰、林谦泰、杨瑞香等。公会的正副总理、财政、查账、庶务全部由安溪会员担任。林金泰茶行的"金花"、"玉花"牌安溪乌龙茶在新加坡、马来西亚最为畅销。1945年，高建发茶行创始人高云平选送的"泰山峰"牌铁观音，在新加坡举行的茶叶评奖活动中，荣获"茶王"称号，新加坡政府奖励金牌一枚，金笔一对。在这些励精图治闯南洋的安溪茶商中，有许多可歌可泣的动人故事，林金泰茶庄与林氏家族只是其中的一个代表。

林金泰茶庄的创始人林诗国（1873—1937）出生于安溪县罗岩乡（今虎邱乡罗岩村）的制茶世家，祖父林宏德是当地的制茶能手，焙制的"金泰茶"闻名远近，父亲林霁峰继承父业，从事茶叶生产、制作和销售，逐渐成为专营茶业的茶商。其弟林书国为晚清贡生，富有文采，曾在家乡办团练，维护乡里安宁。林诗国自小随祖父、父亲种茶制茶卖茶，因此对茶叶的种植、焙制、品评、销售均颇有研究，是公认的茶叶行家。

民国初年，安溪匪患猖獗，地方不宁。1918年某日，土匪围困罗岩，林诗国趁着天黑率领全家70多口连夜逃往厦门。之后，他在鹭江开设林金泰茶行（庄），将安溪茶叶配售海外，茶行的规模不断扩大，业务日渐繁忙，年销量达上万件。他十分注重南洋市场的开拓，起先是委托新加坡的"荣泰号"代销，短短数年需求量不断增加。1924年，由于在南洋代销"金泰茶"的荣泰茶行发生股东拆股，严重影响"金泰茶"在南洋的销售业务。于是，林诗国决定派其侄林庆年前往吉隆坡和新加坡开设茶行，从此百年品牌"金泰茶"享誉南洋。

林庆年（1893—1968）是林诗国的侄子，自幼接受家学，长大后曾先后进入福建省立学院和北京大学深造，他痛感时局之不靖，遂听从叔父的安排，首先在吉隆坡开设"林金泰"茶行，翌年又在新加坡设立总行，以经营茶叶为主，兼营汇兑业。他以其学识和胆略，驰骋商海，游刃有余，几年间经商范围从茶业扩展到金融、橡胶等行业，最终成为新加坡侨界的著名富商。

---

① 安溪县地方志编纂委员会编：《安溪县志》，北京：新华出版社，1994年4月，第1226～1227页。

林庆年在经商的同时,积极参加各项社会活动,热心当地公益事业,特别是在推进华文教育方面,贡献巨大。1930年,他担任新加坡华商银行董事,与李俊承、李光前合力敦促"和丰"、"华侨"、"华商"3家银行合并,增强经济实力,使闽籍华侨渡过世界经济危机。他的成就,被新加坡侨界誉为"有功民族之举",成为众望所归的侨领之一。后来,新加坡的"林金泰茶业私人有限公司",由林诗国之侄孙、林庆年之子林文治主持经营。

二、木材商

泉州地区木材购销业由来已久。其杉木行业商人分为批发商(经营福郊)和零售商(二盘商),经营福郊者需有较雄厚的资本,他们从福州采运福杉到泉州后再转售给二盘商。二盘商所需资本一般,抗战前大多是向福郊进货赚取批零差价,抗战胜利后,多数直接从福州采购。

(一)木材商的分类

根据经营木材的种类,泉州的木材商人分为杉商、杂木商和海料商。

1. 杉商

专门经营杉木的商人,称之"杉商"。从福州采购来的杉木称为"福杉",从永春湖洋和安溪湖头等地采购的称作"山杉"。福杉的运输方式多用帆船、汽船装运,从福州沿海岸航运抵达泉州码头,主要销售到泉州、晋江、南安、惠安等华侨相对集中的沿海地区;山杉的运输方式则是扎成筏,由山客直接从东溪、西溪放排至泉州南门码头一带。杉商经营的杉行销售的木材通常以福杉为主,山杉只占1/10左右。抗战期间,沿海航线时常受日寇和海匪骚扰,经营福杉风险较大,而经营山杉较为安全,因此二者销售量不相上下。抗战胜利后,福郊和二盘商均直接从福州采购,福杉甚至返销至内地,山杉销售量急剧减少。①

2. 杂木商

专营杂木的木材商。杂木的货源广、品种上百,如柯、楠、枣、樟、竹等等。杂木和毛竹多出自永春湖洋和安溪湖头,以扎筏为运输方式,直接从上游放排至泉州各码头。经营杂木所需资本较少,尤其小杂木的就更少。小杂木商往往兼营小毛竹等。

3. 海料商

所谓海料,指的是零售造船业所需的材料,如松木、皂枋、杂木、樟树头等。海料商多从永春、安溪、南安等内地采购,亦有山客直接从南安将樟树头等船运到泉州,卖给海料商。

(二)民国时期泉州杉木行的主要商号

泉州杉木业的行店一般都设在水陆交通方便的地点,大多数分布在城南的一堡至五

---

① 《新中国成立前泉州杉木行业概况》,《泉州工商史料》第4辑,1984年,第88~110页。

堡及土地后一带,少数设在新门街和浮桥街,大小行店凡数十家。根据民国年间曾亲历杉行的多位业者介绍,当时较有名气的商号有:钱某某的同成号、赖金差的升和号、许金元的源山号、吴硕山的源德号、赖文聘与林天宝的晋隆号、林天宝的合记号、吴硕山等合资的闽桐号、钱振声的懋源号、林中民的福湖春号和福大号、谢杰英等合办的合顺号、由源德、合记、升和三家共同出资联营的源合和号,除这13家较有名气的杉行外,根据1953年工商登记名表,民国年间泉州城内经营杉木、杂木、海料商号的还有42家。

其中,钱振声的"懋源号"成为泉州杉行的翘楚,其人生经历颇具传奇。

钱振声出生于泉州杉行世家。其祖父(名字已失传)在光绪六年(1880年)就以独资的方式,在四堡街开设了泉州最早的杉行之一——"同成号",专营福杉。"同成号"前后共经营74年,是泉州经营年代最长久的杉行。其父钱果标少年时,即遭遇杉行破产、家父病亡的不幸,为维持家计,钱果标一切从头开始,初营柴薪兼九八行,经过数年的惨淡经营,逐步积累资本,恢复父业,成为泉州经营福杉的大户之一。随着杉行的生意日益兴隆,为了事业后继有人,钱果标派遣钱振声担任福杉采购。有一次,因年轻业务知识和经验不足,他擅自高价购进大批福杉,不料市价猛跌,一时无法偿还贷款,整批福杉被债主扣留拍卖抵债。加上又擅自宣告企业破产,父子因此意见分歧,钱振声离开"同成号",到其父与其他杉行老板联营的"闽桐号"任账务,不久接替经理一职。

1943年,钱振声在"闽桐号"收盘后,独资开设"懋源号",店址设在水门。凭着多年在商场上的摸爬滚打,钱振声无论是业务技术还是管理经验都胜人一筹,杉行生意兴隆。

泉州杉行一向都由福州几家经营杉木的九八行代办,较为有名的是义州一带的"永和"、"达新",当时"懋源号"委托"永和"的老板陈文欣代办购运。然而,"懋源号"有一次采购一批福杉,恰好遇到福州水灾,受到部分损失,而陈文欣则以全部损失报知杉行,引起钱振声的怀疑和不满。之后在一次宴会上,陈文欣借酒自诩说:"闽南的杉木商都是我永和承办的。"钱振声当场盛气地说:"从明天起我筹办一家杉木行来和你拼。"翌日,钱便找在福州的闽南同乡共商对策,并聘请福州人明伯担任经理,在福州中洲开设"华隆"杉木行。钱振声派得力干将林天宝和许妹阿继续驻在福州,负责"华隆"采购各路山客的福杉装船运泉,减少了福州中间商的环节,直接采办福杉。"懋源"因此成为泉州地区最有影响力的杉行。抗战胜利后,侨汇源源不断,华侨大兴土木,需要大量的木材,懋源很快跃居同业之首,雇工21人。据新中国成立初的调查,时其资本为28000元(部分资本被盗强)。

钱振声取得成功的主要原因:

一是善于用人,不计前嫌。聘请精通杉木经营、被誉为"卧龙凤雏"的林天宝和陈继成主持业务,尽管钱振声在青年时代曾败在林天宝手下,但他能尽释前嫌,而且加以重用,让林负责福杉的采购业务,言听计从。在这一班实力人马的努力下,业务蒸蒸日上。

二是有雄厚的资本。钱振声是抗战时期"福建药王"、昌隆大药房老板陈文卿的爱婿,其妻陈爱治又有6位结义姐妹都是富侨,经济上有昌隆做靠山。尤其在抗战胜利后,侨汇畅通,华侨汇款富足可以运用,有利于扩大业务经营,如鱼得水。

三是有胆量、有魄力。钱振声生来有一股在困难险境面前决不服输的劲头,敢于挑战在福州的有名杉木行,独创"华隆",为泉州、为闽南杉木行业树立起信心和爱拼敢赢的精神。

四是体贴下属,为员工解决困难,使员工能为商号倾心竭力。

三、医药商

据统计,1949 年 8 月,泉州及所属各县的中西药房有 961 家,从业人员 1868 人,其中泉州市区 69 家(中药行 53 家、西药房 16 家),著名老药铺有昌隆行、共和参药房、泉永药店。①

(一)泉州的国药商

根据《解放前泉州中药业概述》一文介绍,新中国成立前泉州的中药业有参行、药行、参药行(以上三类为中药批发商)、中药店、成药厂店、药材加工、青草药店、药中人和行商等。

1. 中药批发商

中药批发商号主要有:昌隆参药行、共和参药行、鼎丰参药行、恒丰参药行、南山药行、美利士参行、光一参行、天和参药行、庆裕参行,经营方式或合股或个体。

其中特别值得一提的是昌隆参药行,它是泉州地区最大的药行,位于中山南路花桥亭边,经理陈文卿被誉为"东南七省药王"。

陈文卿原籍仙游,家境十分贫寒,少年时随义父陈三老来到泉州。23 岁时接任经理一职。陈文卿之所以最终能成为福建最大的中药批发商,究其策略主要有:第一,多方筹资、增加资金投入,与钱庄交好,左右逢源,保证资金来源。第二,面对面采购,或亲自或派员到全国各主要集散地直接采货,避免中间环节,提高利润。第三,重视与各地药材供应商建立友好关系,尤其在上海成功树立信誉好的大买家形象。第四,兜揽客户,千方百计争取客户。第五,对一般药材专营批发,对贵重药材开设零售部。第六,结交官绅,奉承地方绅士,提高社会地位。第七,量才委用而非任人唯亲。

除上述几点,陈文卿还有一个特点,即善于分析行情,胆大心细,出手果敢。举个例子:抗战初期,上海许多大药行即行内迁。由于中药粗重,数量又多,内迁运输既困难且运费多,况且许多药材出产于四川、两湖、云南、贵州,运入显然是多余的,得不偿失。而此时恰逢通货膨胀,药材成了便宜货,陈文卿立即复电上海大药郊全部购进药材,大量中药材从上海船运而来,随附帐单。一时间,昌隆行货甲东南各省,遑论福建,发了大财。期间,陈文卿还在漳州开设分店,在厦门投资参行。上海药行内迁后,原向上海采购中药的东南各省及香港,就投向昌隆行,昌隆行生意之鼎盛,可以想象。陈文卿也因此被称为

---

① 泉州市地方志编纂委员会编:《泉州市志》,北京:中国社会科学出版社,2005 年,第 1356 页。

"福建药王"、"东南七省药王"。

然而,陈文卿个人的欲望也随着昌隆行的名气实力而日益膨胀。他大兴土木,为了独占昌隆行,竟然伪造假账,欺骗股东,由此埋下了衰败的隐患。最终由于一系列主客观的原因,曾经风光无限的陈文卿和他引以为傲的昌隆行走向了衰落。1955年,昌隆行被收为国有。

2. 中药店

民国时期,泉州城内中药店有三四十家,其经营者和商号主要有:郑水先的壶中春、林荣寿的乾德、林朝昌的广芝林、杨成安的南寿、林致祥的老存心、王朝宗的恒美、陈世禄的泉泰、萧俊明的民生、杨好生的福建、吴仲仪的安康、林振声的源丰、吴翰怀的厚元、吴金鉴的厚德、郑荣育的万美、方炉先的宏昌、林火先的善德、许礼先的协益、黄学士的永安、留河的厚生、张奎星的公正、陈世禄的泉美、庄得意的养元等等,有些商家自身就是中医出身。

3. 成药厂店

成药厂店多有祖传秘方配制的产品,有的历史久远。主要有:范志的祖传秘制神曲,炎尝药铺的祖传秘制疠丸,保善堂的疳膏,保婴堂的疳膏等,庄子深的乌鸡白凤丸等蜡丸,洪春山的自制调经丸,春生堂的自制春生堂药酒,源兴的秋石丹,圆明的肥儿丸等,秋水、丹水、泉水厂店的草神,柯世德的疗膏,白塔的疗膏,赖纯士的消膏,保和堂的银花露、胃散等,程家的三仙丹等。①

(二) 西药商

泉州的西药商,是随着西医的开业、西药需要量日增应运而生的。

1. 泉州西药房的类型

据统计,1950年泉州城内共有药房17家,从新桥头向北的顺序为仁祝、利民、新生、仁术、德信、泰安、天赐、大华、健生、天记、寿人、裕华、东南、新亚、惠民、神农、泉永,这些药房按资本大小、经营模式大致可以分为5种类型:

(1)一种是资本较大,无设医生,有职工六、七人,属于批发性质,如大华药房店东是菲律宾华侨纪扶西,苏添火为经理,资金达数万元。对私改造时,资金转为建造浮桥大华戏院,纪扶西的妻子吴秀安被安排任戏院经理。一种是自己是医生但以经营西药为主的,如大众药房的杨逢图,泉永药房的张骥崖。

(2)资本一般或合资经营,聘一医生兼任经理,给予空股份以分红。如新生药房的叶文添聘黄道生为经理,惠民药房聘刘振兴为经理。合资经营但无医生的如泰安药房的郭景然、谢金凤。

(3)有医生的兄弟店,如东南药房的洪明哲,神农药房的黄翠竹、黄柏华,裕华药房的

---

① 《泉州中医界见闻录》,《泉州文史资料》第13辑;《解放前泉州中药业概述》,《泉州工商史料》第3辑,1984年5月;《泉州名牌货》,《泉州文史资料》第2辑,1961年6月,第67~68页。

陈修新，新亚药房的黄逢年。

(4) 医生夫妻店，如利民、仁术、健生、寿人、天赐、仁祝等药房。

(5) 独资经营无医生的，如德信、天记药房。

从辛亥革命以后到抗战前，资金较雄厚有名的有：苏年福的流生药房，陈振辰的南生药房，陈国珍的泰明药房，叶燕臣的启元药房，这几家也都是医院兼药房，治病兼售药。这阶段有一些起初也是诊所兼药房的，后来索性放弃医生业务而专营药房。如"泉州药房"的陈清源，"泉永药房"的张骥崖，"大众药房"的杨逢图，"纯仁药房"的苏天赐。以上几家西药房生意都很大，获利甚厚，可谓西药商的黄金时代。

2. 西药商的楷模张骥崖

到新中国成立前夕，泉州先后有西药房26家，其中最具代表性的药房，自然非"泉永药房"莫属，其创始人张骥崖的经商理念则堪称商人的楷模。

泉永药房创办于20世纪30年代初，地址在南街头，店商是泉州人张骥崖（又名北山）。张骥崖出生农民家庭，年轻时先在永惠医院当学徒，师从名医庄志烈，后又跟庄到永春医院从医。其妻苏慈悲，毕业于广东妇产科学校。

由于张骥崖当西医学徒时间较长，自己又行过医，并任医师公会理事，和开业的西医们接触较多，与医药界人士联系广泛，熟悉了解西医药业的各种事宜，最终决定弃医经商。当时泉州市面上的药房不多，而且西药为新兴行业，利润率较一般商品高，因此在很短时间内，业务飞跃发展。至抗战前夕，泉永药房已经拥有充足的资金，生意日渐兴隆。其药品远销泉属各县以及大田等地，是一家带有批发性质的西药房，成为泉州西药业中的佼佼者。

1937年抗战爆发，特别时太平洋战争发生后，海外交通断绝，国内公路破坏，运输困难，西药来源受阻，药品价格飞涨，资金雄厚的西药经营者往往因此发了财。当时印度尼西亚的百两庄金鸡纳霜（奎宁）粉、五百粒瓶庄的蓝印奎宁丸、欧美的六〇六针剂、山道年、雷佛奴耳、凡士林等，都是获利数倍，泉永药房也因此受益，资金更加雄厚。

泉永药房能从白手起家，从小到大，总结张骥崖的经营之道有以下几点：

1. 张骥崖是由医生转而经营西药，对西药业务熟悉。西药业虽属商业，但又不同于一般商业，因西药多为化学合成和生物制品，知识性、技术性较强。

2. 张骥崖具有强烈的爱国心，积极介绍推销国产药品，因此，其药品来源以国产为主。

3. 在经营方法上，力求药品种类齐全，避免医生和患者为采一单药而东奔西跑，以招揽顾客，并采取薄利多销，使资金周转快。

4. 热心为顾客讲解医药常识。顾客买药时，经常想了解药物的性质、疗效、剂量、服法、禁忌等，张骥崖都耐心细致地解答，使顾客满意，回头客也就多。

5. 泉永药房从不出售过期失效或变质药品和假药，这与某些药商借机抬高药价，出售过期牛痘苗等行为相比，自然获得人们的称道。

6. 生财有道。当时有各种疫病流行，西药的鼠疫血清、破伤风抗毒素、白喉抗毒素等，都属于急救药品，泉永药房对此类药品也不囤积居奇，在疫病流行时，只按平时价格稍高直接售给患者,同样需要由熟人或医生介绍,确系自用,以防投机者从中插手谋利,乘机打劫。

由于泉永药房在同行业中,注意商业道德,声誉良好,新中国成立后,张骥崖被选为工商界的人民代表、市工商联监督委员、市卫生工作者协会常务委员。1956年对私改造后,泉永药房的一部分资金投入兴建浮桥大华戏院。张骥崖则在公私合营的市医药公司工作。①

四、九八行商

"九八行",又称"牙行"、"经纪行"或"办庄",古已有之。由于它每做成一笔生意,就按成交额向货主抽取2%的佣金,货主则得98%,因此民间俗称"九八行"。九八行与中人一样,都不购货销售,只是为客户介绍商品的买与卖,从中赚取佣金。但两者又有所区别,中人一般是个人奔走接洽,无须店屋与资金,活动范围狭小;而九八行的活动范围广,可跨县跨省,有店屋、货栈(仓库),雇佣工人,需拥有经营资本。不过,九八行的佣金并不一定都是2%,也有少于1%的。九八行除专营的外,有的商行也兼营此业务。这里主要介绍泉州九八行中的上下水行和鱼行。②

(一)上下水行

上下水行都是泉州所属南安、安溪、永春、德化等内地县的商人来泉州城开设的,其业务在于为家乡代销、代购,因为往来运送货物,多使用溪船,因而取此名。

据此行中人回忆,泉州城曾开设有数十家上下水行,还组织有"上下水行同业公会"。店址大多集中于新桥头、南门土地后、富美一带,这些地方临近晋江,便于溪船装卸货,省时又省费用。较有名的行号有"乾茂"、"玉记"、"义隆"等。"乾茂号"为南安洪濑商人戴金星开设,戴在南安洪濑、琉塘、芸美各开设一家商店。"玉记号"系永春人薛初所设。"义隆号"为南安人黄所所开设。此外,还有安溪人刘维传经营的"泉大"、陈文士的"集益",南安陈炽通的"鸿义"、陈双全的"泉兴"、陈乌斗的"大成"、戴永远的"泉顺",永春刘克玉的"永安",等等。另有一家叫"泰丰"号,是南安县溪美几家商号(义美、宏美、仁美、锦发、仁记等)联合经营的,负责人黄则放。

1. 南安商人的乾茂号九八行

从戴金星"乾茂号"的情况,大致可了解上下水行是如何经营的。它在每隔一段时间,就向客户发送市场行情分析单,比如何种货源有限,市价看涨,欲购从速;何种市场紧

---

① 蔡序恩、陈朝卿:《西医在泉州的传播与发展》,《泉州文史资料》第13辑;柯乔木整理:《白手起家的泉永药房》,《泉州工商史料》1985年6月第5辑;《也谈泉州西医药史》,《泉州文史资料》第14辑;泉州市地方志编纂委员会编:《泉州市志》,北京:中国社会科学出版社,2005年5月,第1355~1356页。

② 《泉州九八行概述》,《鲤城文史资料》第3辑。

俏,可卖好价,速运货应市,诸如此类。行情单对客户做买卖有很大帮助,但它只是作为一种重要参考,一切以在发生买卖时的行情为准。内地货物一到,乾茂号就立即联系买主,事前早联系好的,货来就能拨出;一时卖不出的,就寄客栈待售。买卖价格主要由货主根据市场行情而定,碰到价钱不好的便暂寄客栈,交给客栈一定的寄存费。货物成交后,乾茂行只抽取不及1%的佣金。

乾茂号在代客采购业务上以诚实守信、认真负责为本,比如在代购面粉时,店员都要亲自到供货地挑选,确保货物质量,在出货时对包装再仔细检查,将包装有破损的一一挑出,避免货物在搬运装卸过程中不致泄露,最大限度维护客户的利益。乾茂行因此深受内地客户的信赖。

2. 永春商人的湖协成九八行

值得一提的是永春商人,他们是泉州九八行的又一重要群体,尤其在经营木材上,具有得天独厚的优势。近代以来,永春商人在泉州仅经营木材的先后就有数十家,主营的木材产地多为东溪上游的永春湖洋、西溪上游的安溪湖头。起初多为个体分散经营,但由于人生地疏,常吃同行竞争的苦头,甚至被捎客、经纪人的刁难、诓骗,钱货两空。光绪年间,永春木材商联合起来,创办了"湖协成"九八行。① 凡永春湖洋木材经营者都应投资入股,大家齐心协力,在泉州购买地皮建房设场,作为湖洋人在泉州食宿及堆放货物之处。所有永春人捎放到泉州的木材都交给行号代卖,抽2%为行中费用。规定年终结算,有盈余则按股分红,如有不足则再投资。首任驻泉主持行务的是湖洋蓬莱人黄端文。其场所五堡街84—85号房屋所有权至1980年代仍为湖洋股东共有。

促进城乡物资交流、互惠互利、利人利己是湖协成九八行的经营特色。一方面,行号接收从湖洋源源而来的杉木、毛竹、大树棵、大皂枋等原木料,从速出售交易,货主无需稽留时日,货主把到手的货款又换购棉纱、布匹、豆饼、化肥、洋油、洋烛、海产等生产生活用品,再雇溪船上溯运回永春交易;另一方面,直接接受泉州客商的订货业务,通知老家的湖洋人根据客商的不同要求采伐制作。

湖协成经营的另一特色,独家经营。在它所经营的湖洋木材中,有的品种是其他地方没有的。比如:湖洋出产的杉木独特,质地具棕红色,经久耐用,适宜做房屋的梁、柱、椽子、楼板等,愈久越显棕红色,因而深受泉南民众的喜爱。常年销售量在5000立方米以上,丰年可达10000立方米。大树棵也是湖洋的特产,向来为湖协成独家经营,这种木材是生长百年、干直节少的大松树,是建造海船龙骨或者桅杆的用材。还有大皂枋也是湖洋的独有特产,适用于制作海船的船板,与大树棵一样,不可多得,常年销售约2000多块,丰年则3000—4000块。除上述而外,毛竹和杉木是湖协成经营的两种大宗木材,除整支整批卖外,也加工半成品或成品出售,常年销售量在30000支以上,丰年40000—50000支。

九八行是近代泉州行郊中的一种经营特色,湖协成木材九八行依照自己的组织形式

---

① 黄志清:《湖协成木材九八行的经营始末》,《泉州文史资料》第4辑,1988年6月。

和经营特点,前后历经数十年。期间几经动荡,直至临近新中国成立,由于货币一再贬值,业务主管图谋私利,致使亏损殆尽,最后仅剩下五堡街两间不动产的店铺,于是有的股东另集资经营。1954年,在对私改造中,木材划归国营木材公司统一经营,湖协成(此时已改为"永记行")就此完成了自己的历史使命。

(二)鱼行

鱼行的正名是"鱼牙行",专门为海边鱼主代卖鲜鱼而赚取佣金,自己不购鱼出卖,是地地道道的九八行。

民国初年,泉州城区的鱼行原设于市内涂山街(即新门街前段与中十字街相连)。当时政府只批准设立11家,如果想申请开办,只能等某一家鱼牙行收盘再去承顶,所以原设的鱼牙行即使倒闭了,其招牌和牌照还可以出卖,收回一笔钱。这11家鱼行的店号为:源和号、启泰号、金合益号、源和号、振记号、良记号、真源号、振益号、源兴号、天成号、义和号。鱼行有买有卖,有的也做九八行的代销业务,抽取佣金。

除泉州城区外,所属各沿海县的渔港也都各有鱼牙行。以惠安崇武为例,①其鱼行无论是数量还是规模都不亚于泉州城。由于是渔业主产区,崇武鱼行在长期实践运作过程中形成了自己独特的经营方式和行业规则。

1920年代后期,出现拥有雄厚资金的股实之家或富裕的鱼贩商人,在崇武办起"鱼牙行"。他们贷款帮助渔民造船、购置渔具,称为"放行头",约定他日渔船下海生产的鱼货,交由他们的鱼牙行出售,从中抽利。1930年代前期,是崇武鱼牙行最兴盛的时期,不但本地人放行头、当行家,崇武西路的苏坑、张坂、埔塘、霞美等村,也都有人携带巨款来崇武放行头、当行家。从顶街数到下街计有:和成、新兴、吉兴、吉昌、顺和、顺昌、顺记、瑞晋、和兴、义记、华记、谦益、隆记、成宗、如川、益发、福泰、玉庆、顺吉、雨记、民昌、晋记、天宝、陈温、协德、同丰、通裕、胜元、源山、元升、益晋、合法、如法、清吉等30多家鱼牙行。

除了崇武鱼牙行,晋江蚶江港的鱼牙行也颇有影响。② 在蚶江,鱼牙行俗称"船头行",与泉州各地鱼牙行一样,由于鱼类商品的特殊性,其抽取代销金并非2%,实际抽5%。在蚶江——鹿港对渡衰落后,小北郊的商郊行号也陆续停业。当时,莆田湄洲,惠北肖厝、峰尾等地的渔民、商贾,把当地物资如薯粉、盐鳗、盐鲳、盐目鱼、薯签、杂粮等运入蚶江港口,委托"福成行"代为销售,船货出手颇快,船家、货主都很满意。以后船货陆续而至,福成号转为专营船货代销的牙行业务,成为蚶江第一所牙行,直至抗战期间停止。

五、粮商

古人云:"民以食为天。"泉州地区人多耕地少,历史上一直是严重缺粮的地区,正常

---

① 何云瑜、魏锡廷:《建国前崇武渔业概况和鱼牙行盛衰》,《惠安文史资料》第6辑。
② 蚶江志略编纂委员会编:《蚶江志略》,香港:华星出版社1993年5月,第83页。

年景自产粮食仅能维持数月。

民国时期，泉州粮商、粮行多派人外出采购，从芜湖、龙溪和闽西北等地购进大米，并从大连、营口、牛庄、烟台、青岛等地购进大豆、花生油等，运输工具以船舶为主，可以直接从购买地运输至泉州起卸。资本较小的是被称为米店的零售商，他们向粮行或粮贩购进粮油转售给消费者。资本比较雄厚的是粮油批发商粮行，其粮源除直接向农民购进原粮外，还到产粮地采购粮食转售。

输入泉州的粮食多要经过秀涂港，据秀涂海关分卡统计，1932—1935年从秀涂进口的粮食数量及其来源显示，从厦门转口而来的粮食最多，其次是上海。从厦门进口的粮食以安南、暹罗米居多，仰光及台湾米次之。经秀涂海关分卡进口的粮食，大部分驳往泉州，再分散到下辖各县，小部分从秀涂直接驳往东园、鸭山、洛阳、崇武、獭窟、祥芝、浦内、邯江等地。粮食进口季节集中在每年的1—9月，显然与本地稻作收获季节有关。

除大米外，麦粉豆类也仰给外来。据秀涂海关分卡统计，1932—1935年从秀涂口岸进口的麦粉豆类数量有：

	麦粉（包）			豆类（市担）		
	来自上海	来自厦门	合计	来自上海	来自大量营口	合计
民国21年	284551	4660	289211	22084	88130	110214
民国22年	423022	1347	424369	105318	34480	139798
民国23年	423613	4987	428600	80808	30910	111718
民国24年	253243	——	253243	26158	28914	55072

麦粉豆类进口后，全部驳运泉州，因而秀涂口岸进口数量也就是泉州输入的数量。除供应泉州城区外，其余的转运至各地销售。1933年，国民党政府进行棉麦借款，美国小麦等物资涌进泉州市场，并削价销售，一时泉州粮食商行倒闭者颇多，市场萧条。

闽北的建瓯、建阳、浦城、建宁、泰宁和闽南的平和、南靖，均为福建省的产粮区，这些地方生产的粮食可以满足泉州的需求，但由于省内运销不畅，运输方法原始、运输费用高，市场结构不成熟等，而外粮因通过海运，运输快捷，运费低，价格便宜，具有较大的竞争力，故泉州进口的粮食产地多为省外或境外。

1938年厦门沦陷后，泉州成为闽南地区粮食贸易中心。1939年，日本侵略军封锁泉州海口，海运断绝，外地粮食无法接济，最终发生米荒。一些粮商进入粮市抢购，囤积居奇，甚至偷运出口，小农又多留余粮，民户则积谷防饥，再加商军粮储备，种种原因，使粮食流通量日见减少，导致米价暴涨，造成米荒，百姓生活陷入困境。当时泉州规模较大的米商，曾多次向田粮处申请发给采购证，准向漳州、石码、莆田、仙游、安溪、南安、永春、德化、闽东各县以及省外的宁波、温州等地采购。但是，一些不良米商一旦采购到米，或者半途转手，或者囤积居奇，抬高米价，百姓仍然买不到粮食。

泉州城是这样，远在山区的永春县亦如此。1939年，永春县商会已无力维护物价失衡局面，县长出面设立"物品平价会"，由各阶层名人乡贤组成，每周评议一次物价。临近春节时，米粮奇缺，县府电令各区调查存粮，设法组织人员采办。华侨平粜会、县商会平粜会、各区平粜局等四处奔波，找粮源采购供应灾民，千方百计努力，但也只能供应五分之一的缺粮户。2月，永春《崇道报》载称"永春米价贵如珠"，永春米价高居全省之冠。与此同时，奸商趁火打劫，永春粮商大量增加，申请登记的就有121家。他们操纵市场，抬价杀价，买青苗，放粮贷，掺假混杂，大秤入小秤出，造成市场紊乱。1941年，永春县府企图垄断粮食市场，稳定物价。但由于货源枯竭，政局腐败，造成市场更大混乱，富户、奸商趁机牟利。大批永春粮商和平民到邻县德化抢购粮食，致使德化的粮食不断攀高，1943年，德化遭受旱，雪上加霜，民不聊生。

抗战胜利后，上海、芜湖、温州等商埠的大米，烟台、营口、牛庄等地的黄豆油、豆饼、豆类、冬粉、面粉可以不断进口，台湾航线也开通，台湾米源源不断输入泉州，有些粮商不再向米行采办，而是集资直接前往本省的龙溪、石码、漳州采运粮食。同时，美国面粉也大量涌入，充斥市场。泉州米行逐渐复苏，粮商数量也在增多，仅石狮粮商即有80多家，碾米厂4家。一时间，泉州的米店（摊）、粮杂铺遍布城乡各处，最多达200多家，主要集中在南门米埔、各菜市场、东西南北四城门口和人口稠密的地方。大部分是夫妻小米店，资本很小。

1946年，内战爆发后，粮食货源受阻，特别是1948年通货膨胀严重，粮价直线上升，粮食市场混乱，百姓挣扎在饥饿线上。泉州地区除乡村墟日有粮食上市外，较主要的粮食集市有：泉州市区的南门兜、东门仁风、北门街和浮桥；晋江县的青阳、石狮、安海；南安县的丰州、洪濑、溪美、官桥、水头；惠安县的螺城、东岭、涂寨、涂岭、黄塘、崇武；安溪县的城厢、湖头、西坪；永春县的桃城、五里街、蓬壶、湖洋；德化县的浔中、赤水、水口等。此时，粮食来源主要靠本地英都、安溪官桥、永春、德化，还有本省龙溪、石码、漳州，这种情况一直维持到新中国成立后。

根据《泉州粮食行业概况》一文，民国时期泉州粮食业经营头盘的米行及九八行都开设在城南新桥头，土地后、赤埔、竹树港一带，临近晋江岸边，水陆交通方便，便于装卸搬运，计有金万源、复源、顺泰、振成、华通公司、王合兴、鼎茂兴、阮合兴、德丰、永万兴、同兴、裕胜、远记、荣丰、璋记、益胜、捷源、金万丰、珍记、泉德、裕美、鸿记等大中小米行20余家。他们一方面招揽各自的九八客做交易抽取佣金；一方面观察市场行情，遇市场看好，就购进囤积待价而沽，几家资力雄厚的大户米行，更是多财善贾，以居奇牟取厚利。①

---

① 泉州市地方志编纂委员会编：《泉州市志》，北京：中国社会科学出版社，2005年5月，第566、1027、1427、1429、1456页；惠安县地方志编纂委员会编：《惠安县志》，北京：方志出版社，1998年7月，第503页；（荷）费梅儿，林仁川：《泉州农业经济史》，厦门：厦门大学出版社，1998年10月；《泉州粮食行业概况》，《鲤城文史资料》第19辑；叶子青：《抗日期间从龙溪运粮来泉的路线》，《泉州工商史料》第5辑，第58页；彭田华：《抗战期间泉州的米荒及其黑幕》，《泉州文史资料》第13辑，1982年12月；《略谈抗战时期的永春物价》，《永春文史资料》第22辑；《民国时期德化市场物价的变迁》，《德化文史资料》第11辑。

六、航运商

(一)抗战之前的泉州航运商

辛亥革命后,全国各个港口陆续改行轮船,帆船逐渐退出。为了适应新的交通运输需要,泉州商人吴鉴、蔡合式等率先发起组织"八闽轮船公司",从菲侨叶清池手中购买一艘载重700余吨的轮船,取名"建昌",行驶温州、上海、宁波、泉州之间,主要运载南北土产,也兼搭客,业务十分兴旺。之后,他又向外国轮船公司承租"道南"、"爱仁"两艘轮船,也是行驶此条航线。经营数年,因内部意见不合而拆股,轮船转让给宁波商人。

继之而起的是法石海商伍嵩如和福州商人刘放甫、王太和等合资组建"泉永轮船公司",向福州马尾海军部门承购两艘旧艇,分别改名"建新"、"建康",川走兴化、福州、泉州、上海之间。随后又向日本轮船公司承租"永源"、"常盘丸"、"肇兴"3艘轮船,投入到申宁航线的航运。1921年,伍嵩如又向日本轮船公司独自租用"神夫丸"货轮,改名"建盛",但刚刚航行,适值袁世凯与日本签订丧权辱国的"二十一条",全国掀起反日高潮,抵制日货,伍嵩如租来的日轮,也在抵制之列,禁止行驶,为此又不得不驶回上海让租他人。

除了上述几家实力较强的联营轮船公司外,民国初年,船商杨合春购置日本"锦州丸",泉州郊商张汝垣承租日本轮船公司"大成丸",川走厦门、泉州;法石海商伍嵩如开设"振成"、"恒太"、"捷益船头行",代理各港船务等。这些轮船,主要以载运南北土产为主,大多川走上海、宁波、温州、泉州、厦门之间。1924年,上海锦发行东、法石人伍泽民的"华平轮"船务,也川走这条航线,伍嵩如之子伍泽泗继承父业,再行扩展,独资购买"长太"号轮船,川走于宁波、上海、泉州之间。1925年,崇武航商首先建立震记电船公司,轮船航行于厦门、泉州、兴化、福州间。1929年,魏含、谢杰英、丁子意等合资创办"新泉轮船公司",承租华平、源安2艘轮船,川走兴化、泉州、上海之间,同年惠安商人"江金木"、"詹合顺"与"茂昌"等商号联合组建"福宁轮船公司",购置"福南"轮船,川走兴化、温州、宁波、上海、泉州之间。其他港口如獭窟、峰尾等也有海轮从事货运。此时,泉州海商与华北的贸易相对较少,多集中于上海、宁波和厦门,因此泉州商界设有申宁厦郊商的组织。总之,辛亥革命以后,轮船取代了帆船,华北航线停顿,申宁航线则较为活跃。

厦门与泉州的航运形式虽然以轮船为主,但是帆船并没有全然退出这条内海航线。泉州一些代理外商洋货的商行,如瑞裕代理的亚细亚洋油,益三、益美代理的美孚洋油,尚用帆船由厦门转运来泉州。

当时华侨出入国必须经过厦门,来往频繁。泉安汽车公路开辟后,安海与厦门航运更加发达。1932),印尼侨商黄奕住组织"海运轮船公司",购置"顺昌"、"顺利"2艘轮船,因船质坚固,设备周全,行驶快捷,颇为乘客欢迎。1933年,泉安公司在东石建一码头,并购置轮船"顺兴"号,水陆联运,由厦门直驶东石,旅客称便。

在对台方面,泉州海商仍以帆船运去竹器、金纸、药品,如未满载即泊石码运砖,汕头运瓷器,然后驶往台南的鹿港、梧栖卸货,再从台湾购买粮食、糖、水泥、硫磺、酒精、楠木等运至泉州。①

(二)抗战时期的泉州航运商

抗战期间,沿海各港口都受到敌机敌舰威胁和肆虐,海运大受影响,当时申宁厦航线已不能安全行驶。及至金厦沦陷,日寇更加猖狂,泉州海商的航运业陷于停顿状态。

1938年,泉州驻军旅长钱东亮,为巩固海防,将秀涂港实行封锁,把停泊在港口的"华平轮"凿沉于大坠口,以阻塞敌舰侵入,这艘轮船是法石海商伍泽民购置的。另有一艘名"长太轮",为法石人伍泽泗所有,也被凿沉于长江口,以封锁长江。这是川走于泉州港的轮船,在抗战初期最先受到的损失。其他轮船公司的轮船,有的被敌机炸沉、敌舰炮伤,或被劫夺,为数不少。

由于海口封锁,轮船被破坏,泉州秀涂港的轮船航运首先告断。但温州、宁波贸易却仍然存在,传统的帆船承继起轮船运输的任务,航线口岸移于惠安之崇武、峰尾、獭窟、萧厝,晋江之永宁、港边等港口。在上海、宁波未沦陷前,有的泉州航运商仍然租用外国船插外国旗,以掩护运载货物,及至上海、宁波沦陷,轮船运输也告中断,只能选择帆船运载,川走于温州、沈家门之间。这些帆船时常遭受日寇轰炸劫夺,甚至人货俱亡。1940年,日寇在永宁登陆,敌机滥炸,海面船只一时未及逃避的渔船45艘、商船63艘悉数遭到焚毁。泉州"大通轮船公司"与"捷益船务行"设在永宁的仓库也受到损失,其他各港口也有类似此种情况。

厦门沦陷后,泉州成为闽南地区的一个重要通商口岸,安溪、南安、晋江、永春、德化的货物,多以泉州沿海为出海口,当时大小报刊把关注点移到了泉州。"上海至闽省各口岸航线,自厦门沦陷后,现有福州、泉州二线可通,各业亦纷移内地,故闽南经济重心已由厦门移至泉州,泉州市面日渐繁荣,行驶厦门之外轮,均改驶泉州线。"②因此,常有外轮在泉州靠岸卸货。1939年12月1日,英轮"新祥泰"号由沪航抵泉州,载来货物1万余件;③翌日2月3日,"新祥泰"轮再次抵泉,运来面粉3万多包及其他杂货,使"泉城面粉价格,已以来源畅旺,渐而跌下";④同年4月15日,该轮又载1.9万余件货物抵泉,内有豆饼1.23万片,肥粉2000件,布疋、棉纱1000余件,椰油1000珍。⑤ 同年还有英轮"新安纳"号"由沪载运面粉、煤油、杂货等7万余件到泉,业于(2月)廿日到达泉港,即日起卸。"⑥但由于日机的轰炸,不久终告停止通航。

---

① 苏秋涛:《近代泉州航运史略》,《泉州文史资料》第12辑;傅维翰:《抗战时期闽省华侨交通船》,《泉州工商史料》第2辑;《泉州文史资料》第12辑。
② 《厦门沦陷、沪泉通航》,《前线日报》1938年10月4日。
③ 《新祥泰轮,昨日到泉卸货》,《永春日报》1939年12月2日。
④ 《面粉大宗输入,粉价再行下跌》,《永春日报》1940年2月4日。
⑤ 《新祥泰轮驶泉卸货》,《泉州日报》1940年4月15日。
⑥ 《新安纳轮抵泉》,《仙游日报》1940年2月24日。

在谈到抗战期间的泉州航运商时,有一个人值得提及,那就是萧碧川和"萧益记"轮船代理行。[①]

萧碧川(1893—1967),生于惠北萧厝村。祖父、父亲都是海运商人,经营商船最多时达19艘,是惠北数一数二的富商。1926年萧碧川毕业于燕京法政大学,同年任福建省法院审判庭长,1927年往新加坡,1930年回国后决定继承先辈之志,重操旧业。

萧厝港东望台湾,南离香港不远,又是福州至厦门、上海至广州航线中点,萧碧川利用地理优势,在萧厝、上海、泉州三地分别开设"振成商行"、"建成商行"和"金成商行",租用上海招商局轮船公司的轮船做大、小北生意。所谓大北即旅顺、大连,小北即上海、宁波,用轮船运载黄豆、豆饼、水泥、纱布等来秀屿(秀涂)停靠卸货。

因由秀屿再转运到萧厝成本开支大,秀屿又比萧厝港浅,不久,萧碧川便将其先祖建在葫芦尾的一座五间张双护甲楼的厝前扩建码头式房屋,把船直接开到萧厝港装卸。1936年,萧碧川以虾屿和沙格之间的黄牛穴(全港最深处)风和日丽、碧海波天,取"碧霞洲"代"萧厝港"之名,将葫芦尾厝前石埕为码头、柳厝街为商埠。他亲自前往国民政府交通部申请,并蒙原法政大学校长于佑任帮助,获准碧霞洲为商港,注册并载入国际航海图。继此,萧碧川又在福建惠安柳厝开设"萧益记"轮船代理行,以萧片霞为经理,租用上海英国太古轮船公司的"福德"、"福神"、"福佐"、"福佑"、"福明"等轮船,运载北方的黄豆、豆饼、水泥、纱布来泉,运出红糖、白糖、桂圆等货物。据原"益记"轮船代理行经理萧片霞先生口述,抗战时期,在海运相当困难的情况下,萧碧川有一次组织10艘轮船从芜湖运大米到泉州,一时名声大振。为适应海运商业的发展,1935年,萧碧川通过当时上海市长钱大钧与他同学的关系,申请批准在上海十六铺与龙华之间开辟一个福建码头,因而在上海被晋惠同乡会选为会长,足见当时他是惠安首屈一指的实业家。1967年,萧碧川病逝于台湾省台中市。

(三)抗战胜利后泉州的航运商

抗战胜利后,华侨相率归国探亲,由厦门入境的泉州侨客络绎不绝,海运物资不断涌入。而抗战时期轮船损失殆尽,为此航运商及侨商为适应客观形势的需求,纷起组织轮船公司。首先是泉安公司购置轮船1艘,恢复东石、厦门的水陆联运航线。继之,石永蚶汽车公司也购轮船"锦兴"号,川走厦门、东石,主要接运侨客,业务十分繁忙。福建建设公司复与菲律宾侨商合资从菲律宾购置快艇"飞龙"和"飞凤",川走于厦门、安海、泉州,专门载客,行驶快捷。此外,庄华等合资组织"闽通轮船公司",也购置"凯旋"、"凯歌"两艘电船,川走厦门、安海之间。抗战胜利后,安海航线最为繁忙。

1947年,由侨商与上海的福建海商陈泽宣、林文定等发起组织的"南洋轮船公司",购置"华德"和"华龙"两艘轮船,川走兴化、泉州、上海、台湾等港口。还有其他商人或购置或临时承租,如王朝谟组织"丰运公司",购置轮船"丰运"号,川走上海、泉州间,专门载货。在上海的法石商人伍泽琪,也租有电船数艘,行驶厦门、泉州、上海、台湾之间。他们

---

① 萧如元:《萧厝港海运商业简史》,《惠安文史资料》第6辑。

有的由泉州至金门载赤土砂到台湾,再由台湾运糖到上海;有的由台湾运来水果、砂糖、糖水、酒精、粮食等。

台湾光复后,台、沪、泉物资互相交流,航运相当发达。由于抗战初期,轮船缺乏,而运输上有迫切要求,所以暂时不得不采用一部分帆船代替,因之帆船又极盛一时。

七、瓷商

历史上,陶瓷对外贸易一直是一项可图厚利的买卖,古代甚至出现商人以陶货囤积居奇的现象。泉州是我国著名的陶瓷生产基地,这里生产的陶瓷曾是海上丝绸之路上的畅销货物。泉州瓷商是泉州商人团体中的一个组成部分,扮演着重要的历史角色,然而,由于资料中对于陶瓷贸易及瓷商的信息极其缺乏,给研究带来巨大困难。这里,仅以德化瓷商为例。①

同其他诸多行业的商人一样,德化瓷商也都是以家族经营模式为主,宝美村的苏姓家族是一个成功的典型事例。苏氏家族所在地龙井(现名浔中镇宝美村)自古为产瓷中心,从《龙井苏氏族谱》记载显示,这个家族从明代以来一直坚持家族经营模式,成员分工明确,有专营制瓷者,有专营销售者,有亦瓷亦农者,从而形成生产、运输、销售一体化的流水线式的家族营销体系,同时不脱离农事,充分体现了中国封建社会小农农业与家庭手工业和商业相结合的特点。其产品销往早南方各省、菲律宾等东南亚各地,成为当地巨富。

民国年间,苏氏族人苏由甲经营的成益瓷庄,收购城郊五大窑场白瓷,加工施彩后,产品行销到省内外、台湾、香港,并转销至东南亚一带,内销外销兼顾。苏义标经营的捷益瓷庄,将产品运销泉州、福州、潮州、汕头等地,以维护好国内市场为主。此外,还有苏健民的新发瓷庄,则以培育后续人才为目的,培养了诸如苏夏景、苏仁森、苏其生、苏玉选等许多著名艺人,更有苏学金及其后裔勤明、玉景、玉峰、桂英、珠庄,成为四世陶瓷雕塑世家,技艺一脉相承。苏氏家族在当代也是名家济济,苏尧棠、苏建堆、苏清河、苏添成、苏德成、苏献忠等著名的企业家和瓷雕名家,堪称德化制瓷业内的名门望族。②

值得一提的是百年老店"蕴玉瓷庄"。它是著名的瓷雕大师苏学金(1869—1919)于清朝光绪年间开设在程田寺格的店号,用来经营销售自己作坊生产的瓷雕作品。苏学金系龙井苏氏第十七世苏德明之第五子,其父尤善雕塑,泥塑、木雕样样在行。苏学金自幼随父学艺,深得家传,博采众长,其作品大多为传统题材,诸如立莲、立龙、立鱼、坐岩、送子、善才、披坐等各式观音、如来、罗汉、弥勒、达摩、八仙、和合二仙、寿星、文昌等神仙佛像外,还有仿明代的雕塑作品各式杯、炉、瓶等,他在得意的作品背部均钤"蕴玉"、"苏蕴玉制"等印章。1915年苏学金的瓷雕作品"梅花"在巴拿马万国博览会上荣获金奖,这是

---

① 陈建中、陈丽华、陈丽芳著:《中国德化瓷史》,上海:上海交通大学出版社,2011年,第209~226页;《解放以前的隆泰窑》,《德化文史资料》第11辑。

② 德化县地方志编纂委员会编纂:《德化陶瓷志》,北京:方志出版社,2004年,第253页。

德化瓷在大型国际展览评比中首次获奖。当时的县令吴承铣题赠"极深研究"匾额。从此"蕴玉号"亦随之蜚声中外。瓷庄的第二代传人苏勤明,也是一代瓷塑大师,作品先后选送英、德、法、日、苏联、加拿大等国展出,轰动国际瓷坛,因功绩显著,1957年光荣出席全国第一次工艺美术艺人代表大会。第三代传人苏玉峰,高级工艺美术师,福建省工艺美术专家,秉承先辈艺术风格,并大胆创新,作品多次获国家一、二等奖,其瓷塑"万花篮"被人民大会堂收藏。第四代传人苏珠庄,高级工艺美术师,曾赴景德镇陶瓷学院、清华大学工艺美术学院等高等院校深造,创作题材丰富,神形兼备,其作品多次获奖,并多次携作品到国外展览,深受好评。

如此家族经营经商模式的在德化还有不少,如乐陶村孙氏家族、三班泗滨村颜氏家族、上涌赖氏家族等,他们都是依托家族成功经营的范例。20世纪上半叶,国家民族多灾多难,德化陶瓷生产转入衰退时期,国内外市场急遽萎缩,德化瓷商艰难维系。据调查,德化瓷商在当地多设号于街市,开设瓷庄,瓷庄里除了交易自家产品,也收购其他窑场的产品,有的在白瓷上加以彩绘,转销外地。期间,先要雇请挑夫将产品运至永春县,一些永春人就在本地开设瓷栈,代理德化瓷商推销,从中抽取佣金;之后由永春顺着晋江支流的东溪水路运至泉州,再从泉州以海路或陆路运输到厦门,分销至南洋、台湾、潮州、汕头、香港各地。① 如龙井苏氏、乐陶孙氏这类有实力的陶瓷世家,除在本土设置瓷庄(行)外,在本省泉州、福州、厦门也都开设瓷庄(行),有的在省外设经销据点。

德化瓷商们积极参与修路、筑桥、兴水利、捐资助赈、助饷等义举,这些举动除了提升个人及家族在当地的声誉外,客观上也促进了民间公益事业的发展,弥补了政府在这方面投资的不足。在国家民族存亡的艰难岁月,尤见他们的报国之心。如:乐陶村人孙为塔(1885—1946)年轻时跟随兄长学习陶瓷制作,技艺高操。他先后建龙窑、阶级窑,生产大量瓷器,他不仅开设白瓷彩画作坊,还在县城兴南街开设瓷器经销店,形成研习、制作、生产、销售的体系,因经营有方,家资殷盈,兄弟俩合建俊高堂、燕高堂两座大厝。以后,孙为塔便以经销陶瓷为主,把德化瓷器运往泉州、厦门、潮州、汕头等地,甚至销往国外。1939年秋,孙为塔在泉州捐资数千银元用于抗日救国。1941年,他将泉州瓷行的瓷器全部义卖,以其款项支持国家抗日。泉州瓷行停业后,他带着儿孙回到家乡,继续经营窑场。② 国家有难,匹夫有责,其拳拳报国之心成为美谈。

八、沿海走私商

按民国时期的海关缉私法规,凡是以谋取私利为目的,非法偷运进出口物资、瞒骗海关、偷漏关税,以及其他违反海关规定的行为,都视为走私。海上走私历来是走私的最主要方式。

---

① 周心谈:《民国时期德化瓷业史料记载》,1947年油印本。
② 德化县地方志编纂委员会编:《德化陶瓷志》,北京:方志出版社,2004年,第253页。

1930年代初期,我国沿海走私十分猖獗。当时,日、英、美加紧对我国进行经济侵略,纵容包庇走私活动。国民党虽鼓吹关税自主,修订税则,对一些商品的进出口税率大幅度提高并开征高税率的统税,但走私分子却钻空子,组织走私集团走私高税物品,牟取暴利,沿海村镇的地方恶势力成为海上走私的社会基础,使私货通行无阻。

泉州沿海地区的走私方式,是海商与海陆走私人员联合共同完成。在海上主要以电船、帆船、渔船等为运输工具,在陆上利用四通八达的公路网,以汽车、摩托车、肩挑或牲畜拉为主要工具。泉州海湾曲折,走私者在海岸随处可找到隐蔽处,较大的帆船在晚间将货物卸上岸藏匿,而小小的渔船却不分昼夜可以进进出出进行走私。当时适值国外商品大肆倾销,偷漏走私之数量殊为可惊。走私物品主要是糖、火柴、煤油、粮食及军用材料等一些需交纳统税及其他特别税的高税物品。1934年后,由于国内外银价相差较大,白银源源外流,成为大宗走私货。同时,糖、火柴、水银、化肥、煤油、布匹等仍是主要走私物品。

泉州沿海走私商将私货卸到各偏僻港口后,采用各种运输工具从陆路将私货运销泉州城及内地,其陆路大致分3路:北路以惠安的南䫊、山腰、崇武、大岞等为最,走私者用车辆等将私货载入惠安城,再从洛阳转运入永春一带销售,其数量每月有数十万计;中路以獭窟、山姑富、祥芝、永宁、深沪为枢纽,取道惠安东园,路挑分散输运,或由晋江的永宁、深沪间道入石狮,在晋南一带销售;南路以塔头、石井、水头、莲河为运输地,尤以塔头乡为最,每个月都有价值10多万元的存货,分散于安海、东石一带。此外,水头、石井、莲河一带的私货,多以汽车为运输媒介,销售到南安、同安两县。很快地,形成了以泉州为货物中心点,进而以石狮、安海、獭窟等地为集散点的走私态势。这一时期,在日本当局的姑息纵容下,台商雇佣"水客"代为携带走私货,渐成规模。台湾浪人也依仗日本势力从事走私活动,在泉州秀涂一带时有出现。1934年底,国民政府严禁银类出口后,泉州口岸银类走私出口甚为猖獗。①

值得注意的是,泉州沿海的走私历来几无单枪匹马,少至几个,多至几百人,甚至是整族、整村。由于战事频仍,杂税多如牛毛,社会混乱,各阶层都有铤而走险者。1936—1937年,泉州走私商采取海、陆联动,走私达到巅峰,獭窟、安海塔头、石狮、浔埔、祥芝、东埔等地纷纷出现走私大公司。这些公司的大本营设在厦门,多与厦门洋行存在直接关系。较大的走私公司不仅拥有走私帆船或电船,甚至配有枪械。为躲避海关缉私艇,有的走私船上装置微音浪的侦察器,有的设有小型无线电,可以随地与陆上走私机关沟通联系。

为打击猖獗的海上走私活动,厦门海关曾加强泉州区域的海上查缉。然而,在泉州绵长的海岸线上,查缉力量毕竟捉襟见肘,大量的私货仍从海上运入沿海非设关地区,如张坂、塔头、石狮、獭窟等。走私者内勾外联,有的还取得土匪的接应与保护,并以沿岸某

---

① 陈丽华:《浅析1949年以前泉州沿海走私与缉私的斗争》,《福建论坛》1994年第5期,第47~50页;《泉州海关志》,厦门:厦门大学出版社,2005年,第177~180页。

些村落或小岛作为私货贮藏或转运的基地,仅獭窟一地专此营生者就有300余人。猖獗的走私,严重影响了国计民生。从1936年3月3日至1937年6月29日《江声报》的若干篇报道可以窥其一斑,如《安海塔头组织六十万走私大公司》、《惠安獭窟参与走私三百余人》、《晋南走私总检举》、《惠安一走私人船覆没损失巨大》、《浔埔黄延绥等重组晋南走私大公司》,等等。

抗战爆发后,沿海全面封锁,海上走私渐有收敛。但是,不久之后,泉州又出现一些大型走私公司。组织此类公司的股东成分复杂,人员众多。他们与敌伪相勾结,从泉州地方搜买粮食、军火材料等私运资敌,贩运回毒品等高税商品以此牟利,一时之间走私再现高潮。1938年厦门沦陷,一些奸商纷纷偷运本地物资资敌,并私运台货、日货到泉州各地销售。抗战胜利后,随着历史条件的变化,沿海走私主要表现为当时美帝国主义披着合法外衣进行的公开的走私。

走私是一种经济违法犯罪活动,是逃避海关机构监管的非法的、变态的贸易行为。泉州沿海走私商产生于特定的历史时期,它的存在严重扰乱了社会经济秩序,有损于国计民生。在国难关头,走私商却大发国难财,这种行为违背了诚实守信、公平正义、爱国爱乡的商人原则,为人所不齿。由于民国时期的海上走私时间之长、规模之大、影响之巨,使我们不能忽视它的存在。

处于社会大动荡、大变革的民国时期,泉州商人及商业市场表现出以下几个特点。①

1. 新式商业出现,但从泉州商业的整体观之,商人的传统经营模式与新式商业管理并存的格局贯穿始终

就传统而言,运行了数百年的家族商业模式大多依然在泉州大地的城乡运转着,传统商人占据着商人队伍的绝大多数。不过,在近代新式商业模式的影响下,传统商人还是不可避免地附加了新的内容,有的甚至向新的方向转化。比如泉州地区的茶商,虽然与国际市场密切相关(主要在东南亚地区),其购销活动已从属于资本主义的流通过程,应当属于新式商业范畴,但在产地,其行业的基础环节(即收购方面),基本上还是沿袭传统的贱买贵卖的经营方式,低价收购,压级压价等手段,存在着浓厚的封建性。

就新式而言,泉州的商业模式是伴随着近代以来外国资本主义商品不断输入中国而形成和发展的。泉州主要进口商品有英美的洋布,日本、印度的棉丝,美国和苏门答腊的煤油,日本的火柴,印度、波斯的鸦片和绸缎,美国的面粉,安南的大米等。此外,还有零碎杂货,如洋钉、香水、洋灯、肥皂、葡萄酒等。② 在进口货中,起初以英国货最多,其次是美国,而日本则后来居上,逐渐占了上风。英国等老牌资本主义国家的货物,主要经过香港、上海、厦门转口输入,日本货则多由台湾转运经由厦门进口。20世纪初,受资本主义商业模式和外国货物倾销的影响,催生了新式商业在泉州的出现,譬如经营南北航线上

---

① 陈丽华:《民国时期的泉州商人史》,《闽商文化研究》2014年第2期,第70～81页。
② 晋江市地方志编纂委员会编:《晋江县志》,上海:三联书店,1994年3月,第608～609页。

的商品运输工具——传统帆船被轮船取代,新式的商业联合经营商号——"公司",以及包罗各业的工商团体组织——"商会"等开始不断出现。毋庸置疑,这些新生事物的出现都与泉籍海外华侨和侨商的积极影响和推动有密切关系。

与此同时,职业经理人也出现了。职业经理人最初大都与股东是一回事,直到1914年政府在公布的《商人通例》中仍然把商号的投资者作为商人,而把商号的经理人、合伙人和劳务者作为商业使用人对待。实际上,20世纪初泉州已经出现了一批以从事商业经理为职业的经商人员,这些人可能不是最初的股东,但他们是真正对商号进行经营管理的实际负责人。著名的商号如集泉茶庄、湖协成木材行、早期的昌隆药行等都采取聘用职业经理人,尤其是金融业的商号,鉴于专业知识和经验的原因,不少都请职业经理人主持业务。但是由于封建家族的习惯势力,有的职业经理人最终也只能落了个无奈。

2. 郊商经营方式出现转变,北洋航线起起落落,深受国际因素影响

近代泉州商人为在夹缝中求生存,开辟了"北洋航线",即自泉州港起航,到福州、温州、宁波、上海、青岛、烟台、威海、天津、营口、牛庄、大连等港口,用三桅到五桅的帆船运载货物,从而出现了新的海上贸易形式——"郊商"。

民国初,新兴的商业资本家崛起,渐渐取代了封建郊商的经营方式,他们采用资本形式的公司组织,以新成立的公司代替封建性质的"行""郊"。泉州郊商珍利、德成、瑞裕、万源、万昌、建德等商号,纷纷派人上海、天津、青岛、旅顺、大连、汉口、烟台(大北线)、海门、宁波、温州(小北线)等地采购商品,在上海设"坐庄",称为申郊,专职驻地采办货物,还成立了"申宁厦郊同业公会"。经营厦门、福州、温州、宁波的商户,也多转营上海的买卖,申郊空前发展,市场十分繁荣。数年后,申宁厦郊同业公会扩展为"申宁温福厦郊同业公会",简称为"小北郊"。这些商船除川走于沿海各港,都可将船直接开到泉州,泉南的富美、新桥头、南门兜等处,万商云集,熙来攘往,异常繁忙。这一时期,泉州的郊商获利不少。直到厦门沦陷,海运中断,行郊皆歇业等待时机。①

抗战期间,福厦相继沦陷,期间走私盛行,一些官商乘机大发国难之财。太平洋战争爆发后,日本侵略军加紧封锁沿海,市场货源奇缺,一些郊商乘机囤积居奇,抬高物价,泉州地区的市场经济处于瘫痪状态。

抗战胜利后,郊商又日渐繁荣起来,一些郊商组织土特产和竹制手工业品运往台湾,换回台米、台糖、钢材、橡胶等。郊商大获其利,形成竞走台湾的风气。1946年,内战爆发,出现严重通货膨胀,法币一日数贬。正当工商业破产,投机倒把者发财,市场畸形发展。1950年代初,政府对私营商业进行全面社会主义改造,画上了郊商历史的句号。

3. 泉籍华侨商人回乡,投资创办实业,民族商业出现新的发展势头

泉州地区是我国华侨最主要的祖籍地。广大华侨在海外辛勤经营、艰难创业,心中却始终爱国爱乡。近代以来,政府腐败无能,国家多难,国是日非。在西方资本主义国家工业革命的影响下,不少华侨认为实业可以厚利民生,提倡"实业救国"是救亡图强之路。

---

① 《泉州行郊点滴》,《鲤城文史资料》第20辑。

第一次世界大战初期,中国的民族工业有了发展的机会,中国经济也出现了势力多元化的状态。于是,泉籍的侨商、华侨(主要是印尼、菲律宾华侨)纷纷回乡投资企业、商业,民族资本出现新的发展势头。

泉籍侨商、华侨回乡投资实业,为泉州地区的社会进步做出了巨大贡献,突出地表现在以下几个方面:

(1)对促进民族资本主义的发展起到了推进的作用。泉籍侨商、华侨投资地方工业,在一定程度上改善了当地的生产力,给现代工业提供了一些技术基础和动力来源,并且培养了一定数量的产业工人。例如侨商、华侨在泉州和安海等地创办的电灯公司,利用电力作为动力,使越来越多的民众享受到了现代文明带来的便利。

(2)促进了城市、城镇经济的发展。泉籍侨商、华侨除了在上海、厦门等大量投资外,对家乡的建设贡献卓著,从城市的公用事业、房地产业、商业、金融业等等,都注入了大量的侨资,使城市经济得到进一步的提升,方便了民众的日常生活。

(3)改善了侨乡交通运输,促进了城乡物质交流。泉籍侨商、华侨投资兴办公路交通,对福建的初期公路建设起到了倡导的特殊效应和贡献,几年内使闽南侨乡公路四通八达,摆脱了肩挑人负的落后状态,从而促进了各地土特产交流,促进了侨乡的经济和文化,提高了人民的物质生活水平。

4. 身兼买办商人出现,外国商品大量倾销,从沿海到山区广受影响

买办商人,是中国第一批新式商人。买办制度是旧中国半殖民地半封建社会的产物,是外国资本家为了向中国进行经济渗透、侵略的需要而建立起来的。

20世纪上半叶,外国经济入侵加剧,大量洋货源源输入,成为泉州地区的畅销商品。由于利益所在,泉州地区一些有经济实力的商家多参与其中,相应出现了一些带买办性质的企业。但是,代理商的代理业务完全由受代销商行支配和控制,一旦对方中断货源,代理业务遂告结束。因此许多代理商大多在受聘为买办之前就已经开设商号,从事着进出口或钱庄等方面的业务。他们有丰富的经验,在本地建立有自己的贸易渠道和广泛的业务联系。他们所拥有的商号并不是洋行的下属组织,也不固定为某一洋行服务,赚取中间利润乃其终极目标。洋货的大量倾销,使泉州传统的商品如卷烟、土布、靛蓝、蔗糖等受到沉重打击,从而对泉州市场的商品格局产生极大影响。

5. 动荡时局,泉州沿海商民走私频繁,海陆联动环环相扣

民国时期,日英美加紧对我国进行经济侵略,为在中国倾销其本国产品,大肆纵容包庇走私活动,加上国民政府对一些商品的进出口税率大幅度提高并开征高税率的统税,因此一些商民联合形成集团走私高税物品,牟取暴利,一些沿海村镇地方的势力成为海上走私的社会基础,使私货通行无阻。因而泉州沿海不断涌现出走私商人,而海上走私历来是走私的最主要方式。其走私特点是海商与海陆走私人员联合共同完成,其整体态势是以泉州为中心点,进而形成以石狮、安海、獭窟、大岞、崇武、塔头、深沪等地为集散点的走私网络。一些政府官员、商界的头面人物也加入其中,从中赚取巨额利润,大发国难财。

总之,在20世纪前50年的变幻时局里,泉州商业发展受各种内外因素左右,商人的正常经营秩序受到严重制约或破坏,造成市场的动荡不安。而商人的财产和人身安全得不到根本保障,商家面临着随时停业或破产,致使部分成功的商人纷纷转移财富至厦门等地或东南亚,剩下的大多为中小商人,巨商寥寥无几。

第六章

改革开放前泉州商人的沉寂与觉醒

历史上泉州持续的海外移民活动,使泉州成为著名侨乡。新中国建立初期,海外的侨胞、港澳同胞有500多万人。他们爱国爱乡,除了寄回大量侨汇赡养其眷属外,还经常在家乡举办公益事业或投资发展工商业。其中投资于工商业的不仅数量多、规模大,而且大多是现代工业,如泉安、泉永德、石永蚶、泉溪、安溪、泉秀等十几家民营汽车公司及泉州、安海、石狮等电厂,基本上都是华侨投资创办的。在商业上投资也不少,仅1945—1949年,华侨就在石狮镇投资创办锦华、福侨、友联、经纶、华昌、新昌、启泰等17家工商企业。

但由于历史的特殊和地理位置的优越,泉州城乡游资多,社会购买力强,尤其是从事商业获取利润容易,发展较快,这也导致当地大型工业基础差,商业和小工业较为发达。1949年,泉州地区虽有工业企业13097家,总产值达4723万元,但基本上都是消费型的,属生产资料工业只有1390家,仅占全区工业企业的11%,消费资料工业11707家,占89%,而且基本上都是工场、手工作坊性质的中小企业,主要经营轻工业和食品工业,大工业很少。在这万余家工业企业中,现代工业只有296家,仅占0.24%。1949年,泉州地区的发电量只有50万度,工业基础十分薄弱,是一个消费型城市。

本章主要讲述新中国建立以后,泉州对资本主义工商业的社会主义改造。改革开放以前,泉州在社会主义计划经济政策下的商业环境,以及泉州商人如何在政策夹缝中寻找发展空间,虽然道路坎坷曲折,但是却积累了丰富的经验,为改革开放后的迅速发展抢占先机。

第一节 泉州资本主义工商业的社会主义改造

1949年8月31日,泉州步入新中国。中华人民共和国成立后,为了发展社会生产力,实现工业化,从根本上巩固新生的人民政权,中央政府提出了对个体农业、手工业和资本主义工商业,进行社会主义改造的一系列重大方针和政策。国家对资本主义工商业采用赎买方法进行和平的、有秩序的改造,有效地促进了生产力的新中国成立和国民经济的发展,用和平方式完成了社会主义革命的任务。在当时,泉州地区与全国各地一样,对资本主义工商业的社会主义改造,主要经历了三个历史阶段。

一、恢复国民经济时期对资本主义工商业的社会主义改造

从1949年10月到1952年底的头三年,对资本主义工商业实行利用和限制的政策,限制其对国计民生不利的消极因素,取缔其偷漏税、投机倒把等不法行为,保障并积极鼓励私营工商业者爱国守法,向有利于国计民生方向发展。

1.没收官僚资本,逐步建立国营经济。1949年9月9日,中共福建省第五地方委员会、福建省第五行政督察专署,福建省第五军分区正式成立,同时成立了泉州军事管制委员会,着手进行民主建政工作。同年11月9日,泉州军管会财经处即接管属于官僚资本的泉州中国银行、交通银行,农民银行,福建省银行和电信局等单位,把官僚资本变为国营经济。对原泉州国货公司亦没收其官僚资本部份,使其成为公私合营的泉州国货公司,这是全区第一家公私合营的企业,1950年6月间,经该公司私方代表积极申请,批准其改组为国营泉州贸易公司的百货部。这一时期,人民政府通过没收官僚资本,并在泉州市区及各县镇相继开设一批贸易公司、国货公司、花纱布公司等方式,泉州地区一批国营企业相继诞生,日益扩大,并掌握主要经济命脉,成为整个国民经济的领导成分,为以后的对资改造提供了最基本的经济基础。

2.积极扶持民族工商业的恢复和发展,保障社会供应。国民党统治末期,通货恶性膨胀。据统计,自1945年8月国民党政府发行"金圆券"开始,至1949年8月仅四年时间,泉州地区的物价就上涨1.2万倍。1950年初,中共泉州地委和泉州专员公署在城市工作中明确指出:"要结合党的中心工作组织复工复业,扶助私人企业生产,保护正当的工商业,使之在不违反政策下发展,以达到逐步发展生产,繁荣经济,变消费城市为生产城市的目的。"同年7—8月间,为了扶持私营工商业积极发展生产,泉州人民银行向私营工商业发放贷款2400万元,解决了部分私营工商业资金周转的困难。同时,各县(市)人民政府的工商科和工会、工商联等还积极帮助私营工商业搞好劳资关系,共同发展生产。经过各级党委和人民政府的艰苦工作,人民币在各城乡得以流通,工商业正常经营,从而结束了国民党政府统治几十年间无法制止的恶性通货膨胀,广大劳动人民莫不拍手称快。截至1951年11月,全区私营工商业新开业的达1957户,歇业1080户。泉州市区(即现鲤城区,下同)1951年私营工商业新开业的有470户,新开业的比歇业的多,市场逐步繁荣。

3.对工商业者深入开展抗美援朝等爱国主义教育。1950年抗美援朝战争爆发,泉州加强对私营工商业者的爱国主义教育,号召他们以实际行动支援抗美援朝。这期间,泉州市区有80%的行业制订了爱国公约,3282名私营工商业者参加反对美国重新武装日本的投票和拥护缔结和平公约的签名。他们踊跃捐献两架飞机(折人民币34万元),支援中国人民志愿军,并多次开展集体缴纳税款活动。提前完成税收任务。

4.开展"五反"运动。抗美援朝战争爆发后,正当国家对资本主义工商业采用委托加工、计划订货、统购包销、经销代销等形式使之逐步纳入国家资本主义轨道之时,某些不

法资本家认为有机可乘,采取行贿、偷税漏税、偷工减料、盗窃国家资财、盗窃国家经济情报等手段,给国家造成重大经济损失。为了遏制这一趋势,泉州地区和全国各城市一样,于1952年上半年发动群众对资本主义工商业开展了反对行贿、反对偷税漏税、反对盗窃国家资财、反对偷工减料和反对盗窃国家经济情报的"五反"运动。泉州参加"五反"学习的私营工商业者有2812户、3011人,共坦白"五毒"行为55878件。但是由于运动来势很猛,有的地方盲目追求运动战果,以致工作粗糙,甚至出现"逼供"现象,因而挫伤了一些人。运动后期,对所发生的不正确的做法及时作了纠正。

5. 组织物资交流,活跃城乡经济。"五反"运动期间,私营工商业者遇到暂时困难,运动结束后,部分工商业者情绪消极。为了沟通物资交流,活跃城乡经济,粉碎美帝国主义的经济封锁,政府一方面大力领导发展生产,另一方面推动工人团结资方,扭转部分私营工商业者的消极情绪,提高信心,共同搞好生产。在这期间,全市各地都召开物资交流会议,积极开展物资交流工作。据地区及各县(市)等10个单位和6个城镇的统计,参加物资交流达118万人次,购销总额为1151多万元。

泉州市的资本主义工商业,在地方党委和人民政府的扶持下,经过三年的恢复和发展,逐步实行了计划收购、计划供应,纳入了国家资本主义轨道。这使得私营工商业与国家之间形成了新的公私关系,私营企业内部也形成了新的劳资关系。

二、过渡时期总路线的贯彻和对资本主义工商业的改造

从1953年起,对资本主义工商业普遍实行了加工订货、收购产品、经销代销等初级形式的国家资本主义。

1. 宣传贯彻过渡时期总路线。1953年,泉州地区在向各阶层大张旗鼓地宣传贯彻党的过渡时期总路线的同时,各城镇都针对工商界的思想状况,有的放矢地进行宣传教育工作。如泉州市区组织工商界人士听取地方党委和人民政府关于总路线的报告,还连续7天专门召开了有300多人参加的市工商联执监委扩大会议。在讨论中,引导工商业者联系实际,提高认识,解决思想问题。市工商联主委蔡载经与省工商联领导人还分赴各县向工商界人士宣讲总路线精神。通过宣传贯彻和组织学习,帮助工商界初步认识了国家过渡时期总路线是建设社会主义的需要,"一化三改"是大势所趋,人心所向,私营工商业者应该认清形势,看清前途,积极创造条件,接受社会主义改造,与全国人民一道,走社会主义的光明大道。

2. 稳步实行统购统销。宣传贯彻总路线后,国家为了对个体农业、手工业和资本主义工商业进行有步骤的社会主义改造,逐步割断资本主义工商业在城乡之间、生产与流通之间的联系,并为了稳定市场,保证军需和城市居民的粮食供应,首先于1953年宣布实行粮食统购统销,对私营粮商实行代销、经销,对城镇粮食加工采取代加工,对城镇居民用粮实行定量供应,对各行业用粮也实行定量计划供应。据1954年统计,泉州地区原有私营粮食商户886家,已改造为代销、经销和加工订货的有352家,帮助转业的295家,淘汰了239家,淘汰多了一点。

1954年,国家又对棉布和棉纱实行统购统销。为此,中共晋江地委和专员公署选择泉州市区、晋江县安海镇、紫帽山后厝街和南安县水头镇进行棉布零售商改造的试点,尔后全面推广。全地区棉布零售商有943家,经批准已改造为经销、代销的568家,帮助转业的317家,停歇业的54家,尚待处理的4家。

据泉州市区、晋江县安海镇、莆田县涵江镇3个地方统计,全晋江专区共有私营批发商192家,1954年已吸收参加国营商业由国家包下来的39家,由主营批发改为主营零售的22家,转为工业、手工业的45家。据1954年统计,晋江专区私营工商业共有32420家,资金达2494万元,从业人员中私方人员有52272人,职工25297人。

3. 国家资本主义高级形式——公私合营。继泉州国货公司(后并入国营泉州贸易公司百货部)之后,早在1950年2月,晋江县人民政府即派工作组进驻全区规模最大的民办交通运输业——泉安汽车公司,清点资财,接收公股,并于1951年7月15日由公私股联合组织董事会,进行公私合营。1952年11月7日,泉州电灯公司进行公私合营。至1953年上半年,全区已进行公私合营的有泉安汽车公司、泉州电灯公司、永春水电公司、泉州维生染织厂、德化复源、儒美炼铁厂、晋江石狮华侨戏院及正在筹建的泉州侨光戏院等八家,计资产1463758万元,公股占7.32%,其中德化复源炼铁厂占69.3%为最多,德化儒美炼铁厂占5.6%为最少。生产经营管理人员386人(股东会),公股代表27人,私股代表9人,职工代表350人。1953年上半年生产总产值452454万元。这些企业除石狮华侨戏院是1952年新合营的,大部分是在新中国成立初期至镇反时期没收反革命股份进行合营的

三、对资本主义工商业进行社会主义改造

1955年1月18日,中共晋江地委决定成立地委对资本主义工商业改造领导小组(以下简称"地委资改组"),由地委副书记、专员马鸣琴任组长,地委工交部部长林汝梁及统战部部长郑种植任副组长;下设办公室,由郑种植兼任主任,专署工商科科长许东汉为副主任。办公室设秘书、工业、商业3个组,具体负责全区对资改造工作。与此同时,各县(市)也迅速成立了资改领导小组和办公室,积极开展工作。据统计,全区共抽调干部3507人,经各县(市)分别集中短期训练后,分头深入基层,开展对资改造工作。

开展对资改造和公私合营工作按以下四个程序进行:

1. 清产核资,定股定息

全地区累计清产核资的企业有3942家(最后实行定股付息的有4920家),核定资产总额为1063.5837万元,其中确定为华侨股份的有76.8564万元(新中国建立后投资的有43.383万元)。按照国务院规定,全区自1956年9月对私营工商业者一律发放5厘年息。通过定息,全区每年共需付出股息56.2016万元,充分体现了党的和平赎买政策。

2. 搞好人事,安排劳力

中共晋江地委资改办提出对资本家人事安排七原则:

一是安排资本家中的进步核心骨干分子,适应安排以较高实职位置。经过安排,一

方面使其进一步发挥工作积极性,政治上更为靠拢共产党;另一方面安排后有新气象,以树立良好的政治影响鼓励其他资本家的积极性。

二是表现一般但有能力有技术的人,应以量才录用,适当安排其与能力技术相称的职位,便于充分发挥其潜在能力。

三是现在有职位又有社会名望的人,应视其工作能力尽可能安排与社会地位相称的职位(如政协委员、工商联委员)。

四是有能力有代表性但思想落后或表现不好的人,也应适当安排。

五是有代表性但因年老或无实际工作能力的人,一般可安排为虚职如董事会。

六是代表的核心分子,往往社会职务很多,要防止职务过多,有些人有意识留给社会活动时间,可安排为虚职。

3. 妥善处理华侨投资的企业。在泉州侨区,对一些华侨投资的工商企业在公私合营时应如何对待?公私合营后,其股金和股息应如何处理?这是泉州地区在资改中必须妥善解决的特殊问题。1956年3月14日,晋江地委资改组在《关于资改工作中若干具体问题处理意见》中指出:"对华侨投资企业,原则上仍应批准公私合营,但要征得股东或代理人同意,对目前尚不愿公私合营的可准照旧经营,批准合营企业应同样进行财产清估"。3月16日,中共晋江地委对此进一步明确指示:"华侨投资的工商业原则上应公私合营,不愿者仍维持原来的经营方式。其资金的处理,解放前投资者,按国内私营工商业定息,解放后投资者,应承认其私有财产权,利息一律按投资公司规定的年息八厘付给,借款存款应动员其继续借存,不愿者应允许拿走;对存海外的资金,现可进行摸底,暂缓处理。"

四、改造时期泉州商人脱胎换骨

在新中国建立之初的经济恢复时期,由于许多私营工商业者对共产党和人民政府不了解,对为什么要实行社会主义制度不了解,因此他们中有许多思想顾虑。当时,主要做法是组织他们学习中国人民政治协商会议所通过的《共同纲领》,对他们进行"没有共产党就没有新中国"的教育,解除疑虑,认识私营工商业者只有认真执行《共同纲领》和人民政府的政策法令,在"发展生产、繁荣经济、公私兼顾、劳资两利"方针的指导下,才能发挥生产经营的积极性,促进经济的迅速恢复,发展和繁荣。

1953年,党制定了过渡时期总路线,完整地提出了国家"一化三改"的要求,提出了对资本主义工商业实行利用、限制、改造的方针和政策,提出了利用国家资本主义的形式逐步把私营工商业纳入国家计划轨道,并过渡到社会主义道路。这些措施和政策,对私营工商业者震动极大。

公私合营后,各地在改造私营工商业的同时,都注意认真做好对私营工商业者的团结、教育和改造工作,做到改造企业与改造私营工商业者相结合,使之互相促进。全行业公私合营后,各工厂、企业都建立定期的私股学习制度,或推动参加工商学习和活动,在工作上有碰头会、私股生活讨论会或参加全体职工的工作讨论会等不同形式的教育资本家的办法制度,具体帮助资本家做做业务工作。这些单位的公私关系一般比较正常,多数资本家表现积极。干部也认识到企业改造必须结合资产阶级的改造同时进行,才能搞得更好。如永春酱油厂,合营合一段时间公股处理避开私股,贯彻企业的三大理由,不敢吸收私股参加,自己整天忙,私股无工作还闹情绪,后来经过组织私股经常学习,适当分配私股的工作,企业开展增产节约运动,一个私股建议改变生产方法,原来每天浸豆要经过四十天才能出豆(酱)油,现在只要二十余天,提高生产率约一倍。又如永春电厂加强领导私股三大管理学习,提高了认识,该厂蓬壶分厂总务一人负责合营前二人的工作,每天工作十小时以上,他却对别人说:"现在我工作忙得爽快"。以上情况,说明了只要我们加强对资本家教育改造,妥善地使用他们,是会发挥一定作用的。

泉州地区资本主义工商业的社会主义改造的胜利实现,奠定了本地区社会主义公有制占主导地位的基础。1956年,全区工业总产值达7775万元,比上年增长35%;全区商品零售额达31665万元,比上年增长15%。通过调整商业网点,开放贸易市场,积极组织货源等措施,各类商品供应量比上年有大幅度增加。据原泉州市统计,文教艺术用品业1955年商品销售额为71.86万元,1956年改造后,上升至130.2万元,提高近一倍;建成公司1955年营业额43.43万元,1956年提高至68.1万元,比1955年增加一半多,盈利比1955年增9.2%。

第二节 民间草根商人商品意识的觉醒

1956年社会主义改造基本完成后,进入社会主义初级阶段。但在"左"倾思想的影响下,认为社会主义公有制只能是纯而又纯的公有经济,不承认社会主义初级阶段还存在多种经济成分,认为商品交换是自由买卖,投机倒把,等等。在传统计划经济体制下,泉州人隐藏着的闯荡冲动不曾熄灭过,他们在持续不断的闯荡中民间草根"泉商"商品意识的渐渐觉醒,促使泉州商品经济在计划体制中持久抗争和酝酿。

一、石狮人的"故衣摊"和商贩的"投机倒把"

石狮这个小镇在1988年之前属于晋江县管辖,后来国务院批准析出原来属于晋江县的石狮镇、蚶江镇、永宁镇和祥芝乡合并组成石狮市,石狮由此升级为省辖县级市。在计划经济时代,头脑灵活的石狮人就到全国采购这些民生物资,贩运回来卖高价。而手里有钱的石狮侨属很多,即使卖高价也有人买,就形成了市场,并很快扩大到鱼鲜、粮食、水果等各个方面。在风行领袖像章的年代,石狮人迎合当时"个人崇拜"的政治需要,大量生产加工像章,贩运到各地去销售,取得了成功,一些私营老板尝到了在当时可谓巨大的甜头。一些从事商品生产和购销的个体私营业主户就在这样的交换过程中产生出来,石狮则因此而成为中国社会主义市场经济的发源地之一。

20世纪60年代,福建省的石狮,小商品市场已经很繁荣,这是石狮的一道独特的风景线。石狮市是著名的侨乡,旅居海外华侨有30万人,相当于现在全市的人口。从经济地理来分析,石狮是穷乡恶土,只有10000余亩的水田,其余多为"风头水尾漏沙地",只能种地瓜。每逢水、旱灾,就吃不饱饭。除了花岗石和沙子,石狮也没有其他矿产资源。因此,石狮人世世代代有许多男子到南洋去谋生,成为"番客"。起初,"番客婶"主要使用外汇度日。后来,她们把海外亲人携带或寄送回来的家用小洋货摆到街上出售,包括写满洋文的手表、怀表、皮鞋、梳子、领带、香水、痱子粉、皮箱,但最多的是各种衣服,如衬衣、外套、西装、裙子等。"番客婶"或以物换物,或用它们换来现钞以购买粮食、蔬菜。因为她们卖的多半是旧衣服,所以她们的摊子又叫作"故衣摊"。她们的顾客,不仅有本地人,也有不少外地人。就这样,石狮逐步形成了一个以"故衣"为主的小洋货市场。高峰时无证商贩达600多家。

如果我们把"故衣摊"看作是石狮现代市场经济意识萌芽的起点,那么事隔多年以后不妨让我们记住这样几个信息:这些小摊出现的背后曾经是一群无助的家庭妇女,是生活的无奈让她们选择了这条尴尬的道路。同时,从她们拿出家里多余的小洋货出来晒市场的那一刻起,石狮人也突然感到了另一个世界的存在,他们的眼睛亮了,他们的意识深处也第一时间迸出了商品经济的火花。

尽管这还是最低层次上的商品经济,但是,在当时"左倾"思想的影响下,这种商品经济仍被视为资本主义的自由买卖和投机倒把,并因此而受到被铲除的威胁。在一场声势浩大的"割资本主义尾巴"运动中,人们已经熟悉了那个时代所赋予他们的"老鼠工"、"黑供销"、"投机商"等各种新名词,在不过1万多人的小镇上,就有近千人蹲"学习班",至于被当成"怪物"展览更是家常便饭。

"文革"时期,正当全国人民一起挥舞"红宝书"大跳"忠字舞"的时候,石狮人却在政治海洋的波涛中做起了"红色生意"。在最不可能的地方发现商机,甚至不惜铤而走险,敢于犯禁,这就是石狮人的本色。实际上,石狮人之所以敢一次次喝"资本主义"的盐水,除了具有商人的秉性,更重要的"渴"是直接来自生理上的饥饿,那是一种刻骨铭心的记忆,也是一个贫穷落后的民族的共同记忆。

二、"铁证如山":时代角斗的记录

自20世纪70年代以来,石狮人就与"资本主义"的罪名结下了不解之缘,并且随着政治气候的变化,最终成为全国范围内屈指可数的搞"资本主义复辟"的黑典型。令人啼笑皆非的是,石狮最终戴上"资本主义复辟"这顶"桂冠",不是在"文革"期间最水深火热的年代,反而是在1976年粉碎"四人帮"集团之后举国一片欢腾之时。石狮的资本主义行为在当时成了揭露"四人帮"的罪证,而所谓的资本主义行为,实际上却与"四人帮"鼓吹的那一套根本背道而驰。由于当时的政治需求,当两种风马牛不相及的行为被完全生捆在一起,历史的诡异也就不难理解了。

1971年的一天,一个名叫吴夏云的石狮汉子正在鼓捣着生意,一群气势汹汹的工作队人员突然闯进他的家门,还没等他明白过来究竟发生了什么事情,他已经失去了人身自由,随即被送往闽北大山里进行劳动改造。事后他才知道,自己的罪名是"投机倒把",

而且是"罪大恶极"。他的罪证是,月收入竟高达700元,而当时省里的高级干部一个月的工资才不过57元。经过工作队核定,他的非法收入总计7000多元,这在当时简直是一个天文数字。既然人赃俱获,罪行累累,那么判他几年呢?工作队不假思索地说,如果按1000元判1年,就判他7年吧。随后,一连串的打击接踵而来,父亲上吊,妹妹被迫出嫁,兄弟上山下乡,好端端一个家顷刻间四分五裂。与此同时,工作队一口气查封了当地12家地下工厂,并逮捕了5名"新生资产阶级分子"。

如果他的故事到此结束,那么我们只能报以轻轻地一声叹息,但更值得一提的是,十几年后他照样是一条好汉,由他的工厂所生产的工艺鞋和箱包一时远销海外。当有人问他当年的罪名有没有平反时,他淡淡地一笑说:"我没喊冤也没要平反,那个时候很多人都受冤坐牢,过去就算了,现在上级给我很多荣誉,已经能说明一切了。"

这就是石狮商人的典型性格,不屈不挠,即使遇到再大的打击也不怨天尤人。

如果说,1971年吴夏云的遭遇还只是一个典型个案的话,那么1974年秋,石狮则第一次作为一个整体与意识形态下的"资本主义"发生了亲密接触,而这一切都与一位"大人物"的到来有关。

1974年秋对石狮来说充满了不祥的预兆,当人们像往常一样下地、出海、聊天、烧香的时候,一块不大引人注意的乌云正悄悄向这个宁静而祥和的小镇袭来——时任国务院副总理的陈永贵来到福建视察,令他万万没想到的是,在福建省南部晋江县一个叫石狮的地方,人们不务正业,公然顶风作案,竟然活跃着一个资本主义的自由王国:1974年,销售华侨服装等物资和紧俏商品在石狮再度兴起,出现了918个商业销售点。这个市场的出现,又被看作是"资本主义泛滥"而震惊上下。

当陈永贵的小车缓缓驶入石狮镇的街头时,这位创造了"批资兴社"经验的农民总理不禁被眼前的一幕惊呆了——光天化日之下,在当地的农贸市场,一群仿佛是从地下冒出来的小商小贩乱糟糟地挤作一团,人们在各种各样的摊点前兴奋地交谈着,彼此讨价还价,没有人注意到一位远方贵客的来临,也更没有人有任何回避的意思。由于道路狭窄,来来往往的小商贩们造成了交通堵塞,以至于陈永贵的专车无法顺利通行。一向敢于说话的陈永贵触景生情,说出了一句后来在闽南广为流传的话:"这是资本主义挡住了社会主义的路,堵不死资本主义的路,就迈不开社会主义的步!"

与其说石狮人被冤枉了,不如说这一次他们是刚好撞在了时代潮流的枪口上。陈永贵在石狮意外地看到了一条活灵活现的"资本主义尾巴",虽然这只是一个小小的集贸市场,但在那个时代看来,这种放任自流的商品交易行为正与大寨精神背道而驰,也与当时的政治气候格格不入。多年以后我们仍可以想象,当1974年的石狮突然出现在陈永贵面前时,那一刻名不见经传的石狮是多么扎眼。

在陈永贵的政治生涯中,农业发展落后的福建,乃至那个叫石狮的南方小镇无疑给他留下了刻骨铭心的一段记忆,对他来说,这显然是一段并不愉快的记忆。在后来的一次讲话中,善于类比的陈永贵再一次以铿锵有力、毫不含糊的声音给石狮定了性:"石狮是什么?石狮就是资本主义身上的一块臭肉,只差插一面国民党旗了!"如果说"资本主义的路挡住了社会主义的路"还只是一种带有极强个人色彩的感性评价,那么陈永贵后来的这句话就已经完全上升到理性,甚至是可怕的高度了。

历史一再表明,无论是什么人最终也无法阻挡住民众追求幸福与自由的洪流,尽管政府一再表示出严厉打击资本主义的决心,但陈永贵走后没多久,石狮的小商品市场却又自然地再度萌发了。到1975年,石狮镇仍有上千名个体商贩在街头摆摊设点,其中有相当一部分是无照经营。

石狮人似乎是一个我行我素的群体,他们有自己的信念,在他们的人生词典里从来就没有"驯服"这个词汇,但也正因为是这种与生俱来的我行我素的性格,将很快招来一场真正的暴风雨。

1977年春,一部名为《铁证如山》的专题片在全国内部公映。就在影片快结束时,石狮人突然看见自己竟然堂而皇之地成了这部专题片中反面教材的一部分,当电影镜头切换到石狮时,观众们看到的却是当地自由市场的交易画面,在镜头里闪现的,倒像是一次小商品的大会展,以及一个个看起来贼眉鼠眼的小商小贩。讲到石狮,画外音陡然以泰山压顶般的口气怒斥道:"石狮的资本主义小摊小点有993个,日成交额达60多万元!这里乌七八糟、臭气冲天!"结尾处,解说员以更铿锵有力的语调总结道:"自由买卖是资本主义,你们自由买卖了,你们是资本主义;烧香拜佛是封建主义,你们烧了拜了,你们是封建主义。瞧,铁证如山!"

在那个以政治宣传为舆论导向的年代里,一部全国上映的影片的杀伤力可想而知,从此石狮第一次在全国"叫响",一直到1978年十一届三中全会召开,石狮人的生活彻底失去了宁静。

很快,工作队又一次进驻石狮,任务只有一个:"打击资本主义复辟!"一时间很多个体商户纷纷蹲进了"学习班",罚款的罚款,取缔的取缔,一些被认为情节严重者入狱判刑。这仿佛是一次历史的重演,唯一的区别在于,这一次的打击行动要比以前更有组织、更生动、影响更大,对不安分的石狮人来说,也是最严峻的一次考验。

有意思的是,不查不要紧,一查连石狮人自己都吓了一跳。据当时统计,在所有的投机倒把分子中,非法获利万元以上的就有11人,可见在当时石狮就已经有20世纪80年代人人羡慕的"万元户"了,非法获利5000元以上的14人,千元以上的54人,事实胜过任何雄辩,一场地毯式的清查彻底展开。

当时的一份批判材料就这样写道:"在'四人帮'横行的日子里,石狮镇乌云蔽空,浊浪翻滚,资产阶级帮派勾结城市资本主义势力,向社会主义猖狂进攻。以自由市场闻名全国的侨乡石狮镇;400余户的乡镇就有近千家的小摊贩,每天上市的有25000多人,成交总金额达67万余元,比国营合作商店的营业额还多一倍以上,经营行业二三十种,国家一二类物资以及30多个国家的进口商品充斥市场,各类工业品之多更是指不胜数。这些摊贩布满大街小巷,一层挨着一层,一摊连着一摊,一直摆到国营商店的柜台边,几乎占领了社会主义的商业阵地。这资本主义全面复辟,自由市场严重泛滥的妖雾里,贪污盗窃,投机倒把分子乱中求利,大发横财,垄断石狮市场的'八大王'就是其中的典型一例"。

(一)"螺丝大王"宋太平

石狮人宋太平年轻时在龙岩一家兵工厂接触过机械,他发现当时国营工厂很少生产像螺丝这样的小零件、小配件,市场上非常紧缺,于是萌生办个生产螺丝的小企业的想法。短短几年,宋太平的小工厂就生产了200多种螺丝,畅销各地,他本人则成为远近闻名的"螺丝大王"。但在当时,割资本主义尾巴之风盛行,石狮被诬为资本主义复辟铁证如山,宋太平则因开办"地下黑工厂"和搞"投机倒把",而被作为典型,受到批判。1975年,他被当作新生资产阶级分子"螺丝大王"展览。漫画上画着宋太平的人头从螺丝孔里钻出来,脖子卡在螺丝孔里。某位领导还指示说,石狮这个展览馆非常有教育意义,要长期办下去,要编成册,做成教材。该展览还晋京展出,宋太平的漫画也被张贴到北京城,连同他走"资本主义道路"罪证的螺丝,也被拿到北京展览批判。接着,他坐了9个月的监牢。

宋太平这个"螺丝大王"被批斗和坐牢后,经过一段时间的思考,认为自己办工厂发展商品生产没有错,于是更坚定了再办企业的信心。当然,他碰到一个良好的时机,党的十一届三中全会召开,改革开放的春风吹拂神州大地,为他的二次创业提供了优越的政治经济环境。后来,宋太平办内衣厂,其"爱花牌"胸罩曾风靡一时。宋太平的遭遇,从一个侧面反映了中国社会主义市场经济探索的艰难性。在"左倾"思想的影响下,中国第一批民(私)营企业家承受着巨大的政治压力,随时都有被批斗、坐牢的危险,这也是他们作为改革开放发展社会主义市场经济的探索者的可贵之处,他们还能生存并发展到现在是很不容易的。

(二)"票证大王"卢文远

在短缺经济的时代,我们虽然一再论证社会主义的优越性,但我们的生活必需品都被各种票证控制着,包括粮票、布票、油票、蛋票、肉票,等等。尤其粮票,在缺粮的石狮地区更显得重要。但在当时,在其他产粮地区以及大城市里,粮票还是有剩余的。因而,贩卖粮票就有市场需求。

石狮人卢文远有着敏锐的商品意识,他看到了这里面存在着的商机。于是,他冒着被批判的危险,进行粮票贩卖,调剂余缺,解决石狮缺粮户的问题。除了贩卖粮票外,卢文远还从事黄金、药品等物品的贩卖活动。在某种意义上,这无疑是一件优化资源配置的好事。但在"左倾"思想的影响下,贩卖粮票成了罪过,卢文远则成了走资本主义道路的票证大王,受到严厉批判。当时批判卢文远的材料列出了他的几大罪状:一是贩卖粮票。从1974—1977年4月,卢文远先后从福建省福清县、浙江省平阳县、杭州市等地,买来全国粮票11.74万斤,再倒卖给祥芝公社、石狮镇、广东汕头等地的"投机倒把分子",从中得利2100元。二是贩卖黄金。卢文远从祥芝公社、汕头市等地的"投机倒把分子"处买来黄金24两,先后倒卖给福清的王钦兴、施北仔等人,得利1200元。三是贩卖锡铂、锡、玉石、洋参、尼龙丝等。1974—1975年,卢文远从祥芝东店渔民和广东省等处买来锡铂116块、锡100斤,1976年购进玉石24包,从水路带到汕头出售,得利7000多元;

倒卖洋参25斤,零号进口尼龙丝30斤等,再到晋江转手倒卖。从这些批判材料可以看到,卢文远的商业经营活动所涉范围之广。

在买卖票证的过程中,卢文远有了固定的卖主、买主,也即客户,使交易比较便利、安全可靠且双方都能得利。

(三)"水产大王"王善炊

王善炊的父亲在新中国成立初是一个开鱼行的商户,与200多个鱼贩有业务往来。1963年,当过国家干部的王善炊毅然辞职,与父亲一起做水产生产,可以说是石狮较早具有商品意识、大胆抛弃铁饭碗下海经商的干部之一。

作为水产大王的王善炊,当时主要从事以下两方面的经商活动。一是联系客户。王善炊与许多渔民客户和小贩建立了联系。渔船出海归来,刚一靠岸,往往就有一群鱼贩子等着,把御船的鲜鱼虾"包下来",然后送到四面八方。王善炊则凭借自己拥有市场经营店面的优势,收购小贩的鱼虾,小贩赚小头,他赚大头。二是依靠自己的资本,买贱卖贵。每当市场水产品跌价时,他就向市场大量购货,囤积在仓库里(他共有三间仓库),过几天市场缺货,价格上涨,他就倾仓而出,获取价差。

"文化大革命"期间,作为"八大王"之一的王善炊被送进"学习班"一年多。改革开放以后,王善炊的儿子开办了服装厂,1989年成立拼牌公司,发展成为福建省的著名商标,其产品包括夹克、西装、休闲服、皮鞋、卷烟等。

(四)"扑克大王"蔡清河

石狮市人蔡清河被称为"八大王"时才30来岁,商品经济意识比较强,他当时所从事的,其实是代理人职业。蔡清河早在20世纪70年代就开始做"代理人",说明他确实有市场经济意识。他不做老板,而是甘愿做"代理人",自有他的明智之处。

当时,蔡清河主要做扑克产品的代理商。扑克是一种老少皆宜的娱乐玩具,销量大、市场大。他先后与厦门、福州、福建省外等地扑克厂联系、挂钩、进货,再批发给全国各地百货商店,主要客户网络则集中在闽南地区。后来,扑克直销量越来越大,蔡清河就想在本地开扑克厂。但他并不自己直接办厂,而是联络当时泉州、晋江、永宁、石狮等地有商品意识又有资本的人,动员他们出资办厂,并为他们聘请技术人员。他本人也不参股,而是每副扑克抽成一分钱,继续做扑克代理。

由于工厂在本地,产量更大,蔡清河的代理业务也不断扩张,他的名声在本地也更响,年收入过万元,被封为"扑克大王",成为"八大王"之一,然后被送进"学习班"。

从"学习班"出来后,蔡清河不再做扑克代理。当时,国家的政策比较宽松,可以发展个体经济、私营经济,可以个人开办工厂。于是,他与华侨朋友合作,办起石狮市第一家牛仔服厂,引进5台机器,生产牛仔裤。20世纪80年代初,牛仔服是很风行的服装,尤其青少年男女都以穿牛仔服为时尚,所以,牛仔服的需求量呈几何级数增长,牛仔服工厂的生产也很繁忙。

看到牛仔服装的市场行情如此好,石狮市的许多人纷纷投资办牛仔服工厂。这使得牛仔服生意竞争激烈。蔡清河资本较少,只有十几台机器,因此逐渐失去竞争力,最后退出牛仔服行业。他遗憾地说,市场经济探索者如何处理好机遇与挑战的辩证关系,是事关事业兴衰成败的关键。他与宋太平是好朋友,如果能够继续办牛仔服装厂,到现在应当能够发展出一个大的集团来。然而,这个石狮第一就这样消失了。

除了以上四人外,还有"水果大王"黄国钦、"烟丝大王"林秀碧、"砖瓦大王"洪肇缠、"粮油大王"张鹏飞,他们是极富典型的时代人物。

三、石狮的"中国小香港"

1979年的石狮注定要迎来一个崭新的春天,一系列变化向人们表明,"气候"变了。在这年的1月,中央首次明确肯定自留地、家庭副业和集市贸易不再是"资本主义尾巴",石狮的"资本主义复辟"帽子不见了,一个个满面春风的海外回乡团接踵而来,迎接他们的不再是层层关卡,而是家乡人民的一片震耳欲聋的锣鼓喧天。在石狮伍堡村,人们自发地组织起一支当地最早的民间铜管乐队,并且特意从福州请来老师指点,20年后,这支不起眼的农民乐队,竟然成了代表石狮民间文化的一张名片。

或许还应该有人记录当时石狮的另一个最能反映时代变迁的角落,那个时候的石狮人几乎都奔向一个共同的地方——邮电局。据当时统计,仅1979年华侨、港澳同胞经中国旅行社托运到石狮的衣服、布料等货物达71.85万公斤,从境外或口岸邮局邮寄到石狮的货物达10.2万包。1979年后,石狮的高额汇款当年即达1000多万元,邮电汇兑业务不断上升,以至于随后为适应经济发展和方便群众,不得不取消邮汇最高限额的规定。可以想象,当年人们常常拿着写错名字发音的邮汇单,穿梭在堆积如山的国际包裹中,时而会为一件物品的去向与营业员发生激烈的争执,生怕由于兴奋过头漏掉了任何一件原本属于自己的东西。

一向善于捕捉商机的石狮人很快发现了一个窍门:按照当时的外汇比价,港币与人民币的汇率是100:27,但如果把港币变成洋货带进大陆,再在大陆把洋货变成人民币,则可以实现1元港币换1元人民币的丰硕果实,天下哪有这么便宜的生意?精明的石狮人一旦找到市场感觉,以物代汇或以邮代汇的新方式就被发明出来,大批物资隆隆而来,仅一年时间从广东中旅运达石狮的华侨携带物品就达200吨之多,原本是华侨带给家里使用的各种新潮物品都被石狮人一股脑儿地摆在了市场上。石狮从此拉开了"中国小香港"的序幕。

四、社队企业:培养新时期泉商的摇篮

社队企业产生于20世纪50年代,据中华人民共和国成立到土地改革后(1954年春)的统计资料,全市农村共有手工劳动者12489户、30355人,年产值为368316元;私人作坊979家、6449人,年产值6107813元,每户平均产值62388元。农业合作化期间,农村中"小五匠"先后组织起来,为生产、生活服务的小企业相继问世,这些传统的作坊、场、

窑、厂及其从业人员和产品,就是本市社队企业发展由来的基础。1954年后经历了对农业、手工业进行社会主义改造和实行人民公社化阶段,部分社队办起了一批社队企业,如汽车的紧固件、小五金、水暖器材、塑料制品、鞋类以及外贸产品的珠拖、绣花鞋、草编、竹编、抽纱、陶瓷、工艺美术等企业。但其后因政治运动、自然灾害、"文革"等因素的影响,社队企业很受限制,发展十分缓慢。

1975年以前,社队企业主要是公社、大队、生产队办的小加工厂以及家庭手工业。1975年以后("文化大革命"后期),晋江一些农民利用当时管理机构瘫痪、城市工厂停工、市场供应紧张,联户集资,挂靠队办企业,生产计划外产品。到1978年,全市只有社队办企业5597家,使用劳力19.4万人,总产值1.62亿元,其中工业产值7300万元,出口交货值529.8万元,实现利润1776万元,上缴税金531万元,发放工资4450万元。

典型的人物有被称为"福建一双手"柯贤道。他是福建省首届优秀企业家,1937年10月出生于泉州一个穷苦菜农家庭,早在1964年就集资1000元创办了泉州市海滨服装皮件厂,专业生产皮手套、皮裤带,从无到有,从小到大,从一个敲敲打打的小工场,发展成为年出口创汇800万美元以上的初具规模的中型企业,在同行业中独占鳌头,成为泉州市(当时为县级市)第一家外销企业,被当时的省委书记称为"福建一双手"。

柯贤道对自己十分"吝啬",他去香港主要坐汽车,绝少乘飞机。在香港,他从不住豪华酒店,而是一夜100元的私家低档旅馆。但他对教育和社会公益事业却"一掷千金"。海滨服装皮件厂是泉州市首家开展尊师重教活动的企业,1982年至2001年间,捐献教育事业超过500万元,被国家教委授予尊师重教先进单位;捐助社会公益事业200多万元,受到广泛好评。2001年,尽管亏损13万元,还捐助泉州市第十一中学修建食堂,价值60万元。

被誉为"跑业务专家"的郑清琪,1945年出生于晋江安海镇,60年代在南安水头缝纫社当业务员,那时因业务惨淡,效益不佳。在全厂工人支持下,他跑到省外订了一批生产皮包的合同,又在省、县外贸部门支持下拿回一批劳保手套加工业务,从而打开了缝纫社生产新局面,到1975年才取得县手管局的认可,缝纫社正式改名为"南安水头皮塑厂",业务也逐步扩大,开始为外贸生产绣花鞋。

1978年随着人民公社企业管理站的成立,皮塑厂划归人民公社管理,公社正式任命郑清琪为厂长。1979年产值由原来几万元一跃突破30多万元,建成3000多平方米的工业楼,对扩展业务更具有吸引力。从1980年开始,水头皮塑厂成为福建省鞋帽进出口公司、厦门工艺品进出口公司的伙伴,生产业务也由内贸转为外贸出口,工人由1978年的20多人发展到200多人。尔后,郑清琪利用外汇留成开始抓设备更新,购置了注塑机、电动平板车、下料机、炼胶机、三线缝纫机、裁剪机等150多台套,还扩建了职工宿舍。在厂工人350多人,厂外加工点工人多达700多人。1985年出口创汇超百万美元。他本人也被评为福建省优秀农民企业家。

"酱油专家"陈志乌是泉州市北峰人,1938年生,1954年初中辍学参加工作,1966年6月公社决定创办北峰副食品厂,他被推选为厂长,1969年6月他加入中国共产党。

办厂伊始,只有1.6万元资金,10个工人,连酱油是怎样生产的都不知道。为此,陈志乌组织技术攻关小组,查阅大量有关技术资料,带着工人到国营厂学习,从试制开始尝试,终于攻下了生产酱油的技术难关,生产出第一批酱油。接着,他决心创名牌产品,生产高级酱油。经他精心指导,选用最好的大豆作原料,1972年高级酱油生产出来了,经商检部门检验达到出口要求,当年外销30多吨,为国家创汇7万多元。由于他在抓质量上狠下功夫,该厂产品合格率均达到96%~97%,其中高级酱油获商检部门批准进出口食品卫生注册,并获得出口许可证。产品远销美国、加拿大、日本及东南亚等国家和地区。

企业越办越好,多次被评为泉州市先进企业,和"重合同守信用"、"产品信得过"企业。陈志乌被评为全省"最佳农民企业家"、"省劳动模范",连续两届分别当选为中共鲤城区委党代会代表,区人民代表大会代表。

"卫生香专家"叶鸿刺1938年出生于素有生产篾香传统的永春县达铺乡汉口村,他原为村干部,1976年,叶鸿刺开始开发卫生香,支持农民合股办起卫生香厂。1978年叶鸿刺千方百计筹集资金,把四个农民合股的小厂赎买过来,把卫生香厂办成村办企业,吸收贫困户进厂做工。当时,搞内销,盈利主要用于添置设备。由于重视卫生香的配方研究,香的品质有了很大的提高。1980年外贸部门开始收购,出现了内外贸易两旺的局面。接着,兴建了一万多平方米的厂房,继续扩大再生产。后来又开发了"中药神香"、"荷花香"等六十多种中高档卫生香,销往港、澳台和东南亚地区。

叶鸿刺不仅成功地办好卫生香厂,而且带领群众创办水泥厂、水电站、小煤矿、蜡烛厂等十多家村办企业,初步把汉口村办成"工农结合型"的共同富裕的社会主义新农村。他本人被评为福建省优秀农民企业家。

五、"三闲"("闲钱"、"闲人"和"闲房")结合,联户集资起步

20世纪70年代,晋江人口约100万,而旅居海外的侨胞和港、澳、台同胞竟达200多万。正因为如此,晋江人总是自豪地声称"海内外共有300多万晋江人"。

作为一种谋生手段,晋江人下南洋,只是"出门挣钱",如同"闯关东"一样,极少举家迁徙。青年男子做"番客"在外闯荡,汇回来的钱,就成为家中妻小父母的生活来源。1950年晋江的侨汇就达到2925万元。1978年,这个数额增加到3902万元,而当年晋江县财政收入不过1488万元。靠着这些侨汇,晋江的侨眷柴米油盐不太愁,部分侨眷还有存余。

但晋江仍是贫困县,粮食不能自给,财政也要靠上级补贴,因为人多地少的矛盾依旧没有解决。

直到改革开放前夕,晋江还是个传统的农业县。农业虽然有一定发展,但口粮解决不了,吃饭问题带来的压力很大,工业基础也非常薄弱,没办法安排空闲的劳动力。在当时,晋江人均土地不到半亩,有的镇人均才二分地。在当时的人民公社里,社员要排队出工,因为没那么多田地去耕种。排到就下田挣工分,没排到就回家,没事做的人很多。这些"闲人"是被逼迫着去找种田以外的事来做。

血液中沉积多年的通商历史唤醒了商品意识,晋江人首先想到的就是华侨回国探亲带回的一些消费品,包括衣服、副食品以及其他日用品。在当时商品供应还相当紧张的情况下,晋江的侨眷就开始想到把用不完的日用品拿到市场上销售,一些"地下作坊"也开始仿冒洋货生产,形成了晋江特殊的"小洋货"市场。

在改革开放的号召下,大胆的晋江人不再满足于当零售商,他们盘算着,自己有闲散资金,有海外的亲戚提供机器和技术,也有海外市场信息。他们就利用这些优势,办起自己的工厂。因此,就开始有了陈埭镇敢吃螃蟹的第一人林土秋,创办了晋江第一家"私营企业",翻开了晋江发展的新篇章。

联户集资是晋江模式的重要特征,由于国营企业、集体企业在晋江原有基础十分薄弱,而单户农民创办企业力量又不足,所以,联户集资经营是晋江经济人在各种选择中所作出的最佳选择。我们可以从中看出其与海外华人在创办企业初期,利用家族、同族等网络关系,动员和筹集资金具有十分相似之处。晋江人依托"联户集资"的有效形式,把侨眷手中积聚的资金和空闲的房子动用起来,与农村剩余劳动力结合(即所谓的"三闲"),用来投资生产。费孝通认为:"集资经营是晋江乡镇经济的一个基本特点。正是在这个特点上,它有别于苏南的乡办、村办集体企业和温州的个体企业。"

"晋江把'三闲'利用起来,最适合的方式就是搞轻型加工业,既不需要大量的资金,又不需太大的厂房,也不用国家提供原材料。市场广大,适宜民间举办,也比较容易举办。"费孝通分析认为,在轻型加工业中,服装、鞋帽、小商品等更有优势,技术简单、利润丰厚,加之经营者关系多、信息灵,可以不断翻新式样、更新产品,具有强大的生命力和广泛的群众基础。

六、来料加工上路,"三来一补"铺路

乡镇企业创办伊始,刚从泥土里走出来的农民,既没有生产管理的经验,又缺乏市场信息和必要的技术和设备。这时,华侨再次发挥了作用。很多华侨利用赠送小额生产设备可以免税的优惠政策,把原来寄回的赡家款改为小件生产设备,如电动缝纫机等。还有些在海外办企业的华侨,干脆运进制作服装的原辅材料,由亲属或乡亲在家乡开设家庭作坊进行加工,再把产品运到海外销售。

1978年11月11日,在广州秋季商品交易会上,晋江县美术工艺厂与香港三洋织造厂签订了第一个加工针织毛衣的来料加工合同,经试产后生产4万打,全部外销,开始走上外向型发展的路子。到1979年,晋江乡镇企业共与40家外商签订了27份加工协议,加工项目14个,有针织毛衣、渔网、玩具、服装、五金机械、小五金装配、电子制品装配、皮革制品、劳工制品、木家具、"神纸"、手工艺品、制衣、珠宝等。当年加工总值115万美元,收入工缴费22.96万美元,折合人民币68.9031万元,均占全晋江专区的70%以上。安排城镇及农村富余劳力5759人,既增加群众收入,又解决办工厂存在的资金短缺、原料不足和产品销路等困难。

开拓外向型经济的领头羊。以石狮新湖村人吴彦赞为代表,他有高中文化,是中共

党员。1978年,新湖村在原来村办小企业的基础上,进一步投资创办新湖羽绒制品厂,吴彦赞被推为厂长。吴彦赞充分利用石狮华侨多、信息灵的优势,广泛联系港商、侨商、台商,与外贸部门结成伙伴,锐意开拓外向型经济,使企业规模不断扩大。先后创办羽绒制品厂、胸罩内衣厂、羽绒服装厂等16个集体企业,还创办了新开发企业有限公司、东亚烛业有限公司、新鑫灯饰有限公司、中腾旅游箱袋有限公司、新湖大酒店等12家中外合资企业,从而形成并登记批准为泉州乡镇企业第一家集团公司,即新湖集团公司。

为了不断提高生产率,吴彦赞抓经营管理,突出质量,以质取胜,饮誉国内外市场,羽绒帽从1979年以来畅销意大利,正式注册为"意大利"牌商标,还有"日山牌"羽绒帽1978年打入日本市场经久不衰;"生日牌"工艺蜡烛成为美国"虎目牌"专利产品。

吴彦赞不仅抓好物质文明建设,而且他重视社会主义精神文明建设。在新湖村实行大中学生上学补贴制,大学生每月补贴100元,中小学生免费上学,教师每月工资补贴300元。他多次把申请的宅基地让给急需盖房的困难户,自己仍住旧房。他本人先后被评为"福建省最佳农民企业家"、"全国劳动模范"。

舍小家为大家创事业的好妈妈。以南安洪濑人谢金珍为代表,她出生于1942年,高中毕业,中共党员。1960年她到镇办的原洪濑抽纱厂做工,1977年该厂改为洪濑珠拖鞋厂,转产珠拖鞋,她担任该厂厂长。当时,该厂仅有职工45人,一缺资金、二缺设备、三无懂得制鞋工艺的技术人员,年产值仅5000元。那时谢金珍已是三个孩子的妈妈,在创业的道路上,她不顾自己体弱和家庭拖累,把三个孩子分散寄养,单身住厂经营企业。她首先带领姐妹到外地学习制鞋工艺,并四处采购各式工艺鞋,然后解剖研究。接着,她发动全厂工人,利用原来的抽纱工艺优势,设计出款式各异的几百种图案作为鞋面。自己设计制作的样品,在1978年的广州春交会上博得了国外客户的青睐,成交40000双的出口业务,珠拖鞋厂由此起步,稳步发展壮大。

谢金珍深知产品优质、创新是企业的生命,是竞争取胜的关键。因此,她严把质量关,在全厂建立专检、互检、自检制度,保证次品不出工序,不合格产品不出厂。建厂以来,从未发现退货或索赔现象。她注重产品的更新换代,组建10多名专职技术人员组成设计创新中心,开发工艺拖鞋产品12大类,一千多种规格和花色品种。他们设计的珠拖鞋既保持了我国传统工艺的特色,又顺应现代新潮流。由于质量好、款式时尚、质信誉高,外商年年续订,产品远销十多个国家和地区。谢金珍也先后被评为南安县"三八红旗手"、"福建省劳动模范"、"全国农业劳动模范"。她也是泉州市第十届人大代表和第六届党代表。

"三来一补",不仅是企业凝聚实力扩充发展的形式,也是企业主们开拓正规经营,向海外华人企业家们学习现代经营管理、拓展市场能力的过程。侨商在签订加工合同后,都亲自或专派技术管理人员进厂,一方面传授生产技术,进行质量监控;另一方面也加强企业的管理,培养自己的亲属成为管理人员。企业上路后,往往就交由自己的亲属进行管理。因此,发展"三来一补"的过程实际上就是泉州企业家学习、成长的过程。

在物资极度匮乏的年代,泉州商人为了生存,在利益驱动下,萌发出强烈的商品意识是令人难以置信的,他们毅然冲破计划经济对生产的禁锢,但在不断跋涉前行的道路上,它们无一例外都没有享受过多少政策的阳光雨露,反而是一次次政治运动和意识形态的打击对象,它们的生存环境常常先天不足,无法靠山吃山,靠海吃海,甚至无一不处在交通极不便利的地区,如果按照常规的发展理论,它们没有任何理由走向历史的前台,更不可能引领中国经济的潮流。但就是这几个意想不到的地区,他们却为中国的市场经济进程写下了最鲜活的注脚。

第三节　改革开放前夕泉商队伍的悄然崛起

20世纪60—70年代计划经济时期,迫于生存,一批悄然而起的体制外的泉州人,顶着压力艰难起步,在市场风浪中觅商机。他们从做小事赚小钱开始涉足商海,或自学技艺大胆办企业,一点一滴积累,事业也逐渐发展起来,此后越来越多的泉州人,逐渐加入生产和销售的创业大军,催生泉商队伍的悄然崛起,共同谱写了一部财富与智慧完美结合的不朽传奇。

一、从小商贩到商界巨头

(一)隐藏的小商贩到商界领袖的升华

众多泉商的起步,都是因为贫困艰难,才开始谋求从商,改变生活。但因为特定的时代,他们仅能从事小商小贩,但他们骨子里的闯荡意识,一遇到合适的氛围,就迅速萌芽、生长。许连捷,就是这样的一个典型。正如屈大均的《鲁连台》有言,"从来天下士,只在布衣中"。意即许多大人物大能人,都是从默默无名而白手起家的。这话放许连捷在身上,不失为一个真实的写照。

出生于1953年的许连捷,因家境贫寒,虽成绩优良,但小学四年级就被逐出校门。为了生存,不满12岁的许连捷开始琢磨生财之道,他发现了一个门道,到这个村买鸡蛋、买芋头,转身到另一个村去卖,钞票就多出来了。1966年农历五月,梅雨时节,晋江县安海镇后林村,12岁的少年许连捷开始了"不务正业"之旅。饥饿唯一的动因——卖一天鸡蛋赚七八毛钱,可买5斤地瓜干,足够全家五口人填饱肚子。他天亮后挑着担子挨家挨户收鸡蛋,下午挑到十几里外的石狮乡下售卖。两周下来,他换了50斤地瓜干、两只篮子和几口缸,这改善了全家人的生活。

"干这事就像偷鸡摸狗一样,抬不起头。"43年后,已成为全国工商联副主席、恒安集团CEO的许连捷曾感叹说,当时,鸡蛋是国家一类物资,不允许个人贩卖。为此,父亲许书典吓出一身冷汗。

就在少年许连捷为生计奔忙时,在陈埭镇岸兜村,一位比他年长16岁的青年丁和木,也是一名胆大的挑夫小贩。半夜时分,丁和木就起床,挑筐赶路,天亮后抵达15公里外的沿海,将鱼虾挑回陈埭贩卖。与丁和木年纪相仿的陈埭镇花厅口村村民丁志堆,也是一名鱼虾肩挑小贩。

晋江大部分是丘陵红壤地和滨海沙质地、盐碱地，新中国成立后28年，农民人均4分多地，许多农村都是"高产穷社"。陈埭镇亩产虽曾跨过"吨粮"，但人均年收入仅52元。因为贫穷，也因为农闲没事干，陈埭镇洋埭村李林两姓械斗了13年，"农业学大寨，打架看陈埭"的顺口溜不胫而走。打架没有出路。饥饿年代，早年漂洋过海的晋江华侨从海外带来牛肉干、罐头、鲍鱼等"极品物资"，极大地刺激了村民的神经。"每次村里有海外亲戚来，大家嘴上不说，心里不知多羡慕！"许连捷说。

不再挑担的许连捷买了辆自行车，开始贩卖黄豆等国家一类杂粮，天天躲着"市管会"的罚没。但一场"打击新生资产阶级分子"运动，让他在劫难逃：由于骑车贩卖黄豆，又买碳酸氨化肥转手卖给生产队，新婚3个月的许连捷被同村村民告发，以"投机倒把"关进了镇工作队办的首批"学习班"。有人还作证称，许连捷结婚买了几间房，婚事花销近万元。

明明是全家六人劳动所得，但一旦"万字号"（暴发户）罪名成立，他可能被枪毙。许连捷咬牙交代仅"投机倒把"了250元。为凑"罚款"，许妻变卖了新婚金器首饰乃至床板、凳子，才换来两个月后许连捷重获自由。

同期，丁和木等人也用自行车往返于沿海和集镇，贩卖鱼虾，而丁志堆则贩卖手工艺品。

"学习班"之后，许连捷不踩自行车了，他赶牛车拉石头去围海造田。再后来，他卖了牛车买马车。彼时，他的老乡同行中，还有后来创办浔兴拉链公司的施能坑。

在陈埭镇花厅口村，丁志堆悄悄联合11名社员，每人投资1500元，在一家二落三开张古厝内，办起了第一家塑料制品厂。该厂共招收了25名工人，购置了机器设备，生产药用塑料瓶。厂里供销员带着产品到厦门推销、订货。

许连捷的"发"，引起了不少惊慌。他被抓起来，关进了"学习班"。"投机倒把"、"搞资本主义复辟"等一顶顶帽子扣在许连捷的头上。没完没了的折腾，逼他承认错误，逼他洗手不干。1978年，坚冰开始融化，许连捷高兴地蹦跳起来。他对父亲说，天不再下雨了，要下金子啦。封闭多年的后林村，很多人还蒙在鼓里，许连捷却创办起了"后林"服装加工厂。

破旧的房子变成了厂房，此时的许连捷，又是厂长，又是技术员，同志、朋友、兄弟加邻居，各路人马向许连捷靠拢。几天工夫，这里的农民摇身一变成了工人。港商慧眼识珠，大批大批的订单接踵送到了后林服装厂。从此，许连捷的古厝，再没有白天黑夜，机器昼夜不停。

厂越办越大，许连捷的父亲反倒越来越沉闷，整日坐在大门口，没完没了地吸着旱烟。许连捷深知父亲在为自己牵肠挂肚，深知父亲最担心的是自己又被抓走，又被关住不放。怎样向父亲诉说，怎样解开父亲心中的疙瘩，许连捷虽然一下无法找到充足理由，但他深信，自己这样干没错，因为他的耳边萦绕的是"共产党好，共产党好，共产党是人民的好领导"这首唱了几十年的歌。

日子一天天过去了，父亲仍然呆坐在门口。一天午夜，许连捷挨着坐在父亲身边。

发现父亲凹陷的两眼毫无表情地漠视着,从未掉泪的许连捷抱住父亲,哽咽地说:"爸,儿子让您操心了,请您相信,天变了,地变了,政策变了,儿子不会再被抓了!"

许连捷不顾一切,坚持办厂。斗转星移,许连捷的后林服装厂赚了50万元。尽管做服装赚了钱,但许连捷认为,自己生活比较朴素,穿着随便,对服装的审美能力很迟钝,如果在这一行业继续发展,肯定没有竞争优势。正因如此,许连捷继续在寻找新的发展机会。

(二)从农民、小商贩到商人的蜕变

20世纪70年代,泉州地界各类商贩不断涌现,随着改革开放的春风吹来,一批具有浓厚商品意识的小商小贩迅速崛起,成为商界中的精英人物。如在晋江英林镇一个从普通农家出身的洪肇明就是其中的典型代表。洪肇明在家中10个兄弟姐妹中排行老二。因为家庭困难,他很早便扛起了养家的重担,并很快成了家中的顶梁柱。这样的经历练就了他勤劳坚毅的性格,他当过生产队长,管过种田也管过养殖业,杀猪、卖水果、卖芋头、卖化肥,能做的活儿他都用心去尝试。

卖猪的过程中,洪肇明慢慢地发现了自己过人的经济头脑。卖猪,其他人按一年两季来宰杀,而他知道晋江是侨乡,每到春节都有许多华侨归国探亲,所以,他总是把猪养到过年来宰杀,如此一来,一头猪就可以赚两倍的钱。商业上的敏锐天性,让洪肇明对自己的未来有了更大的筹谋。因此,当家乡英林一些有头脑的人开始做起了布匹和服装生意,精明的洪肇明自然也没落下,他算过一笔账——"以前卖化肥,1袋才赚1分钱,1天累死累活赚不了10元钱,而卖1件衣服就能赚上10元钱,1天赚个200元没问题。"

这些小生意既为他积累了一些财富和本钱,也为培养了他的商业意识和做生意的经验。他也在无形中完成了从农民到商人的蜕变,在他身上,隐藏着别人没有的敏锐的市场意识。

1980年,他到石狮买下四匹布,开始做服装加工业务,进入服装业。那时家里一个工人都没有,夫妻俩加上几个孩子帮忙,把裁出来的布拿给附近的乡亲们帮忙做。洪肇明靠着当生产队长时树立的威信,挨家挨户地送到别人家里加工,做好之后再收回来,往往要忙到后半夜,然后连夜用脚踏车把货拉到石狮市场卖,让南来北往的客商买到衣服,一件就挣两毛钱。而他每次都很及时地把卖得的现钱发给做衣服的人,赢来了良好的声誉。连续几年,他凭着每件衣服挣两毛钱的积累,每年赚几万元。为他后来创办服装厂积累了资金、人才和经验。

二、先知先觉,因势思变,从"三无"白手起家,到发展壮大

泉商中很多人是在"零资产"、"零资源"的情况下,发展起来的。"用好自己的资本,善用别人的资本,用活今天的资本,巧用明天的资本",在这种观念的指导下,很多泉商甚至在"负"资本中发展起来,他们少花钱多办事,不花钱也办事,花别人的钱办自己的事,实现了从贫穷到富裕的两极跨越,创造了"无中生有"的创富神话。

(一)先知先觉,"敢为天下先"

丁金朝于1948年7月4日出生在晋江市丁氏回族聚居的陈埭镇,他从小饱尝贫穷带来的艰辛和无奈。17岁那年父母把他送到生产队劳动并学开拖拉机。岁月荏苒,丁金朝在劳动中逐渐从少年长成青年。20世纪70年代末,步入而立之年的他拿出自己全部的积蓄,加上找亲戚借的钱,凑成一万元,买来一辆"上海牌"拖拉机搞起了运输。那时,很多人都说他是胆大妄为,是发疯,他就笑着对人说:"等着瞧吧!国家要让百姓过上好日子,肯定不会就这样下去的。"

果然,不久后,改革开放的春风吹遍了神州大地。丁金朝在"敢为天下先"的大无畏中挖到了人生的第一桶金,为他后来创办食品厂和挺进鞋业王国奠定了基础,当地许多人佩服他的先见之明。

(二)从小聪明到大智慧,开创事业铸辉煌

有一个晋江县安海镇的农民,名叫柯子江,1945年生,少年时母亲给他6角4分钱,让他去买1斤肉,途中他扣了1角6分买了本子,回家被母亲发现挨了通骂——他的钱是从妈妈手中来的。16岁时,他辍学当了一名泥瓦匠,十分辛苦,要用畚箕扔土,累得把吐出的血喷到墙上,一天能挣1元2角——他的钱是从自己的力气里来的。稍长些,他发现此县彼县番薯苗之差价高达1元以上,他就在50、60公里的长途上贩运,一次挣到2000元,同时还挣回了一个妻子——他的钱是从自己的聪明里来的。这种聪明当然与日后比只是小聪明,30岁以后的柯子江办企业成功,这时他的钱可以说来自他的大聪明,也可以说他的财富来自他的智慧。

经过十几年的摸爬滚打,到了1979年初,曾为1角6分钱尴尬,为1元2角钱吐血,为2000元自得的柯子江开始创办安东机械锻造厂。

1979年,柯子江看到政策放宽了,允许社队企业有个大发展,又听说厦门机械厂有零部件要让人加工,他喜出望外跑到厦门机械厂联系。厂长问:"你有厂房吗?你有设备吗?你有资金吗?"你有技术工吗?柯子江被问住了,但他心里想"我是没有厂子,可别人有厂子,我是没有资金,可别人有资金,我是没有技术工,可别人有技术工。"想到这里,他果断地说:"有,这四项都有,您若不信,请到安海实地考察一下吧"厂长答应过几天就来看。柯子江说这话后心里很不自在,其实"四项都有没有",怎么办?子江回来马上与养正中学校办厂和镇农机厂联系,要他们做人情,借他们的厂让厦门机械厂厂长看一看。厦门机械厂的同志看完之后,觉得机床虽然小一些,但生产条件还可以,外加工的活儿真的就给了柯子江。柯子江弄假成真,干脆租用了养正中学的校办厂。

资金,来自他召集的24个农民,一人出300元算一股,共集资7200元,有言在先,苦干一年不发工资。技术,雇用了外厂几名技术员。24个农民就这样干起来了。结果这一年赚了三万多元加工费,除了付车间租金外,还购置3台机床。第二年就申请企业登记注册。挂起"安东机械厂"的牌子。

经过一段时间的齐心协力的艰苦奋斗,到了20世纪80年代初,柯子江用草棚子围

起来的车间变成三座大厂房,一层厂房就高16米。

三、以精湛技艺引领企业行业创新发展

（一）身怀绝活,引领陶瓷企业创新发展

泉州商人的崛起是广泛的,除了在沿海有潮水般的涌现外,在山区也有不少杰出代表,如德化县的苏清河可谓其中的佼佼者。1941年6月,他出生于德化浔中乡宝美后井。1956年5月,清河进德化瓷厂雕塑组,师从于当代著名雕塑艺术家、当时德化瓷厂雕塑组(大组)组长兼工艺师苏勤明,他有天赋艺术才华,聪明好学,善思多问,努力不懈,所学技艺高出同行艺徒,每次质量评比常列前茅。

1962年夏,由于当时社会与市场形势,瓷塑车间"下马"停产,苏清河被调至窑组打杂。他为了理想、事业与生计,离开德化瓷厂,先后于本县、永安、三明一带民间搞泥塑木雕佛像。1964年后,辗转受聘于建阳瓷厂、永春苏坑瓷厂、古田棋坪洋瓷厂当技术员,从事瓷塑创作与授徒。后来又结合日用瓷、仿古工艺陈设瓷等的造型设计以及配方、化工色釉等的研究。他所到一地,都把那里的瓷厂办得很起色。如在古田期间,将棋坪洋瓷厂办成古田县第一家产品出口厂。1977年返回德化,支持东漈村办起了东漈瓷厂。他针对其产品老化滞销等情况,便有针对性地设计和开发出色釉等16种适销对路的新产品,于当时的广交会上获得大量订货。次年又研制仿古开片釉等瓷种成功,推出后风靡一时,使该厂产量、产值、效益激增,规模迅速扩大,职工由原近倒闭的20多人增至150多人,产品畅销日本、菲律宾、新加坡、美国等20多个国家和地区。

（二）精湛技艺,引领磁灶陶瓷行业创新发展

泉州早期陶瓷业的领军人物,除有德化世代为瓷的代表性人物外,还有晋江市磁灶镇的一些重要代表性人物,如吴家柿、吴金世、吴建发就是其中的主要代表。

吴家柿,1947年出生于磁灶大埔村。从部队退伍回乡后,1975年担任大埔村陶瓷厂厂长,从事陶瓷窑业生产研究。1979年吴家柿与老一辈制陶人一起探讨日用陶瓷向建筑陶瓷发展的思路,几经试验,终于成功地用传统龙窑、蛇窑烧制出建筑陶瓷。

吴金世,1945年出生在磁灶下官路村业瓷世家。从小时候便对陶瓷业感兴趣,20世纪60年代初他高中毕业后一边在村里当会计,一边在家研究制作陶瓷的工艺,因文化水平较高,制作陶瓷技术提升很快,成为陶瓷制作业的行家里手。

吴建发,1954年出生于磁灶岭畔村,1974年在国营晋江陶瓷厂任职,因对釉水及造型的研究有独到之处崭露头角,被升为技术员。

20世纪70年代末,吴金世创办的世隆建陶厂,吴建发毅然从国营晋江陶瓷厂辞职回乡,发动群众集资创办下灶村面砖厂,两人都努力钻研技术,从冲型、釉彩到烧制,都亲力亲为,几乎同一时期成功开发出第一代彩面建材磁砖,点燃了磁灶现代建筑陶瓷产业的星星之火。在下官路村,当提到吴金世时,村里人会觉得很自豪。村里人也会告诉你,

那时候吴金世烧瓷的技艺精湛,经常把技术毫无保留地传授给同村人,也因此,越来越多的人加入烧瓷的行列。华泰集团董事长吴国良便是受吴金世影响而步入陶瓷产业的。

(三)从小泥匠到建筑行业的佼佼者

蔡炳辉是安溪县凤城镇人,少时读书、务农、当泥匠,从事建筑业,经历不少。1978年2月,在县建委领导动员下,他来到安溪县城关建筑工程公司的前身——城关街道基建队工作,时年刚满40虚岁。当时,该基建队仅18人却亏损3万元,既无集体积累,又无固定资产,管理混乱,勉强以修补民房来维持这个队的开支。蔡炳辉接过这个摊子后,自掏腰包3500元垫付工资,安定工人情绪。接着就大刀阔斧地进行整顿,建立健全各种规章制度。他亲自抓业务和施工,身先士卒,带领大家艰苦创业,使这家面临倒闭的企业开始有了生机。

公司承接安溪县新华书店大楼的建筑任务。他从图纸设计、原料采购到现场施工,处处亲自过问,精心组织施工,城关建筑公司终于打响了第一炮,经省有关部门组织验收,被评为全优工程。从此职工士气大振,企业创立了牌子,赢得了信誉,业务接踵而来。于是由他承建的安溪车站、幼儿园、监理所、供电所、税务局、茶叶公司等十几幢大楼均被评为全优工程,成为本市建筑行业的佼佼者。

蔡炳辉注重以质取胜,公司投资建立化验室。工程使用的水泥、钢筋等原材料,投料前都必须经过试压试拉,一丝不苟,施工中严格把关,保证一项项施工工程的优质完成,合格率达100%。

蔡炳辉在加强职工安全教育的同时,还采取一系列安全措施,建立健全安全生产规章制度,并设立安全检查组,随时对施工安全进行检查。公司连续十几年被省、市评为建筑系统先进单位。他本人被评为中国建筑联合会授予新时期建筑企业家,并荣获福建省省"五一劳动奖章"和福建省优秀农民企业家称号。

四、灵感与商机

有一个石狮永宁镇人,名叫李贤义,1952年生,是个侨属家庭,父亲远在菲律宾,母亲极其善良、勤劳,父母为他取名"贤义"——期望他贤德重义,有出息。李贤义所在家乡是个小山村,这个村曾因为在抗日战争时期走出过一位华侨将领李子芳而远近闻名,但这一切都不足以改变家乡人民贫苦的生活。为了战胜饥饿,青年时期的李贤义自学了驾驶拖拉机和所有他能摸得着的汽车,还是在20世纪70年代初的时候,他和一群乡亲们就集资买了一辆45马力的拖拉机跑起了短途运输,几年下来为生产队赚了几万元。1978年,他第一时间集资买了一辆日野货车,没过多久就从一辆到两辆,从两辆到十辆,从几个人到一群人,最后把一个叫子英车队的运输专业队跑火了。在那段突如其来的火热岁月里,子英车队把石狮人的聪明才智发挥得淋漓尽致。

为了最大限度地发挥车队效益,不知是谁的主意,他们把一箱箱鸡蛋从石狮装上车,然后按照预先的计划一路设置好适宜的温度,结果经过几天几夜的奔波,到南方后鸡蛋已经变成了一只只欢蹦乱跳的小鸡。即使今天听到,鸡蛋变小鸡的故事仍像是新闻,但像这样的创业故事在当时的石狮每天都在发生。石狮人就像一个个训练有素、无师自通的魔法师,无论出身如何,无论文化水平多高,他们在市场经济这个陌生的舞台上从一开始就是那么自信和游刃有余。

李贤义从一个走出家乡的石狮青年成长为一名企业家、一名全国政协委员,而所有的成长轨迹都应该追溯到1978年的那个春天,从那台不起眼的日野货车开始,从那个鸡蛋变小鸡的故事开始。

(二)"冲"出谋生闯出一条开发节水龙头之路

洪光明是南安市英都镇人,20世纪70年代,南安西部的一些外出搞补锅、钉铜的小五金匠,闯出了一门新的手艺——修理水龙头技术。在那个物资匮乏的计划经济年代,新的水龙头不容易买到,修理废旧水龙头也就成了一种非常吃香的谋生手段。当他在武汉国棉三厂修理水龙头时,看到盥洗室里许多职工用水完了并不随手拧关,放任水直流,白白浪费。这一不经意的发现,使他萌生了改进传统水龙头的想法。他认为,放任自来水白白流掉,固然是职工的节约观念不强所致,但也和水龙头构造的先天性缺陷有关。当时沿用螺旋升降式水龙头,一次启闭要拧好几圈,确实麻烦,假如能够设计一种能自动关闭的水龙头,就能有效杜绝这种浪费现象。经过一个多月的反复琢磨,几次修改,终于想出了用弹簧装置带动启闭系统,替代传统的螺旋式升降系统。

带着制造"能够自动关闭的水龙头这"一构想,洪光明雄心勃勃地回乡创业。初时只有8个人。父亲洪顺成是个木工出身,正好担负了制作模具的任务。土法上马,自制草图,边做边修改。一星期以后,产品制造出来了,就命名为"手压快速水嘴",使用时按下带弹簧的把手即可出水,手一松即能快速关闭。洪光明的产品大受欢迎,特别适合机关、学校、工厂等公共用水场所。当时的人们还没有很多的节水意识,但是杜绝了公共场所的自流水,为机关团体节省了许多水费,节约效果是非常明显的。

1979年7月15日,他放手招收了几十名工人,把生产规模扩大。销售地区从湖北、湖南拓展到北京、天津。洪光明认为,好的产品还要有好的厂名,他以家乡的自然村"路芸"为谐音,把"鹭云"作为自己产品的商标登记注册。意为"白鹭高飞,展翅入云"。一次不经意的发现,成就了"鹭云"牌节水产品成功的故事。

(三)从护肤美梦中崛起与追寻

他是晋江青阳镇莲屿村人,名叫王子标,1955年生,1974年高中毕业后因自己喜欢绘画,就梦想办一家纸扇厂,以中国画传统艺术跻身国际市场。后经多方努力,在外贸部门和乡友的支持下,这个"梦"终于实现了。不过,因盈利有限,无法满足现状,于是又做开始做起女士男士护肤养颜的"美梦",自办一家化妆品厂,以填补晋江货的空白。20世纪80年代初,经一番筹备和努力,他先后创办了侨兴香料厂、特施丽日用化学工业有限公司,"特施丽"化妆品系列,曾一度饮誉大江南北,很受欢迎。

第七章

改革开放初期泉州商人敢为天下先

第一节 泉州沿海商人的崛起

一、从镇到市的石狮服装名城的崛起

自古以来,富有冒险进取精神的石狮人为了生存,艰难求索,不止一次地闯入被当时意识形态所不容的"经济禁区"。早在20世纪60年代,他们就把侨亲寄回来又自用有余的小洋货拿来开店摆摊,渐渐形成以地摊经济为主体的小商品市场,无证商贩多达600多家,"故衣摊"因而得名。至1975年,石狮的个体商贩已经增加到1000多家,"故衣摊"遍布街头巷尾。在极左年代还偷偷与台湾贸易,开设"地下工厂"。到80年代全国还在讨论私营经济与个体经济是否以雇工人数作为区分标准时,石狮的"烟丝大王"林秀碧雇工就已达6人。尽管当时石狮镇的"地摊小买卖"多次被冲击、取缔,但是石狮人骨子里的经商血统是不会被磨灭的。随着改革开放的风起云涌,石狮人特有的经商才能与激情再次迸发了,"故衣摊"市场被重新激活了,倒腾这些炙手可热的洋货,还有后来走私进来的台湾"水货"都为泉州地区由农业化社会向工业化社会转变的资本原始积累奠定了坚实的物质基础。至1983年,石狮镇已经开辟了4个小商品市场和3个农贸市场。这些活跃的商贸活动使石狮从一个海港小镇满街"故衣摊"发展到今天店铺林立的服装工业名城。纺织服装业渐渐发展成为石狮经济的支柱产业,经过二十多年的发展,已经形成一个独立完整、配套齐全的服装产业体系,成为集服装生产、面辅料生产、服饰配件生产、产品研发、印染、市场营销等功能齐全的行业体系。

石狮为何与服装结下不解之缘,这还得从石狮丰富的侨乡资源讲起。可以说,石狮地区的商品经济,尤其是服装行业的兴起及发展都直接与华侨经济相联系。二战前后,由于战事阻隔,侨汇几度中断,石狮地区很多原来依靠侨汇为生的侨眷迫于无奈拍卖家具和衣服。抗日战争前,石狮镇只有一家故衣店;到了1938年石狮镇也只有施竹、吴明、林克慈数家旧衣店;1941年的建兴街除了六、七家经营家具、桐油、锌桶店铺外,其余都

是"故衣摊"或"故衣店",成为名副其实的故衣一条街。到了70年代,由于石狮旅菲华侨华人经济状况大大改善,侨汇和邮寄实物数量激增,大大提升了侨眷的购买力和生活消费水平,同时也促进了石狮镇服装商品市场的形成。据有关资料显示,从20世纪70年代起,每年寄往石狮镇的侨物约20万包左右,开始是旧衣服,后来也有布料、日用品及小家电。有一些侨属拿出自用有余的侨物到市场销售,于是在石狮镇渐渐形成了出售华侨物资的商品市场,主要经营者是个体故衣摊贩。此外,由于侨汇增加,一些闲散的劳动力利用手中闲散的资金,依靠侨亲的信息资源,办起了仿制洋服的小作坊,也有加工螺丝和小五金等。

由于石狮镇"侨物市场"的蓬勃兴起,小摊小贩们在街头摆摊叫卖之声不绝于耳,该镇一度出现900多户的商业销售点。前一章讲述过石狮市场的繁荣被中央看作是"资本主义泛滥"的典型区域,专题拍摄了纪录片《铁证如山》,在全国范围内将石狮作为"资本主义复辟"的典型广为宣传和批判。纪录片《铁证如山》拍摄了石狮的一些小商贩无证经营的"丑恶现象",石狮被定性为"资本主义复辟典型",成为妇孺皆知的"反面教材"。

从1979年开始,石狮市场再度复兴,主要是"侨物"市场的大规模发展。由于海关政策放宽对华侨及港澳同胞携带物品的规定,侨物在这一时期大量涌进,包括服装、布料、日用品及小家电等。按规定这些物资必须由国营商业或供销社收购,才能进入市场并实行专营。但是由于侨物太多,石狮镇的商业主管部门人力物力皆无法胜任这样大批量的业务,于是大量小商贩又成批出现了,他们贩卖的华侨物资渐渐流入自由市场。石狮镇政府部门面对这一形势,非但没有压制,而是精心管理整顿,使得源于60年代"故衣摊市场"的石狮服装市场再度兴盛起来。是年,又有一部专题纪录片《莺歌燕舞》反映了当时石狮市场的繁荣景象。但是好景不长,1981年下半年以来,晋江石狮一带的走私活动日益猖獗,石狮镇周围5个沿海公社、11个渔业大队都不同程度卷入且日趋严重。大量涌入的走私货严重冲击了石狮的侨物市场,原来买卖洋货的小摊点渐渐蜕化为走私贩私物品的集散地和销赃场所。1982年党和政府严厉打击了走私贩私活动,这在当时是十分必要的。但是打击走私贩私的活动没有明确区分非法走私与正当商贸的界限,就连"故衣摊"也全部被取消。直到1983年,中共中央发布了《当前农村经济政策的若干问题》文件,鼓励"实现以国营商业为主导,多种商业经济形式并存"。根据这一文件精神,石狮镇政府决定放手发展合作商业和个体商业,决定重新开放石狮商品市场。在1983至1987几年间先后开辟了4个小商品市场和3个农贸市场,还在15条主要街区布满了商店和摊点。至1987年,石狮镇已经形成各类市场12个,各类商业和服务业网点2801个。石狮镇大体上形成了以服装为主的多元化市场体系,主要有服装市场、小电子产品市场、日用工艺品市场及五金塑料市场等,其中服装市场约占市场总额的80%。

在20世纪80年代末,石狮镇的跃进路和大仓街出现了3家专卖牛仔裤的服装店,每家库存5万条以上。此外,商品生产者还派供销人员到全国各地跑业务,同时,每天也有很多人从全国各地涌进石狮购物谈生意。据1987年调查的数据显示,当时每天涌入石狮的大约有3万人,相当于全镇人口的34%,出现了"全国跑石狮,石狮跑全国"的繁盛局面。石狮在成为全国服装集散地之后,从小洋货市场起步,抓住服装仿制这一主流,以前店后厂跨步前进,形成了地方服装辅料加工生产的特色产业链。从1988年石狮建市至1991年,石狮服装行业规模迅速扩张,当时石狮市已经出现服装及其配套企业1600多家,全市服装产值突破5亿元,居全省第一位,跃升成为全国闻名的服装生产基地。2003年,石狮又投入15亿元建设占地1110亩的石狮服装商业城。近十几年来,又通过举办服装博览会、展销会及各类模特大赛、选美大赛等多元模式带动中国服装名城建设。

相关数据显示,石狮各类服装制造业企业有5000多家,是石狮制造业中企业数量最多的行业。石狮现代服装产业的发展,可追溯到中国改革开放之初。从1988年建市至今,石狮服装制造业企业从不足500家,发展到了如今的5000多家,增长了整整10倍。20多年来,石狮服装制造业经历了由单纯模仿到集成创新的过程,现已形成了童装、运动装、休闲裤、T恤、夹克、风衣等几大优势服装子产业。近年来,靓仔装、卫衣装等休闲时尚服装子产业也在石狮异军突起,这些服装子产业在全国服装产业的地位举足轻重,诸如休闲裤等服装子产业,在全国服装产业中具有绝对的优势地位。

目前石狮已经形成一条较为成熟的纺织服装产业链,即以服装加工生产为核心,涵盖化纤、漂染、纺织、成衣加工生产、辅料生产、市场营销等领域。服装产品种类繁多、门类齐全,以运动服装、茄克、休闲服装、西裤、内裤、内衣等为主导产品。从泉州市统计局对亿元企业的综合数据分析来看,2010年1月份至11月份,泉州的亿元企业主要分布在皮革、毛皮、羽毛(绒)及其制品业,纺织服装、鞋、帽制造业,非金属矿物制品业等三大行业,分别达到172家、148家和116家。从产业集群来看,明显是由纺织服装业、鞋业、石油化工业等三大千亿元产业领衔泉州各大产业集群。从区域分布来看,晋江以336家亿元企业独占鳌头,南安以144家傲居第二,石狮以107家亿元企业位居第三。

二、以晋江经验为原点的泉州模式逐渐形成

1986年初,晋江地区行署撤销,晋江划归泉州地级市管辖。改革开放以来晋江由于显著的侨乡优势发展成为泉州经济的排头兵,成为泉州经济发展的一个典型的缩影,以"晋江模式"被广为宣传。所谓"晋江模式"就是指一种"以市场调节为主,以外向型经济为主,以股份合作制为主,多种经济成分共同发展"的经济发展道路。2002年时任福建省长的习近平在晋江调研时,把"晋江模式"总结概括为"晋江经验",并对新时期创新"晋江经验"提出了明确要求。此后他还在人民日报发表文章《研究借鉴晋江经验加快县域经济发展》,文章中指出:"晋江经济改革开放以来之所以能够持续、快速、健康发展,除了党的基本路线的指导、改革开放的时代环境和党中央、国务院及上级的正确领导等重要因素外,就其自身而言,关键在于晋江的广大干部群众勇于探索,走出了一条'以市场经济为主、外向型经济为主、股份合作制为主,多种经济成分共同发展'的经济发展道路。"有关专家称之为"晋江模式"。文章还将晋江经验进一步归结为五条启示。在2007年出版的《中国国情丛书——百县市经济社会追踪调查(晋江卷)》中,对"晋江模式"作出的描述是:以民营经济为主体,以制造业现代化为先导,以城市化跨越为主题,以壮大中间阶层为主流趋势,内发外向、科学发展、和谐共享的新发展模式。显然,晋江市、石狮市是

"晋江模式"的发源地,由于晋江经验辐射并带动大泉州经济的发展,泉州各地在学习借鉴晋江经验的同时,也丰富并发展了晋江经验,因此"晋江模式"又进一步延伸为"泉州模式"。

(一)"泉州模式"的形成及发展

晋江被理论界关注始于20世纪70年代,该地区在当时极左时代常常因为出现一些"投机倒把"的反制度行为被推向风口浪尖,一度被中央作为全国"资本主义的典型"区域来批判。80年代中后期,由于晋江乡镇企业的异军突起,晋江发展模式受到国内外学者们的广泛关注。1986年社会学家费孝通最早提出并使用了"晋江模式"这一概念。1987年泉州籍学者苏东水教授在《复旦学报(社会科学版)》上发表的《试论"泉州模式"的经济特点及其意义》一文中首次提出了"泉州模式"这一概念。目前理论界对"晋江模式"与"泉州模式"这两个概念的认识和使用上主要持以下三种观点:一是将二者等同;二是认为"泉州模式"是"晋江模式"的扩展和延伸;三是将二者并称为闽南模式。持前两种观点的人略多于第三种观点。本章节所称"泉州模式"倾向于第二种观点,即"泉州模式"发端于"晋江模式",并在其基础之上完善扩展为"泉州模式"。

费孝通教授在《城乡协调发展》一书中指出,模式就是发展方式,就不同的发展道路而言,它是指"在一定地区、一定历史条件下,具有特色的经济发展路子"。泉州因其地理位置特殊,长期作为国家重要的海防前线,国家投资极其有限,工农业基础薄弱,加上人地矛盾突出,经济发展受到很大的束缚。但是,泉州是全国著名侨乡,宋元时期海外贸易十分兴盛,海洋文化的浸润使得多数泉州人民带着与生俱来的商品及开放意识,商工文化十分兴盛并且代代相承。改革开放的春风吹拂着神州大地,泉州人潜意识里的经商热情再次被唤醒了,他们不等不靠,以其固有的开拓精神和拼搏意识,突破传统的计划经济体制的束缚,自筹资金,联户自办企业,人才自聘,原料自购,市场自找,掀起了大办乡镇企业的热潮。

从20世纪70年代末到90年代中期,晋泉地区的民营经济立足侨乡优势,从"三闲"(闲人、闲钱、闲房)起步、乡镇企业铺路,到"三来一补"(来料加工、来样加工、来件装配和补偿贸易)过渡,再从"三资企业"(外商独资、中外合作、中外合资企业)上路,到"成片开发"迈大步,其发展演进过程就是"泉州模式"日渐成型的过程,主要包含以下几个阶段。

1972年至1978年是"泉州模式"的萌芽阶段。这一时期晋泉地区的私营企业在计划经济体制内以非常态形式存在,生存发展受到非议和压制,甚至一度被作为全国反制度行为的典型,将这一地区的私营经济活动扩大为意识形态的根本性问题,使得这一模式的创造者即当地的农民暂时压抑了自己的行为或寻求暗中发展。基层政府的工作人员在这一阶段为解决人多地少的矛盾对此故意不作为或有意作为不足,也是晋泉地区私营经济得以暗流潜伏的重要因素。如"文革"时期,晋江大办社队集体企业,就是农民利用这一特定历史时期的混乱状态,乘机发展商品经济的一种非常态生存形式,当然这时期创办的企业是没有合法的名分,而是被称为"地下黑工厂",创办这些企业的农民也被称为"黑包工"、"黑供销"且受到沉重的打击。但是富有冒险精神的晋泉人民没有因此倒下,他们的企业受冲击后又复工,复工后又被冲击,周而复始在曲折中发展。到1978年中共十一届三中全会召开前夕,仅晋江县的乡镇企业就有1141家,其中乡办企业143家,村办企业998家,乡镇企业总收入4212万元,占全县工业总产值23881万元的17.6%。1978年前后,泉州乡级以上工业企业达到1000多家,涉及纺织、皮革、燃料、电力、邮电、化工、金属、建材、陶瓷、造纸、食品等行业,这些已经取得的经济成就为改革开放以后乡镇企业的发展奠定了基础。

1979年至1985年是泉州模式的成长阶段。中共十一届三中全会以后,晋泉地区广大干部群众挣脱了思想枷锁,大胆探索农村发展社会主义商品经济的新路子。政策环境的松动,使得晋泉地区的地方社会资源及晋泉人民骨子里的经商热情被充分调动起来,乡镇企业以势不可挡之势迅猛发展,仅1979至1985年间乡镇企业单位数量增加了4147个,增长率为289.19%。特别是联户集资企业如雨后春笋般遍地生长,并在经济总量中上升到主导地位,可以说,"晋江经验"及"泉州模式"至此已经初步确立。晋江乡镇企业的发展始于20世纪70年代中后期,但当时创办的一些社队企业由于受计划经济体制的束缚发展十分缓慢。资金问题也成了制约乡镇企业发展的重要瓶颈,对此晋江县及部分乡镇领导思想比较大胆开拓,他们动员群众集资办厂,但是当时许多群众害怕像以前的集资企业被打成"地下黑工厂"而不敢轻举妄动。1978年,晋江县陈埭镇申请了20张集体企业的牌照,下面开设190多家联户集资企业,首开"联户集资"的先河。村民们有钱的出钱、有力的出力、有技术的出技术。这样一来,在短短的一年间,晋江县就开办了500多家联户集资企业,投资总额达到1000多万元。联户集资这一方式,有利于吸收当地农村大量剩余劳动力,解决了人多地少的矛盾。这种有钱出钱、有房出房、有力出力的合作方式使得各种生产要素得到极其有效的组合,也调动了劳动者和经营者的积极性,有助于解决初期资本积累的资金困难,有力地推动了生产力的发展。至1984年,陈埭镇的工农业总产值达到11027万元,成为福建第一个亿元镇,被时任中共福建省委书记的项南同志誉为"乡镇企业一枝花"。晋江农民的激情奋起在泉州大地上掀起了兴办乡镇企业的热潮。惠安、石狮、南安、安溪、永春等地的农民纷纷"洗脚上岸",争先恐后、各显神通,也由"三闲"起步,联户集资,甚至办起了"三资企业",此后亿元镇在泉州不断涌现。到1985年底,晋江县的乡镇企业单位数比1984年有所增长,联户企业单位数增加了1202个;泉州市乡镇企业总产值16.6亿元,按可比口径计算,比1980年增长近4倍。

1986—1992年是泉州模式调整巩固和继续发展时期。20世纪80年代,正当晋泉一带乡镇企业遍地开花、经济快速发展之时,一场"假药案风波"将晋江推到岌岌可危的境地。随着晋泉地区农村商品经济的迅速发展,有些人利用商品经济秩序还未完全确立、市场管理机制还不够完善的可乘之机,投机取巧,大发不义之财。有些乡镇尤其是沿海地带走私贩私现象大量出现,晋江乡镇企业也受到这股不正之风的侵蚀。当时陈埭镇涵口村的一些联户集资企业,钻公费医疗制度不够完善的空子,把厂里生产的滋补食品银耳冰糖,随意加上药政批号,作为"感冒咳嗽冲剂"销售。由于这种投机违法行为可以牟取较大的利润,一时之间,晋江地区出现28个冒牌药厂,伪造药品审批文号105个,非法生产并销售142个品种的冒牌药品。"假药案风波"使得晋江乡镇企业的声誉受到严重的影响,短时间里凡是晋江生产的服装、鞋帽等产品纷纷被退货或拒付货款。

在这种不利的局势面前,晋江县委县政府依法实事求是地处理了这一案件,即对相关责任企业严肃处理,同时强调稳定的重要性并继续推动乡镇企业的发展。经过认真分析讨论,对前一阶段在发展乡镇企业的指导思想上存在"重发展轻管理、重数量轻质量"的不足进行反思,并采取了一系列整改措施:对乡镇企业进行整顿,全县叫停、撤销共200多家企业;同时在县、镇两级建立了产品质量检验机构,把不利因素化为调整、巩固、充实、提高的动力。由于措施得力,积极整顿并寻求突破,到1990年,乡镇企业在整个经济中占据了"三分天下有其二"。县、镇企业主管部门也从中意识到"产品质量及信誉"是产品的生命线,开始思考"质量立市",并以此次药案危机为契机教育初涉市场的农民,引导企业牢牢树立"质量第一"的意识。晋江地方政府化解危机的办法并不是单纯打压限制乡镇企业,而是深入企业调查,处理与引导并进,同时积极采取多种措施推动全社会重新认识晋江,这为晋江乡镇企业平稳过渡到一个更大的发展时期奠定了基础。

这一时期,泉州地方政府鼓励发展"三资企业"和乡镇中外合营企业,提出"侨港台外都欢迎,大中小项目一起上"的指导思想。仅1989年到1991年间,共批准外资企业2000多家。港商、侨商采用试探性投资方式即"三来一补",这种投资方式快进快出,船小好掉头,可降低风险。这种经营方式对于推动晋江乡镇企业的发展功不可没,它使得晋江的企业真正参与了现代国际劳动分工,从而使泉州的民营企业把发展的眼光扩大到国际市场。这一阶段也是泉州大部分私营企业主完成资本原始积累的重要时期。因为这一时期全国物资短缺,"票证时代"虽然即将成为历史的尘埃,但是生产销售靠行政命令来代替市场调节,难以避免出现物资供应不足的现象,再加上"文革"十年"以阶级斗争为纲"对社会生产的严重破坏,当时市场物资紧缺供不应求,尤其是吃穿住行的生活消费品随时都有可能被市场消化,这种巨大的市场需求对于市场经营者而言是很好的创业契机,也是敢想敢干的晋江乃至泉州民营企业在此时绝地奋起,直至今天还能坐稳市场半壁江山的重要诱因。

(二)"泉州模式"的基本特征

乡镇企业的发展之路,就是泉州经济模式的发展之路,乡镇企业的发展历程反映了泉州模式的内涵和特征。泉州乡镇企业在发展中不断壮大,也逐渐形成了"泉州模式"别具一格的特征,即"以侨资侨力为依托,以国内外市场为导向,以股份合作为主体,以外向型经济为取向,以科技为动力,以专业化、区域化为经营格局"的发展模式;从其经济特征看,主要有几点:形成以股份合作制乡镇企业为主体,多种经济成分共同发展的混合所有制格局;形成以轻型加工业为主、各具特色和比较优势的"产业集群"和"块状经济"格局;形成以专业市场为依托,面向国内外的大流通网络;形成以侨资侨力为依托,有侨乡特色的外向型经济发展格局。总的来说就是以小经济带动大发展,基本上是指泉州经济在发展初期的主要特征,即小目标(初创时期只追求小富即安)、小资本(从模仿经济和家庭小作坊起步,投资数额小规模不大)、小商品(日用品为主、技术含量低)、小利润(薄利多销的营销理念)。以上所述"泉州模式"正是由于具备这些特征,很适合当时的市场需求及人们的购买能力,很适合泉州侨乡这一特殊资源,晋泉人民因地制宜、善于在体制内变通,从而谱写了泉州模式的辉煌篇章。

人们在谈论泉州模式的艰难崛起之时,总是津津乐道以下几个标志性事件。一是"泉州模式"的核心是"晋江经验"。"晋江经验"是指侨乡晋江人民利用"三闲"(闲房、闲资、闲散劳动力多)优势,"因时因地因人因势"制宜,走出了一条适合中国农村经济发展的新路子,成为"泉州模式"的典型代表。比如它的"一镇一品"或"一镇几品"的镇域经济发展模式;比如它的以工业化推动城镇化的城镇建设路径;又比如它的政府与企业的和谐互动关系等等。二是轰动全国的"中策现象"。"中策现象"是指20世纪90年代泉籍的新加坡商人黄鸿年推动旗下的"香港中策投资有限公司"与"泉州市国有资产投资经营公司"签订合资合同,一揽子收购了泉州市37家市直国有工业企业,并成立泉州中侨股份有限公司,首开我国利用外资成批改造国有企业的先河,一度在国内外引起广泛的争议。这种争议对于以"外向型经济"为主的"泉州模式"来说,更是意义非凡。三是"名流路桥事件"。福建最大的公路桥之一即泉州刺桐大桥于1995年5月18日全面动工,1996年11月18日竣工。作为地方重点基础设施项目,以民营企业投资为主体,还以国际通行的BOT方式(建设—经营—移交)运作,这在当时是一种创举,也为其他地方的基础设施建设提供了宝贵的投资范例。据作为主要承建方和经营方双重身份的泉州名流实业公司董事长陈庆元介绍,泉州刺桐大桥模式开创了中国民营资本采用国际通行的BOT方式介入国家大型基础设施建设的先河。1996年8月8日的《人民日报》上刊发的文章《以民为主建大桥》称"刺桐大桥是一座改革的桥",文章指出它为国家大型基础设施投资方式的改革提供了有益的借鉴。

第二节　药案危机促使泉州民营企业浴火重生

一、晋江药案危机

发轫于包括石狮在内的晋江一带的泉州民营经济沐浴着改革开放的春风蓬勃发展,与当地政府为之创造了宽松的外部环境是密不可分的。1978年"文化大革命"才刚刚沉静下来,晋江县政府就为私营经济网开一面,批准以陈埭公社为试点大胆发动村民联户集资办企业,一度用20张集体企业的牌照让190多户企业挂靠集体,首开联户集资的先河。1984年晋江县委县政府采取了两项措施极力推动乡镇企业迈开大步向前发展:一是组织乡镇干部到改革的前沿阵地广东参观考察学习先进经验;二是制定《关于大力发展乡镇企业若干问题的决定》,促进广大党员干部进一步解放思想,大胆带头劳动致富,要求各部门大力支持乡镇企业发展,变"管、卡、限"为"放、帮、促"的方针。改革开放后的中国,市场经济蓬勃发展与我们的传统观念发生了激烈的碰撞,在各种物质利益的诱惑之下,一些人追逐不当利益的贪欲日渐滋生,导致假冒伪劣和互相欺诈的现象在一定范围内出现。随着中央对于发展私营经济的政策日益放宽,地方政府机关也有意适度放宽以促发展,小部分企业主也出现了急功近利的思想。1983年就有端倪的晋江制售假药的问题一直到1985年才暴露出来,但是潜伏的危机来袭时却异常地猛烈。晋江假药案是晋江乃至泉州民营企业发展过程中遭遇到的第一个危机。1985年6月16日《人民日报》刊登了题为《触目惊心的福建晋江假药案》的文章,严厉地批评晋江假药生产和销售十分猖獗,流毒全国。

> 记者从全国贯彻实施药品管理法会议上获悉:目前,在一些地方,随意生产、销售伪劣药品的情况很严重,许多群众受骗上当,影响极坏。据不完全统计,1984年6月至12月,全国共清查出中药材伪品一百多个品种,数量达三百四十余万斤。其中比较突出的是福建省晋江地区,曾有二十八个冒牌药厂,伪造卫生行政部门的药品审批文号一百零五个,非法生产、销售一百四十二个品种,并用各种行贿手段销往全国各地。在去年9月《药品管理法》公布之后,这一地区的某些人,仍以发展乡镇企业为名,非法生产冲剂类假药、劣药,以财物为诱饵,四出兜售。(摘自《人民日报》1985-6-16)

《人民日报》这一主流权威媒体对于晋江假药案的披露和定性,在当时可谓一石激起千层浪,全国各大媒体纷纷转载并跟踪报道,中央及各省市各级政府反应也较为激烈,晋江就这样在短时间里"假名远扬"。今天冷静看来难免有夸大渲染之嫌,但是不容置疑的是无风不起浪。晋江假药案实际上主要是晋江地区晋江县陈埭镇制造销售假药案件。当时制售假药主要集中在晋江陈埭镇涵口村,当地村民从80年代初期就开始大量培植生产白木耳,后来虽然产量增加了但是市场需求量有限使得价格一路走低。该村村干部和精于生意的村民就提议将白木耳加糖熬制成清凉饮料出售,可还是少人问津。后来当地一些农民集资办的工厂把生产出来的冰糖银耳饮料和板蓝根冲剂等未经药政部门检验批准,伪造药政部门的药政编号,将饮料作为药品向全国各地兜售,外包装盒上印着"功能滋阴润肺,主治感冒咳嗽",因而被认为是假药,酿成了轰动全国的"晋江假药案"。当时由于市场物资稀缺,晋江相关企业派出大批推销员与省内外医药部门联合推销,甚至用财物当回扣,这些药品的销量一时激增。由于销量好、利润高,村民们竞相效仿,一时之间晋江地区冒出了28个冒牌药厂。三年时间里,陈埭发展成为一个颇具规模的假药集散地,大量的假药不断被销往全国,直至引起中央的关注。其实自1983年年底,全国各地陆续有单位或个人致函福建相关部门,反映晋江假药事件,当地政府也有所察觉。1983年5月,晋江地区卫生局发现涵口村生产假药,于同年7月发出"禁止生产以医疗为目的的假药"通知,此后包括福建省政府、省卫生厅、《福建日报》、晋江工商局、晋江地区医药公司在内多家单位也发出过十多份关于制止生产假药的文件和报道,但是晋江制售假药的事态并没有得到有效控制,反而愈演愈烈。1985年4月,福建省委省政府成立一个专案调查组专门负责彻底调查此案。到最后陈埭镇政府领导班子被改组,包括镇党委书记、副书记等多名干部被撤职,另有4名制售假药的主犯被绳之以法。

晋江假药案发端于1983年,但是直到1985年矛盾和问题才完全暴露出来。首先发现并制止制售假药行为的恰恰是福建省委省政府。时任福建省委书记的项南下令严肃查处此事:停止生产、销毁成品。尽管项南一向鼓励和肯定晋江尤其是陈埭公社乡镇企业发展所取得的成就,甚至高度赞誉"陈埭是福建乡镇企业一枝花",但是当他发现陈埭涵口村村民以白木耳饮料充当感冒冲剂出售时,立即要求相关部门严肃处理,同时他及时向中央汇报实情,主动带头检查领导责任,强调要"除虫护花"。在坚决查处"害群之马"的同时强调要一分为二,不要以此案全盘否定乡镇企业的发展,应该以此为戒引导乡镇企业健康发展。后来由于晋江当地政府没有真正做通村民及村干部的思想工作,销毁整顿工作没有不折不扣地落实,加上事态发展超出晋江县委及群众、福建省委领导的预料,以致此案一时成为新中国成立以来媒体曝光时间最长的一宗案件。

全案涉及1000多人,涉案的当地党政机关、企事业单位的干部和职工就多达167人,在查证核实情况之后,福建省高级人民法院和泉州市中级人民法院于1986年对晋江假药案进行终审公开宣判。

> 福建省高级人民法院和泉州市中级人民法院1986年9月10日在晋江县开庭,对晋江假药案进行终审公开宣判。晋江县陈埭镇原党委书记蔡绍利、副书记陈注升犯制造、贩卖假药罪和受贿罪,分别被判处有期徒刑5年、8年,并追缴两人的全部违法得款。陈埭镇涵口村原党支部书记陈德柿,副书记、村民委员会主任陈长兴犯制造、贩卖假药罪,贪污罪和行贿罪,分别被判处有期徒刑10年、8年,并追缴两人的全部违法得款。陈埭镇工商所原负责人丁国标和陈埭镇税务所管征员林复元犯制造、贩卖假药罪,贪污罪和行贿罪,分别被判处有期徒刑11年、10年,并追缴他们的全部违法得款。镇工商所临时工林清江犯制造、贩卖假药罪和行贿罪,被判处有期徒刑3年,并追缴全部违法得款。(摘自《中国年鉴:1987》,第167页。)

假药案危机出现之后,晋江的产品在全国范围内遭遇信任危机。"晋江"成了"假货"的代名词,所有的晋江产品都受到株连成了"可疑货",全国许多百货商场都明确表态拒绝接受晋江货,连晋江生产的服装、鞋帽等也纷纷被退货、拒付货款。产品卖不出去,展销会也不让参加,退货单雪片般地飞来,连出门在外的供销员或晋江人想住旅社也遭遇白眼。一时间,机器停转,工厂关闭,乡镇企业没了市场,将近10万人的推销员队伍灰溜溜地撤回晋江。假药案使晋江乃至福建经济受到严重的冲击,全国上下议论纷纷,晋江乃至福建省的乡镇企业将何去何从已成为摆在全省人民面前一个急需解决的重要议题。

二、泉州民营企业艰难蝶变

"凤凰浴火"是为了涅槃重生。泉州民营企业在经历了"晋江假药案"这次洗礼之后,是如何破茧成蝶以脱胎换骨的姿态进入人们的视野的呢?晋江乡镇企业在此次危机中遭遇了巨大的信任危机与物质损失,连鞋类、服装等优势行业在国内销售也阻力重重,许多商场直言谢绝晋江制造的产品,很多企业只得停产关门或者挂靠其他地方的企业以求生存。

舒华体育用品有限公司的总经理张维建先生在2005年接受《中国青年报》采访时回忆道："那时晋江人闯市场太难了，人家一听你是晋江来的，扭头就走。"他对假药案的反思很有代表性，"蒙骗可能会得利于一时，要发展经济，把企业做大就必须讲诚信；在晋江，再没有一个想真正做事的企业家敢无视产品质量。"

假药案促使晋江企业家们开始深刻地集体反思，"要发展更要诚信"的讨论在圈内展开。"建立良好的质量体系，成为当时的重要任务"，当地一位知名企业家感慨地说："那是一次凤凰涅槃，从农民变成企业家的泉商，真正完成商业道德的升华，也是从那时候开始的。"与此同时"抓经济必须抓质量"的观念渐渐成为晋江各级领导的自觉意识，1988年，晋江市政府提出了"质量下，晋江衰；质量上，晋江兴"的口号。20世纪90年代初，晋江市政府提出"质量立市"，先后成立了质量标准化和打假工作领导小组，把"质量立市"工作推向组织化、系统化、规范化。从1991年到1996年，全市主要行业工业产品质量监督抽查综合合格率从57.5%提高到80.2%。显然1985年的晋江制售假药大案，给起步中的晋江带来了一次阵痛，也意外地将晋江推上了品牌经济及诚信经营的发展道路。要重建品牌的诚信度，只有创造质优价廉的产品，重获消费者的信赖，才能重新赢回市场。为此，晋江人迈出重建信用的第一步就是狠抓产品质量。"质量上，晋江兴；质量下，晋江衰"这句口号，逐渐成为深入人心的责任和意识。假药案发生后，晋江很多企业的生产者和经营者们都把质量列为企业的生命线，厂家都专门聘请和配置精通业务、公正廉明的质验员，严格按标准检验每一件产品。此后，晋江企业家们还建立起诚信联盟，投入巨大的成本狠抓质量意识，重新挽回了品质和信誉，为改革开放以来第二个十年的品牌创新"井喷时代"夯实了基础。

中共晋江县委县政府在危机来临面前，依法严肃地处理了相关企业及涉案人员，痛定思痛，他们经过反复认真地讨论和反思，深刻认识到在过去几年里关于发展乡镇企业的指导思想上确实存在重发展轻管理的倾向，对此晋江县委县政府采取了一系列的措施：加强质量监管和法制教育，在县、镇两级建立质量检验机构；帮助乡镇企业实现规范化经营与管理，牢牢树立质量及诚信意识。为了帮助企业重新树立信誉，晋江政府专门成立了特别报道组，对外宣传晋江经济发展取得的成绩，还牵头在北京举办晋江产品展销会，主动邀请新闻媒体采访报道，为推动各方重新认识晋江及晋江产品、重新打开国内市场创造了有利条件。在药案发生之后的一年多里，积极邀请中央及地方各级领导来晋江调研视察乡镇企业发展情况。晋江政府积极推动各方形成共识：假药产值占全县乡镇企业总产值的比重仅为5.5%。晋江药案危机是乡镇企业发展前进道路中出现的问题，但是乡镇企业发展的主流是好的。晋江地方政府在危机发生后能多管齐下，成功推销晋江促使当地乡镇企业迈入一个更好更快的发展阶段。

在假药案发生的1985年，晋江的乡镇企业数量非但没有减少，反而比上一年增加了978家，同年陈埭镇的工农业总产值比上一年增加了700多万元，上缴税收也增加了200多万元。此后几年里，大多数乡镇企业渐渐完成了"资本原始积累"，政府开始放手鼓励企业适当集中，建设工业园区，这些举措极大地推动了乡镇企业从"遍地开花"的满天星式的发展转向集约化、规模化的道路发展。

第三节　工商企业集聚外向发展 推动泉商队伍迅速壮大

泉州的民营经济起步于20世纪70年代末80年代初,30多年来工商业发展速度一直居于全国领先行列。1949年泉州在新中国刚刚成立时只有15家工厂和591户小摊贩,工农业基础极为薄弱。1951年泉州就开始扩建新中国成立初的几家小作坊,同时也新建了一些规模不大的新厂房,当时比较知名的有泉州糖厂、源和堂蜜饯厂、永春化肥厂、德化瓷厂等等。到1978年,从恢复小商小贩起步的泉州已经发展到拥有1000多家的工业企业,形成涉及电力、化工、煤炭、建材、陶瓷、纺织、皮革、食品等10多个行业的工业体系。商业方面也形成了以国有商业为主导、供销合作社为辅助、集市贸易为补充的商业体系,到改革前已经有商业零售网点4000多个,从业人员20000多人。1978年中共十一届三中全会的胜利召开,作出了将党的工作重心转移到经济建设上来,实行改革开放的伟大决策。改革开放的浪潮开始拍打着泉州这座渴望再度崛起的东方海港城市,唤醒了泉州人自古以来敢于"冲风突浪,争利于海岛绝域之墟"的海洋商业基因。思想得到解放的泉州人从国家发展的大政方针中敏锐地意识到泉州特有的地理及侨乡优势,决意打好"侨牌",发展以外向型经济为主导的多元经济模式。泉州工商业者这种特有的商业意识极其有力地推动了泉州工商企业集聚外向发展,他们自身也在改革开放大潮中乘风破浪,掀起一浪高过一浪的创业高潮。

一、工商企业由散向聚、由内向外迈大步发展

泉州的工商企业是在20世纪70年代末从恢复小商贩开始蹒跚起步的,在发展的初级阶段注册的个体工商户接近20000多户,相当于过渡时期对私改造的总数。到80年代中后期泉州的个体工商户及私营企业在政府的政策红利及侨乡资源优势推动之下迅猛发展,注册的个私企业接近70000多户。尤其是在十一届三中全会精神的鼓舞下,泉州地区的乡镇企业异军突起且迅猛发展,尤以晋江为典型代表。曾经是"高产穷县"、"人多地少"的晋江,这里的人民率先突破了"左"倾思想的束缚,采取了联合资金技术办企业、开办家庭小作坊等多种形式,利用侨乡"闲钱多、闲房多、闲散劳动力多"的"三闲"优势,大办乡镇企业,积极开展"三来一补"对外经济活动。"三来一补"是指晋泉人民利用侨乡优势大胆承接来料加工、来件装配、来样加工及补偿贸易等对外业务活动。1978年8月,国务院出台了《开展对外加工装配业务试行办法》,乘着政策的放开,晋江人顺势而动积极开展对外加工装配活动。在1978年广州秋季交易会上,晋江县第一美术工艺厂与香港三洋织造厂正式签订针织毛衣加工合同,港方还寄来10台电动针织机。这是晋江县第一个来料加工装配项目,首开晋江县"三来一补"的先河。

据《晋江年鉴》记载:1979年,26岁的许连捷在家中办起以来料加工、来样加工、来件

装配和补偿贸易为主的"三来一补"劳保服装加工厂。同时，晋江人林土秋也采用了这种生产模式，开办了洋埭服装鞋贸厂。当年，中共中央下达50号文件，决定对福建和广东两省实行"特殊政策、灵活措施"，要求福建和广东两省利用有利的国际形势，先走一步，把经济尽快搞上去。50号文件还决定在深圳、珠海、汕头、厦门试办"出口特区"，如允许海外亲人向国内捐赠小型生产设备、利用各种优惠政策吸引外资和国外先进技术等。在这股春风吹拂下，晋江县委县政府顺势而为成立"对外加工装配公司"，积极引导和推动"三来一补"经济活动的进一步发展。在一系列优惠和开放政策及措施的推动下，晋江籍侨胞不断的返乡开展来料加工、来件装配及来样加工业务。在1978年到1988年的十年间，仅晋江县就有400多家乡镇企业承接这种业务，项目涉及服装、针织毛衣、渔网、玩具、雨伞、拉链、鞋帽、五金、机械电子等领域，全县乡镇企业在"三来一补"业务中共获得工缴费收入2865.65万美元。尤其是1988年，有一大批的来料加工装配的客户直接注资或嫁接当地的乡镇企业，也有一部分直接转办三资企业，所以当年是乡镇三资企业发展最快的一年，签订"三来一补"的合同份数1994份，新批准签约项目72个，计划利用外资达1.2344亿元，超过1984至1987年计划利用外资的总和。据泉州市工商局统计，至1988年，晋江共签订"三来一补"合同17072份，引进各种机器设备2万多套，加工装配工缴费3114万美元，占同期福建省工缴费收入的43%。"三来一补"模式对晋江经济发展的推动意义重大。"三来一补"作为晋江乃至泉州乡镇企业发展的过渡阶段，也成为泉州三资企业成长壮大的摇篮。当然，泉州的外向型经济发展能够风调雨顺，还与中央及当地政府的开明政策分不开。

  1978年到1992年是晋泉人民群众在改革开放的大好形势之下，大胆探索、勇于创业的重要时期，中共晋江县委县政府在这一阶段对于搞活经济、开办乡镇企业一直采取默许及支持鼓励的政策，而且善于在体制外寻求变通以促进发展。在改革开放初期，全国还在对国家经济政策处于试探阶段之时，中共晋江县委就率先出台了《关于加快发展多种经营和社队企业的若干问题的规定》的文件，由此拉开了泉州农村工业化的序幕。1979年当晋江陈埭公社联户集资办企业遇到政策障碍时，晋江当地政府做出明文规定：允许乡镇企业突破"三就地"的政策限制，允许自主经营、股金分红、雇佣工人、价格随行就市，还鼓励党员干部带头集资办厂。于是，一批"泥腿子"企业主开始"粉墨登场"，大办乡镇企业。泉州的乡镇企业经历了三闲起步、三来一补过渡、三资企业上路、规模化经营迈大步这样一个历史阶段。

  1978—1985年是泉州乡镇企业萌发的关键时期。1978年晋江陈埭公社率先联户集资开先河，拉开了乡镇企业的引擎。仅1979年一年间，晋江县就集资1000多万元，办起了联户集资企业500多家。1980年6月，泉州首家也是全国第一批中外合资企业——泉州人造花厂有限公司成立，从1980年7月至1987年6月的7年间，该企业工业总产值为2360.63万元，产品出口创汇达到235.82万美元，发展迅速。借着改革开放的东风，富有竞争、冒险、拼搏精神的泉州人凭借着侨乡特有的资金、信息、资源等优势，利用政府提供的宽松的政策环境，走上大办"离土不离乡，进厂不进城"的乡镇企业之路，从而开创了以侨乡资源为优势、以股份合作为主体，以"小工厂大产值、小商品大市场、小洋货大创汇"为特色的经济发展模式。到1984年,仅晋江县就开办乡镇企业3968家,当年的11月,陈埭镇的国民生产总值首次突破亿元,跃升为福建省第一个亿元镇,被誉为"乡镇企业一枝花"。一花开引来百花齐放,在陈埭效应的辐射之下,1985年晋江地区的乡镇企业总产值达到16.6亿元,比1978增长9倍多。到1986年,泉州市(晋江地区)的乡镇企业总产值已经增至18.7亿元,占当年全市工农业总产值的56.4%,工业比重超过了农业比重,产业结构也告别了以往以农业为主的历史。

1986—1992年是独具侨乡特色的"泉州模式"推动工商企业由散向聚、由内向外发展迈大步阶段。1986年撤地建市后的泉州提出要扎实做好利用侨资侨力的文章,举全市之力招商引资,即"打好侨牌,大力发展外向型经济",重点就是将引进侨资外资与发展乡镇企业、开发建设工业园区紧密结合起来,发展乡镇"三资"企业,推动乡镇企业实现外向型转轨。改革开放以来,泉州积极做好侨台文章,提出"侨港台外都欢迎,大中小项目一起上"的方针,积极对外引资招商、引进先进技术和设备,对内精心建设投资环境、优化各种政策及投资环境,大大推动了乡镇企业与外资结合,促使乡镇企业实力提升并且实现外向转轨。20世纪80年代末90年代初,随着祖国大陆对吸引利用外资的政策渐渐明朗,许多海外泉籍侨胞纷至沓来,或以个人名义投资办厂,或委托支持大陆亲友投资办企业,或直接注资"嫁接"乡镇企业,于是大量的乡镇三资企业不断涌现,同时泉州的乡镇企业在这一时期形成了"小商品大市场、小洋货大创汇"的外向型经济特征。当时石狮的宋太平生产的"爱花牌"胸罩不但是泉州市第一代名牌产品,还打出了"胸罩全球"的铮铮誓言,产品受到了几十个国家和地区女士们的青睐。南安的"金鹿牌"蚊香随着改革开放以来人们生活水准的提高渐渐走俏整个东南亚市场,后来金鹿集团以输出技术和设备为合作条件,在菲律宾与该国CENAPRO集团合资兴办蚊香厂,首开了泉州乡镇企业国外办实业的先河。紧接着泉州的丰登鞋业有限公司也打出了自己响亮的品牌"匹克",一开始创业就能握住"经济全球化"的脉搏,先后到美国、英国等几十个国家注册。晋江的斯兰集团起步较晚,但是他们的快速成长与董事长丁宗寅的商业机智是分不开的。作为阿拉伯后裔,和泉州大多数60后企业家一样,丁宗寅受益于改革开放的伟大时代,就在很多同龄人还少不更事之时,他就开始推着家里那辆破旧不堪的自行车开始走街串巷兜售商品了,从倒腾当时紧缺的生活必需品蜡烛起步,丁宗寅在不经意间踏上了经商之路。"当时的想法,就是想改变自己以及家庭的生活,让自己活得更好一些。"就这样,在1986年丁宗寅创办了人生中第一家企业——闽港化工经营部,他起早摸黑从汕头进货,拉到市场需求旺盛的晋江来销售,从橡胶到TPE、PVC,因而赚到了他人生的第一桶金,他回忆当时创业之初最常说的就是"多亏了改革开放,我们才有这个机会和平台。""说实话,必须感谢菲律宾亲戚们对我的支持,才能发展的这么快。"目前斯兰集团经过二十多年的拼搏已打造成为多元化、规范化、规模化的集团性企业,经营范围涉及进出口贸易、国内贸易、房地产、保税物流、资产经营等多种业态,进出口业务遍及世界40多个国家和地区的130多家企业。泉州企业走向世界,发展外向型经济的例子不胜枚举,在此很难概述而深感遗憾。据相关部门统计,到1992年,在泉州注册的乡镇企业已经达到7万多家,他们的贸易伙伴遍布世界100多个国家和地区,出口商品总值突破20亿元,比改革前增长了22倍。

在这一阶段,数以万计的乡镇企业开始"嫁接"外资企业,实现外向型转轨。中外合资、中外合作、外商独资的三资企业以十几倍的速度在不断地增长,乡镇三资企业越办越多,从沿海地区不断扩散到山区,投资规模也日益扩大。这时泉州市委市政府审时度势,看到引导乡镇企业向规模化、集团化发展的时机已经趋于成熟,于是适时作出多种形式开发成片土地以进一步扩大泉州对外开放步伐的决策,使招商引资工作从"小迈步"向"大迈步"前进。在这一策略的指引下,到1988年,泉州已经成片开发土地面积达到2.349平方公里,形成马甲、安平、蟠龙、市区、石狮、福埔、肖厝、东海埭等8个成片开发区,引进项目62个。大力引进外资进行大规模的成片土地开发,成为泉州对外开放进一步扩大的重要标志。1989年国家颁布了《中华人民共和国城镇国有土地使用权出让和转让暂行条例》之后,泉州政府又及时制定了《关于加工区、工业区开发建设有关问题的意见》和《关于执行土地使用权转让有关规定的通知》等文件,这些政策的放宽对于泉州加快成片土地开发更是如虎添翼,8个成片土地开发区在此后几年间都陆续进入实际全面开发阶段。到1990年泉州市委市政府批准新增加3个综合开发区,推行实验地。这些政策措施都有力地推动了泉州经济的发展,自1986年到1991年泉州市的乡镇企业总产值和出口总值都明显递增。

从此,泉州的乡镇企业由"遍地开花"的满天星式发展模式开始向以小城镇为依托、集中连片土地开发的区域化、专业化及规模化的方向转变。此后十几年间,泉州的乡镇企业、民营企业及三资企业等非公有制经济蓬勃发展,泉州大地上不断涌现出知名企业及名牌产品,在这一浪高过一浪的创业大潮中,一批又一批草根崛起的标杆企业家们终于百炼成钢,谱写了一曲曲感召世人、激情创业的乐章,他们艰难创业所走过的足迹留给接踵而至的弄潮儿深刻的启发和借鉴。

二、标杆企业家的创业足迹

新中国建立以来的头30年,国有企业一统天下,全国各个地区不同程度的推行高度集中的计划经济体制,这种体制有利于国家在经济基础薄弱的情况下能有效、迅速地集中全国经济力量,为大规模的工业化建设创造条件,但是这种以行政命令代替市场规律的高度集中的经济体制极大地挫伤了广大农民、职工群众的积极性和主动性。在这种不利的制度环境之下,晋泉人民善于在体制下变通,借助中央允许办社队企业的政策,大办家庭作坊式的小工厂,一度挂靠集体戴"红帽子"以求自保,从而点燃了乡镇企业的星星之火,开始了泉州乃至全国民营经济的新发展。泉州经济的重要支柱是乡镇企业,乡镇企业的破茧而出受益于晋泉地方政府为之创造了宽松的政策环境,但更离不开"敢吃螃蟹"的第一代草根企业家们艰苦奋斗与开拓创新的勇气和智慧。泉州乡镇企业从出现到初步发展,企业的经营管理者到工人几乎是清一色的农民,他们从文化素质不高的农民成长为叱咤商海的现代企业家,几乎都经历了一个极其艰难的奋斗历程。泉州草根企业家们的成长是与泉州经济同步发展起来的,所以他们艰辛创业的道路也是泉州民营经济的崛起之路。曾经有一位民营企业家在回顾创业历程时不无感慨地说:"想当初创业真不简单。我们既当车间工,又当供销员,还当搬运工,边学边干,慢慢掌握了企业管理、营销手段和公关策略。"泉州的企业家们就是在这种极其困难、完全没有前人经验可以借鉴的环境下"摸着石头"由蹒跚学步到茁壮成长的。"夫妻档"、"兄弟连"、"父子兵"、"朋友阵"等家庭内部合作及熟人经济协作催生了民营经济的新芽,也成就和历练了一批大浪淘沙、百炼成钢的标杆企业家。

(一)鞋类制造业

晋江制鞋行业的先行者。林土秋是晋江制鞋行业的先行者。自1979年开始,家住晋江县陈埭镇洋埭村的林土秋与其堂兄弟及远在香港、菲律宾的堂亲等14人每人认股出资2000元,集资兴办了晋江第一家私营企业——"洋埭服装鞋帽厂"。经过艰苦努力,他打开了制鞋的原料市场与产品销售市场,获得了成功。看到林土秋的成功,整个陈埭镇的人也都积极效仿,到1984年,晋江陈埭兴办的鞋类企业就有700多家。当年,林土秋经营的鞋厂与另外4家皮鞋加工厂联合组成了陈埭鞋帽公司。1988年以后,林土秋逐渐退居二线,将鞋厂交给儿子们打理。当年的"洋埭服装鞋帽厂"几经变迁,后来发展成为达利鞋厂和鳄莱特轻工发展公司,达利鞋厂由林土秋的大儿子经营,鳄莱特则由二儿子打理。

股份制民营企业的开创者。泉州兴办乡镇企业是中国民营经济的先行先试,帮登鞋业有限公司则是泉州民营企业的开创者。1980年12月,公司创始人侯炳辉和他的七个伙伴合资10500元,在南安洪濑镇东街低矮的小平房里成立了"洪濑鞋帽厂",即"帮登鞋业"的前身。许多年后,侯炳辉才意识到,他开创了泉州乃至福建第一家股份制民营企业。在此之前,泉州民营经济在1978年用挂户经营的方式已经萌发新芽。当时晋江陈埭镇获批20张集体企业牌照,被190多家联户集资企业挂户,完成了民营企业的最初探索。"从来荒径多荆棘。"侯炳辉常常用这样的话来形容民营企业迈出的第一步。"帮登鞋业"刚开始主要是生产女式高跟鞋。开始生意很红火,但由于车间设备、原材料、胶水和制鞋技术都很落后,鞋子质量存在问题导致销路受阻。有一天,他看到妻子购物回来用于包东西的报纸里有一条消息:广东人很难买到童鞋!他马上派人去广东做市场调查,发现情况属实。他迅即调整思路:放弃生产女鞋而选择生产童鞋。帮登生产出来的第一代童鞋是以"熊猫"为牌子,很快就打开市场。1987年,侯炳辉收购了所有的股份后,开始将发展目标转向造牌,他根据自身奋斗及追求愿景提出"帮你登上人生高峰",这样的品牌内涵赋予洪濑鞋帽厂"帮登鞋业"这一新品名。说起创办洪濑鞋帽厂的经历,侯炳辉回忆,改革初期家庭联产承包责任制在全国推行,农民可以分田到户。大伙认为,既然农民都已实现分田,他们在城镇里办厂,政策上应该没有问题,关键是办什么厂。当时8个合伙人讨论非常激烈,大家商量后一致认为,洪濑早就有制鞋的传统经验,制鞋人才也多,而且鞋厂生产流程相对简单,设备也不贵,合伙人中又有人从事过鞋业制造,办鞋厂成功的机率较大,所以主张办一家鞋厂。"讨论到最后,大家对政策还是有些担心,记得当时的股东之一王振元半开玩笑地说:'要办厂胆子就要大点,大家一起干,今后若出了问题,还可以互相照应。'"侯总感慨地说,他们8个人就是带着义无反顾的勇气,合股出资10500元创办了洪濑鞋帽厂。作为泉州乃至福建第一家股份制民营企业,帮登经历了从计划经济到市场经济的巨大转变,迈出了泉州民营经济联户集资发展的关键一步。1993年,公司在童鞋领域慢慢站稳脚跟,年产值也第一次超过了百万元。时光如梭,当年的洪濑鞋帽厂如同一颗小石子,将平静的湖面打破,泉州的民营制鞋产业从此沸腾了起来。

推动晋江制鞋业燎原之势的后来者。晋江鞋业在林土秋的模范带头作用下蓬勃发展,榜样的力量是无穷的,财富效应使得天生具有模仿能力的农民将仿制生产发挥到极致,20世纪80年代中后期的晋江,满大街充斥着各种贴牌的运动鞋小作坊。这是晋江制鞋业发展的第一阶段——做贴牌生产,开展来料加工、来样加工、来件配套和补偿贸易的生产模式。

1983年,世界鞋业巨头美国耐克公司到泉州开办加工厂,把先进的制鞋技术和管理经验及技术人才带到泉州。20世纪80年代,正值民营企业宏图大展的黄金时期,耐克的到来推动了晋江乃至泉州鞋业发生了质的变化,从此旅游鞋生产就在泉州生根发芽,并迅速辐射至晋江、石狮、莆田等全省各地。后来耐克公司加工厂虽然迁往莆田,却给泉州制鞋业播下了运动鞋制造业的星星火种。当时还未曾涉足制鞋业的闽南汉子许景南就从耐克加工厂及泉州胶鞋厂日益红火的发展中看到了制鞋业这个大有可为的巨大市场,便萌发了开办鞋厂的创业愿景,那时他高中毕业以后刚好碰上"知识青年上山下乡"的特殊时期,感到前程渺茫的他一度颓废过,但是凭着父亲一席话以及他自身吃苦耐劳、不畏艰辛的坚韧性格和先知先行的果敢作风,靠拉板车积累原始资金的他一步步走向成功。在短短十年间他先后投资创办了汽车队、包装厂、拖鞋厂、木箱厂、机砖厂、建材厂等10多个企业。当时看到泉州胶鞋厂生意红火,许景南开始把目光瞄上了耐克在泉州的鞋厂,并争取成为他们配套加工的合作对象。1988年许景南就开始筹资建厂,但就在他们把厂房建好之时,1986年才在泉州成立的耐克公司分工厂就搬至莆田,这一突如其来的变故,使他深陷窘迫,是继续办鞋业还是转型?许景南回忆说当时"狠掐了一下大腿,一不做,二不休,我要自创品牌!"他当时就隐隐约约意识到,改革开放势必使国家富强起来,经济全球化是世界发展的必然趋势,因此未来市场很可能就是品牌市场。于是他立即出高薪将耐克公司留下的一大批工人及技术人员吸收到自己的小厂里,从而为自己的企业奠定了运动鞋生产的高起点。1989年,许景南成立了"丰登制鞋有限公司",次年就创立匹克品牌,很快匹克第一代运动鞋上市。1991年开始,匹克公司与国家篮球劲旅八一篮球队达成合作,为"八一队"成功研制出国内第一双大码篮球鞋,战神刘玉栋成为匹克的品牌代言人,匹克开始名声大振。同年8月,许景南荣获福建省人事局认可的经济学家称号。1992年,福建泉州匹克集团正式挂牌,同年在全球65个国家进行了商标注册。1995年通过了ISO9002国际质量管理体系和产品质量保证体系的认证,成为国内运动鞋行业首批通过认证的企业。

在当时那个激情澎湃又充满艰辛的年代里,品牌的故事不胜枚举。其中有引领泉州乃至全国造牌运动的鞋业集团安踏公司。1986年,就在父亲的鞋厂刚刚办起来之时,年仅16岁的丁志忠(丁世忠)就盘算着把晋江鞋卖到首都北京去,于是他走遍了陈埭镇上所有的鞋厂,精心挑选出600双他认为最好卖的鞋,怀揣着1万元独自去北京开辟销售市场。到北京后他先是在大康鞋城租了一个柜台,很快就卖掉了600双鞋。两年时间里他一有空就跑到大街上留意过往行人脚上的鞋子,对比北京各大商场知名运动鞋的品牌与性能,及时给商场反馈信息,就这样他靠着腿勤和真诚就让北京商场货架上摆上了晋江鞋,包括最难打通的销售市场王府井商场,丁志忠的商业营销天分和市场战略眼光崭露头角。在接下来的几年里,晋江鞋虽然占领了市场但是价格却一路走低,丁志忠从中悟到了"树立品牌"的重要性,于是他带着赚到的第一桶金和"一定要把品牌打响"的信念回到晋江。1991年,进京5年的丁志忠毅然回到家乡,与父兄共同创办安踏鞋业公司,自己出任公司总经理,开始打造"安踏"这一品牌,该公司成为中国第一家品牌运动鞋民营企业。从"卖产品"向"创品牌"转型的关键时刻,1999年安踏不惜重金请来世界乒乓球赛冠军孔令辉担当品牌代言人,一句"我选择、我喜欢"为安踏的品牌之路打响了第一枪,同时也取得了意想不到的大丰收。一时之间,"明星+广告"式的造牌运动风生水起。短短几年间,泉州的七匹狼、安踏、361°、金莱克、德尔惠、贵人鸟、雅客等60多家企业,聘请孔令辉、王楠、李亚鹏等100多位明星作为品牌形象代言人,在央视一套和五套频繁亮相。像这样的故事在20世纪80年代的泉州可以说是数不胜数,后继者在诸多敢为人先故事的感召下纵横商海勇立潮头。

成为"外销大王"的三兴公司。1985年,晋江人丁水波15岁从学校毕业后就开始从事鞋业制造,当了两年的学徒好不容易积攒了几百块钱。1987年,他和两个拜把兄弟每人出资500元,共1500元开始搭起竹棚办起了小工厂,这就是日后"三兴公司"的雏形,意喻三位拜把兄弟的事业共同兴旺发达。刚开始公司十分简陋,就是在晋江陈埭镇的一条小河边搭起的一个小竹棚,三个老板两个员工不分昼夜地敲敲打打,每天生产十几双拖鞋。在当时那个信息闭塞的经济短缺年代,农民办企业既无原料采购优势,又不精通产品设计和营销,有的只是一无所有、想要放手一搏的勇气和胆识。当时,有一个成都商人在拿不出货款的前提下承诺要在成都市场代销"三兴"鞋,丁水波三兄弟咬咬牙决定大胆一搏把货发给他,一个月后鞋子全部脱销而且成都商人也成了丁水波长期的生意合作伙伴。就是凭着这种义无反顾的创业豪情,工厂的生产和销售渐渐上了轨道。到1989年,工厂已经小有规模,工人达到100多人。此后,工厂的出货量每年都呈几何级数增长,生意越来越红火。至1990年,开始生产运动鞋,工人也增加到400多人,市场迅速扩大到全国各大城市。第一年生产了3万双运动鞋,第二年产量就达到了20万双,年产值已超过3000万元。因为当时的市场还是卖方市场,加上产品物美价廉,销售很快就能打开局面。1992年前后,丁水波开始大举进军国外市场,把第一双鞋卖到俄罗斯后,丁水波通过外贸挖到了他的第一桶金,三兴公司也成了晋江第一家做外贸赚钱的鞋企。1993年,三兴公司成为晋江首家打入南美、非洲市场的企业。在这种形势下,丁水波放眼世界,转变销售方向,完全为国际知名品牌和客商贴牌生产各种款式的运动鞋,产品远销五大洲40多个国家和地区,被业内人士称为"外销大王"。在此后的几年间,"三兴"就成为中国在海外销量最大、名声最响的鞋业公司,在美国、智利、西班牙等世界各地设有分公司。在晋江地区,就有45家工厂帮丁水波代工。2001年,丁水波以敏锐独到的眼光创立了特步品牌,尽管当时特步的产值只有9000多万元,但是到了2002年特步的产值就翻了2倍,突破了2个亿;到2003年产值又增加至30亿元。所以有人用"飞一般的速度"来形容特步的成长确实一点也不为过。

(二)纺织服装业

泉州纺织服装业的起步较早,从20世纪60年代开始,泉州的石狮就由于"十户人家九户侨"的侨缘优势,在全国物资极其缺乏的情况下还能出售自用有余的"小洋货"而形成"故衣摊"市场而闻名全国。随着"三来一补"和三资企业的发展,石狮服装市场有了产业的依托,渐渐地服装产业也扩展到周边晋江、南安等地区。在20世纪70年代末,一系列关于资产、雇工、价格的敏感问题,如同锁在先行者脚踝上的镣铐,让许多人在利润面前望而却步。正是这个时候,"敢为天下先"的泉州第一代农民企业家们,以特有的商业基因和拼搏精神,打造出民营经济发展的一片蓝天。1979年,26岁的许连捷开始探索办厂兴业,在家中办起了"三来一补"的劳保服装加工厂,1983年又创办了"民龙香港拉链厂",由此赚到了第一桶金50万元。1980年晋江英林镇的洪肇明敏锐地察觉到改革开放带来的巨大商机,就在生日当天他毅然拆下两扇门板当裁床,与做过裁缝的弟弟合作开始了服装加工生产与销售。1984年他在自家房子招来20多个工人创办了"佳丽服装厂",这就是今日男装夹克领头羊"劲霸"男装的前身。同样艰难创业成长起来的还有今日国内服装巨头七匹狼、全国拉链业唯一的"中国驰名商标"制造商——浔兴拉链,还有曾经打造出泉州第一代名牌产品即"爱花牌胸罩"的宋太平等等,他们都在泉州纺织服装行业的发展史上留下了浓墨重彩。

从"螺丝大王"到"胸罩大王"的新崛起。从20世纪70年代出了名的"螺丝大王",再到80年代创造出泉州第一代名牌产品"爱花"牌文胸的"胸罩大王"宋太平,对于当时的石狮人、泉州人来说无不家喻户晓。

1978年中共十一届三中全会的召开,为宋太平的再次创业提供了有利的政策环境。在一个偶然的机会他从妻子的胸罩里看到了商机,尽管改革开放初期,全国上下尤其是泉州的女性还不大知道胸罩为何物,也羞于问津,但宋太平以其从小经商的敏感性认定这个市场有很大的发展潜力。1983年初,他不顾世俗的眼光毅然创办了"石狮胸罩服装厂",产品命名为"爱花"。刚办厂的时候,胸罩的款式几乎是宋太平自己设计的,他妻子也成了他的"专业"模特,经常是把做好的产品带回家中边试边改。办厂的头一年销路并不理想,年产值只有10多万元。后来由于商品经济日益活跃,人们的视野和见识也逐步开阔起来,胸罩为越来越多的女性朋友青睐。宋太平也在生产实践的过程中不断地创新,先后根据不同体形、不同年龄的女性设计了数百款胸罩,一度在报纸上打出"胸罩全球"的广告,气魄恢弘。此后十几年间,爱花牌胸罩红遍中国大江南北,不仅卖到上海南京路和北京王府井百货大楼,而且还在全国20多个大城市拓展销售网点,甚至远销至中国香港及东南亚、中东、欧洲、北美、非洲等30多个国家和地区。1987年2月,宋太平荣获"当代中国优秀农民企业家"的称号并以此光荣身份走进北京人民大会堂接受了证书。

石狮胸罩服装厂在80年代末的发展如日中天,胸罩厂的规模、产值和利税年年上升,"爱花"牌胸罩也成为国内同类产品中最早、规模最大的名牌产品。到了90年代初,笼罩着300多项荣誉光环的"爱花"牌胸罩由于经营者转型不力、东欧市场资金链出问题等主客观原因而陷入困境,一度将石狮胸罩服装厂改为服装厂并对外承包,最后于2004年停产。宋太平以及"爱花"牌胸罩尽管没有铸就最终的辉煌,只走过短短20载的岁月,但商海沉浮莫以成败论英雄,他所走过的路记载了泉州民营企业百折不挠的成长足迹,成为改革浪潮中泉州民营企业发展的一个历史性标杆。

"小拉链创出大奇迹"的世界行业巨头。一口"闽南腔"的施能坑,是土生土长的晋江人,他独具慧眼善于发现商机,这是浔兴拉链创业的第一步。他在众人竞相兴办鞋服企业的浪潮中瞄准服装辅料市场,发现了一条小拉链背后的巨大市场。施能坑出生在"兄弟姐妹众多"的农村家庭,"改善生活"成了他少年时代打拼的原动力。在20世纪80年代中后期,泉州的纺织服装及鞋业加工开始兴起,施能坑却主动避开了这股热潮,他敏锐的眼光落在了服装、箱包等行业,快速发展下的市场肯定需要大量的辅料——拉链。"爱拼敢赢"的闽南人,似乎有一个共同点即心动就马上行动。当时施能坑和几个伙伴们设法筹措了16000元人民币,坐火车到北京拉锁总厂买来拉链,经过加工,再拿到批发市场和商场销售,一年下来竟然赚了十几万。果然随着服装鞋业的蓬勃兴起,拉链供不应求,施能坑就开始谋划着办厂,自己生产拉链。1984年,施能坑和几个兄弟用辛苦积攒的30万元,从广东顺德买来四台压铸机,办起了家庭作坊式企业,成立了晋江市光华五金制品厂,专门生产与服装、箱包行业配套的拉链产品,开始了浔兴公司真正的创业历程。"浔兴"在接下来的几年里,发展顺风顺水,产品销售非常可观,施能坑本人特别重视产品的质量,他平时反复强调"细节决定品质"。1991年,SBS品牌拉链不断遭遇客户投诉质疑,原因是一些小型拉链厂购买带有SBS标识的拉链头冒牌加工出来的产品质量不合格。施能坑果断决定把销售出去的拉头全部回收集中销毁。这次"烧钱"事件公司直接损失300多万元,而当时浔兴一年利润也只有200多万元,但是这次质量战役促使浔兴人牢牢树立了产品的品牌和质量意识,浔兴重视品牌和质量的美名也因此广为流传。第二年,浔兴的市场销售额翻了2倍。浔兴集团从家庭作坊式企业,发展成为国内拉链行业的龙头企业,施能坑感慨说:"坚持以人为本,注重科学管理,加大科技开发力度,塑造SBS品牌形象,可以说是浔兴集团发展的四大法宝。"

浔兴经过二十多年来的发展,企业不断发展壮大,成为集模具开发、拉链生产、电镀、染色为一体的拉链专业化生产的集团公司。小作坊能赶超世界第二的秘诀是什么呢?注重品牌的打造及推广是其关键。打造品牌早已经成为各大商家营销战略的重要举措,但在十几年前,在代工盛行的年代,要创牌很可能会被认为是"傻子"才干的事。施能坑回忆说,当时听说浔兴要打品牌,大家都不理解,他们认为一个小企业打什么品牌啊?但当时施能坑想,没有品牌的企业就没有主动权,就容易受制于人,尽管创牌刚开始会很艰难,但是只要品牌被认同了,公司今后的发展空间就会越来越大。还有一个动因就是受到世界拉链行业巨头YKK的影响,因为施能坑发现YKK有巨大的品牌效应,它的价格就比没有品牌的同类拉链高出很多。刚开始创牌时浔兴还不叫"SBS",叫作"光华"。当时的想法就是希望自己生产的拉链能够走遍全世界,所以设计了一个地球,搞了一个小拉链,写两个英文字就成了光华。后来发现这个标志设计不够国际化,所以又改为"SBS",当时的含义是施家的兄弟姐妹,即"SHI BROTHER SISTER",这样子看起来要比"光华"国际化一点。到2002年的时候,为了淡化家族管理,强化现代企业制度管理,就把"SBS"的含义改为"提供更好的服务"即"SUPPLY BETTER SERVICE"。目前"浔兴拉链"这个商标在全球70多个国家注册,也是全国拉链业中惟一荣获"中国驰名商标"称号的品牌。浔兴仅仅用20年的时间,就成为产品远销80多个国家和地区的拉链业世界第二大品牌。真可谓是小拉链创出大奇迹!这艰辛的历程见证了浔兴董事长施能坑及其企业的赶超精神。20世纪80年代初,施能坑直接引进当时最先进的设备、技术和人才,并向同行推广,使中国拉链业步入发展的快车道,大大缩短了与国际拉链产业的差距。十几年来,企业不断发展壮大,成为集模具开发、拉链生产、电镀、染色为一体的拉链专业化生产的集团公司——晋江浔兴拉链集团公司。但施能坑志不止于此,他的宏愿就是追赶世界名牌"YKK"。如今,中国终于成为世界上最大的拉链制造生产基地,浔兴的地位不容置疑。

目光敏锐走向世界的"七匹狼"。晋江"七匹狼"品牌能够经久不衰,主要是靠其创业团队的集体智慧和协作精神,"头狼"周永伟胸怀大略,运筹帷幄,起了很重要的作用。但在营销方面,主要是少主周少雄成功营销开疆拓土,并且取得丰硕的成果。

从1985年开始,他们兄弟先在晋江金井创办了一家名为"晋江县金井劳务侨乡服装工艺厂"的小企业,和当时一些民营企业一样,它也是挂集体企业之名行私营企业之实,这就是七匹狼公司的雏形。用七匹狼公司总经理周少雄自己的话说:"一开始只是想做些小本买卖,后来慢慢积累,做了两三年后,就萌发了做服装的想法,开办了服装厂。"创办晋江金井侨乡服装工艺厂之前,周少雄在当地的新华书店做配书的工作。为了追求更高的人生境界,他放弃了这份相当不错的差事。因为那时他就自信不靠铁饭碗也一样能够养活自己,甚至在街头摆个小摊也能够生存下去,于是他大胆决定下海淘金。尤其是20世纪80年代国家放宽政策,鼓励侨乡人民积极吸收利用侨资办好"三资"企业,这使得周少雄兄弟三个开始跃跃欲试。他们在家乡创办了晋江金井侨乡服装工艺厂不久,1988年他们又办了"晋江恒隆制衣厂",刚刚开始他们主要是做服装贸易,还代理过饮料销售,如可口可乐,后来又转向做服装面料,由此赚到了比较可观的第一桶金。当时做面料的时候因为缺少帮手,周少雄就叫上自己的哥哥周连期和弟弟周少明,以及几个同学共七个人一起做。到做服装的时候,七个人经常在一起探讨,对比了自己生产的衣服和侨亲从境外带回来的衣服,发觉多了个商标价格就大相径庭,几经琢磨他们决意要创立自己的品牌。按闽南风俗和方言,"七"代表"众多",而"狼"与闽南话中的"人"是谐音,七个人也就顺口地叫成"七匹狼",终于这个富有个性的商标名应运而生,意味着团结、拼搏、向前。于是1990年福建省出现了由他们创立并注册的第一个服装品牌"七匹狼"。同年6月,产品进入上海"华联"、"一百"等一线百货大楼,一炮打响。当时服装生产主要就是要能打开市场,七匹狼选择首战的第一个大城市是当时商品经济相对活跃的上海,一方面是因为周少雄在上海做面料也待了四五年,积累了一定的人际关系,对上海的市场行情也比较了解。他们决定专注做好一件事,通过一种单品夹克来征服挑剔的上海顾客,这种双色夹克看似很传统的面料,但是款式时尚新颖,做工精良考究,从不同角度看这种夹克就有不同的视觉感受。很快这款夹克一进入上海的第一百货商场和华联商场就一炮走红。

"七匹狼"一开始就占领制高点的营销策略取得了成功,不久就被冠上了"中国夹克之王"的称号,但是麻烦也接踵而至。冒牌的"七匹狼"产品如雨后春笋般涌现出来,当时许多不法商人以仿冒的"七匹狼"夹克来争夺销售市场,这在当时的服装市场上是非常普遍的现象。但周少雄在1992年借此打击"假冒七匹狼"的机会,策划了一场现在看来都还很经典的营销活动:首先在上海华联商厦举办促销活动,引导消费者当场辨别真假,促销当天销售火爆,日销售额突破八万元人民币;紧接着"七匹狼"大张旗鼓进行打假,将数家仿冒厂家告上法庭,一时间"真狼战假狼"成了上海、北京、广州等地媒体的头版新闻,通过媒体公关,七匹狼的打假活动取得了意外的收获,七匹狼的品牌知名度反而进一步提高。七匹狼公司最终借助法律手段,将假"狼"全部驱逐出市场。"真狼战胜假狼","七匹狼"夹克"因祸得福",从此名声大振,风靡大江南北,被誉为"夹克之王"。周少雄坦言,打假事件让他深知品牌的重要性,最后他们转危为机,"七匹狼"的品牌价值也获得了很大的提升,促使公司及生产规模快速扩张,产品荣获第一批"福建省著名商标"称号。1993年,公司引入"七匹狼"CIS系统,此举在国内同类行业属于先行的典范。周少雄也被评为"福建省优秀青年企业家"。

(三)日用化工制造业

风雨兼程勇往直前的"恒安"伟业。1979年,26岁的许连捷借着改革开放的春风,放开胆量,在家乡率先创办承接香港来料加工的安海后林劳保服装厂。1983年,增办民龙拉链厂。虽然当时办厂搞服装生产也能赚到可观的利润,但是许连捷一直想在事业上突围发展优势产品。1984年11月的一天,福建省晋江市安海镇通用机器厂的技术员杨荣春,拿着来自香港的卫生巾设备说明书,找到许连捷探讨商机。对市场十分敏锐的许连捷早已经意识到晋江那时候家家户户都是小规模的服装厂,没有自主品牌,只赚一点点加工费,所以一直想在事业上另辟蹊径大干一场。他当时就预感到国内卫生巾市场还未开发会是个好生意,拿定主意后立刻去上海进行深入的市场调查。1985年,许连捷决定转产,专门生产卫生巾,并凑齐136万元,内联服装、拉链两厂,外引香港天利贸易公司,联合创办了中外合资企业——恒安实业有限公司,并担任公司副董事长兼总经理。在创办初期,公司生产"安乐牌"妇女卫生巾的时候,许连捷就提出"以优质产品叩开市场大门"的口号,把"质量管理"纳入公司目标管理体系。20世纪90年代,恒安从日本引进当时国际上最先进的成套设备,开发生产当时国内还没有的护翼高档卫生巾、热风无纺布、流延薄膜等高精尖产品。作此决策的艰难非同一般,因为当时恒安的产品供不应求,而更新那些设备几乎押上了企业的全部身家,幸好高额付出收到了丰厚的回报。1991年,《中国名牌》商品评价中心发表公告,卫生巾项目测评表明恒安生产的"安乐"卫生巾在全国妇女卫生巾的市场占有率高达40.11%,稳居行业产销量第一。同年,"恒安"被评为

"中国300家最大规模外商投资企业之一",还希望能借助这一销售网络把产品线扩展到纸类产品以外,包括食品和日化用品。如果他的宏愿能够实现,恒安将成为全国最有名的本土消费品公司之一,也将成为宝洁等跨国公司最强劲的竞争对手。

中国的乡镇企业兴衰更迭不计其数,平均寿命只有几年。而恒安集团却是个特例,它不仅生存下来,而且繁荣发展。集团销售额从2005年的40亿元(约合6.34亿美元)发展到2011年的约170亿元(约合27亿美元)。恒安集团的崛起和稳步发展可以部分归功于当时中国卫生巾市场的空白,但是同时也应该归功于总舵主许连捷的远见卓识和居安思危。许连捷常常强调作为一个企业家的管理经验中,如"前瞻性的领导力"和"善于捕捉信息与商机"及"居安思危的忧患意识"尤为重要。他本人的管理风格深刻影响了晋江乃至泉州一批企业家,在闽南有着"商业教父"的美誉。

飞驰"金鹿",驱除蚊蝇。"驱蚊用金鹿,高效又无毒!"二十多年前,这句妇孺皆知的闽南语广告词几乎与《射雕英雄传》、《霍元甲》等热播港剧一起,在那个年代留下了深深的印记。1983年,南安洪濑人张华安花了3000元人民币在福建电视台的黄金时间投放"金鹿"蚊香广告,当时插播在热门电视剧中的这则广告,让"金鹿"蚊香走进了千家万户。一时之间,"金鹿"蚊香被争相抢购。用张华安的话说,当时花了3000块钱的广告费就打开了国内市场,要是换成现在,花3000万都很难有此效果。这就是张华安,每到紧要关头他都能做到抢占先机、迅速行动,这位侦察兵出身的退伍军人,打造了当今中国蚊香业的第一品牌,并打造出福建金鹿日化股份有限公司这艘国内蚊香业的航母级企业。

金鹿集团董事长张华安从变卖妻子首饰兑换成2000元注资起步并成长为企业家的艰难历程,给很多正在创业的人们带来了宝贵的启示。1961年,张华安高中毕业便参军成为一名侦察兵,随后在福建长乐度过长达7年的军旅生涯,练就了他作为军人特有的刚强、坚忍的性格。退役后,张华安被分配到泉州第五塑料厂担任行政管理员。1979年当改革开放的春风吹绿大江南北之时,当时30多岁的张华安按捺不住创业的激情,毅然放弃国企的"铁饭碗",投身商海。创业之初,张华安最大的困难是没有资金,银行不贷款给他,身为银行信贷股股长的哥哥也苦口婆心地劝他:"'雄鸡'牌蚊香曾经在市场上风靡一时,但现在也每况愈下。蚊香有多少市场?能赚多少钱?"但是,张华安认准了自己选的路:"蚊香不是没有销路,而是我们中国蚊香的杀蚊药物是世界卫生组织禁止使用的。世界上的蚊子无法灭绝,中国的蚊子更多,所以蚊香肯定有销路。"

最后,妻子卖掉嫁妆、首饰,再加上私房钱,凑足了2000元,交给了张华安。这就是今日拥有数亿资产的金鹿集团的启动资金。南安一家家具厂里闲置的木桶生产车间成了蚊香厂的厂房,原来家具厂的17个年轻人被张华安说动了,成为金鹿的第一支创业团队。"1981年的时候,我和这17位工人就这样'揭竿而起',开始艰苦的创业生涯。曾有媒体把我们18人比作是'十八勇士强渡大渡河'!"张华安说。"当时,蚊香是福建外贸出口的主要产品之一,福建省外贸公司注册的'雄鸡'牌蚊香,在国际市场供不应求,在广交会上特别紧俏,当时全省有几百家蚊香厂为省外贸公司贴牌生产'雄鸡'牌蚊香,几乎每个县都有。"张华安说,"这几百家蚊香厂的生产是有定额的,按计划分配。比如一家较小的工厂每月只能供应20箱,显得非常被动,企业的生死存亡都掌握在他人手上。"所以张华安从一开始涉足蚊香行业就想自创品牌。

金鹿的第一批蚊香生产出来了,张华安就兴冲冲地跑去找福建省外贸公司,希望他生产的蚊香也能贴上"雄鸡"牌,冲进国际市场。然而,对方一句"我们的供应商已经够多了",阻挡了他的脚步。外贸门槛挡路,难道只能选择放弃?看着一箱箱刚刚"出炉"的新产品,张华安没有沮丧,而是作出了一个在当时被认为特别大胆的决定——做国内市场。这一决定,让大部分同行都感觉到不可思议。因为当时国人大部分都用蚊帐,蚊香销路极其不畅。一向喜欢逆向思维的张华安,先是把计划经济时期的"先生产后销售"的方式扭转到"看市场再生产"的新角度。他说,厂子小、知名度低不可怕,怕的是妄自菲薄。1982年,张华安带着刚刚创下的"金鹿"品牌,参加全国日杂商品交易会。交易会上,名牌产品荟萃,各路蚊香供销大军各显神通激烈地争夺客户。初次登场的"金鹿"因面孔陌生几乎无人问津。张华安纳闷、着急,冷静思索后,他立即开始进行自我推销。"质优不怕比,价格最优惠,初购何需多,愿君试一试",张华安自编的广告词被抄成十几张,分别贴在展馆最醒目的地方。此招真灵,广而告之后,先后有9个省、市的客户与"金鹿"签订了购销合同。

"驱蚊用金鹿,高效又无毒",广大消费者在20世纪80年代几乎用同一口径肯定了"金鹿"的质量和品位。此后,张华安又率先在全国同类行业中引进了日本的先进技术,用日本除虫菊酯研制而成的新型高级蚊香深受广大消费者认可。看好的市场给了"金鹿"丰厚的回报,也为"金鹿"驰骋天下奠定了扎实的根基。张华安在市场经济的风口浪尖上,经过10年的艰苦创业,企业逐步发展壮大,1992年输出技术设备,在菲律宾投资设厂办实业。1993年6月组建福建省金鹿集团,成为全国最大的家庭卫生杀虫用品企业,总资产达3亿元。奔驰的"金鹿"在第一代创始人张华安的带领下正走向辉煌的新时期。

第八章

社会主义市场经济时代泉商大发展

泉州是著名的侨乡和台湾同胞的主要祖籍地。全市海外华侨有720多万人,旅居香港、澳门同胞有80多万人,台湾汉族同胞中44.8%约900万人祖籍泉州。随着中国大陆改革开放政策的全面推进,富有拼搏精神的泉商再度崛起,其中既有祖籍泉州的广大海外侨胞、港澳台同胞,也有实力日益雄厚的本土泉商。不少本土泉商借助海外泉商的优势和实力,在短期内集聚资本,驰骋商海,迅速成长为中国商界的精英。

如今,海外泉商实力增强,影响力不断扩大,据《亚洲周刊》2007年10月公布的"国际华商500强"显示,除港台企业外的264家华商中,闽商就有96家上榜,其中泉商有69家。另外,菲律宾华人企业前10名中,有6家是闽商,其中泉商占了4家。泉商在港澳台地区和东南亚诸国有着举足轻重的影响。此外,改革开放以来,一些泉籍商人移居海外发展,成为海外的现代泉商。

以海为生是泉州千百年来的传统,历代泉州商人置身于海洋文化的惊涛骇浪中,从来处变不惊,爱拼敢赢,并获得顽强的生存能力。改革开放以来,泉州商人把握机遇,着力打好"侨牌",以"三业一补"起步,带动乡镇企业的发展,培育优势特色产业,形成众多知名品牌,经济社会发生了翻天覆地的巨变。

第一节 泉州商人大发展的经济背景与条件

一、改革开放以来泉商发展五个阶段

第一阶段:1978—1985年,大力发展乡镇企业,实现产业结构从以农业为主向以工业为主的转变。1980年8月,晋江县委出台了《关于加快发展多种经营和社队企业的若干问题的规定》,拉开了泉州农村工业化的序幕。鼓励群众利用华侨的闲房、闲资和闲置劳动力创办企业,承接"三来一补"业务,闯出一条在全国独具特色的发展乡镇企业路子。1985年,泉州市企业总产值16.6亿元,比1980年增长了近4倍,产业结构由"一、二、三"格局向"二、一、三"格局转变,告别了以农业为主的时代。

第二阶段：1986—1991年，创办开发区，大力引进侨资，实现工业由散向聚、由内向外发展。1986年泉州撤地建市后，推进建设8大成片开发区，开发面积达2.35平方公里，积极引导企业由"遍地开花"向专业园区集中。充分发挥侨乡优势，及时把引进侨资侨力与发展乡镇企业、建设加工区和工业区等紧密结合起来，大力引进侨资嫁接乡镇企业、发展三资企业。1991年，全市累计批准三资企业1418家，实际利用外资2.85亿美元。

第三阶段：1992—1997年，泉州继续深化改革、扩大开放和优化产业布局，夯实经济发展的制度基础和经济基础。邓小平同志南方谈话以后，泉州市全面推进国有企业股份改革和投融资体制改革，引导私营企业转变家族式管理方式，建立现代企业制度。

第四阶段：1998—2003年，实施科教兴市战略和名牌战略，实现经济结构转型升级。1999年，出台《泉州市科教兴市战略实施方案》，构建以企业为主体的科技创新体系，运用先进适用技术改造、提升传统产业。

第五阶段：2004年至今，贯彻落实科学发展观，推进经济社会又好又快发展。加快转变经济发展方式，引导龙头企业参与行业标准、国家标准的制定，引导企业争创国际品牌。加强民生建设，建立城乡一体的就业服务体系。坚持统筹协调发展，大力实施中心城区优化发展、沿海县域率先发展、山区县域特色发展战略。加强生态环境保护，全面推进城市污水、垃圾综合处理和工业污染集控区污水处理产业化运作。优化政策环境，实行全程式的网上审批和网络电子监察的行政审批制度。

二、发展产业集群，实施品牌战略

现代泉商充分发挥泉州独特的人文、地理优势，形成初具规模的产业集群18个，拥有制造企业4万余家，产值2000多亿元，其中制鞋、纺织服装、石材、食品、陶瓷、茶叶等产业集群特色鲜明、集群效应显著，为泉州社会经济发展奠定了坚实的物质基础。

现代泉商产业集群按照产业链分工协作组织生产经营，总量规模大，有力地提高了地区的竞争力，成为推动泉州社会经济发展的重要力量。从创办企业到形成产业再到发展集群，泉州构建了地方生产系统；从"遍地开花"到工业园区再到城市工业组团，泉州建立了工业制造基地；从仿样加工到贴牌生产再到创建自主品牌，泉州成为"品牌之都"。同时积极强化自主创新，泉州市政府完成财政科技投入4.72亿元。2009年微波通信产业集群成为国家创新基金首个产业集群试点基地，获国家创新基金2623万元支持，新增高新技术企业61家、省级创新型示范企业26家省级企业（工程）技术中心19家、产业技术战略联盟5家、成立科技创投基金2家。

现代泉商积极实施品牌战略，争创中国世界名牌，积极推动品牌创建、运营和提升，鼓励企业参与和修订各级标准，承担专业标准化技术机构工作。2009年，泉州新增中国驰名商标19件，入选"中国商标发展百强县（市）"。截至2009年，累计驰名商标50件、中国名牌产品46项，省名牌产品380项，国家地理标志证明商标8件。名牌数量位居全国第三，品牌数量位居全国地级市前列。晋江劲霸、安踏、柒牌、利郎、浔兴等获中国品牌研究院公布的"国家名牌"称号;知名景区商标"清水岩"成为福建省第三件、泉州市第一件旅游服务著名商标。泉州已成为全国著名的"品牌之都"及"中国鞋都"(晋江)、"石材之都"(南安)、"石雕之都"(惠安)、"茶叶之都"(安溪)、"休闲之都"(石狮)、"陶瓷之都"(德化)。

三、泉州模式的形成、巩固与发展

泉州丰富的海外人力资源及其所带来的资金、信息、网络等诸多优势,为泉州现代的崛起和"泉州模式"的诞生奠定了良好的基础。尤其是90年代中后期以来,泉州市着力解决"户户冒烟,村村点火"所带来的农村工业呈发散性发展,产业空间布局紊乱、土地资源浪费等不良现象,以建设相对集中的特色工业区为切入点,以构建产业链为主体布局,以产业集群作为提升开发区内涵和功能为主要内容,推动泉州企业朝规模化、集约化方向发展,形成区域化的"块状经济"格局,打造了"中国鞋都(晋江市)"、"中国休闲服装名城(石狮市)"、"中国建材之乡(南安市)"、"中国树脂工艺之乡(丰泽区)"、"中国石雕之乡(惠安县)"、"中国芦柑之乡(永春县)"、"中国乌龙茶之乡(安溪县)"、"中国工艺陶瓷之乡(德化县)"等众多国家级地域品牌,给"泉州模式"注入了新的内涵和生机。

20世纪80年代末,"晋江模式"与"苏南模式"、"温州模式"、"珠江模式"并称为中国四大农村经济发展模式。现在,温州在突破、苏南在突破、珠江在突破,晋江人也从未停止进取的脚步。由"晋江模式"发展到今天的"泉州模式",它带动泉州经济发展,其结果是非常喜人的。二十多年来,泉州市经历了"'三闲'起步、'三来一补'开路、乡镇企业铺路、'三资'企业上路、成片开发迈大步、实施大泉州发展战略展宏图"的经济发展阶段,实现了三次历史性跨越。

改革开放初期,泉州采取"放、帮、促"和"保护、引导、扶持"的乡镇企业发展政策,充分利用"三闲"(闲资、闲房、闲劳力),从创办来料加工企业起步,进而大力兴办以股份合作制为主的乡镇企业,产业结构以劳动密集型的轻型产业为主,企业规模以小型为主,形成了多种经济共同发展,"新、特、快"和"小商品、大市场","小洋货、大创汇"的经济格局,确立了一个以市场为导向,以外资为依托,以联户集资为主要形式,以生产"小洋货"为特征,以"三来一补"开路的发展乡镇企业的"晋江模式",并创造了"诚信、谦恭、团结、拼搏"的晋江精神。泉州以晋江模式辐射周边地区,促进乡镇企业成为泉州市国民经济的半壁江山,实现了第一次历史性跨越。

进入90年代,在全球化的产业价值链分工体系中,美国利用信息技术为核心的新产品和新技术领域中的创新优势,处于国际分工的顶端,主要从事最高附加值产品的生产;日本和西欧国家则发挥其在应用技术领域中的优势,主要从事一般高附加值产品的生产;而目前的泉州和全国其他地方一样,区域产业价值链虽渐成雏形,但大部分均位于产业价值链的底端,即最低端的加工组装环节做OEM等等。以制鞋业为例,目前,泉州市拥有各类制鞋企业3000多家,年产各类运动鞋、旅游鞋4亿双,占世界产量近1/5,从鞋的配件、鞋楦、鞋底、鞋跟、鞋衬、轻泡、炼胶、吹塑到包装盒等,均由专业厂家生产,形成了社会化分工、自主配套的一条龙生产协作群体,堪称我国首屈一指的运动鞋生产基地。记得曾有泉州市民骄傲地宣称:"四个泉州人里面,就有一个人所从事的生计同鞋子有关。"但就算泉州晋江陈埭已是全世界最大的中低档鞋材供应基地,在全球制鞋产业价值链的分工中仍处于最底端,产品利润最低,企业赚的是"辛苦钱"。诚如某鞋业老板所言:10年前,卖一双鞋子可以赚50元,现在只能赚几元钱了。反观世界制鞋业巨头耐克、阿迪达斯、锐步,总部几千号人马,都在干研发设计和品牌运营的工作,而将生产制造等低利润环节外包给珠江三角洲和福建莆田、泉州等地厂家。一位业内人士毫不客气地说,如果与NIKE公司拥有超过3000名设计人员和协调人员从事新型产品的研制和设计工作相比,泉州体育用品行业只能算是企业数量和设备、人员规模的简单累加。因此泉州企业要想实现产品的高附加价值,占据全球产业价值链的有利位置,就必须向上下游拓展:上游利润由低到高是零部件、材料、设计和研发,下游是销售、传播、网络和品牌等环节。现实情况是,恒安、安踏、浔兴、柒牌拼命仰身往上攻,跨国巨头宝洁、耐克、YKK、华伦天农死命往下打,泉州企业怎么"接好招"?难能可贵的是,这些知名企业近年来不断加大品牌和研发投入,为泉州企业如何在全球化的产业价值链分工体系中占据有利位置做了宝贵的尝试。

党的十五大召开以后,泉州的发展战略提升,产业结构提升,引导乡镇企业向"扩规模、创名牌、拓市场、上台阶"发展,推进其产业结构高级化、外向化、合理化、联动化。并积极巩固亚洲市场,拓展欧美等发达国家市场和中东、非洲、东欧及独联体、中南美洲等新兴市场,实现经济发展的第三次历史性跨越。

第二节 泉州商人迎来品牌创新的井喷时代

随着市场经济的发展利益主体不断多元化,诚信成为商人所必备的口碑。创造是人类心理发展的最高成就,是精神的最高领悟。"诚信"、"创新"造就品牌,这种观念是敢拼敢打的泉州商人一直信奉的基本教条之一。随着市场经济的不断发展,越来越激烈的竞争使得许多商人,不再是一味地打价格战,而是另辟捷径——打造品牌。

一、诚信造就品牌

"九牧王"是1989年创办的,仅7万元的启动资金是林聪颖和朋友东拼西凑借来的,算是所有的投资。厂房是他们向磁灶镇政府租了福利院500平方米解决的,员工是动员来的12个亲戚朋友。没有设备,他们就去买了几台二手锁边机和裁床,剩下的缝纫机、剪刀、凳子全由工人自己带。没有技术人员,就到附近的城镇去请当地的老裁缝。最后林聪颖又对工人进行了一个多月的培训。就这样,磁灶镇有史以来第一家服装厂正式诞生。

厂子是简陋的。然而他们做产品的质量要求一开始就是高标准。在林聪颖的全力筹办下,第一批产品很快出来了——清一色的男式西裤。看着一条条折放整齐的西裤,大家不由百感交集。在办公室兼库房里,林聪颖拿起一条裤子,用手轻轻地摩挲,就像母亲在抚摩自己心爱的孩子。当他发现那条裤子的口袋被工人钉歪了,针脚也是长短不一时,心头掠过一片阴影。这在其他人看来也许算不了什么,但对事事追求完美、视诚信为生命的林聪颖来讲,却像在一盘精致的菜肴里发现了一只苍蝇一样难以容忍。他立即对其他的成品裤进行检查,结果发现三分之一存在类似的问题。林聪颖当时火冒三丈,马上返工重做。但是返工重做这对于一个资金紧缺刚起步的企业来说,无疑是一次"重大浪费"。可是林聪颖视商誉如生命的态度,从一开始便竭力制止了产品质量恶化的循环。在工人们的心中树起了一杆视"诚信"为生命的大旗。

在市场发展的过程中,林聪颖勤勉奋斗、事必躬亲。他还根据胖人和瘦人的体形差异,对九牧王西裤的腰和裤身的比例进行了适当的调整。这样,胖人看起来就不会显得特别胖,而瘦人也不会显得特别瘦。为了防止不被其他的企业仿冒和克隆,林聪颖每年都要对公司的产品和生产工艺进行调整和改进。他做到了敢为人先,不断创新改造,从顾客心理上寻找亮点,合乎了时代的潮流,顺应了顾客的观念。因其品质无可挑剔、版型顺应客户心意,九牧王西裤在全国的销售量一路狂飙,市场占有率和知名度迅速上升,林聪颖在享受成功喜悦的同时,保持着极度清醒的头脑,他深知"诚信是打造产品品质的一条生命线",一刻都松懈不得。然而这样的疏忽像病菌一样,稍不留神,它就会卷土重来。

九牧王的"诚信"打造了品牌,"品牌"验证了"诚信"。九牧王之所以能够红遍大江南北经久不衰,"诚信"是贯穿着企业整个生命的重要一环。

二、创新成就品牌

起初在品牌意识上,本土的泉州商人觉醒并不像他们的市场观念那样透彻。他们认为赚钱是真格的,当他们意识到只有成就品牌才能跟上经济潮流、才能长远发展赚大钱时,他们的领悟能力和运筹帷幄能力才变得超乎想象。

福建晋江因鞋而驰名。经过20多年的发展,鞋业产业集群已在晋江形成。特别是通过创牌热,品牌效应有力地推动了鞋业集群的形成和完善。这一切不得不归功于他们敏锐的商业意识,超强的领悟能力,求质量、创品牌,必须走创新经营方式的道路。

"安踏"的前身是成立在一间用毛毡搭起的简易工棚,靠蜡烛照明。使"安踏"成为真正"安踏"的是丁和木和他的儿子丁志忠。1987年,年仅17岁的丁志忠在当地采购了600双各款式的旅游鞋,打破了"守株待兔"的经营模式,开始了北京之旅。凭着他腿勤嘴甜、初生牛犊的拼劲打开了商场大门。他经过和商户的接触,虚心地接纳客户的意见和建议,比较分析了自己不及别人的销售情况,一个意念在他脑间产生了:"营销关键在于品牌,而晋江有产品,却无品牌。"著名的成功学大师拿破仑·希尔曾经说过:"一切的成就,一切的财富,都始于一个意念。"他还说:"意念是一切财富的起源,它是想象力的产品。"一个意念产生财富的故事就要在这里发生了。

当丁志忠再回晋江时,便开始了走上成就自己品牌的路。丁志忠和多人合伙,成立了安踏鞋厂。他的信念非常明确：把企业做大，把质量做定，把品牌打响。在当时晋江3000多家运动鞋生产企业大多是利用其侨乡优势搞贴牌生产时，丁志忠却把独到的目光投向了国内这个大市场。丁志忠几年培育起来的销售网和客户关系使"安踏"迈出了关键性的第一步，北京的商场接纳了"安踏"产品。

当晋江企业还未意识到广告效应时，丁志忠花80万元请了奥运冠军孔令辉来做"安踏"的形象代言人。他选择了通过运动员逐层影响到消费者的层次从而来促进品牌影响。这引起了业内人士的频频效仿，但是真正让人们铭记在心的仍是先声夺人的"安踏"，更烘托出"安踏"所处的背景之大。

在企业逐步发展时期，丁志忠进一步对晋江的资源状况作了长期的思考。安踏的决策层认为，安踏的产品应该跳出运动鞋这个单一领域，把安踏定位为一个真正的体育用品品牌。把产品结构扩展到运动鞋、运动服装、帽袜、箱包等，以新的产品结构作为支撑，重新打造安踏的店铺模式——体育用品专卖店。这一创新意识，致使安踏运动鞋销售量从2001年开始，连续三年销量占全国第一。安踏也在晋江鞋业中一枝独秀。

在经营难度不断加大的当代国内市场，从意识到品牌效益蕴含巨大，到成就一个国内知名品牌，"安踏"每向前迈进一步，都是一个创新意念的结果。安踏的成功证明了创新造就了品牌。

三、胆识铸就品牌

成立于1991年的富贵鸟集团，位于福建省石狮市长福工业区，富贵鸟股份公司经过20多年励精图致、拼搏创业，企业从一个仅有几十名工人，注册资金不足十万元的手工作坊式小厂，发展成为拥有男、女鞋工业园、外贸品牌生产基地等三座现代化的标准工业园地，面积达42.5万平方米。2011年评定，"富贵鸟"品牌价值超过90.82亿元，产品线涵盖了男女白领正装时尚系列、男女年轻休闲系列、男女运动休闲系列，在市场上拥有较高的知名度和特定的目标消费群体。先后获得"中国明星企业"、"中国鞋业质量龙头"、"中国真皮领先鞋王"、"中国名牌产品"、"中国驰名商标"、"国家免检产品"等100多项荣誉称号。

对于"爱拼才会赢"这首闽南歌，富贵鸟集团董事长林和平至今崇尚有加，但他又多了一条"光靠拼不行，还要靠智慧不断创新"。20世纪80年代末90年代初，中国市场上最普遍的男式皮鞋是皮质坚硬的"三接头"，生产不了软皮，但软皮皮鞋却正成为中国市场消费的一大趋势，这也是个难得的商机。于是，林和平想尽一切办法，与皮革生产企业合作开发研制中国的软皮料，终于研制出中国自己的软皮。待软皮质皮鞋一上市，市场很快抢购一空。1993年，在全国首届"鞋业大王博览会"上，他们成功展示了近300种适应潮流的新款式，既赢得了同行的慕名，也受到了大众的青睐，被戴上了"中国鞋王"的桂冠。1995年底，富贵鸟公司先后在全国各大城市设立了100多个经销点，形成了一个类似连锁店的营销网络，辐射到县市。今天，富贵鸟品牌已形成鞋业、服装、安尼沃克三大系列，并以"高档、优质、舒适、新潮"等优点成为"全国用户满意产品"，畅销国内外。

四、形象运营诠释企业理念和品牌内涵

闽南语"人"正与普通话"狼"发音一样,七个晋江海边的兄弟朋友,七匹来自南方的狼,志同道合,势如破竹,杀出了一条通往成功之路。在"七匹狼"公司发展的过程中,周少雄不断挖掘和完善"狼"的整套文化理念,倾力打造"狼族文化"的男士族群新文化,以产品为载体,演绎成功男人坚强外表掩盖下内心的孤独沧桑,荣辱胜败和酸甜苦辣,引起了男士广泛的共鸣。

随着当今的众多企业把重心放在知名度的追求与价格的恶性竞争上,其实这样做,市场将步入一个死循环,也就是说在往一个死胡同里钻。而"七匹狼"却避实就虚地绕开此路,它要做的不仅是时尚产品,最重要的是给男士人群一种文化的认同与归属。

1990年6月,"七匹狼"进军中国服装界最大的市场——上海,结果一炮打响,其夹克系列以面料精良、款式新颖、穿着舒适的优点,成为市面上的抢手货。除此之外,另一个重要的原因是"七匹狼"不仅品质超群,而且以独树一帜的"狼文化"所特有的内涵深得人们的青睐。此后,"七匹狼"又在实施品牌战略的基础上,通过每年两次的推介会,将全国零售商、代理商请来"试鞋",又采用特许加盟的方式,与它们组建连锁店铺,而卖场面积,大的达160平方米,小的也有30平方米。总部与各地连锁店实行网络管理,使上货和配货及时进行,使促销和宣传统一发布,从而大大地降低了营运成本,实现了"无资本扩张"。

20世纪90年代中期,"七匹狼"先后又与龙岩卷烟厂、晋江烟草公司合作,开发生产名扬八闽的"金牌七匹狼香烟"。1998年与中国香港顶好国际有限公司合资,联合创建了"七匹狼鞋业(皮具)公司"。在以后两年多的时间,"七匹狼"的发展势头比较强劲,在全国各大城市建起多达500多家的专卖点和销售网点,"七匹狼"成为一个颇具竞争力的知名品牌。发展到如今,"七匹狼"公司已是个集服装、皮鞋、烟草、酒业、房产等行业的现代企业集团。

五、借用"体育效应"做广告,提高品牌知名度

今天,没有一位商家不把广告作为自己产品的宣传和推销手段。劲霸男装在积极细致地分析和寻找与"劲霸"品牌对位的媒体的过程中,瞄准了广告界的这一块宝地,不急不忙地伺机出手中意的广告。2002年日韩世界杯是历史上亚洲球队参加数目最多的一次比赛,也是中国首次参加的世界杯决赛。"劲霸"男装抓住了这个机遇,以"敢为天下争"的豪言壮语参与了强手如林的广告角逐,一炮走红,劲霸的名号一夜之间便响彻了整个神州大地。虽然"劲霸"是靠广告而走红的,但是劲霸并不盲目做广告宣传,而是注重在大的媒体范围内选择和自己的品牌定位对位,并且在收视率、覆盖率领先的媒体做广告,这是进行广告投入的第一步。事实证明,劲霸选择了央视体育频道作为自己产品宣传的前奏,取得了巨大的成功,品牌的宣传达到了一定的广度。

对于劲霸来说,它并没有单纯地把广告宣传看作是一手段,而是把它看作是一种创新企业的一种商机。劲霸并没有就此停下脚步,它想走得更远。在考虑到品牌的广度已经有了较大的拓展的前提下,劲霸迈开了体育营销的第一步,进行品牌的纵深宣传。

劲霸在进行体育营销的过程中还注意到了体育营销最大的特性——公益性,因此,在其进行宣传品牌过程中渗透了浓厚的感情,使广告项目的设置充分地人性化。于是在2002年的世界杯中,中国队成功地晋级决赛圈,打破了44年来的瓶颈,民族的感情极度高涨。劲霸抓住了这个机遇后,其所用的广告语以及广告节目中小金人迅速的扑救动作,正表达了中国足球"敢与天下争的雄心壮志",这种与自己产品所表现的企业文化相对应的主题,引起了消费者的共鸣,迅速地融入了亿万中国人的心目中。劲霸也由此成了家喻户晓的品牌。

六、通过与体育联盟而创广告佳绩,培育品牌

通过"体育项目"的效应进行广告宣传,这是企业家,尤其是生产与体育有关的商品的企业家最拿手的好戏,且好戏连连。"匹克牌"旅游鞋以开创高、精、尖技术产品,占领市场制高点为拓展目标,产品具有耐压、耐磨、透气性好、款式新颖、美观大方、穿着舒适、经济适用等特点,早在1990年被"八一"男篮选为训练、比赛专用运动鞋。"匹克"始终与国内大型体育赛事建立联系,赞助比赛,提供训练装备给运动员,产品经受激烈运动过程超强度的使用,性能质量得到考验,成为1998年、2000年、2001年、2002年全国男篮甲B联赛专用运动装备,2001—2002年全国男篮甲A联赛陕西盖天力队的专用运动装备,是目前国内唯一在大型体育赛事上使用的中国品牌。在2002—2003年全国男篮甲A联赛中,更是一举赞助了山东金斯顿队、江苏南钢队、陕西东盛队、新疆广汇队及中国香港飞龙队五支甲A球队,成为当时赛季赞助球队装备最多的品牌。"匹克"邀请篮球名将"战神"刘玉栋做品牌形象代言人,并通过联盟体育做广告,以达到提升企业品牌知名度,也以此扩大了企业产品的销售量。

在众多国际品牌占据国内体育竞技场的当今,2003—2004中国篮坛上却上演一场中国名牌的"团体表演赛"。中国篮球协会在新闻发布会上郑重宣传:中国联通、中国匹克、恒源祥、奇声音响等各行业的佼佼者,将以中国职业篮球联赛战略合作伙伴的身份全面参与中国篮球五大赛事——CBA甲A联赛、CBA甲B联赛、WCBA联赛、CBA及WCBA全明星赛。中国篮球"战略合作伙伴"的推出,是中国篮协对先进运作模式进行的全新探索。目的在于引入更多实力企业支持篮球事业,和企业联手开发篮球运动更深层次的市场资源,以实现竞技水平、社会化和商品专业化的多赢。

"匹克"就是要把自己的产品放到竞技水平高、运动强度大的顶级职业赛事当中去经受实战考验,在不断创新提高他们的研发和制造技艺的基础上,提升品牌的附加值。从这个意义上说,实践是检验名牌产品的唯一标准。有分析人士指出,匹克此举表明本国运动品牌将进入一个新的竞争阶段。

七、精准品牌定位,塑造名牌形象

"三兴"早在1987年就诞生了。在那里,年轻的丁水波和他的两个兄弟凑了1500元,一起创办了作坊式的"三兴制鞋厂"。从此迈上了一条"以市场为基础、以品质为核心、以技术创新为基石、以人才为推动力、以推广为催化剂"的品牌之路。如今,它已发展成为占地规模达88亩、建筑总面积4万平方米、年产值10多亿元、员工达4000多人的集团公司。到目前为止,三兴在全国的营销网点达3000多个。短短几年内,"特步"产品遍布了全国各省、市、自治区,市场综合占有率将近20%,市场覆盖率从零达到90%。三兴公司在短短几年内发展成为业界引领时尚消费的一大品牌,关键在于三兴公司不管是从产品定位,从商标定位,还是从品牌营销,甚至连三兴公司所请的明星代言人,也都是朝着时尚、个性、带有叛逆这个定位而发展的。

首先,特步商标带有时尚、个性、带有叛逆的特征。特步的英文字母是STEP,特步是从英文的译音而来的,而中文象征着一个特别步伐,要走很特别的路线。所以说三兴公司在选择特步作为品牌时,同其产品是非常吻合的。丁水波更是一鸣惊人,请来当时走红的偶像明星谢霆锋作为形象代言人,且代言的费用不低于几百万元,现在看来丁水波当年的"豪爽"确实相当具有智慧和气魄。2001年特步的产值只有9000多万,2002年,特步的年产值就达到了2.5亿,翻了近3倍。

对于三兴人来说,公司的产品不仅仅是运动鞋,而是把时尚与技术性元素融入企业的产品之中。其中最大的不同是,特步运动鞋有一种香味,三兴公司在生产每一双鞋都加入香水剂,而且这种香味可以持续很长时间,可以起到消除臭味的作用,这是从韩国进口来的,目前在国内外所有的运动鞋中,只有三兴公司独有。另外鞋子也必须有自己的技术。公司还在鞋底和鞋垫上做文章,以让人们穿起来更舒服,包括更好的排汗。三兴认为不断地创新,企业才能立于不败之地,为此,三兴还与北京科学院签了一份合作的和约,以使用纳米材料和纳米技术,将使今后的三兴产品在品质上更上一层楼,纳米技术可以更防臭防水,包括透气。企业要发展一定要有自己的核心技术,这样才能在市场中永远走下去。

每个企业都有自己的特色,不管是从品牌、产品,还是从企业的营销战略上,都有自己的核心竞争力。三兴的销售主要面向国外,其产品远销40多个国家和地区,从欧洲到南美、中东、美国等地,每年有600万双三兴运动鞋穿在外国人的脚上。在新经济时代,注意力已成为企业经营中的一种重要资源。企业的形象已不仅仅局限于企业人力、物力和财力上,更注重一些与企业产品无关的,却又对企业形象影响极大且超越生产以外的一种"名誉"性的东西。三兴公司特别看重了这一点。三兴公司的方向性定位使其在短短几年内取得丰厚的收获,也大大丰富了企业经营的内容,从而使企业在持续发展的同时更加有序和完善。

第三节　泉州商人缤纷无限，各显神通

一、安溪茶商的发展之路

福建省是全国茶叶大省，茶叶总产量占全国 1/5 左右，茶叶产量和出口量分别位居全国第一位和第二位。其中，乌龙茶品种全国最多，品质最好。安溪铁观音还被列入全国十大名茶。当时，安溪的茶产业正从"泛品牌"时代向"大品牌"时代演进，集中力量做大做强茶产业、呼唤"大品牌"。高度重视茶产业发展，茶叶资源、加工技术与资金、人力等生产要素要合理配置和有效利用。突出重点，抓好良种、加工厂、无公害茶园、名优茶开发、茶文化宣传和市场建设六大工程建设。可以预见，安溪的茶产业经济全球化指日可待。

安溪县位于福建省东南沿海，厦（门）漳（州）泉（州）金三角西北部，隶属泉州市。东接南安市，西连华安县，南毗同安区，北邻永春县，西南与长泰县接壤，西北与漳平市交界。全县总面积 3057.28 平方千米，辖 24 个乡镇 465 个村居，人口 112 万，有汉、畲等多个民族。安溪，置县于五代后周显德二年（即公元 955 年），迄今已有 1055 年，境内有千年文庙等各级文物保护单位 100 多处，安溪清水岩在全世界有分炉 300 多个。古往今来，安溪名人辈出，清朝名相李光地，文学家林嗣环，数学家陈万策，现代医学家李景昀，地球动力学家陈宗基，全国政协原副主席罗豪才、庄希泉等，都是安溪人的杰出代表。目前海内外安溪人有 400 多万，其中台湾安溪籍乡亲达 230 多万人，占台湾地区总人口的 10%。

改革开放三十年多来，安溪摆脱贫困，步入小康，持续发展，已成为全国县域经济基本竞争力百强县、全国最具投资潜力中小城市百强县、中国商标发展百强县、中国最具特色魅力旅游名县、福建省经济实力十强县、经济发展十佳县。2009 年全县生产总值 248.95 亿元，工业总产值 361.5 亿元，财政总收入 13.78 亿元，农民人均纯收入 7701 元。随着"海西建设"上升为国家战略，随着大交通高速时代的到来，安溪新一轮跨越发展如火如荼、蒸蒸日上。全县正在实施的各类项目 547 个，总投资概算 650 亿元，随着商务部华东片区数据灾备中心暨"EC 国际信息技术服务外包产业园"、七匹狼海峡茶博园、连捷世界温泉度假山庄、宝龙城市广场、旺旺福建区域总厂、福建三安大型钢铁联合生产基地等一批大项目的加快建设，一座"宜居宜业宜商宜游"的现代山水茶都已日益成型，宛如镶嵌在"海西"版图上的一颗璀璨明珠，崛起于福建东南。

安溪地处闽南山区，已有 300 多年的种茶历史，安溪县是"中国乌龙茶（名茶）之乡"，名茶"铁观音"的发源地。由于有着独特的地理和气候环境，这里的茶叶茶质高、口感好。茶树良种资源丰富，品种繁多，共有品牌资源 60 多个，其中国家级 6 个，省级 13 个。茶农经验丰富，制茶技艺精湛，堪称全国一流。安溪因而构成"天、地、人、和"四者兼备的著

名茶乡,也因此被世人誉为"闽南茶都"、"茶树良种的宝库"等桂冠。

(一)开发知名品牌

品牌是商品质量内涵和市场价值的评估系数和识别徽记,是商品参与竞争的无形资本;品牌是市场经济的产物,现代经济就是品牌经济,只有运用好品牌战略,才能长袖善舞于国内外市场大舞台。被称为世界茶叶第一品牌的英国联合利华的"立顿"茶,年销售额达数十亿美元,一个品牌全年利润额就超过我国茶叶的出口总值。而我国茶叶整体上还停留在产品阶段,品牌经营意识普遍薄弱。因此,实施安溪茶叶品牌战略,打造真正意义上的中国茶叶品牌,已成为安溪茶业未来发展的必由之路。

以"绿色、品牌、诚信、文化"为主线,以提高质量为核心,以保护品牌为重点,全面推进茶叶基地生态化、茶叶加工标准化、茶叶经营品牌化,加强茶叶系列开发,全力打造全国乌龙茶总部。为此,安溪县政府专门规划,从以下几个方面入手予以保证。首先,组织管理方面。从茶业生产销售入手,加快完善"闽南乌龙茶无公害生产资料配送中心"和"国家茶叶质量监测检验中心",确保茶叶质量。加强"中国茶都(安溪)职业技能站"建设,推广茶叶职业资格认证,开展茶叶知识培训,培养茶叶专业技术人才,提高茶叶从业人员的综合素质。支持企业开展国际质量体系、环保体系、食品安全体系等各类认证工作。加强茶叶制作新工艺、新设备研究,提高茶叶制作技艺和茶叶品质,实现茶叶生产规模化、加工标准化、经营品牌化、服务社会化。其次,品牌保护建设方面。发挥"安溪铁观音"中国驰名商标、安溪铁观音地理标志产品保护和证明商标等法律效力,加强品牌保护,推行茶叶品牌推荐和定点销售制度,加大名牌产品的宣传推介力度,扶持一批质量好、规模大、上档次的新品牌,培育福建品牌产品、中国名牌产品、驰名商标、著名商标多个。

2009年10月14日,由中国茶叶流通协会评选的2009年度中国茶叶行业百强企业名单出炉,安溪有八马茶业、安溪铁观音集团、日春、华祥苑、魏氏、三和、富源等7家茶企赫然在榜,八马茶业和安溪铁观音集团位列前十。面对日趋复杂、日前激烈的品牌竞争、市场竞争,安溪茶叶企业围绕品牌升级、管理升级、技术升级、营销升级、服务升级,开始了新的探索、新的创业。叶茂中策划机构为"八马"量身推出的"大礼不言"大型广告走的是挖掘传统文化之路。端庄优雅的名演员许晴眼含笑意,玉手端茶,款款道出"茶到、礼到、心意到""有情、有义、有八马",把中华茶文化演绎得生动贴切。而安溪铁观音集团则力邀张铁林、孟庆云、邹友开、张燕等知名人士,合作拍摄安溪铁观音大型音乐电视片《凤山茶歌》,"观音仙子,在你心里,在我梦里"的优美旋律,青山绿水的铁观音故乡画卷带给消费者的不仅是艺术享受,还有那份对茶乡安溪无限向往的情思。2010年7月30日,《凤山茶歌》首发式在北京钓鱼台国宾馆芳菲苑举行,同时开展了安溪铁观音农业品牌战略、茶文化全球推广等诸多品牌营销理论的研讨。"中闽魏氏"在海拔600~1100米的山区承包万亩山地,大手笔规划,以"基地生态化、种植有机化、生态标准化"的理念分期建设,将呈现给世人一座集生产、观光、度假为一体的体验式茶庄园。2008年,"感德龙馨茶业"成为第六届全国农民运动会特约赞助商。"理想茶行"继高调赞助2008年北京奥运会男子举重队选拔赛、2009年厦门国际马拉松赛后,又成为第十一届全运会行业独家赞助商、唯一指定铁观音。"华祥苑茶业"则成为第一个在推行品鉴订货会的茶叶企业。

安溪各个主要茶企各显神通,运动各种方法不断地提高品牌知名度。在他们的市场推广和运作中,文化、体育、休闲、养生,都成为安溪铁观音从名茶到名牌精彩嬗变的有效载体,传统、时尚、个性、潮流,都在安溪铁观音各大品牌建设中得到充分尊重而各放异彩。

(二)加快科技兴茶步伐

近十几年来,安溪当地政府和茶协会开始引导茶农利用天然的地理优势种植优良品种,实施栽培管理新技术,帮助茶农提高制茶工艺技术和机械设备的更新,帮助茶农掌握和运用科学的种茶制茶技术,引导茶农按照标准进行种植,严格执行无公害操作规程,努力强化茶农的科技兴茶意识。在茶叶深度加工方面,加强茶叶在食品、保健、医疗和饮料等方面的技术应用和系列开发,发展茶叶专用肥料、茶具和茶艺术品等茶叶相关配套产业,延伸茶叶产业链,提高产品附加值,增加茶业经济效益,培育产值1000万元以上的龙头企业多家,组建现代茶叶企业集团2家。

在安溪铁观音传统制作技艺中,讲究的是纯手工制作,靠的是"天"。但随着短穗扦插技术的广泛推广,茶叶产量的逐步提高,纯手工制作技艺以及完全依赖天气的制作方法已经远远满足不了需求。于是,各种新工艺、新机械的应用应运而生。作为安溪茶界泰斗的张天福,早在20世纪40年代就强烈地感觉到茶叶的质量跟制茶的天气、温度、湿度有着密不可分的联系,但限于当时的技术力量,无法进一步探索。近年来,随着科技水平不断提高,张天福通过在安溪芦田茶场的大量实验,引入现代新科技和新机械设备,终于确定了制茶的最佳温度和湿度的交叉点。确定这个交叉点后,张老发现,利用现代科技的成果——空调调温,可以在自然天气不适宜的情况下,人造一个合适的"天",调整出做青的最佳条件。后来,张老的研究成果公之于世,而后在安溪各茶场和茶企全面推广使用。全面提高铁观音整体制作技艺水平。2009年8月31日,感德镇制茶大师陈清源牵头,在感德镇成立了感德镇铁观音茶叶制作技术研究会,该研究会以提高制茶技艺为己任,引导全镇茶农走科技兴茶之路。研究会的成立,对于提高铁观音茶叶制作技术水平,提升铁观音茶叶的质量和效益,保护感德铁观音集体品牌将起到不可估量的作用,对于提升全镇及至全县茶产业水平都产生着积极而深远的影响。从此,铁观音的独特风格——条形卷曲紧结,色泽乌褐油润,香气浓郁清长,汤色金黄澄澈,滋味鲜爽醇厚而驰名海内外。形成铁观音的这些品质是离不开新制茶工艺的改良。

(三)扶持龙头企业,形成茶产业集群

完善统一的产业政策指导,形成真正的龙头企业,这样可以避免各自为政的小企业只能搞粗放式经营,在低层次、低水平上进行相互摧残的竞争,从而增加茶叶的生产成本,加重茶厂的负担,制约茶产业发展壮大的速度,甚至导致亏损;相反,形成真正的龙头企业可以使各经营主体站在整个产业的高度,来审视和预测企业自身和行业的发展,大

笔资金搞科研开发,进行长远规划。打造"中国茶都"则是这一工作的重心。

在打造中国茶都的进程中,安溪茶人大力实施技术标准战略,牵头起草、参与制定了《安溪乌龙茶标准综合体》DB35/T103.1-2000、《安溪乌龙茶》DB 35/405-2000 省级地方标准、《地理标准产品·安溪铁观音》GB/T19598 国家标准、《安溪铁观音》GSB161894-2005 事物标准样品,达到国内茶叶标准先进水平。全国茶叶标准化技术委员会乌龙茶工作组落户安溪。2009 年 9 月 16 日,由中国茶叶流通协会和安溪县人民政府共同编制的我国首支茶叶价格指数——安溪铁观音价格指数在安溪"中国茶都"发布。为安溪各茶企的发展指明了方向。

为加快科技服务体系建设,安溪各茶企致力于产、学、研结合,承担和实施农业部"测土西方施肥"、国家级安溪茶树良种繁育基地、国家级安溪乌龙茶农业标准化示范区、张天福有机茶示范基地等一批重点科技项目;先后投资 3000 多万元,建设国家茶叶质量监督检验中心(福建)、国家级茶叶检测重点实验室(福建),检测能力处于国内同级别机构领先水平;与福建农林大学茶科所合作组建安溪分所;依托龙头企业创建了一批国家级、省级行业技术中心、工程技术中心和企业技术中心。特别是海西战略的深入实施,推动形成了安(溪)台(湾)茶业的新一轮合作热潮。在安溪,1600 亩的海西茶业基地被农业部确定为全国农产品加工创业基地。集中区规划面积 20 平方千米的海峡两岸(福建·安溪)茶业合作示范基地,获福建省批准并列入闽台现代农业合作示范区管理范畴。由安溪县与福建七匹狼集团共同投资人民币 50 亿元,开发建设的海峡茶文化博览园。海峡茶文化博览园将以茶为主题,集种植加工、文化交流、旅游休闲、会展商务、教育科研及景观地产为一体,打造海峡两岸茶产业交流合作先行区、中国乃至世界知名的茶文化旅游区、国家级茶文化产业园区、中国茶产业品牌和深加工培育"孵化"基地。

今天的安溪茶商在广东、北京、上海、山东等茶市中占据了绝对的主体地位。安溪县茶叶协会在全国有 20 个分会,在县内也有 20 个分会,这个组织在承接政府指令、团结广大茶商、推广安溪铁观音茶文化方面起到不可替代的作用。"无'铁'不成店、无'安'不开市",在口口相传中成为茶叶经营新谚语。有业内人士指出,在这市场竞争激烈,渠道为王的新茶市时代,仅凭销售渠道建设这一项,安溪就无愧于中国茶都这一殊荣。

(四)宣传茶文化,提高茶品位

安溪的茶产业有着深厚的茶文化,安溪茶企在做大茶产业的同时,加大对茶文化的宣传力度。安溪县政府每年都投入几百万元用于举办茶文化宣传活动。先后举办了铁观音茶王赛,海峡两岸茶文化交流高峰会等茶文化宣传活动,极大地提高了安溪铁观音的知名度,不断拓展国内各市场。

由于安溪铁观音独具匠心的生产制作工艺,注定了它的冲泡技术也是非常考察与独特的。选用的茶具,使用的水,冲泡的时间,每一个环节、细节无不影响着铁观音茶水的质量。为了将这种独到的冲泡技艺广为传播,为安溪茶企提高铁观音的知名度,20 世纪 90 年代开始,安溪就组建了安溪铁观音茶文化研究会和茶文化艺术团。发挥安溪铁观音茶文化研究会和茶文化艺术团的作用,挖掘茶文化潜力,丰富茶文化内涵,积极申报

"中国茶文化艺术之乡"。通过举办茶艺表演、茶王赛、茶歌、茶舞、茶文化交流等各种形式茶文化活动,传播茶文化,普及茶知识,拉动茶消费。依托生态茶园、茶都、茶文化博览等,发展茶文化旅游。每逢重大茶事活动,安溪铁观音茶艺都会成为不可或缺的美景,除了精细解读冲泡技艺,更将安溪铁观音"纯雅礼和"的内涵演绎得淋漓尽致。十多年来,安溪茶艺在北京、上海、广州等几十个城市留下了芳踪,更在日本、韩国、法国、科威特等国及中国香港、澳门,播下了安溪铁观音的绵绵情愫。2008年11月底,安溪茶文化艺术团应台北文化艺术促进会的邀请,随泉州文化交流团赴台参加在台北举行的"泉州市戏·茶·瓷艺术节",促进了两岸文化交流,进一步扩大了安溪铁观音的影响力。

(五)铁观音的"茶王"之路

一直以来,中国茶界有着"安溪铁观音,'茶王'身价赛黄金"之说。其实,人们还不太清楚"茶王"之路是怎么走出来的。在计划经济时代,安溪铁观音是国家统管的,每年出口创汇2000多万美元是属于国家的。所以,当安溪被定为国家级贫困县时,一位国家领导人感叹说:安溪是手捧"金饭碗"当乞丐啊!改革开放后,安溪茶农焕发了发展茶叶生产的积极性,衍生于民间"斗茶"习俗的"茶王赛"又风行全县了。可赛出来的"茶王"只是为茶农增了光,没有进入市场,效益就不太明显。如何让"茶王赛"这种传统文化助推安溪茶产业就成为摆在安溪茶企面前的一个问题。喝安溪铁观音长大的泉州远太集团董事长林文侨建议:"茶王"诞生后要搞拍卖,愿得者,竞价购买。很快,第一次"茶王"竞价拍卖活动展开了。

1993年11月8日,当年秋季茶王赛上诞生的安溪铁观音金、银、铜奖3个级别6个茶样的茶在泉州酒店东晖楼四楼公开向社会各界拍卖。事先的宣传使得当天参与者达上百人,欲购得茶王者也为数不少。由于是首次,而且当时中国内地的"拍卖规矩"也还不太成熟,因此竞买活动是以"写纸条递给主持人"的形式进行。最后,福建三安集团董事林秀成以每500克1万元的价格竞得"茶王"。其余获奖茶也以每500克7000~9000元的价格卖出,媒体的报道让这场"茶王拍卖"活动轰动海内外。第一次尝试获得圆满成功,之后的每一次"茶王"拍卖不仅吸引住各界的目光,更使得"茶王的身价"年年攀升。1999年,香港林文侨先生以11万港元100克的高价,竞拍到当年秋季安溪铁观音"茶王",这个价格与1993年相比几乎是以几何级数上升,创造了20世纪安溪铁观音"茶王"每500克55万港元的最高纪录。可"茶王"之路并未止步,在进入新世纪之初又书写了一个动人心扉的篇章。2002年之后,安溪的"茶王拍卖"戛然而止,又创新许多为各界称道的茶事活动形式。由此,安溪铁观音品牌深入人心,成为中华国饮最佳的形象。

二、德化古陶瓷商贸迎来新时代

德化是千年古县、中国三大古瓷都和闽南"金三角"对外开放县之一,也是全国最大的西洋工艺瓷生产和出口基地。德化以盛产陶瓷而名扬中外。对于德化的支柱产业陶瓷业,德化更加注重创意陶瓷发展区的建设。以龙浔、浔中、三班、盖德等乡镇为主,全面推进清洁生产,提升陶瓷产业科技含量和附加价值,创建海峡两岸(德化)陶瓷创意产业基地,形成陶瓷产业发展核心区,建设中国陶瓷工艺品创意生产出口基地,打造国际陶瓷艺术城。大力发展陶瓷创意产业,推进陶瓷文化营销平台建设,拓展日用瓷、文化陶瓷产品消费需求空间,完善陶瓷产业链,发展壮大陶瓷产业集群,着力打造国际陶瓷艺术城。

1. 提升传统陶瓷

加强"一学院、一职校、一园区、两基地、四中心"陶瓷公共服务平台建设,推进陶瓷产业链标准化试点工作,建立产业技术创新战略联盟,创新分工协作机制。深入研究窑炉节能、陶瓷新材料、新配方、标准化生产等共性与关键技术,改造提升陶瓷生产设备,提高陶瓷产业机械装备和信息化管理水平,重点抓好标准陶瓷泥料生产线、陶瓷窑炉技改、自生釉骨瓷产业化、硬质精陶等项目。进一步优化陶瓷产品结构,巩固传统工艺陶瓷,发展中高档日用陶瓷、家居软装陶瓷以及特种陶瓷,壮大陶瓷产业集群。

以温克仁带领的德化第五瓷厂在提升传统陶瓷领域方面走在了其他企业之前。第五瓷厂原系德化县浔中镇镇办集体企业,1997年镇办企业转换经营机制,镇政府将第五瓷厂有偿转让给温克仁,变为个人独资企业。第五瓷厂原为生产内销碗、碟、壶、盘等日用品的小规模企业。1985年7月,温克仁厂长自费到法国、荷兰、比利时等国家考察,引进西洋瓷小工艺品生产。从此改变第五瓷厂及整个德化县传统日用瓷、瓷雕产品结构。主要有日用瓷、观音、弥勒瓷雕产品及具有西洋造型风格的小花瓶、小花插、小器皿、小玩具、艺术小摆设产品。外销产品1000多种,大量销往欧美市场。1984年,第五瓷厂率先以油、电为燃料的隧道窑更新替代木柴为燃料的"龙窑",在德化开创了"无烟生产"的先河,有效地化解"林瓷矛盾",成功解决陶瓷生产过程中的污染问题,为打造"无烟瓷都"、青山绿水的德化县做了突出贡献。1986年,建成全县第一座电热道烤花窑,建成两座电油混烧隧道窑,使陶瓷烧成合格率升到95%以上。1995年11月,具有国际先进水平的快烧明焰辊道窑在第五瓷厂建成投产,带动德化县先进的窑炉烧成技术的广泛应用。1997年承接国家经贸委下达的国家级新产品釉下彩精陶试产任务,开发了"釉下多彩轻质陶瓷"的姐妹产品——"釉下彩精陶"。这个低温二次烧成的新瓷种,为国内首创的陶瓷新产品,是节能、质轻、色美、无铅无毒的环保产品,工艺达到国际水平,该产品通过美国FDA认证。1999年4月,"釉下多彩高档轻质陶瓷出口技改项目"被省经贸委列为1999年扩大出口技术改造重点开发项目。2004年开发"中国白高档日用瓷"新产品,通过省级专家鉴定,被认定为国内首创新瓷种。该产品改变了骨瓷二次烧成工艺,减少了制釉、施釉、抛光、清洗、干燥等多道工序,不用仿型匣钵,提高了产品的质量和劳动效率,节能降耗非常显著,具有显著的经济效益和社会效益。

2. 发展创意陶瓷

规划建设海峡两岸(德化)陶瓷创意产业基地,以"两中心、两园区"(德台陶瓷科技产学研中心、德台陶瓷物流中心,台商创业园、月记窑等陶瓷文化创意园)为载体,加快建设中国瓷都(德化)国际陶艺家创作基地和中国瓷都当代陶艺家美术馆,促进陶瓷艺术家技术和文化交流,保护传承德化瓷烧制技艺国家非物质文化遗产。大力实施陶瓷"技术、产品、管理"创新,以"保存、传承、熏陶、扬弃、再生"为理念,将文化元素融入陶瓷创作过程,促进陶瓷产品从"制造"向"创造"转变,从陶瓷工艺品向陶瓷艺术品转变,实现陶瓷文化价值与商品价值相统一。打响"中国瓷都·德化"世界品牌,把我县打造成享誉海内外的国际陶瓷艺术城。

林福椿现任福建冠福现代家用股份有限公司董事长、党委书记。"技术创新,追求卓越",是林福椿的座右铭。1996年林福椿告别营销瓷器的省城,回瓷都的土坂山坳里,置地建厂办起"冠峰",专门从事研究生产"耐热陶瓷煲",填补了我省日用陶瓷的空白。1997年12月被省科委认定为"高新技术企业","高耐热陶瓷煲",1998年3月被国家科委列入"国家火炬科技计划项目",同年获国家科技部、埃及社会发展基金会的"金字塔奖"。冠峰、冠福两公司分别于2000年、2003年双双被省科技厅确认为"高新技术企业",2004年11月荣获泉州市政府科技进步最高奖(市长特别奖),"冠福"2004年5月被国家科技部认定为"国家火炬计划重点高新技术企业",成为全国日用陶瓷唯一获此殊荣的企业。该公司刚创办就着手创建"企业技术中心",2000年被认定为福建省第八批省级企业技术中心,是我省日用陶瓷行业中第一家,把企业创新作为企业生存和发展的根本途径,将拥有产品开发的核心技术能力当作企业持续发展的命脉。林福椿身体力行进行瓷土、坯釉配方、烧成技术、制作技术革新等进行攻关,拥有陶瓷煲、餐具、杯、花面等23项专利,除在耐热陶瓷上的卓著创新外,在骨锂瓷、轻质瓷、青玉瓷、金玉瓷、青古瓷、红瓷等新产品开发方面也取得了重大的成果;2004年9月获第3届中国国际发明展览会银奖,2005年2月第95届法国巴黎发明铜奖,"青古瓷"获第15届中国发明展览会铜奖,"青玉瓷"第16届中国发明展览会铜奖。2006年9月"无铅镉骨锂瓷"被省政府授予优秀新产品二等奖[闽政文(2006)431号],"轻质瓷"在2007年海峡两岸职工创新成果"6·18"展览会与第17届中国发明展览会上金玉瓷获金、银奖,"青古瓷"、"冠福红"获铜奖。2008年"竹木复合板"获第六届国际发明展览会铜奖,填补八闽日用陶瓷空白。

同时,加快打造我国日用瓷唯一"三荣同获"产品,率先填补古瓷都国家名牌商标空白。"用品牌占领市场,把企业做大做强做精",这是林福椿创业的理念。经过三年发展,他把企业扩张为"冠福集团",1999年12月德化首家通过ISO9002国家质量认证,并成功导入了CI企业形象战略,K3/ERP计算机管理系统。现有"冠峰""华鹏""冠福""福康""姬弗娜"5大品牌,连续荣获福建省第六批、第七批名牌产品、福建省用户满意产品、省消委会推荐商品等20几项殊荣。"华鹏"商标为福建省著名商标,"福康"商标为泉州市知名商标。"华鹏"、"冠福"产品,2003年、2006年获"国家质量免检"称号,继而在2005年"冠福"产品获"中国名牌"产品,该商标2007年获"中国驰名商标",成为德化首家"中国名牌"产品、"中国驰名商标",成为我国日用瓷唯一"三荣同获"产品。农业部授予"全国乡镇创名牌重点企业",冠福还被省绿化委授予"省级花园式单位",有效提高了产品附加值。

3. 打造品牌陶瓷

德化陶瓷企业重视实施名牌战略,引导企业争创品牌,推进县域品牌和企业品牌、大师品牌整合互动发展。加快在国内大中城市设立中国瓷都·德化陶瓷产品营销中心,引导集团公司、自营出口企业在境外设立分公司、办事处和陶瓷配货中心,充分发挥冠福、富贵红等企业营销网络作用,持续扩大陶瓷产品市场占有率。借助中介机构对大师及其作品的包装宣传,培育德化名瓷收藏市场;探索成立德化陶瓷鉴赏委员会,开展陶瓷鉴赏活动,促使陶瓷品牌产品保值增值,实现由产品输出向品牌输出转变。加大知识产权保护力度,鼓励企业申报专利权、商标权、著作权,严厉打击各种违法侵权行为。强化德化白瓷地理标志产品保护,引导白瓷生产企业申请注册使用国家地理标志产品保护专用标志。

4. 实施科技兴瓷

德化众多的陶瓷企业技术研发方针坚持"有所不为才能有所为"。不跟风、以市场需要为导向,将课题研究方向定位在服务企业市场经营管理的强势项目上,利用新技术和信息技术改造传统产业,围绕陶瓷新品种开发、节能降耗开展工作。同时解决了大量生产技术问题,取得一系列技术成果。德化佳美陶瓷公司专门斥资建立了陶瓷工艺技术中心,加快陶瓷新工艺的研发。

首先,进行日用精陶的新技术研发。日用精陶属于环保型产品,它能克服现有白云陶的吸水率高、强度低、易后期龟裂等缺点,使产品应用范围得到很大的扩展,日用精陶产品市场前景非常广阔。本项目的研究开发是在针对坯料、釉料的配方进行大胆的改革创新,通过引入低温矿化剂,添加剂等新的原材料,改变坯体、釉料的物理化学性能,降低能耗的同时大为提高产品的机械强度和合格率;突破传统的框框,同时引进新的多样化的装饰手段,使日用环保型陶瓷产品形成产业化生产更具市场竞争力。

其次,中温陶瓷艺术釉是立足于现有的矿物资源,为了提高陶瓷工艺品的艺术欣赏性,在继承和发掘我国古代制瓷的古彩技艺和窑变技术的基础上,吸收和消化国外制瓷的新技术,并根据国际市场的需求,进行技术创新。采用德化储量丰富的低档瓷土和次生粘土作为主要原材料,通过添加铁钛氧化物等,改变坯釉的物理化学性能,在1230℃~1250℃还原气氛烧制显色古朴自然,坯色与窑变色彩相间,着色柔和、淡浓匹配相宜,线条轮廓清新,富有欧洲风格而倍受欧美客商青睐的欧式陶瓷。2010年该项产品的销售收入达2.1亿元,为公司取得了良好的经济效益。本项目是与福建省陶瓷产业技术开发基地合作开发的产学研项目,得到了省企业技术创新资金的支持,公司拥有自主的知识产权。

再次,公司继续与福州大学自动化研究所、德化县生产力促进中心、德化县雷峰微晶纤维厂合作开发"计算机自动控制脉冲燃烧技术和新材料在陶瓷窑炉的应用"项目。如何根据陶瓷烧成过程中热能分配的规律与原理,打破原有隧道式的结构特点,采用不同结构,减少回车线装置;同时设置更为先进的烧成自动控制系统,降低窑炉烧成操作难度,提高烧成稳定性和成品率;通过项目技术的应用,大大降低了窑炉内的上下温差,提高热效率10%以上,产品成品率提高5%以上,每年可为公司节省燃料费用250万元。

第四,"天然气明焰辊道窑综合技术开发与应用"是公司与福建省陶瓷产业技术开发基地联合开发的产学研项目,通过对燃料、窑炉材料、窑炉设备、窑炉设计等窑炉技术进行改造。以清洁、无毒、纯净的天然气取代柴油作为燃料,以辊棒取代窑车,对窑炉进行改造,使其适应陶瓷工艺品的烧成需求。本项目技术经生产试验,新型天然气辊道窑炉和现有燃油隧道窑相比较节能25%,烧成综合成本降低28%,产品合格率提高3%~4%。该项目完成后,经测算仅佳美集团公司一年就能减少能源消耗2000多万元,缩短烧成周期提高产品合格率后可多创效益500多万元,该项目在德化陶瓷产业集群推广后,经测算企业能源的消耗将减少2.6亿元,多创经济效益6500万元。

最后,研发带有太阳能照明装置工艺品创新工艺。本实用新型是一种工艺品造型的太阳能照明装置,包括工艺品造型物、太阳能电池板、蓄电池、发光元件和控制电路,其中太阳能电池板与蓄电池相联,蓄电池通过控制电路与发光元件相联,发光元件设置在工艺品造型物的内部或表面,本实用新型通过太阳能电池将光能转换成为太阳能,满足照明的能源供给,安全无污染,节约能源,还能够通过设置光敏探测器来达到自动调节光照强度的效果;结构紧凑,构造简单,寿命较长,易于维护,并且造型新颖,在夜色下不但能提供照明功能,还能给人以美的享受。由于光电池转换效率高,性能稳定可靠,因此本实用新型的寿命较长。

5. 发展陶瓷文化旅游

深入挖掘"德化窑"、"瓷圣"、"窑神"等丰富的陶瓷文化内涵,编制陶瓷生产历史和文化名人剧本,规划建设"瓷圣"主题公园,打造祖龙宫祭"窑神"大型陶瓷文化旅游活动,增强陶瓷文化吸引力和感召力,打响"瓷圣"和"窑神"品牌,全面展示千年瓷都文化魅力。整合提升陶瓷博物馆、屈斗宫古窑址、陶瓷工业旅游示范点等陶瓷文化旅游资源,建设陶瓷文化创意园、陶瓷艺术家创作中心和德化陶艺创作体验区等项目,开展丰富多彩的陶瓷创意、商贸与学术交流活动,构筑集观赏、体验、交流、创作于一体的陶瓷文化旅游项目。加强宣传推介,加大各类广告投放力度,做好"德化窑陶瓷邮票"申报发行工作,编辑出版《中国瓷都德化精品集》,拍摄制作电视剧《瓷魂》,打响"中国瓷都·德化"品牌。

6. 推广绿色陶瓷

德化陶瓷企业全面实施《德化县推进县域循环经济发展规划》,加强窑炉技术创新和燃料应用技术研发,淘汰高耗能、高污染、低产出的落后工艺、技术和设备,促进陶瓷产业节能减排。注重循环经济节点技术开发,强化陶瓷产品节能减排技术研发,推广应用自动控温电窑炉、陶瓷低温烧成、陶瓷自生釉等先进技术,加快开发新型陶瓷墙体材料,加强废瓷回收与再生利用。大力推广使用清洁能源,巩固全国循环经济模式示范县成果。

7. 陶瓷"走出去"战略

德化陶瓷近年来可谓在国内外陶瓷市场上"异军突起",陶瓷工业化水平位居全国前茅。近年来,陶瓷创产值53.1亿元,出口交货值42.1亿元。这个县只有30余万居民,如果按此平均下来,德化当为全国人均创汇率最高的县域之一。德化陶瓷之所以有如此强劲的创汇能力,关键的因素就是生产工艺创新和研发全球同步。德化顺美集团就是其中的佼佼者。德化顺美集团是最早一批"走出去"与国际市场"零距离"接触的陶瓷企业。该企业直接在德国设立研发基地和营销窗口。2001年成立了中国独资的顺美(德国)总公司,2002年成立了中国独资的顺美(德国)公司。以顺美为品牌的陶瓷产品不到两年的时间就占领了欧洲同行业的10%的市场份额。2004年1至9月,顺美集团完成出口交货21000万元,创汇近1800万美元,同比增长30%。顺美(德国)公司在法兰克福有

4000平方米的商用面积,离市区仅20公里。公司聘用的员工中,德国本地人、国内派出的管理人员和拿提成的营销员工各占三分之一。现在顺美公司的生产在国内,占尽资源成本低之便。同时,研发、销售两端在欧洲与高层次的同业进行竞争、合作,因此,海外试水两年来,公司利润平均同比增长40%以上,为德化陶瓷业的国际影响力贡献了自己的力量。

三、惠安的石雕艺术商贸

惠安县,位于福建省东南沿海中部,泉州湾和湄洲湾之间,与台湾隔海相望,是闽南著名侨乡和台湾汉族同胞主要祖籍地之一。素有"海滨邹鲁"、"雕艺之乡"、"建筑之乡"、"渔业强县"、"食品工业强县"之美誉。经过多年来的打造,现已形成石雕石材、食品饮料、包袋鞋服、五金机械、建筑装潢等主导产业,船舶修造业、石油化工、光伏电子、旅游服务业正在兴起,产业集群具有较大的发展潜力和空间。

(一)惠安石雕发展历史与特色

雕艺历史悠久,源远流长。1600多年前的晋朝,石雕作为永久性的艺术已被应用。当时的闽南始祖林禄墓中,就有文武仲翁虎、羊的石圆雕等立于墓园以示壮观。唐朝名人王潮墓园中的人物雕像,始建于宋朝的洛阳桥墩上的石将军等,都体现了惠安石雕的悠久历史。进入明清,作为建筑装饰品和文化艺术,石雕工艺精益求精、日臻完善,石雕工艺品以其独特的商品特性流通于市场。据史载,石雕工艺品在清朝初期就从古崇武港运入台湾,台北龙山寺的"三英战吕布"、"空城计"等石雕人物形象栩栩如生、光彩夺目,至今台湾的许多寺庙、民宅都保留着闽南石雕工艺的风格。新中国成立后,惠安石雕市场不断向外拓展,五十年代的北京十大建筑物,著名侨领陈嘉庚的集美鳌园,闪烁着惠安石雕的艺术光辉。改革开放以来,石雕传统工艺以其独特的生命力展现着无限生机,民营石雕企业蓬勃发展,石雕特色经济发展迅猛,形成了传统石雕和西方先进技术相结合的生产格局。无论是工艺品门类、生产设备和技术、生产规模均居全国同行业前列。从毛主席纪念堂到南昌起义纪念馆、井冈山纪念碑、江苏盐城周恩来纪念馆、雨花台纪念馆、北京中华世纪坛,无不凝聚了惠安人民的聪明才智,成为惠安石雕艺术辉煌的见证。

石雕品种丰富,雕艺风格独特。惠安石雕工艺历来以其独特风格著称于世,并于1997年被国家农业部授予"中国石雕之乡"的荣誉称号。石雕工艺品门类齐全、产品丰富,石雕工艺由传统雕刻品衍生出日式、西式、欧式墓碑,圆灯笼、角灯笼和雕刻品三大行业,形成了圆雕、浮雕、线雕、影雕、沉雕、彩雕六大类,多达3000多个品种。雕刻技艺采用传统手艺与现代科技相结合,汲取西方文化精华,以玉雕、盆雕的细腻手法,形成了惠安雕刻独特的艺术风格和丰富的文化内涵,体现了强烈的时代气息。惠安石雕以精湛娴熟的技艺,充满时代活力地走向世界。在美国、欧洲、中东、东南亚,惠安石雕工艺品以质量上乘、款式新颖、工艺精湛闻名于世,受到世界各地人们的青睐。惠安雕刻大师王文生创作、耸立于深圳万福广场高达19.99米的龙柱,2000年被收入吉尼斯世界纪录。这些独具匠心的雕艺精品,大大提升了惠安石雕的品位。2006年6月,惠安石雕入选首批国家级非物质文化遗产名录。

(二)惠安石雕贸易发展

从20世纪的80年代到新世纪初,惠安石雕以星火燎原之势,不断发展壮大。全县拥有石雕工艺类企业1185家,石雕规模企业248家,年产值达5000万元以上的企业有23家,1000万元以上的企业203家,石雕石材产值占全县工业总产值的三分之一,成为惠安县龙头支柱产业。目前,石雕产品远销欧美、日本、韩国、东南亚、美国、欧洲及港、澳、台等30多个国家和地区,出口交货值达66亿元,是全县的一大特色经济。

改革开放后,惠安各类企业加大招商引资力度,扩大国际经贸联营,拓展国内外市场。2006年石雕工艺品产值93亿元,经济总量占全县工业产值的三分之一,外向度达71.99%,出口总量名列全国同行业前茅,占全国石材出口总量的43%。惠安已成为全国规模最大、技术最先进、品种最齐全、加工能力最强的石工艺品生产出口基地。形成以国道洛阳及螺阳大红埔、惠黄惠崇公路沿线石材企业为支点,一线串珠的石雕石材产业走廊,并沿两线以构筑一道以石文化为主题的旅游景观大道。

通过组合、重建,崇盛石材股份有限公司、潮兴石材有限公司已成为全县石雕石材行业的佼佼者。积极推行现代企业制度,改变传统的家族管理模式,加快建立现代企业制度,建立起法人治理结构,以现代管理手段,强化经营管理,健全管理制度,引进人才,引进设备,通过改革改制,强化企业管理措施,不断提高经济效益。

惠安县石材同业公会在指导企业引进新技术、新设备的工作中,强调规范化生产、规范化经营,紧抓产品质量体系认证工作。明磊石材、三利源磨具获省名牌产品称号,依托品牌提升经济质量。明磊石材公司通过打造品牌,推动产业升级,实施以质取胜战略,注重提高产品质量,提高市场竞争能力,坚持创名牌与开展认证工作双管齐下,增强品牌意识,培育一批名牌产品,发挥品牌效应。

另外,惠安的石材企业积极开拓市场,扩大企业发展空间,坚持实施市场多元化战略,加大拓展国内国际市场力度。惠安协兴石制品有限公司注册美国阿里巴巴网站,该公司的网络客户订单每年均在50万美元以上。福建惠安五峰铭传工艺厂通过网络营销,80%的产品销往英国,电子商务为规模企业带来了可观的经济效益。2002年以来在意大利、韩国、日本、美国等专业性权威刊物宣传惠安石雕石材,提高惠安石雕品牌国际效应。

同时,石材企业强化依靠科技,增强企业创新能力,努力发挥县生产力发展促进中心的作用,集技术培训、信息咨询、技术研发为一体,增强技术创新能力。通过发挥科技项目的龙头作用,开展系列化重点科技攻关项目65项,"镜面板材"、"花岗石磨头"、"稀土抛光块"、"YJ-1800园盘锯石机"等一批新产品新科技项目。组建行业技术开发中心,三利源磨具制造有限公司、三利源磨具厂、华侨大学超硬工具研究所联合创办"中国石材磨料磨具研究开发中心",面向全国进行磨料磨具科学研究、开发和服务。中心研制成功的"稀土抛光块"获福建省科技进步三等奖、泉州市科技进步二等奖和省重点新产品奖。惠安县石雕石材同业公会组建的"福建大众石雕石材技术开发中心"研究开发一批共性技术、关键技术,成为石雕产业技术进步的辐射源。

为了提高企业员工的技艺,惠安县石雕石材企业注重培训基地的建设,从实际发展需要出发,充分依托本县的教育资源,创办联办高等院校,调整职业学校专业设置,开设石材石雕、工艺美术等专业,培养紧缺、实用人才。惠安五中石雕职业专业学员以华光摄影学院为基地,培养了一批能自行设计,动手能力强的学生,在企业中发挥技术骨干作用。振华雕塑厂与中国工艺美术学院实行厂校挂钩,几年来,学校以厂为基地,开展长期攻关协作,为惠安本地的石材企业培养了一大批技术力量。进一步加强与高校、科研院所建立技术协作关系,发挥高校、科研院所的人才优势,借智生财。三利源磨具制造有限公司与华侨大学合作开发的国内先进水平的"超细金刚石表面镀覆技术"、"稀土抛光块"等均已在生产上应用,并实现了丰厚的利润。

四、永春寻找传统产业与新兴产业的商贸出路

永春名称取自"四时多燠"(气候素有"万紫千红花不谢,冬暖夏凉四序春"美誉),故称永春。地处福建省东南部,晋江东溪上游,东邻仙游,南接南安、安溪,西连漳平,北与德化、大田交界。1985年经国务院批准,被列为闽南金三角经济开放县。近年来,永春县加大力度加快发展食品饮料产业,充分发挥永春县拥有丰富的芦柑、茶叶等农副产品资源和优质水资源的优势,大力发展果汁饮料、肉制品和矿泉水、茶饮料、永春老醋、功能性食品饮料、医药用水等产业,加快建设食品饮料产业集聚基地,带动农业产业化发展。

近年来,永春传统产业企业汇源果汁、宏顺食品等龙头企业发展壮大,组织专人加大对河南漯河食品饮料、晋江休闲食品、广东潮汕小食品等地区企业的招商引资力度,依托永春县芦柑、荔枝、龙眼等水果资源,将果汁饮料食品产业做大做强。同时,鼓励味安集团、顺德堂、永春老醋公司等老醋生产企业扩大规模,加强研发,开发果味醋、保健醋等醋饮料,大力塑造品牌,发挥永春老醋品牌效应,促进老醋产业发展。促进盘龙、祥业、锦源山、雪山靓雪等矿泉水企业资源整合,打造永春矿泉水知名品牌,鼓励天馨生物公司扩大养生水产业,加强品牌建设,将"一瓶水"做大。利用矿泉水资源和佛手茶资源,吸引一批国内外知名茶饮料企业到永春投资办厂,开发茶饮料产品,发展茶饮料产业。另外,依托红曲素、金线莲等特色资源,利用超临界萃取等先进技术,大力发展功能性食品饮料。充分利用永春作为晋江东溪源头的优势,发展附加值高、市场前景广阔的医药用水产业,提升永春县优质水的产业附加值。

同时,注重发展生态文化一体化旅游。充分挖掘、有效整合永春旅游资源,建设一批生态文化养生等旅游精品项目,打造精品线路,提高重点旅游景区(景点)建设管理水平,延伸旅游产业链,推进生态旅游与文化旅游一体化发展,将旅游业培育成为有丰富内涵和独特品牌影响力的支柱产业和绿色经济增长点。重点发展"侨乡生态文化娱乐旅游"和"温泉养生康体休闲旅游",实施"1+4"旅游发展战略,形成县城旅游接待中心,以及西部森林氧吧休闲娱乐度假区、东部风情小镇和运动休闲度假区、中部峡谷探险朝圣疗养

度假区和县城周边武术文化温泉娱乐区等四个重点旅游片区,通过招商引资重点规划建设中华武艺大观园、牛姆林猴山乐园、东溪大峡谷、呈祥高山茶园度假、温泉医疗养生等项目,吸引国内外游客到永春县观光旅游、休闲度假、养生保健。构建"县城住、全县游"的旅游发展新格局,将永春县建设成为海峡西岸知名的生态旅游目的地。

树立"大景区、大旅游品牌"的发展理念,加强服务标准化建设,将核心的生态旅游景区、特色文化魅力旅游项目、家庭欢乐体验旅游项目、高端商务休闲度假旅游项目进行捆绑营销和宣传,重点开拓台湾、香港、澳门和东南亚等地区的旅游市场。通过策划举办大型文化旅游节庆活动,逐步加大在中央和省内各大主流媒体的宣传投入,着力塑造"多彩山林、旅游永春"的永春旅游品牌,整体提升永春旅游的知名度。

五、南安坐拥天下水暖、石材与粮食的大宗商贸

南安市位于福建省东南沿海,与台湾隔海相望。南安物华天宝、人杰地灵,曾一度是闽南地区政治、经济和文化中心。全市土地面积2036平方公里,人口148万,海外侨胞300多万人,是举世闻名的"海上丝绸之路"的起点和民族英雄郑成功的故乡。南安区位优越,交通便捷。东接泉州中心市区,西靠厦门经济特区,处于闽南金三角中心地带。福厦高速公路,国道324线,省道307、308线,沿海大通道,漳泉肖铁路以及建设中的泉三高速公路、福厦高速铁路穿境而过,国家二类口岸石井港已建成5000吨级码头可直航香港、金门、马祖、澎湖和厦门、上海、广州等沿海大中城市,市区距晋江机场30公里,距厦门机场80多公里,交通四通八达,方便快捷,是福建东南沿海大通道的重要节点。

改革开放尤其是"八五"以来,南安市坚持以经济建设为中心,解放思想,扩大开放,认真制定并组织实施"蟠龙起舞,两翼展翅,中部开花,推进三角,带动山区"的经济发展战略和"三分经济区域"的经济发展格局,广泛开展"乡镇企业年"、"建市年"、"电力建设年"、"交通年"、"三资企业年"和"工业发展年"活动,各种优势得到前所未有的发挥,全市国民经济和社会发展取得令人瞩目的成就。农业综合开发成效显著,被列为"全国秸秆氨化养牛示范县"、"全国龙眼生产基地县"。工业尤其是乡镇企业迅猛发展,全市已建成100个工业小区,形成石料建材、水暖消防器材、建筑陶瓷、塑料化工、针织服装、五金机械、雨具箱包、食品罐头等八大支柱产业。同时,市场、产业、基地得到良性互动发展,从外延拓展到内涵深化,南安的产业集群开始释放巨大能量,南安的工业经济迈上质的提升之路。

(一)石材贸易

南安市企业充分发挥各自的优势,因地制宜,突出特色,加快发展,大力培养具有较强比较优势的特色支柱产业,形成了多样化、特色化的经济发展格局。中国石材城、中国水暖城、中国粮食城……一个个溢满全国乃至全世界的"国字号"专业市场,成为南安区域经济和产业集群迅速发展的强劲动力。其完善的产业集群更是推动南安市经济的快速发展。

全市现有建材企业4000多家,其中石材生产企业1350多家,陶瓷生产企业800多家,仅水头镇就有石材生产企业500多家,年生产石板材近千万平方米,工艺材达200万平方米。产品样式齐全、品质优良,有石板材、异型材、薄型材、工艺材、原色材、染色材等。远销日本、东南亚、西欧、南美洲、非洲等10多个国家和地区以及全国各大城市。建材业如今已雄踞南安国民经济的"半壁江山",铸就了它不可动摇的支柱产业地位,南安也因此被命名为"中国建材之乡"。激烈的市场竞争对乡镇企业的生存和发展形成了巨大的压力和挑战,为了扭转业已形成的建材市场的"小、散、乱"和相互杀价、缺乏管理、无序竞争的局面,南安市在地理位置优越的324国道及复线入口处——水头镇投建规模宏大的闽南建材第一市场,建设以石材为龙头,兼营陶瓷、水暖、消防器材、五金机电、卫生洁具、灯饰配件等产品的大型建材专业市场。

闽南建材第一市场在运作上实行内外并举、双管齐下的动态经营管理。

首先,调动大量的人力、物力资源,对闽南、闽东、闽西70多个市、县和150多个重点乡镇采取地毯式"面对面"的调研宣传活动。走访建材经销网点、房地产开发商及建筑装修队2500多家,共发出广告及商情资料2万余份,把市场的五大优势(即档次规格、花色品种、价格质量、交通条件和购物环境)直接地、形象地进行传播。农历五至六月,正是双抢时节,亦是百行百业淡季的"淡中之淡"。然而,闽南建材第一市场石板材日均销售量却从3000平方米猛增至6000平方米以上,且呈现稳定上升的势头。

第二,组建特许代理及配送制度,紧抓市场配送中心和荒料部的筹备运作,实现整体营销局面的跨越和起飞,现已初具成效。

第三,完善内部体制,向社会招聘高素质人才,组建以营销、物管、信息三个既相对独立又相互依托的职能部门,启动了规范化的经营管理程序。

第四,努力争取各级政府一系列优惠政策的出台,实行"一个窗口"对外,"一条龙"服务。税收规费实行灵活征收措施,在金融服务、治安管理、水电收费方面制定相应的优惠政策和相对独立的自主权。现来自山东、河南、陕西、广东、广西、四川、江西、安徽、内蒙古等地的省内外300余家企业入驻市场,一期工程450间店铺全部租出,预订铺面的还有250余户,形成了供不应求的火爆场面。

(二)水暖业蓬勃发展

由中国陶瓷卫浴协会命名的"中国水暖城"在民族英雄郑成功故乡——南安市冉冉崛起。它以福建省水暖工业园为依托,以"中国水暖之乡"仑苍镇和"中国水暖阀门基地镇"英都镇为核心,辐射溪美、美林、省新、东田、翔云、眉山等乡镇及邻近安溪县城厢镇。500多家水暖阀门生产企业支撑中国水暖城的形成和发展,三万多遍及全国各地的水暖供销大军,把水暖城和全国各地的水暖阀门产品送到千家万户,占据了全国70%以上水暖阀门市场销售份额,中国水暖城优越的交通环境和完善的销售网络受到业内人士的青睐,是目前国内唯一集科研开发、产品展示、仓储物流为一体的规模最大、档次最高的水暖阀门专业市场。

南安水暖产业起源于20世纪70年代,以南安仑苍铜、铁加工工匠为代表的手工匠,由修理城市民用水龙头的劳动中,发现并抓住了水暖产品市场短缺商机,开始转向试制水龙头。从最初纯手工加工,到机械化生产;从单一的水龙头产品发展到现在3000多种产品品种、规格;从使用国营企业陈旧机床设备,到现在拥有先进的数控机床和专用设备;从粗糙低劣的产品,到成为全国行业产品标准参与制定单位,节水产品生产示范企业。南安的水暖产业经历了风风雨雨。以闽南人敢拼才会赢的精神,南安人顶住了各种压力,克服种种困难,把水暖产业从小拉扯到今天,成为福建省一个重要的产业集群。全市目前有水暖阀门生产企业450多家,生产从业人员2万多人,2004年,全行业年产值约25亿元。拥有先进低压铸造设备占全国1/3强,具有较高技术装备优势。有8家企业产品被认证为节能产品,其中有中宇集团、申鹭达集团、辉煌集团被认证为节水性能达到国际先进水平。有5家企业被授予"中国卫浴产品行业知名品牌",全行业共有67家企业通过ISO9000标准认证,有4家企业被命名为福建省名牌产品,有5件商标被认定为福建省著名商标。

(三)粮食城的发展

南安市官桥镇,虽然不是粮食主产区,但从事粮食贸易的历史,可以追溯到200多年前。1984年,这里办起了第一家"粮行"。20世纪90年代,这里成立了省内最大的省级粮食批发市场,被称为福建最大的"米袋子"。2003年,在省外从事了15年粮食生意的南安人林书育,带着数亿元资金回乡投资,在原官桥粮食批发市场的基础上,兴建"泉州·中国粮食城"。这是国内唯一由民营资本等多种资本介入的粮食市场,集现货交易、加工、物流、商务配套于一体的产业化运作模式,在国内粮食市场尚属首创。

中国粮食城的项目发展商上海华昌粮油发展有限公司,有着10多年经营国内外粮油业务及大型专用面粉加工经验,企业实力雄厚,投资商南安市官桥粮食城投资开发有限公司,系福建省农业产业化省级重点龙头企业。自2004年起,中国粮食城连续四年被省政府列为重点建设项目、国家发展和改革委员会重点扶持的大型农产品批发市场。2005年,泉州市政府确定中国粮食城为20个重点龙头项目之一。南安市政府把粮食产业作为南安八大支柱经济板块之一,并形成以中国粮食城为核心平台的粮油产业集群。中国粮食城,高瞻远瞩,抓住东南亚粮油市场消费大需求,凭借得天独厚的地理位置、完善的配套服务、巨大的粮食产业集群等优势,全力打造国际粮油交易新平台——东南亚粮油采购中心。它以粮油现货交易区为贸易窗口,充分带动加工等相关产业,最大程度与东南亚各国进行粮油贸易往来,成为国内粮食企业和东南亚国家经贸合作的新纽带。官桥粮食批发市场的交易已覆盖到国内10多个省份,年交易量超5亿公斤,年成交额达15亿元,并跻身全国八大粮油批发交易市场行列。粮食业内流传着这样一句话:官桥粮价动一动,全国米市抖一抖。

2006年7月16日,中国粮食协会正式向林书育授予"泉州——中国粮食城"牌匾,粮食城一期工程也举行了封顶仪式,8家国内外知名粮食企业入驻其中,并投入运营。2007年又增加了9个投资项目,总金额7000多万元。至此,共有207个商家进驻粮食城。

六、晋江鞋都产业集群的商贸发展

晋江市地处福建省东南沿海,东临台湾海峡,西和南安市接壤,南与金门隔海相望,北同鲤城区毗邻,东北紧连石狮市。陆地总面积 649 平方公里,海域面积 6345 平方公里,大小岛礁星罗棋布。2011 年,晋江实现地区生产总值 1070 亿元,经统计,该市县域经济综合实力连续 11 年保持在全国百强县(市)前 7 位,经济实力连续 18 年稳居福建首位。2009 年晋江市累积获得中国名牌产品企业 24 家 24 项,这个数量居全国县级市前茅。当年,有 9 个品牌入选 2009 年中国 500 最具价值品牌:如劲霸、九牧王、柒牌、七匹狼、德尔惠、361°、腾达、金莱克、金苹果等,占了全市入选名额的一半以上。在发展商标方面,晋江市更是全国商标发展百强(市)县第一。其中,著名商标 118 件,占全国 0.79%,驰名商标 16 件,占全国驰名商标总数的 1.4%。据 2010 年晋江年鉴记载,晋江市已注册商标 27315 件,占全国注册商标总数的 0.79%。

改革开放 30 多年来,晋江原来是一个资源贫乏、工业基础薄弱的县,至今已聚集起纺织服装、制鞋制革、建材陶瓷、食品饮料、轻工玩具等一批具有较强竞争力的产业集群,同时拥有化纤、纸制品、车辆机械、新型材料等一批具有集群趋势的新兴产业。20 世纪 70 年代,晋江运动鞋生产厂家不足 60 家,主要生产传统布鞋和拖鞋,发展到 2008 年,各类鞋成品、鞋材生产企业达到 3000 多家,主要产品包括专业运动鞋、旅游鞋、休闲鞋、时装鞋、凉鞋、雪地鞋等数百个品种和规格,其中运动、旅游鞋占全国总产量的 40%、世界总产量的 20%,产品远销 163 个国家和地区。产业集群的发展提升了晋江经济发展的质量,为晋江鞋业的持续发展奠定了良好的基础。近年来,晋江运动鞋集群企业主动适应市场发展需要,积极实施品牌战略,在不断提高产品质量的基础上,努力扩大产品影响力和市场占有率,取得了明显成效。截至 2008 年底,全市鞋业企业累计拥有 19 枚中国驰名商标、8 件中国名牌产品、36 件国家免检产品,"国家号"品牌总数占全国运动鞋行业的一半以上。全市鞋业企业聘请的影视、体育明星多达 70 多位,年广告费用投入近 10 亿元。部分企业还通过参与顶级体育赛事合作,实现社会效益、经济效益双丰收,如安踏公司成了全国排球联赛、中国男子篮球职业联赛(CBA)的运动装备赞助商,国辉公司成为中国篮球协会标识产品 CBA 的运营商。品牌营销战略的持续推进,为晋江运动鞋产业集群的崛起奠定了坚实的基础。

制鞋业是晋江国民经济发展的重要支柱,主要分布在晋江市陈埭、池店、内坑、青阳等镇。产业集群的技术效应在晋江陈埭发挥得淋漓尽致。在陈埭制鞋业发展之初,陈埭人跑遍了全国各大城市的商店,通过各种正式或非正式的手段加以学习和模仿。20 世纪 80 年代初,以合成革制鞋和塑料凉鞋闻名的晋江鞋业主要以家庭作坊式为主,生产和经营方式粗放、市场效益低下。经过 20 多年的发展,晋江制鞋企业规模不断扩大,技术更新速度不断加强,产品档次得到较快的提高,晋江制鞋业已逐渐达到规模化、规范化、集团化、科技化的发展水平,诞生了安踏、361°、特步、鸿星尔克、亚礼得、德尔惠、喜得龙等知名品牌,被中国皮革和制鞋工业研究所等 4 家机构联合命名为"中国鞋都"。同时,制鞋业的发展,带动了相关配套工业的发展。目前晋江从皮革、鞋材、化工原料、鞋机直至数字模在区域内都有专业厂家为成品鞋企业从事配套生产。晋江鞋业在重镇陈埭形成了长达数公里的"鞋材一条街",吸引国内各省市和30多个国家和地区客商,交易额超20亿元,是华东地区规模最大鞋材市场之一,与广东东莞、浙江温州并称为全国三大制鞋业原辅材料市场。晋江鞋业产业集群的快速崛起,不仅给晋江鞋业的发展带来勃勃生机,也为晋江区域经济的发展做出了突出贡献。晋江鞋业辉煌的背后中,历经多次产业提升与发展,才造就了今天完善的产业链条、成熟的生产工艺、繁荣的鞋业市场以及享誉中国乃至世界的鞋业品牌。改革开放30多年来,晋江鞋业历程可以划分为五阶段。

起步阶段(1980—1986年)。晋江鞋业的发展,始于20世纪80年代初期。依靠几支锤子、几把剪刀、几台缝纫机的家庭作坊起步,生产经营方式粗放,经过几年的发展,初具集群形态,开始形成鞋业产业雏形。

蓬勃发展阶段(1987—1994年)。晋江制鞋企业数量急剧扩张,嫁接外资,引进先进的生产设备;产品结构趋于多元化,有运动鞋、旅游鞋、皮鞋、拖鞋、休闲鞋,开始出现一批上规模、上档次的知名品牌,涌现出一批如"寰球、国辉、恒人、爱奇"等带动全市制鞋行业出口的龙头企业。这一阶段很多晋江制鞋企业成为国外企业的贴牌生产商,从伪造加工到贴牌生产(OEM),整体向前迈了一步。

转型升级阶段(1995—1996年)。这一阶段,随着大规模的设备引进和技术改造,晋江制鞋技术装备水平全国领先,加工能力、技术水准和产品质量足以满足国际先进企业的贴牌生产需求;"寰球"鞋业和"三兴"鞋业是当时典型的贴牌生产企业,OEM让许多晋江企业完成了资本的初始积累。产业链条发展日趋成熟,陈埭"鞋材一条街"为鞋业批发市场的形成奠定了基础。

调整完善阶段(1997—2005年)。亚洲爆发金融危机,赚取微薄利润的OEM,难以为继。20世纪90年代后期,晋江制鞋企业纷纷自创品牌,将原有的生产能力转化为品牌经营的基础,利用加工生产的利润贴补品牌化运作,贴牌生产与自创品牌两条腿走路。1999年以来,鞋都晋江逐步从一个运动鞋生产基地发展成为一个运动鞋品牌基地。

流通先导转型期(2006至今)。2006年4月一个占地面积200多亩、总建筑面积近20万平方米,拥有2000家鞋业专业店的鞋业批发市场——中国鞋都应运而生。中国鞋都坐落在晋江陈埭镇,由晋江鞋业市场建设发展有限公司投资3.5亿元全力打造。鞋都硬件设施齐全、软件配套专业化强,有力地保障了鞋都的持续繁荣发展。鞋都以鞋材经营为主,设有成品鞋专营区,入驻中国鞋业最具权威的专业机构——中国皮革院和制鞋工业研究院及其下设的质量检测、产品研发、标准化、技术人才培训、信息等五大中心;同时中国鞋都网(专业商务网站)、银行、邮政、电信、工商行政管理、全区无盲点监控等配套设施一应俱全。

七、石狮服装产业集群——石狮服装城

石狮市作为改革开放的产物,从1988年建市至今的20多年来,已经从海隅小镇逐

步走向富裕安康、文明和谐的现代城市,成为海峡西岸的一颗璀璨明珠。石狮20多年奋进的丰硕成果,昭示了改革开放政策的正确英明,凝聚着海内外石狮乡亲的心血和智慧,展现了石狮人"爱拼敢赢"、"敢为天下先"的非凡气魄。石狮过去以第一产业为主,在工业产业甚为薄弱的基础上,用短短20多年的时间,形成了较为厚实的工业产业基础,并形成了"一城五支柱"的独具特色的产业体系。其创新主要表现为立足特色产业,夯实产业发展基础。纺织服装始终是石狮企业的主要组成部分,以2002年为例,服装企业注册数占企业总数的37.21%,其产值占工业产值的55.04%。2003年动工兴建了总投资15亿元的国际性服装物流配送中心、亚洲最大的服装专业市场——石狮服装城,成为福建省唯一入选《福布斯》"中国大陆最佳商业城市"的县级市。

石狮以服装闻名于世,是中国纺织服装生产基地和集散地,经过30多年的发展和精心培育,已形成了一条以服装加工生产为核心的纺织服装产业链,涵盖纺织、漂染、成衣加工、辅料、市场营销等各个领域。以石狮为中心,连接晋江、泉州等周边地区而形成的福建服装板块,是我国乃至世界重要的服装板块。石狮服装50%左右出口,许多国际知名服装品牌,如鳄鱼、啄木鸟、周织、卡丹奴等都在石狮进行原料采购、订单生产。

2003年动工兴建、总投资15亿元的国际性服装物流配送中心,亚洲最大的服装专业市场——石狮服装城,2005年开业至今已迅速跻身中国十大服装批发市场和中国十大创新市场。以海峡两岸纺织服装博览会暨休闲服装博览会为平台,以石狮服装城为中心,连接鸳鸯池布料市场、塔前服装辅料市场、洋下服装辅料综合市场及塔前服装机械市场,构成了石狮独具特色的纺织服装商贸区。纵观石狮服装产业的历史演变过程,大体经历了几个阶段。

故衣摊阶段(1960—1978年)。石狮耕地面积有限,自然灾害频繁,农业经济无法维持生计,一代代石狮人被迫漂洋过海。这些漂洋过海的港澳台同胞和海外侨胞,不断带回海外商品意识和商业文化,石狮人在谋生中不断领悟到无商不富的道理。早在20世纪60年代,石狮居民就利用港澳台同胞和海外侨胞寄回来的物资开店摆摊,形成以小商贩为主体的商品市场,无证商贩达600多家。旧洋服是当时的主要经营对象,故衣摊因此得名。到1975年,石狮有个体商贩1000多家,故衣摊遍布街头巷尾。

初步发展时期(1979—1984年)。1979年,海关放宽华侨和港澳同胞回国探亲携带物品的规定,海外物资开始大量流入石狮。从中国旅行社拖运和邮寄的包裹、行李每年约100万公斤。华侨物资包括服装、布料、日用品和家用电器等,源源不断地流入,小商品市场再度活跃起来。1983年1月,石狮首先开辟4个小商品市场和3个农贸市场。1979年后,部分居民开始利用"三闲"(闲房、闲资、闲劳力)合股创办家庭式小工厂,仿制洋服装,效益很好,服装逐步由舶来品转向自产。

竞争优势形成阶段(1985—1987年)。随着石狮服装业的发展,竞争也越来越激烈,企业开始注重竞争力的提高。一是注重服装设计,专门设计具有侨乡特色的适销对路的新产品;二是引进先进的设备,提高生产能力;三是强化质量管理,部分规模化生产企业开始实施标准化管理。

规模快速扩张阶段(1988—1992年)。1987年石狮建市后,服装业的规模迅速扩大。

至1991年,全市已拥有服装及其配套企业1600多家。1991年全市服装总产量约5000万件(套),产值5亿元,居福建省第一位,成为闻名全国的服装生产基地。在这段时期,销售问题逐步显现,石狮开始加强市场网络建设,石狮专业市场体系开始形成,大批企业在全国各地建立服装销售网点。

调整阶段(1993—2002年)。1993年,我国短缺经济时代结束,石狮服装企业的发展也开始进入调整阶段。1994年服装产量比1993年下降29.6%,服装企业中,停产、半停产企业约占全市服装企业的52.3%。与此同时,浙江的温州、辽宁的大连、广东的虎门、江苏的常熟服装业开始迅猛发展,对石狮形成威逼之势,如北方的大连率先开办国际服装节,广东虎门制衣企业已在120多个国家和地区注册数百个商标。

优化升级阶段(2003年至今)。2003年,石狮市投资15亿元,建设占地1110亩的石狮服装城,被誉为国际性服装物流配送中心,亚洲最大的服装批发市场。

但目前石狮服装业所具有的传统竞争优势已经逐渐丧失。首先,除了一些大型企业具有较强的开发能力外,石狮绝大多数服装、纺织行业规模较小,研发能力薄弱,仍然处于模仿阶段。虽然很多企业也成立了设计部门,但高级设计人才很少,先进手段还没有普及,设计能力也不强。因而,科技含量低,产品附加值不高,创新能力不足,企业缺乏竞争优势。其次,石狮服装业最初是由市场带动发展起来。但专业市场体系还不完整,大部分服装产品门类没有专门的市场。早期的"地摊交易"目前仍然随处可见,极不利于市场的规范化管理。同时,市场秩序还不规范,假冒伪劣现象时有发生。再次,行业组织作用弱小。缺乏一个统一的领导和协调机构,各自为战,自生自灭;行业组织独特的服务功能、自律功能等优势在市场经济中不能充分发挥其应有的作用。最后,石狮服装企业人才紧缺。主要有三类:一是设计人才。对于服装企业来说,服装的款式、花样、用料是吸引购买的关键因素,而这个问题的解决主要依靠设计师,目前石狮绝大多数服装企业没有高水平的设计师,主要靠模仿其他企业的款式和花样;二是管理人才。石狮服装企业发展之初,竞争压力小,主要靠企业家的敢闯敢干。随着市场竞争压力的加剧,越来越依赖高水平、规范化的管理。然而大多数企业家缺乏先进的管理理念和知识,仍然停留在家长式、经验式的管理阶段。三是外贸人才。由于缺乏外贸人才,石狮企业自营出口能力较差,只能赚取少额的加工费。

第九章

现代泉商组织、文化

光绪三十二年（1906年），泉州大商家吴维纯、何光恺、蔡平生、蔡锵等发起筹组泉州商务会。光绪三十四年（1908年）三月，泉州商务会宣告成立，公举乡绅、进士林冲鹤为首任总理，黄尔玉为协理，会址设在打锡巷考棚内。1912年—1949年的38年，晋江县商会历经八届。在商品经济不断发展的情况下，商会组织也得到相应的发展，至1943年，全县已有各类同业公会47个。这个时期的商会，初期也曾为商家和社会做了一些有益的事。1949年8月31日泉州解放。中国共产党的英明政策和中国人民解放军的严明纪律，使晋江县商会的原机构、人员能够保留下来，继续发挥其应有的职能，让其协助泉州军管会接应过境部队的粮草军需物资，维护市场秩序，在即将结束历史使命的时候办一件有益的事。

本章将从泉州商会的创立讲述开始，分析泉州商人的性格特征、泉商文化的核心精神，以及这一特征和精神对泉州商业发展的影响与推动。

第一节 泉州商会及同业公会组织

一、泉州市工商联成立以来跌宕起伏的风华岁月

1949年10月1日，中华人民共和国成立，经历了八年抗战和多年内战，国家百事待举、百废待兴。由于连年的战争，国民经济处于全面崩溃的边缘，工农业生产极度萎缩，物资奇缺，人民生活极端困苦。为了振兴经济，中共中央通过没收官僚资本，建立社会主义性质的国营经济，合理调整工商业，大力发展工农业生产等一系列经济措施，使新中国很快从困境中恢复过来。

随着形势发展，接管旧商会的工作势在必行。1950年5月30日，经晋江县各界人民代表会议第二次会议决定，成立晋江县工商问题研究会，设立：工商业务、劳资关系、税收、商事纠纷四个组作为办事机构。这是接管前过渡性质的组织机构。1950年8月27日组成晋江县城关区（泉州）工商联筹备会，9月5日决定接管旧商会。1950年11月1日，

政务院批准以晋江县城关区和城郊八个乡设立泉州市(县级),晋江县城关区(泉州)工商联筹会,同时改称泉州市工商联筹会。

泉州市工商联筹会历经两年多的时间做了大量的工作,包括:接管旧商会;筹建工商联;支援前线、抗美援朝;工商登记工作;协助市政府工商科对私营、企业重估财产,建立会计制度;协助税务机关做好税收工作;开展"五反"运动;协调劳资关系;组织物资交流,繁荣城乡经济等等。联筹会初期,设一个三桥街分会和八个联合办事处,根据工作需要配备办事人员。

1951年7月,为适应新成立的泉州市行政区域,对行业区组进行调整,设临江、桐山两个区分会。临江区分会辖33个行业区组,一个三桥街支分会;桐山区分会辖16个行业区组,从而使组织机构逐步适应工作需要。1952年,政务院公布《工商业联合会组织通则》。泉州市遵照组织通则之规定,由许集美、李英贵、蔡载经等十七人组成工商联组织整顿委员会,对各同业公会进行整顿。通过整顿,组织合并成立33个同业委员会,然后由各同业委员会选举产生代表,于1953年1月22日至25日举行泉州市工商界首届代表大会,选举产生首届执行委员会、监察委员会,宣告泉州市工商联正式成立。

(一)泉州市工商联成立后至改革开放前的多舛命运

1953年11月,中共中央提出:要在相当长的时期内,基本上实现国家工业化和农业、手工业、资本主义工商业的社会主义改造。这是一条建设社会主义的总路线,是历史的重大转折。刚刚诞生的工商联,就投身于这一伟大的历史使命。学习总路线,宣传总路线,贯彻执行总路线是全国人民的头等重要任务,也是工商联的头等重要任务。通过广泛、深入地学习、宣传、贯彻过渡时期总路线,为资本主义工商业的社会主义改造奠定了思想基础。

对资本主义工商业的社会主义改造,是时代赋予工商联的历史使命和光荣职责。泉州市工商联在中共泉州市委、市人民政府的领导下,积极地投入这项既光荣而又艰巨的工作,从粮食、棉纱、棉布实行统购统销开始,对私营粮商及纱布零售商进行改造。经过深入调查研究和大量的思想政治工作之后,使他们分别成为国营粮食代销店和国营纱布公司经销店;屠宰行业(包括猪、牛、羊肉等主要副食品行业)也同时进行改造,与国营食品公司签订经销合同,成为国营食品公司的经销店。

紧接着是把私营企业纳入国家资本主义和合作化的轨道。1955年底,泉州市工商界和全国一样,在工商联的带动下,敲锣打鼓向市人民政府申请接受社会主义改造。1956年1月26日,泉州市人民政府批准了全市的资本主义工商业全行业公私合营及转为国营;小商、小贩和小手工业也全部实行合作化。这是泉州市对私改造的高潮。在此期间,工商联义不容辞地协助政府有关部门,承担了这一艰巨任务。清产核资、定股定息、经济改组、人事安排一系列工作逐件做好,同时开展大量的、细致的思想政治工作。

泉州市工商联紧跟中国共产党,拥护中共中央和人民政府提出的路线、方针、政策,出色完成各项任务,因此,也得到中共泉州市委、市人民政府的重视。工商联主任委员蔡载经1952年被选为泉州市副市长,以后五届蝉联副市长,任内对泉州市的市政建设、私营工商业社会主义改造、晋江下游防洪堤工程、晋江拦河闸工程、省701工程等工作都做出了贡献。副主任委员倪郑重、刘书侯、伍德培、庄杰赶等一大批工商联的领导骨干和积极分子，都先后分别被选为省或市人民代表，被聘任省或市政协委员，有的还被推选担任领导职务。

1957年反"右派"斗争，工商联响应中共的号召积极地投入反"右派"运动。由于反"右派"扩大化致使泉州市工商界四人被错划为"右派"，十人被错批判。反"右派"运动之后，工商联工作逐步走下坡，工作范围收缩，人员减少，长期的"思想改造"和各种"学习班"占去了大量的时间。

1958年11月1日成立的"晋江专区工商界加速自我改造促进委员会"是地区一级的工商联组织机构，包括泉州、晋江、莆田、仙游、南安、惠安、安溪、永春、德化、大田、福清、平潭、永泰十三个县、市。1960年又改称"晋江专区工商界积极服务加强改造促进委员会"，并于1961年6月举行晋江专区工商界代表会议，选举产生领导班子。

1966年的"文化大革命"运动对工商联的冲击更为厉害，泉州市工商联的办公大楼被造反派占用，部分文书档案被毁，工商联被迫停止活动。地区促委会也遭受同样的命运。

(二)改革开放以来泉州市工商联的蓬勃发展

十一届三中全会之后，拨乱反正，对民主党派、工商联"长期共存，互相监督"的方针得到贯彻执行，泉州市工商联于1980年3月召开第五届执委扩大会议，宣布恢复组织活动。同年6月举行第六届会员代表大会，响应全国工商联提出的"坚定不移跟党走，尽心竭力为四化"的号召，决心在新的历史时期，为四个现代化建设做出新的贡献。

1981年，为加强地区的工商联工作，设立省工商联晋江地区办事处(在此之前为省联驻晋江地区工作组)，办事处主任高德川，副主任陈春宵。

百废待兴，人的因素第一。工商联的首要任务是协助中共泉州市委落实党的各项政策，平反冤假错案，把全体会员的积极性调动起来，共同为四个现代化建设出力。反"右派"中被错划的"右派"分子及遭错批的人得到纠正；"文化大革命"运动中的冤假错案得到平反昭雪；被抄查的财物、被挤占或代管的私房退还业主；被扣发工资及附加工资、被停发的定息得到补发；小商、小贩、小业主被从"原工商业者"中区分出来，恢复其"自食其力"的劳动者面貌。

随着改革开放春风吹遍祖国大地，工商界如枯木逢春，和着经济发展的节拍而复兴。"老骥自知夕阳近，不用扬鞭自奋蹄"是反映这个时期工商联老会员的心情。泉州市工商联先后与民主建国会(简称民建)泉州市委会、市区商会创办了多家经济实体，安置了一大批待业青年就业，为工商联积累了一大笔资金，同时为国家创外汇5000多万元。

工商联办经济实体，更深一层的意义是在改革开放的大潮中，通过会办企业，在商海中学"游泳"，更好地为工商界服务。会办企业坚持"爱国、敬业、守法"的方向，以产品质量和服务质量赢得客户的好评，得到国内外同行的赞誉，先进事迹多次在《福建日报》、《中华工商时报》等报刊上报道，福建电视台、泉州电视台也多次播映。于1956年停办的

"工商业余学校"也于1983年复办,在民建泉州市委会、市工商联的共同努力下,不断发展壮大。1986年5月经福建省人民政府批准成立"泉州市工商业余中等专业学校",1991年6月经省府批准更名为"泉州市工商成年中等专业学校",属国家承认学历的中专学校。

1985年5月14日,国务院批准撤销晋江地区,泉州市升格为地级市,实行市管县的行政体制。原泉州市的民主党派、工商联随同升格,地区工商办事处同步消失。1986年1月,举行泉州市工商联第七届会员代表大会。会员代表包括:晋江、惠安、南安、安溪、永春、德化六县和鲤城区。这次代表大会的召开,使泉州市工商联工作范围扩大到七县(区),领导班子和工作班子都相应地加强。

形势的发展要求工商联承担更多的职能,但是经过对私改造之后,留给工商联的是一大批年事已高的老会员和没有企业的"企业家",工商联的前途堪忧。1986年夏,根据中共福建省委统战部《关于市、县工商联吸收新会员试点工作的意见》和省工商联《关于开展吸收工商联新会员试点工作的方案》精神,泉州市工商联选点晋江县石狮镇,历经一个多月的大宣传,大发动,终于按预订计划完成吸收新会员的任务,随后在石狮召开现场会,把石狮经验推而广之,使吸收新会员工作在市直及各县、区展开。至年底,全市共吸收新会员395个,为工商联增添"新鲜血液",改善了工商联的形象。

随着改革开放的深入发展,外商来泉州办企业者不断增多,为外商投资企业服务自然地提上工商联的议事日程。经多方探讨和吸取兄弟省、市经验,泉州于1987年7月成立"外商投资企业联谊会",作为工商联的团体会员。工商联依托联谊会,把对外联络工作与服务外向型经济有机结合起来,进一步打开对外联络工作的新局面。1987年至1993年,先后接待来自台、港、澳地区及日本、菲律宾、新加坡、印尼、马来西亚、美国、墨西哥等国的60多个工商社团九百多人次,市工商联也多次组团赴香港、马来西亚、菲律宾等地进行商务考察;有22位海外工商界知名人士应聘担任市工商联(商会)名誉会长、顾问。1989年2月,泉州外商投资企业联谊会举行第二届会员代表大会,全国人民代表大会副委员长廖汉生、全国政协副主席谷牧等领导同志莅临会议,使大会成为泉州市外商投资企业有史以来的盛会,工商联也借此提高了社会影响力。

1988年9月举行的第八届会员代表大会,薛天锡当选为会长。根据新会员不断增加和对外关系的日益发展,决定将泉州市工商联更名为泉州市商会,仍旧是全国工商联的地方组织,执行《中国工商业联合会章程》,延续泉州市工商联的届次。之后,各县、市也先后改称商会,鲤城区于1988年,石狮市于1989年先后成立商会,但仍旧是全国工商联的地方组织,遵照执行《中国工商业联合会章程》,性质任务不变。

商品经济背景下,乡镇企业蓬勃发展,1989年4月,泉州市工商联系统成立第一个同业公会——安海服装同业公会,第一个乡镇商会——安海镇商会,之后,行业商会和基层商会组织建设如雨后春笋般纷纷涌现。

1991年,中共中央以中发(91)15号文发出通知,同意中央统战部《关于工商联若干问题的请示》,要求各地贯彻执行。文件指出:"在我国非公有制经济成分作为公有制的有益补充,将在相当长的历史时期内存在和发展,现在亟需有一个党领导的,主要是做非公有制经济代表人士思想政治工作的人民团体，对私营企业主、个体工商户和台湾同胞、港澳同胞、海外侨胞投资者介绍党的方针、政策，进行爱国、敬业、守法的教育，并维护他们的合法权益，反映他们的正确意见。工商联作为党领导的以统战性为主，兼有经济性、民间性的人民团体，可以配合党和政府承担这方面的任务，成为党和政府联系非公有制经济的一个桥梁"。泉州市工商联在中共泉州市委、市政府的领导下，认真贯彻执行文件精神，积极探索，大胆创新，开拓新时期商会工作的新路子，及时向工商界人士传达邓小平南方讲话精神、《中共中央关于建立社会主义市场经济体制若干问题的决定》精神、党的十五大精神等，多次组织会员企业外出考察、参展、招商，联合市委统战部、乡镇企业局对匹克集团等100家企业和陈庆元等100名企业家进行表彰。1996年10月，全国各民主党派、工商联为两个文明建设（物质文明、精神文明）服务经验交流会召开，泉州市商会被选为全国工商联系统仅有五个先进单位，光荣地出席这次盛会。

1997年1月7日，泉州市商会召开九届五次理事会，决定恢复泉州市工商联名称，"工商联"与"商会"两块牌同时并用，2001年11月2日泉州市工商联（商会）召开第十一届会员代表大会，决定"泉州市商会"更名为"泉州市总商会"。

1997年3月召开第十届会员代表大会，恒安集团总裁许连捷当选为会长。这次换届老工商业者基本退出商会领导层，改革开放后崛起的民营企业家进入商会领导层，工作上求真务实，开拓创新，作为政府与非公企业联系的桥梁作用更加明显。

随着市场经济的不断发展，组织企业家到国内外考察增多，商会与国外的联系不断增强，1997年9月份商会接待了菲律宾万那威菲华总商会代表团50人，并就磋商已久的缔造友好关系一事举行正式签字仪式。这是泉州市商会第一次与海外社团正式缔结友好商会，是海外联络工作新开端，后与土耳其梅尔辛市商会达成缔结友好商会的意向。在国内与江苏南通市总商会、上海嘉定商会、河南商丘商会等缔结为友好商会。

改革开放以来，泉州外出创业者与日俱增，在辖区外经商办企业的人数有几十万人，成为泉州产品开拓国内市场的主力军。为广泛团结区域外泉籍工商人士，改变原来分散经营、孤军作战的被动局面，形成比较合理的群体优势，把原来的"一家一户闯天下"转变为"依托组织闯天下"，协调各方面关系，维护企业合法权益，促进侨乡与内地的商贸交流和友好往来。泉州市工商联在大量调研的基础上，果断地切入这块未开垦的处女地，经过认真筹备，1997年11月10日，在河南省郑州市成立第一家国内泉籍异地商会——泉州市商会郑州分会。

面对泉州民营经济的不断发展，国内同行竞争更加激烈，如何整合泉州行业整体优势，参与国际国内竞争，同时规范行业的经营秩序，避免无序竞争，市工商联在充分尊重企业家意愿的基础上因势利导，于1998年11月28日成立泉州鞋业商会，这是泉州市成立的第一个全市性行业组织。

进入新世纪后，泉州市工商联的职能更加凸显，活力充分迸发。

2000年6月27日，时任福建省长习近平与泉州市工商联民营企业家亲切座谈，为民企创业鼓劲加油。同年8月，市委统战部、市工商联联合召开非公经济代表人士思想政治工作研讨会。

2001年6月,泉州市委办、市政府办联合颁发《关于加强外地泉籍商会工作的若干意见》,明确外地泉籍商会归泉州市工商联协调、服务、管理。同年11月,泉州市工商联(总商会)召开第十一届会员代表大会,选举产生第十一届执委会,许连捷连任会长。

2002年11月,泉州市工商联(总商会)代表企业成为市协调劳动关系三方会议及市劳动争议仲裁委员会成员之一。同月,组织60多家民营企业参加学习十六大精神座谈会。

2003年12月,泉州市委、市政府召开泉州市工商联(总商会)成立50周年庆祝大会,时任泉州市长郑道溪亲自主持,500多名会员代表参加。

2004年1月,市政协九届四次会议上,泉州市总商会郑州分会吴声巨、青岛分会李延庭、佛山分会蔡世铨、沈阳闽南商会名誉会长林福全当选为泉州市政协委员,首开外地商会入选政协委员的先例。

2006年12月,泉州市工商联与市委统战部等五部门联合表彰"泉州市优秀社会主义建设者"。

2007年7月5日,泉州市工商联(总商会)召开第十二次会员代表大会,选举产生了泉州市工商业联合会第十二届执委会。许连捷连任会长。

2008年6月,泉州市工商联组织全国各地泉籍商会负责人、泉籍企业家代表120多人在安庆召开泉籍异地商会思想政治工作交流会,此举在全国还是首例。

2009年,市工商联参与创建了"泉籍商会会长联谊会",联谊会由海外泉商、内地各省泉商和我市各级工商联(商会)的会长担任理事,形成了一个大包容、大团结、大联合的泉商合作平台。

2009年11月,全国非公经济组织学习实践科学发展观活动指导工作会议在长沙召开,泉州市工商联作为福建省代表在会上作经验介绍。

2009年12月,与市委统战部联合召开"泉州市非公有制经济代表人士思想政治工作研讨会",指导非公企业开展学习实践科学发展观活动,得到中央实践办的充分肯定。

2010年2月,市工商联参与筹备了"世界泉商大会",使海内外泉商的交流互动达到新的水平。

2010年8月,泉州市政府下发《关于授权泉州市工商联作为部分全市性经济类社会团体业务主管单位的批复》(泉政文〔2010〕220号),正式批准市工商联为"部分全市性经济类社会团体业务主管单位"。同月,全省"两新"组织创先争优现场会议在泉州召开,泉州市非公经济组织创先争优活动指导小组在会上做了经验介绍。

2008年起,市工商联在全国157家泉籍异地商会和泉籍商会会长联谊会的基础上,分地域设立五个"泉籍商会片区联谊会"。

2008年国际金融危机爆发以来,市工商联多次配合市委、市政府召开千名企业家大会,鼓励企业树立信心,抱团发展,共渡难关。

2010年9月16日,中共中央、国务院颁布了《关于加强和改进新形势下工商联工作的意见》(中发〔2010〕16号文,以下简称《意见》),明确了工商联工作在党和国家工作全局中的重要地位,强调工商联工作是党的统一战线工作和经济工作的重要内容。充分肯定了工商联组织的独特优势：联系着广大的非公有制企业和非公有制经济人士，在宣传贯彻党的理论和路线方针政策、引导非公有制经济健康发展方面发挥着积极作用；作为我国非公有制经济领域各类企业、工商社团和工商界人士的联合组织，在协助政府管理经济社会事务和服务非公有制企业经营管理方面作用日益突出；与境外工商界有着广泛联系和友好合作关系，是我国扩大对外经贸交往、开展民间外交的重要渠道；作为统战的重要组织，担负着团结凝聚非公有制经济人士的重要责任。这是工商联发展史上具有里程碑意义的文件，也是推进工商联事业和指导工商联工作的纲领性文件。12月，市工商联联合市中级人民法院在陈埭镇成立第一个镇级商务调解委员会，为企业创造良好的司法环境。此举在福建省首创，被省工商联在全省推广。

(三)改革开放以来，泉州市工商联彪炳史册的光辉业绩

1. 遍布全球的足迹

改革开放以来，随着非公有制经济蓬勃发展，泉州非公有制经济人士队伍不断壮大，培育出百万闯荡全球的泉商群体。从繁华都市到偏僻县城，从边疆省区到东南沿海，从大洋彼岸到港澳特区，泉州市工商联的会员走遍祖国大江南北、遍及世界各地。凝聚这个群体的智慧和力量，为中华民族伟大复兴贡献力量，是工商联的使命和责任所在。泉州工商联通过卓有成效的工作，大力发展会员，不断扩大组织覆盖面，积极探索中国特色商会组织建设，最大限度地把泉州非公有制经济人士凝聚在党的周围。截至2010年底，泉州市工商联会员26700多家，县级工商联（商会）组织12个，镇级商会组织79个，各级同业公会78个，全国异地泉籍商会155个，在泉异地商会6个，联络海外泉籍工商社团77个，构筑了一个开放性的泉商大网络。

2. 令人振奋的成绩单

改革开放以来，在中共泉州市委、市政府的正确领导下，依靠全社会力量，泉州民营经济从小到大，由弱到强，从量的扩张走向质的提升，已成为泉州经济结构调整和经济质量提高的中坚力量。泉州市工商联坚持以科学发展观为指导，发挥工商联组织优势，不断提高履职能力，为泉州经济持续发展和社会和谐稳定不断贡献力量。在应对2008年国际金融危机冲击中，团结帮助广大民营企业坚定信心、迎难而上、化危为机，发展实体经济，实现转型提升。2008年，泉州市工商联光荣地被评为"全国工商联系统先进单位"。近年来，工商联积极响应市委市政府号召，大力引导和服务民营企业"二次创业"、"回归创业"。

3. 爱心书写的慈善谱

改革开放以来，泉州市工商联坚持团结、服务、引导、教育的工作方针，培养了一支以强国富民为己任，坚持爱国、敬业、诚信、守法、贡献的非公经济代表人士队伍，他们致富思源、富而思进，扶危济困、乐善好施，以光彩事业的名义，用感恩行动回报社会。据不完全统计，泉州市工商联近几年来共组织投资各项光彩事业、捐赠公益事业超百亿元。

4. 参政议政的光荣榜

改革开放以来，泉州市工商联发挥非公经济人士在参与国家政治生活和社会事务中

的主渠道作用,大批非公经济代表人士先后进入各级人大、政协、工商联组织,担任重要职务。其中,泉籍非公经济人士施子清、许连捷、许荣茂等先后走上了全国工商联领导岗位。另据统计,目前泉籍非公经济人士中担任全国人大代表5人、全国政协委员16人、福建省人大代表34人、福建省政协委员118人,担任泉州市人大代表165人、泉州市政协委员215人,异地泉商中有214人次在全国或当地省、市、县(区)级担任人大、政协、工商联等重要社会职务。他们代表迅速崛起的百万泉商,正有序参与国家政治生活和社会事务。

在外延上拓展空间,在内涵中积蓄能量,泉州市工商联以积极主动的姿态,引导广大非公有制经济人士在发挥自身优势中实现产业报国,共圆中华民族伟大复兴的中国梦。

表9-1 2010年泉州市工商联会员情况表

人数类别地区	会员总数(家)	镇级商会(家)	同业公会(个)
鲤城区商会	1250	4	4
晋江市商会	4310	19	27
惠安县商会	1220	10	2
南安市商会	10020	18	8
石狮市商会	1436	9	6
安溪县商会	1635	2	6
永春县商会	1427	6	6
德化县商会	795	1	2
丰泽区商会	1060	5	2
洛江区商会	352	2	
泉港区商会	441	3	4
清濛区商会	270		
市 直	2484		4
泉州市总商会	26700	79	78

二、多层次、广覆盖、开放型的泉州商会组织体系

(一)县域经济、镇域经济发展的助推者——基层商会

伴随着泉州建设的历史进程,泉州基层商会组织也在不断地发展,网络持续扩面。

县(市、区)工商联组织建设方面,南安、惠安、安溪、永春、德化均于1953年成立县工商联;晋江县于1954年成立县工商联;1985年12月,泉州市的建制改设鲤城区,1988年11月成立市区商会;1987年国务院批准设立石狮市,1989年8月成立石狮市商会。

1996年9月根据经济发展的需要,泉州市成立肖厝经济开发区,1999年7月肖厝开发区工商联(商会)成立,2000年12月改为泉港区工商联(商会)。1997年8月泉州市进行划区调整,新成立市辖区丰泽区、洛江区。1997年11月丰泽区工商联(商会)成立;1998年12月洛江区工商联成立。

经福建省政府批准、泉州市政府投资开发省级开发区"泉州经济技术开发区,于1996年10月正式启动,2002年8月泉州经济技术开发区工商联(商会)成立。

2010年3月,泉州台商投资区党工委、管委会在福建泉州正式挂牌成立。

各县级工商联积极践行"两个健康"工作主题,充分发挥优势,有效作为,为县域经济发展做出了重要贡献。如晋江市工商联发动纳税十强会员企业和各镇商会筹资4.8亿元,成立"晋江市总商会投资开发有限公司"参与八仙山工程项目的开发;永春县工商联协助"永春老醋"成功申报"福建老字号",积极引导企业提升品牌价值。特别值得一提的是近年来,石狮服装,晋江鞋业,南安石材、水暖,惠安石雕,安溪茶业,永春芦柑,德化陶瓷等地方特色产业蓬勃发展,更是离不开各县级工商联的推波助澜。晋江、石狮、南安、惠安、安溪等多次跻身全国县域经济竞争力百强,有着县级工商联的一份功劳。

镇级商会的历史更加悠久。早在清末民初,泉州的晋江安海商会和南安洪濑商会就已自发成立。随着集镇各类企业的发展,要求成立镇级商会的呼声日高,从1953年开始,泉州市工商联和各县工商联相继成立并在重要集镇设立分会,"文化大革命"期间停止了一切活动。改革开放以后,由于泉州市场经济发展较早,非公有制经济所占比重较大,企业又大多分布在乡镇农村,发展速度快、后劲足、数量庞大,因而发展工商联基层组织,建立"领导自选、经费自筹、人员自聘、会务自理、会所自备"为特点的乡镇一级商会,能有效地弥补市县工商联鞭长莫及的不足,改善会员结构,拓宽工作思路,增添服务对象。1988年开始尝试组建镇级商会,并不断探索,总结经验。2008年11月,泉州市工商联与市委统战部联合召开"泉州市工商联基层组织经验交流暨表彰大会",授予鲤城区金龙商会等26家基层商会为"先进单位",在泉州晚报宣传表彰,并汇编了《泉州市工商联基层组织经验交流材料》,供基层商会学习借鉴;2009年6月,泉州市工商联在陈埭镇召开全市镇级商会现场工作会议,推广陈埭镇商会的先进典型,规范镇级商会工作。经过不断发展,目前全市镇级商会已达83家,经济发达的晋江、石狮已实现镇镇有商会。各镇级商会在政策宣传、服务会员、沟通企业与政府之间的联系、教育培训、拓展市场、促进产业转型和企业升级以及引导会员奉献社会等方面取得了显著成绩,做到有为有位,为地方经济发展作出了很大贡献,增强了工商联的吸引力和凝聚力,得到党委、政府的高度重视和社会各界的充分肯定。

表 9-2 2010年泉州市镇级商会一览表

县（市、区）	乡、镇、街道商会（79个）
鲤城区（4个）	浮桥商会、江南商会、金龙街道商会、常泰街道商会
丰泽区（5个）	北峰商会、东海商会、城东商会、东湖商会、清源商会
泉港区（3个）	后龙镇商会、南埔镇商会、前黄镇商会
洛江区（2个）	万安商会、双阳商会
晋江市（19个）	陈埭商会、安海商会、青阳商会、金井商会、内坑商会、英林商会、磁灶商会、龙湖商会、东石商会、池店商会、深沪商会、永和商会、罗山商会、紫帽商会、新塘商会、梅岭商会、西园商会、灵源商会、西滨商会
石狮市（9个）	湖滨商会、凤里商会、灵秀商会、宝盖商会、鸿山商会、永宁商会、锦尚商会、祥芝商会、蚶江商会
南安市（18个）	溪美商会、美林商会、柳城商会、省新商会、仑仓商会、英都商会、诗山商会、洪濑商会、丰州商会、霞美商会、官桥商会、石井商会、水头商会、金淘商会、康美商会、梅山商会、洪梅商会、罗东商会
惠安县（10个）	崇武商会、东园商会、螺城商会、东岭商会、小岞商会、洛阳商会、螺阳商会、黄塘商会、百崎商会、涂寨商会
安溪县（2个）	长坑商会、官桥商会
永春县（6个）	一都商会、石鼓商会、桃城商会、蓬壶商会、五里商会、县开发区商会
德化县（1个）	三班镇商会

（二）异地泉商抱团发展的新平台——异地商会

改革开放以后，伴随着经济的发展、交通的便捷、流通的加速，异地泉商军团迅速崛起，他们凭着吃苦耐劳精神和"爱拼才会赢"的闯劲，融入了当地社会，构建了庞大的泉州商品销售网络，相当于再造了一个泉州市场。异地泉籍商人的净资产累计高达千亿以上，形成了巨大的资金流。然而，在外泉籍商人长期是一家一户闯天下，分散经营，孤军奋斗，处于两不管状态。另外，由于缺乏交流与沟通，同行恶性竞争，自相压价时有发生。再者，人在异地他乡，合法权益也时常受到侵害，自然而然就萌生了依靠团体的渴望。泉州市工商联顺时应势，首先在郑州、沈阳、南通、青岛、佛山五个城市建立泉籍商会，之后势如燎原。市委、市政府及时出台了泉委办［2001］36号文件《市委办公室、市政府办公室关于加强外地泉籍商会工作的若干意见》，有力地推动了外地泉籍商会的健康、规范、有序和快速发展。从2002年开始,每年春节,市委、市政府都召开异地泉籍商会新春座谈会,市四套班子主要领导出席大会,同外地泉籍企业家欢聚一堂,商讨发展大计。市领导还先后到山东、江西、新疆、云南、江浙等二十几个省份考察外地泉籍商会,进一步激发了外地泉籍商会自办商会的热情。目前外地泉籍商会已实现"全国山河一片红",正逐步释放出自身的活力。

(三)产业健康发展的引领者——同业公会

1. 泉州同业公会的基本情况

中国的行业组织,历史悠久。隋末唐初,中国的商号,手工作坊就建立起行会。至元、明已有三百六十行之称。1918年北京农商部公布《工商同业公会规则》,将会馆、行会、会所、行业公会等组织,统一命名为同业公会。旧中国的同业公会在促进民族经济的发展以及反对帝国主义的欺压和掠夺上发挥了一定的作用。新中国成立初期,以私营企业和个体工商户为主体的同业公会在国家有关部门指导下开展活动。社会主义改造完成以后,由于政府设置专业局和专业公司,专司计划经济的微观管理,同业公会也就随之消失。20世纪70年代末,国家实行改革开放政策,随着市场经济体制的逐步确立,泉州的同业公会又重新登上历史舞台。1989年4月1日,泉州市工商联系统第一家同业公会——安海服装同业公会应运而生。至2011年底,全系统共建立同业公会75个,横跨服装鞋帽、建材、工艺、食品、机械、电子、化工、旅游等二十多个行业,展现出市、县、乡三级同业公会并存、相互促进的局面。

新时期的同业公会是社会主义市场经济的产物,从一开始就带着明显的市场经济色彩,严格实行"五自"方针(入会自由、会长自选、资金自筹、人员自聘、会务自主),努力按市场规律办事,最大限度地发挥公会的效能。为了充分尊重企业的入会意愿,凡新建一个同业公会,都必须走访该行业五十家规模最大的企业,征询行业带头人的意见,企业不赞成的决不勉强,真正体现企业家办会。目前,泉州市工商联各类同业公会的正副会长均是清一色的企业家,基本是该行业的领头人或佼佼者,有权威、有实力、有号召力,有利于和国内同行的交流,也有利于和国外同业公会的沟通和对接。

同业公会的会员原则上以生产企业为主体,但考虑到一个行业的发展与整个产业链息息相关,因而在吸收会员和配备班子时,注意把辅料配件、设备、经销商等相关群体吸纳进来,形成能真正代表行业利益、行业特点的同业组织,进而达到互动共荣的效果。

多年来,工商联系统各级同业公会立足行业实际,选准为政府、为社会、为会员服务的切入点,在团结同行,发挥同业公会的服务功能,提高行业的整体经济质量和效益,促进行业发展上发挥了独特的作用。

2. 泉州工商联市直四大同业公会

泉州市鞋业商会 成立于1998年11月,是具有法人资格的行业组织。该会由制鞋、鞋材、鞋机、进出口公司、销售商和技术培训学校等组成。现有会员668家,集中分布在市区、晋江、石狮、南安、惠安等沿海县(市、区)。商会拥有300多平方米的自有办公场所,各种办公设施齐全,自办商会会刊《泉州鞋讯》,创建商会网站。商会成立以来,认真履行行业组织的各种职责,竭诚为会员企业服务,针对行业中出现的各种问题,深入企业,开展行业调研,提出相关意见和应对措施,引导企业健康发展,向政府建言献策,促进行业内相关问题的解决;以活动为载体,举办多种论坛,承办全国性的鞋业会议,召开各种专题会议,增强商会的凝聚力;以服务为宗旨,为会员企业提供信息、培训、商贸、融资等服务,协调解决企业纠纷,帮助企业解决用工、用地问题,组织企业应对反倾销调查,推动企业品牌打造和文化建设,推动在泉州师院和华光学院设置了制鞋本科和专科专业,筹建泉州鞋业研发和培训中心;积极开展对外交流,与国内外的制鞋行业组织建立密切联系,经常组织互访考察,学习同行先进的经验,及时了解和掌握同行的动态和信息,为推动泉州鞋业的发展作出了重大贡献。

泉州市石业商会 成立于2000年,其会员主要来自石材生产加工企业、矿山开采企业、荒料供应商、石材专业市场、石材机具商、石材科研检测机构、石材专业媒体等。泉州市石业商会在当地石材产业的发展中发挥了重大作用。2008世界金融危机爆发,泉州石材企业经营遇到极大困难,泉州市石业商会向厦门海关提交"关于对墓碑石制品出口适用花岗石刻品编号的建议",对墓碑石制品出口的编号进行纠正、核定,促使墓碑石制品出口退税率由原来的9%统一提高到13%。在2007年和2009年,泉州市石业商会还分别通过商会联盟三次议价,帮助会员企业走出困难。

泉州市纺织服装商会 成立于2002年5月,是经泉州市委、市政府批准,民政部门依法登记的社团组织,是由泉州区域内纺织、服装、印染、针织、辅料、经销商和相关团体、工商界人士等自愿组成的全市性、非营利性、自筹经费、自我管理的民间性行业商会。成立以来,积极为会员提供五大服务:教育培训服务,如与同济大学联办企业总裁高级研修班,与省市知识产权局联办知识产权相关知识培训班,与黎明大学联办纺织服装专业;科技信息服务,如积极争取省市有关部门在泉州建立"福建省纺织面料技术开发基地"、"棉针织面料开发基地"等,同时还积极协调引进一批高新技术科研项目,进一步促进产品质的提升;流通平台服务,如组团参加各地行业博览会、展销会,同时组织到法国、意大利、台湾市场考察等;品牌战略服务,组织开展品牌战略、品牌形象宣传,积极推荐上报品牌;行业协调和维权服务,如2003年6月,澳门不法商人抢注泉州服装品牌商标18件,商会及时组织被抢注的企业委托北京集佳产权有限公司,通过法律途径进行诉讼,经过3个多月的调查、取证,获得全面胜诉。之后,组织知名品牌企业逐步在境外国外注册自己的商标,防止侵权行为发生。此外,市纺织服装商会还于2009年搭建了纺织品出口检验服务平台、纺织服装企业质量管理和实验服务平台、ERP等三个公共服务平台。

泉州市包袋商会 成立于2003年12月,现有会员企业近200家,均为泉州市规模以上生产运动型、休闲型塑纺布料软包和旅行箱等企业,同时包括织带、拉链、拉杆、扣具、发泡材料等相关配套行业企业。自成立以来,泉州市包袋同业商会秉承"服务会员,促进发展"的宗旨,在为会员宣传展示、组织考察参展、提供信息交流、搭建公共服务平台、倡导行业自律、规范行业环境、促进劳资和谐、凝聚会员抱团发展等方面做了系列工作,已成功搭建了我省首家行业性劳动争议调解组织——"泉州市包袋行业劳动争议调解委员会"、"泉州市包袋行业原辅材料检测平台"、"泉州市包袋行业订单、库存调剂中心"

等公共服务平台,得到广大会员及各级政府部门和社会各界的认可,为行业科学发展跨越发展做出了积极贡献。多年来,泉州包袋以较大的产业规模、鲜明的产业特点,成为我国三大箱包生产基地之一,是世界最大的软包生产出口基地。

第二节 泉商文化精神及其传承与发展

一、泉商文化核心精神——基于海洋文明的进取共赢精神

长期以来,探讨泉商文化核心精神不在少数,各种观点莫衷一是。如认为,泉州文化的核心精神是"爱拼敢赢"精神,"爱拼才会赢"精神,发愤图强精神,重义求利精神,海纳百川精神,坚忍不拔精神,"硬汉"精神[1],助人为乐精神,爱祖国爱家乡精神,"泉州人个个猛,输人不输阵"精神,"诚信、谦恭、团结、拼搏"精神,"团结、开拓、务实、奉献"精神,爱国主义、集体主义、社会主义精神等等[2],诸多观点,数不胜数。但均较难以完整、全面和准确地表达泉商文化的核心精神,不能真正有效发挥其现实作用。

但近年来,随着对泉商文化认识和探讨的越发深入和广泛,其核心精神的概念及其价值认识也越发清晰和明朗起来。特别是对海洋文明的深入探析和把握,使其核心精神渐显基本脉络和趋向。根据现有探析的基本情况来看,泉商文化的主体和重心虽是泉州的海交文化,但海交文化的内在元素始终离不开具有民族特色的海洋文明所蕴含的和平与进取精神。主要包括:自五代宋元"海上丝绸之路"开始,泉州在"梯航万国"的海交盛景中所展现出来的完全包容和全方位开放格局,以及所呈现出来的其乐融融、和睦友好、热情好客、互惠互利和共富共赢的海交贸易精神;元末和明清两朝,经过历史的衰落与式微,泉州社会进一步激发和产生了海商文明的开拓进取、爱拼敢赢与敢于犯禁等精神;根据海洋文明的精神,所形成的以妈祖为代表的众多神祇护佑和平与平安的内在信仰精神;在本质上所体现的民族传统文化的"仁爱"和睦精神和现实社会共富、创新与和谐精神,如此等等,都将不断汇聚形成独特的文化品质和恒久的文化生命力,成为泉商文化核心精神的丰富内涵。如今,在改革开放和社会主义市场经济建设新时代,做好继承、弘扬和挖掘泉州优秀传统文化工作,探讨和确定泉商文化进取共赢核心精神,具有重要的历史意义和现实意义。

(一)以海洋文明的价值取向为主要判定依据

环顾世界,透视历史,认识泉商文化的核心精神,不应承受过多迷乱的字眼,但须精

---

[1] 陈水德:《泉州文化核心精神与文化立市》,《黎明职业大学学报》2007年第1期,第9页。
[2] 蔡友谋(陈世雄著文):《海内外石狮人著述资料汇编》,香港:香港人民出版社,2003年,第307页。

准把握其内涵依据。判定泉商文化的核心精神，必须有新的思路和标准，既不能仅从现实社会的普遍热情、需要和熟知度去做表面认识，也不能仅从现实社会的政治要求来做判定，却要以独特的海洋文明精神为取向，从历史的稳定性和持续性做实际的考量。总体来看，其判定依据可作如是观：

泉商文化核心精神必须是泉州历史不断发展的产物；必须能够体现中国海洋文明的和平与进取精神；必须能够体现民族传统文化的儒商"仁爱"精神；必须能够推动泉州社会历史的不断进步与发展；必须能够贯穿于泉州兴衰历史过程的主体、主线和主流文化的始终；必须能够成为泉州历史发展以来，全社会普遍实践与认同的一贯的可贵精神；必须能够符合本地区、本民族和社会人类高尚的文化精神等等。

以此为判定依据，不难看出，在当今广泛众多讨论和认识的文化精神中，均难以实际满足其诸多方面的完整要求。其中，最普遍流行和深入人心的是"拼"字精神，所谓"少年不打拼，老来无名声"、"三分本事七分胆"、"三分天注定、七分靠打拼，爱拼才会赢"等乡土谚语，所形成的"爱拼敢赢"或"爱拼才会赢"精神，影响最为广泛。但"拼"字精神的实质，仅是泉商文化性格的表现和实现目标的行为状态，却非文化的内在品质与境界，无法凝炼成为泉商文化内在完整的核心精神。无论从哪个方面来看，她无法满足其判定标准的多方面要求，更不能成为对泉商社会历史发展起根本性作用的文化核心。它是元末与明清时期泉州历史兴衰的产物，是泉州历史波折过程中作自我调节与励志的一种强化的精神鼓励。时至今日，虽然它同样也适合于改革开放时代泉州社会重新崛起的需要，却难以单独担当泉商文化核心精神的全部内容。至于其他各种文化精神的说法也大致如此，在此不做另议。

目前，各种纷讨的文化概念虽无法被单独确立为完整的核心精神，但其核心精神却是客观的存在，这需要我们从历史与现实的各个环节、各个要素和各个方面，包括泉州历史盛世与衰世所表现的不同内涵精神，海洋文明所体现的和平精神，妈祖海神及诸神庇佑平安的信仰精神，以及从本质上所体现的民族传统文化精神等等表现中，作出全面深入的分析、梳理和提炼，并最终予以确立。

(二)泉州海交繁盛时期的和谐包容精神

唐五代宋元时期，泉州是东方第一大港，是中国"海上丝绸之路"的主要起点。在这个时期，泉州各种文化相互交融、渗透与影响，呈现出一派欣欣向荣的景象。人们在交往过程中，相互尊重，文明礼貌，包容友好、公平买卖，礼让互惠、和睦经营与共富繁荣等，无论是哪个国家，哪个民族，哪种肤色，均能在此获得非常满意的生活与工作机会，不存在有任何排斥外来人现象的发生，人人都拥有无限包容的胸怀。因此，古代泉州有众多外来人的杰出贡献，备受称赞。如有王十朋(浙江状元)、真得秀(福建浦城人)、蒲寿庚(阿拉伯人)、赵汝适(赵氏宗亲)、汪大渊(江西商人)、丁节斋(苏州商人)、王潮兄弟(河南人)等等都是泉州域外来客，数不胜数，他们均对泉州历史做出了突出贡献。以致历史上，有众多人口纷纷落户泉州，早期的有中原八大姓氏(林、黄、陈、郑、詹、邱、何、胡)"衣冠南渡"十分典型，后来的有信仰伊斯兰教且同化于泉州本土血缘的蒲、丁、郭、金、夏、葛、马的八个姓氏穆斯林人,他们均同化和包容在泉州社会其乐融融的社会大家庭中。

古代泉州商业发达,经济发展空前,但泉州从未有过奸商、恶商等势利小人的记载,这是人类和谐共赢商业生态的最好历史典范,为今日泉州经济发展奠定了坚实的文化基础。总之,泉州的繁荣,有客观因素,有主观因素,其中主要是主观因素。但无论是客观因素,还是主观因素,均贯穿着开放进取、和睦包容、礼让互惠与和谐共赢精神。

1. 古代泉州有广阔容纳的自然环境

泉州地处"八闽"之南,自古以来就是闽南文化建构的中心区。从地理环境看,泉州位于福建东南沿海,依武夷山脉南伸,北以戴云山为屏障,400多平方公里的泉州平原横卧其中,左右两厢分别与发达的省会城市福州和经济特区厦门相连,是闽南金三角构成的重要部分,由此与由黄河、长江所带动下的广袤中原文明相对隔开。加上泉州古称"温陵",气候湿润,四季如春,物产丰富,人民安居乐业,是一片安逸、宁静与祥和的沃土,具有无可比拟的地缘优势。尤其是泉州面临浩瀚的台湾海峡,有漫长的海岸线,水域深阔,港口众多,蓝蓝的泉州湾形同葫芦,在晋江和洛阳江交汇之中,有容纳广阔文明的海洋地缘优势。因此,中华传统文明在不断南移的过程中,因与泉州优越的地缘环境相融之后,便很快就获得了新的生命力,最终再与漂泊而至的异域海洋文明相汇聚,在闽海之滨酝酿产生了中华民族传统文明的新内涵。泉州,遂成为封建社会后期的中华民族传统文明的历史迁播与衍化的前沿地带。尤以宋元时代为典型,举世闻名的"海上丝绸之路"与泉州紧密相连,多彩多姿的泉州文化由此绽放。总之,泉州广阔容纳自然万物的自然气象,为泉商文化核心精神提供了重要的自然条件。

2. 古代泉州有宽松开放的政策优势

自古以来,泉州诚待天下,实施宽容政策,尤其是到了封建社会中晚期,泉州统治者实施更加宽松的政策,十分有利于海上交通与贸易的发展。自唐中叶以来,中国经济重心南移,至北宋间,南方经济已超过北方。至南宋朝,南宋统治集团丧失北方的政治统治,偏安江左,仅据有半壁江山。而泉州因具有其特殊的港口优势,是宋王朝主要的财政来源之一,遂使南宋统治者能够为泉州发展提供较宽容的政策。

首先,宋哲宗元祐二年(1087年),泉州正式设置市舶司,实行开放政策,保障泉州外贸的正常运作。其次,宋政和五年(1175年),泉州设置来远驿,专门接待外国使节和商旅。而元代更实行站赤制度,"于是四方往来之使,止则有馆舍,顿则有供帐,饥渴则有饮食,而递航毕达,海宇会同,元之天下,视前代所以为极盛。"① 故古代泉州有十分宽容的政策优势,促进了泉州社会的极大繁荣。

政策的宽松、开放与包容,离不开政治开明和有包容胸怀的地方统治者。五代以来,泉州有较多的统治者能够励精图治,为推进泉州的发展做出突出贡献。如五代初,有王延彬,人称"招宝侍郎",大力发展对外贸易,容纳四海客商云集泉州。其后有留从效和陈洪进,同样都很有容纳的胸怀。他们对外来商旅礼遇有加,努力提供优惠条件,促进了泉

---

① 庄景辉:《海外交通史迹研究》,厦门:厦门大学出版社,1966年,第110页。

州经济的发展。宋朝有王十朋、蔡襄、真德秀等,在泉任职期间,为泉州经济的发展,做出了较显著的成就。如真德秀深知"惟泉为州,所恃以足公私之用者,番舶也"①,亲自主持祭祀通远王的祈风典礼,解除不利于海贸发展的各种禁令,诚招天下客商来泉贸易。宋末元初,又有蒲寿庚治泉,"擅蕃舶利三十年",主张"其往来互市,各从所欲"的开放政策,与海外广泛联系,招徕外商,进一步把泉州经济推向繁荣的新阶段。

3. 古代泉州有质朴包容的社会条件

在历史上,泉州有广泛包容和诚信待人的社会基础。如每年夏至后,泉州刺桐花开,娇艳迷人,此时蕃商纷至沓来。每逢蕃舶入港,泉州人必前往迎接,后举行盛大的"阅货宴",当地官员还特意"设蕃致语",让蕃商倍感亲切,大有宾至如归的感觉。宋元时期,因商旅众多,于泉州城南一带另辟地盘,设"蕃坊"让外商居住,以示优待。泉州虽有另设"蕃坊",以示优待,但外国人更多的是直接与当地人杂居,即所谓"蕃汉杂居"。尤其是元代,居住在泉州的外国人非常多。"除了汉人和蒙古人外,来自阿拉伯、波斯、叙利亚、也门、亚美尼亚、印度、占城、爪哇、吕宋群岛,以及遥远的非洲和欧洲各地的人们,也纷至沓来侨居在这里。"②他们各有不同的生活习俗和不同的信仰,但都能很好地相处在一起,相互影响,相互融合。许多外国人与汉人通婚,并卒葬于泉州。如阿拉伯人的后裔,在泉州人丁兴旺,成为大家族。

在历史上,泉州怀抱爱贤之心,视外人为己出,形成了良好的社会环境。从历史角度看,泉州本是一座移民城市,自晋人南渡始,大量的北方人迁徙泉州,唐宋以来,北人南迁的势头更旺,从而构成了泉州本地人的主体。如杭州商人张存,流寓泉州六七年,成为富商。苏州"货贾"丁节斋,于元初到泉州,成为陈埭丁氏的开基始祖。江西商人汪大渊来泉活动,最后写成《岛夷志略》的海交名著。赵氏宗亲赵汝适提举泉州市舶司,在全面了解泉州海交盛况的基础上,也写成了著名的《诸蕃志》。大食商人蒲啰辛补官承信郎,积极为泉州"招诱"舶舟做出贡献。在泉州的移民中,还包括落户在泉州的外国人。如宋末元初,出身于阿拉伯的大商人大官僚蒲寿庚,执掌泉州大权,为泉州历史留下了浓墨重彩的一笔。还有不少寓居泉州的侨民,以"其雄厚的资财,从事泉州建设,襄助泉州当局解决困难"。如"南宋时由中国印度两国僧人合建的泉州开元寺东西塔,仍巍然耸立,不只是历史的丰碑,铭刻着中外人民的深厚友谊,也铭刻着宋代泉州港的迅速发展与空前繁荣的盛况"。(周中坚:《宋代泉州港地位的三次演变及其繁荣》,《泉州文史》第6、7期,1982年版,第124页)自唐宋以来,外地人在泉从商从政的有很多,无论哪里人,只要能为泉州造福,为老百姓做好事,泉州人就会拥护他,爱戴他和怀念他。尤其是那些外地人来泉为官者,如唐末开发安溪的奠基者和功臣河南固始县人廖俨和詹敦仁,就永远被泉州人所怀念。南宋浙江乐清县人王十朋,任泉州太守虽仅两年,但"由于王十朋以人民疾苦为念,以人民利益为先。因此,他每调离一郡,士民都涕泣遮道不让去,或奔走道路,想

---

① 真德秀:《西山先生真文忠公文集》卷五〇《祈风文》。
② 庄景辉:《海外交通史迹研究》,厦门:厦门大学出版社,1966年,第104页。

方设法挽留。"当"他调离泉州时,士民攀留不得,乃越境送至枫亭驿"。当他去世后,"泉州士民听到不幸消息,会集在开元寺痛哭流涕,建立'梅溪祠'来纪念这位贤太守"。① 诸如此类的清官贤臣,在以后的历史过程中还有不少,他们只要为泉州人民做了好事,泉州人民就永远不会忘记他。还有传说中的外地老百姓,只要有恩于泉州人民,泉州人民也永远会感恩戴德。如有蕃商大食人,因"侨寓泉南,轻财乐施,有西土气习",他死后,泉州人感其恩德,"以掩胡骨之遗骸"②。另有南安石井"烟楼公"宫,香火不断,纪念的是一位有恩于石井人民的日本"倭官",表明即便是日本倭人,只要他与人为善,就同样会受到泉州人民的爱戴和怀念。在石狮永宁溪源铺还供奉着一个"蕃王爷",是菲律宾人,他在菲律宾当地不但不参加排华,还奋不顾身地为保护华侨而牺牲,于是被旅菲的泉州华侨捧回神像敬拜。再有清源山龟岩处有一座广利尊王庙,供奉的是一位江淮人陶昇,在泉做生意,很受人尊敬。传说,有一次他从欲毒死全泉州人的恶魔手中抢过毒药吞吃掉,从而挽救了全泉州人却牺牲了自己,被泉州人尊为神祇供奉。这种传说,真实地表达了泉州人民容纳真善美,永远怀念有功于泉州的贤人或恩人,形成一种无限美好愿望的和睦包容的社会氛围。③

4. 古代泉州有和平愿景的内在信仰

随着海外交通贸易的崛起与繁荣,在搏击大海,驾驭海洋,与惊涛骇浪险恶的自然环境作斗争过程中,古代泉州人需要有过人的胆量、智慧、勇气、经验和进取精神,还需要有内在可靠的精神信仰,是所有出海人最踏实和最有力的精神庇护与保障。

古代泉州的信仰文化是海洋文明的结果,体现中国海洋文明追求和平、反对强暴的内质精神。主要有四大表现:一是祈风典礼的海洋愿景。宋元时期,泉州海外交通繁盛,为保障海上贸易交通的一帆风顺,需要有绝对的平安保障,于是有了闻名遐迩的九日山祈风典礼,即由官方主办的祈祷通远王神祇保佑海上交通贸易顺风顺水、平安无事。二是在泉州海洋文明发展的高潮期,诞生了妈祖天妃天后这一位举世闻名的大海神,成为人们远渡重洋保平安的救苦救难的大女神,影响深远,传播广泛,深受广大人民的爱戴。三是泉州有无数的民间信仰,都与海洋文明相联系,各路王爷、各类自然神祇都成了出海汉子们的保护神。四是落地在泉州的各大宗教,包括佛教、道教、伊斯兰教、基督教和印度教等都成为海上交通贸易的保护神,如观音神祇在泉州就成了著名的海神,泉州法石村有四方观音在文兴古渡口,一身装束为海神,与各路神祇共同保佑泉州的海上交通贸易。诸如此类,各路神仙菩萨齐聚泉州,却都不约而同地化为海神,精通水性,与水怪斗,与险恶的自然环境斗,能够在波涛汹涌的大海中保驾护航,化解人间的矛盾与不和,确保一路平安与财源滚滚,给人们以无限的精神力量与美好的愿望,十分典型地体现了海洋文明的和平愿景,也表达了泉州人搏击大海的拼搏与进取精神。

总之,古代泉州在繁荣昌盛的历史阶段,不仅是社会经济的高度发达,更是社会文化

---

① 王钦之:《泉州历史人物传》,厦门:鹭江出版社,1991 年,第 138 页。
② 赵汝适:《诸蕃志》卷上,《大食国条》,第 47 页。
③ 陈水德:《闽南文化与泉州古城》,北京:中国书籍出版社,2011 年,第 58~62 页。

精神的充分体现。社会文化以社会经济为基础,得以丰富和养育,为泉州和睦、和谐、和平、敢拼爱拼与进取共赢等文化核心精神的完整形成奠定了最重要的基础。

(三)泉州历史式微时期的进取敢赢精神

泉州"海上丝绸之路"的繁盛期大约有420年的历史,是和谐共赢泉商文化核心精神形成、牢固和充分表现的最重要时期。但自1357年元至正十七年三月开始,泉州发生十年的异族叛乱,致使番舶不敢进港,商贾不敢抵泉,盛极一时的泉州"海上丝绸之路"戛然而止。与此同时,泉商文化和谐包容精神也随之衰落。更严重的是,明清两代,在封建王朝实行"海禁"和"闭关锁国"保守政策的大背景下,泉州不仅丧失了"海交"贸易的优势,使其社会经济跌入低谷,更使泉商文化核心精神失去了原有的方向,涌现出新的文化精神,产生了新的文化格局。因此,在明清时期,因泉州海外交通贸易的衰落,在"海禁"与"闭关锁国"的严厉政策之下,产生了敢于犯禁和爱拼敢赢的泉商文化进取核心精神。

自元末至明清,泉州海疆同我国整个东南沿海一样就一直不平静。首先,是由日本南朝失败的一些政客、武士、浪人与走私的商人结合形成的所谓"倭寇"不断骚扰、"杀掠居民,劫夺货财,沿海之地皆患之"[①],严重地影响了东南沿海地区的安全。其次,是明王朝在统一全国过程中,被朱元璋殄灭的张士诚、方国珍余部大都逃往沿海岛屿继续与明王朝为敌,并与倭寇海上势力相勾结,四处骚扰,构成了对明王朝的严重威胁。[②] 对此,明太祖认为:"日本蕞尔夷,而数为侵盗,我不欲与之争,固我封戍而已。"[③]于是下令"片板不许下海","禁民间用番香番货","濒海民不得私出海",不得"私通海外诸国"等,施行严厉的海禁政策,不许私人出海贸易,与周边国家的贸易均由官方包办,实行朝贡贸易形式。此类"海禁"政策一直延续到整个明王朝,与东南沿海严峻的抗倭斗争相始终,故有明一代海外自由通商贸易不复存在,泉商文化所谓和谐共赢的精神也无从谈起。

但在生存压力与利益驱动之下,闽南沿海地区又出现了一种新的形势,即产生了越来越多的海外私商贸易。由于"海禁",首先造成"福建的粮食供应困难,米价暴涨,人民生计难以维持,只好冒禁出海市贩。"[④]同时,也是为海外贸易的巨额利润所驱使,"或奔逐蕃舶泊踞之海港以私利;或勾结官吏,假给文引,自拥海船;或结武装,纵横海上,与夷人争利。"[⑤]这种情况,泉漳二郡尤盛,形成了几个重要的走私据点,主要有泉州安平港、漳州月港和诏安梅岭港。其中,以泉州安平商人为典型,安平全镇人都从事"航海贸诸夷"的走私贸易活动。最终涌现出以郑氏郑芝龙为代表的亦商亦盗的武装走私集团,还有颜思齐、李旦、刘香、白毛等较有名的海商集团。

---

① 《明史纪事本末》卷五五,《沿海倭乱》。
② 庄景辉:《海外交通史迹研究》,厦门:厦门大学出版社,1966年,第265页。
③ 王世桢:《弇州史料·东欧王世家》。
④ 李玉昆、李秀梅:《泉州古代海外交通史》,北京:中国广播电视出版社,2006年,第179页。
⑤ 《安海志》卷一三,《商贾》。

除了明王朝的"海禁",清王朝又实行"闭关锁国"政策,更进一步地强化了海外自由贸易的严禁政策。清代处于中国封建时代的最末期,面对西方列强与殖民者的掠夺与威胁,清王朝已无力直接抵御和抗争,于是只能采取更加被动的"闭关锁国"保守政策。在这种政策之下,国家全面关闭国门,海上贸易不复存在,连走私贸易都难以形成规模,因此泉商在与生存的抗争中努力求生存。

在"海禁"与"闭关锁国"严厉政策之下,民间的走私贸易,甚至武装贸易或与官府相勾结的贸易,与宋元时期的自由贸易,是两种截然不同性质的贸易。宋元时期繁盛的自由贸易产生了和睦包容的商贸局面,形成了和谐共赢的文化精神。而明代在"海禁"高压政策之下的走私贸易,是一种抗争性的,敢于犯禁的,是被迫无奈的非自由贸易,因此不存在和谐共赢的文化精神,但却是一种拼搏与敢赢的文化精神,故形成了泉商"爱拼敢赢"或"爱拼才会赢"的进取文化精神。这种精神与和谐包容精神,共同构成泉商文化的核心精神。这是一种在两种不同历史时期,所形成的两种倾向的核心精神,但都是泉州海洋文明的产物,是泉州历史发展的结果。两种精神合而为一,缺一不可,共同构成泉商文化的内在灵魂,具有不可替代的重要价值。

(四)开拓异邦,艰苦创业,泉州侨民丰富和充实了文化核心精神

历史上,泉州人开拓异邦,出海成侨,大大地丰富和发展了海洋文明精神所体现的泉商文化爱拼敢赢与进取共赢精神。

元末明清时期,由于社会动荡不安,倭寇肆虐,列强入侵,统治者实行"海禁"与"闭关锁国"政策,泉州已然享受不到在海交盛世之时所带来的丰厚财源。因此,从明清开始,有大批的泉州人纷纷投向大海,冲破"海禁",向外谋生,谱写了一曲曲泉州人到海外艰苦创业的奋斗史,泉州古城也由此成为著名的侨乡。

由于泉州人大量地出海成侨,使泉州人旅居海外的人极多,尤其是到了近代历史上,民族危亡,神州动荡,人们无以生计,为了谋生而出洋的更多。"据近年统计,祖籍福建的华侨与外籍华人已达800多万人。"[①]而其中仅泉州籍的就占有720多万人,相当于20世纪90年代泉州全市人口总数。因此,泉州籍的华侨华人是福建全省华侨华人的主体,也是全国海外华侨华人的重要组成部分。然而,泉州人碧海凌波的脚步是艰辛的,付出了沉痛的代价。据《岛夷志略》记载:"昔泉之吴宅,发舶稍众,百有余人,到彼贸易。既毕,死者十之八九。"在整个的拓殖过程中,侨民"不仅要同恶劣的自然环境作斗争,而且要受当地统治者的欺凌。尤其是作为东南亚统治者的西方殖民主义者,对华侨实行民族歧视政策,不但经济上残酷榨取,而且肆意欺凌杀戮,如1667年荷兰侵略印尼,曾大肆杀戮华侨,史称'红溪惨案'。"这种惨遭迫害的情况,在明清时期还累累发生,直到当代(如1965年、1998年)印尼社会还不断出现严重的排华事件,酿成大惨案。可见,一部华侨南洋的开发史,虽是一部辉煌的历史,却也是一部悲惨的血泪史。

---

① 徐晓望:《妈祖的子民》,上海:学林出版社,1999年,第356页。

大批的泉州华侨拓殖异邦,一方面是对当地华侨所在地做出了巨大的贡献,另一方面也对家乡的发展与建设做出了突出的贡献。当代学者苏黎明先生指出:"前往东南谋生的泉州人,由于人数众多,除部分从事手工业和经商外,相当大部分则从事农业,仍然离不开土地。由于东南亚人口相对较少,可供垦殖的土地较多,于是华侨到了那里,开荒辟地,种植农作物和经济作物。"[①]他们还带去了各种技术,推动了东南亚经济的兴起。他们走到哪里,就在哪里开荒种地,挖沟掘渠,兴建港口,建筑城市。泉籍华人有工匠、种植园工人、店员、小贩、商人和教员等,他们吃苦耐劳,勤俭朴素,与当地人民和睦相处。如祖籍晋江人何塞·黎萨,反抗西班牙统治者,成为菲律宾建国先驱,被尊为国父。总之,南洋的开发与繁荣,无处不流淌着华人的心血、智慧、汗水与泪水。华人华侨对南洋等地的开发与发展作出了不可磨灭的贡献。

与此同时,泉州侨胞对家乡的各项事业所作出的贡献更是难以估量。华侨虽出了洋,也的确有许多人发了财,但他们的根在祖国,从不忘记家乡。正如他们刚出洋的时候,"父母或妻室送他们出大门后,即要呼其名,叮嘱他们'不要一去不回头',要牢记'摇篮血迹',永远记住自己的家园和亲人"。更多人出门时带去家乡的香火、护身符、图案、香灰、泉水和泥土等物。这是一种情感与文化的强烈的认同归属力量,使泉州人无论走到哪里,都绝不会改变一颗家乡的赤子之心。因此,他们无时不在、无处不在关心着自己祖国的命运和家乡的变化。他们在外面用自己的智慧、血汗,打拼出来的基业和所赚来的钱,在很大程度上都用在家乡的发展事业上。他们都普遍热心于家乡的公益事业,慷慨解囊,捐献巨资,为家乡的各项事业做出了突出的贡献。

总之,泉州侨民漂洋过海,在异国他乡所凝聚形成的艰结奋斗、团结互助、拼搏进取、开拓创业的伟大华侨精神,是泉商文化核心精神的重要组成部分。

(五)新时期泉商的拼搏进取与创新共赢精神

历史的消失与淡忘,难以实际抹去昔日人们的深刻记忆。今天,当我们有幸站在新的时代起点上,重新回顾八百年前那个古老泉州涌动着无限繁荣与自由的历史时刻,让我们的心中又重新燃起曾经激荡人心的历史场景,并再度浮现出在其历史背后的那份可贵的文化精神,忽有拨云见日的美妙感觉,仿佛重新置身于历史的潮头之上,窥视到了矗立在历史背后的光芒,闪烁着泉州辉煌历史时代的文化精神。

崛起于改革开放与社会主义市场经济建设时代,泉州跃居全国发展前列,不断形成"品牌之都"的规模,再一次展示了古港雄风的博大气势与形象,让世人刮目相看。于是,"东方第一大港"的美誉又重新亲切地展现在人们的眼前。经济的崛起,社会的发展,首批历史文化名城的美誉,以及全国首个文化生态保护区的落户,均给泉州带来了前所未有的机遇与荣耀。然而,面对机遇与荣耀,泉州人也在苦苦探觅曾经主导过自己繁盛历史过程的文化精神,从崛起力量的普遍激情之中,似乎看到了"爱拼敢赢"或"爱拼才会

[①] 苏黎明:《泉州家族文化》,北京:中国言实出版社,2000年,第237页。

赢"的精神力量。特别是在改革开放初期,历经计划经济时代之后,生活依然艰苦,社会基础薄弱,一切从头开始,创业与发展困难重重,于是"爱拼敢赢"精神被重新提倡,并深入人心,老幼皆知,成为被普遍认同的文化核心精神,成为再一次重新激励泉州社会发展的主题曲,有效地推动着泉州区域民营企业如雨后春笋般的茁壮成长,最终形成品牌之都。但"爱拼敢赢"却非是完整的文化精神,她明显有其局限性,她主要体现的个体拼搏精神,无论是内涵还是外延,均无法独立担当泉商文化的核心精神。因此,随着改革开放的深入发展,在"爱拼敢赢"精神的基础上,泉州还需另有更广阔的恒久强大的整体倍增力量和博大内涵的文化精神。故泉州人又回到五代宋元时代,怀着无比敬仰的心情,重新认识形成于"海上丝绸之路"繁盛时期的和睦包容与和谐共赢精神,与"爱拼敢赢"精神共同筑起时代的新价值,最终成为泉商文化内在强大与恒久的灵魂与主流,成为泉商文化的核心精神,为未来泉州社会的更大发展起主导、引领和促进作用。

1. 泉商文化核心精神的时代再现

泉商文化核心精神的最初形成于海交盛世,是潜藏于社会肌体中的内在基因和生命灵魂。尽管已历数百年的历史衰落与隐没过程,但其原始基因和生命力是永不泯灭和永生的,只要有适当的时机和气候,就必将重焕新生,成为时代文化的主流和主导。如今,新的春天已经来临,我国改革开放与社会主义市场经济建设已经进入到了新阶段,步入了深水区和高位区,泉州社会急切呼唤和竖立时代整体文化的核心精神。于是,在历经社会的广泛讨论和探寻之后,形成于海交盛世的包容和睦精神又将成为泉州社会的必然选择,在新的起点上,重新汇聚形成包容进取和创新共赢的文化核心精神。

2. 泉商文化核心精神的现实内涵

泉商文化核心精神从历史中走来,在新的改革开放和社会主义市场经济建设时代被重新点燃和塑造,得到了全面的继承、弘扬与发展,呈现出新的精神风貌和内容。概括起来,泉商文化核心精神的现实内涵主要有如下几方面:

其一,拼搏进取与开拓创新。从海洋文明崛起的泉商文化精神,一开始就具有拼搏进取与开拓创新精神。首先,海上交通贸易自古至今都是路途艰险,在波涛汹涌的大海中,人类的力量十分在限,每一次交往贸易成就都需要付出巨大的牺牲,因此长期锤炼和凝聚形成了泉商文化敢于与天斗、与海斗的拼搏进取与开拓创新精神。其次,明清时期,海外交通受阻,历史式微,泉州人为了生存和争取民族利益,形成了敢于犯禁和爱拼敢赢精神;与此同时,泉州侨民在漂洋过海的谋生过程中,开拓异邦,艰苦奋斗,又形成了拼搏进取和开拓创新的华侨精神。再次,在改革开放初期,泉州人走在时代大潮的前头,带有几分敢于犯禁的爱拼敢赢精神,推动了早期泉州民营经济的发展,形成泉州模式,以全新的时代面目充分地演绎和发挥了爱拼敢赢与进取创新精神。如今,在改革开放与社会主义市场经济发展的新阶段,在全面建设和实现小康社会的进程中,泉州将进一步继续发扬拼搏进取与开拓创新精神,推动泉州社会的高度发展。

其二,共守规则与良性竞争。泉商文化核心精神谋求共同事业与利益,要求共同遵守游戏规则,诚实守信,和睦友好,遵纪守法,鼓励良性竞争与发展,反对恶性争夺与不择手段的商场厮杀。泉州当代许多家族企业在其早期的发展过程中,主要以血缘关系为结构,以家族内部和睦精神为出发,父子兄弟齐上阵,齐心合力共创业,最终发展成为诸多享誉天下的泉州现代企业品牌。这些企业,从其内部发展过程来看,体现了泉商文化进取共赢的核心精神。同时,在企业与企业之间,各类经济主体,包括外企、外资、独资、国有、民营等各种不同形式的企业之间,也都应当坚持进取共赢的普世文化精神,有效地促进泉州区域性经济共同发展。

其三,和睦包容与互不排斥。基于和谐共赢精神,泉州社会共同创造了一个和谐包容的社会大家庭。在这个社会大家庭中,不论来自何方,也不论何人,有何种身份和地位,都应当和睦相处,互相帮助,主宾同乐,有钱大家挣,有利共同谋,既无强龙来压地头蛇,也无主大欺客排斥异乡人,更无奸商与尔虞我诈之徒,也无虚假伪劣的社会乱象,从社会层面展示泉商文化进取共赢的核心精神。

其四,保护生态与自然和谐。以和谐共赢为核心精神,不仅要创造一个和谐的人文环境,还将十分关注自然,重视生态,消除各种污染环境、破坏环境的错误做法与行为,要求人们决不与环境争利,决不随意掠夺自然资源,更不把社会的发展建立在破坏自然生态的基础上。人为的一切谋定与规划,都将充分考虑完美自然和谐的重要意义,让天更蓝、山更青、水更绿、空气更清新,保持一个有利于社会全面发展与稳定的可持续发展的完美和谐的自然环境。

其五,社会公平与抱团发展。构筑以进取共赢为泉商文化的核心精神,是泉州品牌之都崛起和社会主义市场经济大发展的必然要求,反过来又将进一步促进和推动泉州品牌之都的崛起和社会主义市场经济的更大发展。进取共赢的文化核心精神需要大战略大思维,既不计一人一事之得失,也不在一人一物之好恶,而是要有总体的谋划和全局考虑;要从社会整体利益出发,规划地区产业布局与发展的大方案;要有社会公平和共同致富的胸怀,努力完善社会保障机制和社会一、二次分配的合理性与公平性;要能够充分调动劳动者的积极性和做好各方面的利益分配;更要总体把握、规划和指导社会物质创造的正确方向,做好产业升级与产业集群发展的各方面协调与促进工作,从进取共赢精神出发实现区域性产业抱团发展的目标;要反对同业间或不同业间或同地区间或不同地区间的各类恶性竞争,反对不顾大局发展的短视行为与狭隘行为。如今,泉商发展将面临二次创业、产业升级及产业集群转型发展等诸多重大问题,都将在进取共赢的精神指导下,加快推进产业升级与转型,通过抱团发展,最终完成各项计划和实现远景目标。

3. 泉商文化核心精神的弱势与对策

泉商文化核心精神形成于泉州历史兴衰时期,又对泉州社会产生了重大影响。然而,泉商文化的核心精神在现实中的表现并不充分和完善,还普遍存在有诸多弱势问题,在社会层面上还远未净化成为纯粹的进取共赢精神的良好局面。与古代不同,当今社会人们的交往十分广泛,世界间的各种文化价值观相互影响和激荡,人们普遍受到物质利益的强烈驱动,以自我为中心的思想价值观大行其道,在这样的社会大背景下,构建泉商文化进取共赢的核心精神必将受到极大的阻碍。主要有三方面:一是泉商内部的恶性竞争普遍存在,致使泉商难以实现抱团发展。比如,在泉州的各类企业间,如鞋服市场、石材市场、陶瓷市场、纸业市场、食品市场及其他各种原材料市场等,均存在区域间和行业内部的普遍不统一现象,均无法有效形成产业集团和品牌联盟的紧密型的利益共同体,不能抱团发展,而是各自为阵,相互间进行低价竞争,恶性搏杀,相互拆台,造成"我好不了,你也休想好"的恶性结果。二是"品牌之都"的实际内涵逐渐流失。这些年来,泉商不断涌现出众多品牌,声名远播,被誉为"品牌之都"。然而,另一方面随着品牌的崛起,却有越来越多的品牌企业逐渐移出泉州,感觉泉州池水不大,难以容纳自我品牌巨鱼的生存与发展,于是泉州实际上也渐渐地成为品牌空档的暗象,所谓"品牌之都"名不副实,造成了泉州经济的实际流失和落空。三是有些个别人或个别基层环境,有过于自负和自以为是的心态膨胀,出现了不易容纳异乡客的不良现象,更有一些具体工作环境诚信品质的流失,损害了泉商文化的进取共赢精神。

总而言之,泉商文化进取共赢核心精神,从渊源上看主要是由泉州历史兴衰过程的两大历史线索交错发展而形成的。也就是说,"进取"精神在更大程度上是延续了泉州明清两朝历史式微时期,为了生存而形成的敢于犯禁精神及众多侨民漂洋过海而形成了爱拼敢赢精神;"共赢"精神则主要是继承和发展了泉州历史上"海上丝绸之路"宋元繁盛期的和睦友好与诚待天下人的开放包容精神。从内涵上看,既体现了海洋文明的特色内涵,又体现了民族传统文化的本质内涵。也就是说,进取共赢精神典型地体现了中国海洋文明的精神特色,即主要体现了与大海抗争的进取拼搏精神、如大海般的包容开放精神、在商贸过程中祈求妈祖诸神祇保平安的和平精神,却不同于西方海洋文明的强暴征服与殖民强权精神;与此同时,进取共赢精神又是民族传统儒家"仁爱"精神的体现,具有民族仁心与爱心的本质内涵,有儒商爱国爱家乡和共同求利的思想特质,但非计较个人得失,如泉商有关帝信仰精神,明理大义,嫉恶如仇,抑强扶弱,济世行善,故具有民族性共同的崇高理想和信仰,同时也在更高程度上体现了泉商精神的世界性,完全符合现代人类追求和平与发展的大趋势,终将成人类未来共同有益的文化精神。

二、泉商文化的形成、传承、发展与作用

改革开放以来,泉州经济的发展态势令人瞩目。究其原因,泉州文化是泉州经济发展的重要推动力。其中,泉商在追赶财富、创造财富的路途上锻造出来的泉商文化,成为泉州文化30年来最有价值、最耐人寻味的部分。当前有效提炼泉商群体共同的文化内涵、价值观念和行为模式,用"泉商文化"夯实"泉商品牌",树立特征鲜明的现代泉商形象,可以把"泉商"打造成全国公认的区域品牌,有效提升泉州的区域竞争力和城市形象。同时,也有助于增强各地区、各产业泉州籍企业家间的认同感和归宿感,有效提升泉商网络的向心力和凝聚力,促进各类中高级生产要素合理流动和优化配置,更好地助推泉州民营企业"二次创业"、转型升级。

(一)泉商文化的形成

泉商文化是泉州工商业者在长期的经营活动过程中,逐渐形成、积淀、培育起来的企业经营价值观、行为规范、道德准则、人生信念、人格精神以及在此基础上形成的经营理

念、伦理道德、指导思想等文化积存,是泉商人生观、价值观的外在体现,是富有地方特色的价值观念、经营理念、行为准则和物质形象的总和。

泉商文化是一种崇商重商的地域文化。循着泉商的发育进程溯流而上,泉商文化是在特定的地理环境、人文传统和社会历史背景下形成和发展起来的。

1. 泉商文化是在泉州区位特色中形成的

自然地理环境作为一个社会赖以生存发展的基本物质条件,它在文化形成过程中的作用和影响是显而易见的。不同的自然地理环境会使人们日常生产生活方式具有不同的特点,从而形成不同的行为习惯和经验传统,导致人的文化性格的差异。泉州位于福建省东南沿海,是一个"无资源优势、无国家扶持、无优惠政策"的"三无"经济小市。泉州的区位有以下特色:一是位于海峡西岸东南沿海,大陆海岸线长达541公里,是我国海岸线最长的沿海地级市之一。二是人多地少。泉州市人口829万,耕地197万亩,山地、人均占耕地面积0.24亩,约为全国人均耕地1.35亩的六分之一,远低于世界粮农组织确立的人均耕地占有量0.79亩的最低警戒线。丘陵占土地总面积的五分之四,素有"八山一水一分田"之说。泉商文化的形成与泉州区位的这一特色密切相关、不可分割。

其一,靠海的地理位置和绵长的海岸线,孕育了泉州人扩张的海洋文化性格和善于经商的禀赋。

黑格尔在《历史哲学》中曾指出,生活在滨海地区的人民被大海"激起了勇气,要去超越那有限的一切。海邀请人类从事征服,从事海盗式的掠夺,但同时也鼓励人类从事商业和正当的利润。"泉州沿海居民傍海而居、出海而航的生活环境和生产实践,形成了更具开放性和更依赖商业交易的生产方式与生活传统,培育出了泉州人心胸开阔、敢冒风险、开拓进取的海洋文化性格和见风使舵、随机应变的能力以及对风险和不确定性的心理承受力。同时,为了抵御海洋生产作业过程中的各种风险以及远洋航运捕捞的需要,产生了合作生产的传统,使泉州人逐渐形成了一种比较适合团队生产要求的内在潜质,提高了泉州人遵从共同生产规范的内在禀赋和对各种非合作行为善于进行协调与制衡的博弈知识与能力。就海洋渔业是一种在风险与不确定性条件下生产寻利的过程来看,它与经商做生意有相通之处。靠海的地理环境不仅有利于发展工商实业、海外贸易和运输业,也有助于得风气之先和形成开放型、创新性思维方式,激励人们去竞争去冒险,开拓进取。所以,泉州人善于经商的禀赋不是天生的,而是在这种特定的海洋地理环境下造就的。

其二,自然资源的匮乏和人多地少的窘境,形成了泉州人经商务工和商游四海的谋生传统。

泉州人多地少,人地矛盾给了泉州人沉重的生存压力,使人们产生了一种求生存求发展的强烈的忧患意识,也使得泉州人更加关注和探索自身的出路问题,表现出一切从自己生存实际出发的务实精神。人多地少的窘境,意味着要在农业之外寻求生存的门路。自然资源的匮乏,削弱了泉州人对于外界自然的消极依赖心理,更容易摆脱对土地的依恋,在商业文化传统的影响下,许多人为了寻找生计而从事工商业。同时也逼迫泉州人在市场竞争中必须比别人更勤于思考,比别人要花更多的心思去寻觅、捕捉商机,以自己敢为人先的创新实践,去赢得市场竞争的优势。如今,"走出去"的外向型生存之路,不仅带来的是每年几百亿元的资金和数千个的市场主体,而且许许多多的泉州人的市场观念、市场意识、经营技巧,也是通过大胆地"走出去"学到的。同时,外向型生存之路的成功又反过来进一步激励和强化泉州人的开放意识。

其三,无国家的扶持和无优惠的政策,造就了泉州人的敢为人先和爱拼敢赢精神。

改革开放以前,地处海防前线的泉州,经济长期处于以农业为主的自给、半自给的自然经济状态,是全省较为落后的地区之一。

泉州地处东南沿海,临近台湾。由于海峡两岸长期处于对抗,使泉州处于海防前线。历年来国家在泉州的投资很少,1978年全市固定资产投资额仅为0.51亿元,居全国倒数第一,国家大型建设投资项目在泉州几乎没有。因此,泉州人"等、靠、要"的依赖思想比较少,自主自立自强意识比较强,发展经济有强烈的欲望。于是一大批有商业头脑和意识的探路者在祖国大江南北"落地生根"。即使是在极左思想统治时期,虽然一天到晚割资本主义尾巴,但仍有不少的手工艺人和小商小贩偷偷摸摸外出经商打工。

再从泉州市制度创新的版图分布看也很有意思,"泉商"精英主要集中在具有商业文化传统而人地矛盾十分紧张的地带,如晋江、石狮、南安、惠安等地。相反,生存压力较小、物产富庶、地处僻远山区的优秀企业家集中度比较低。由此可见,区位特色是泉商崛起和泉商文化形成的一个非常重要的因素。

2. 泉商文化是在深厚的多元文化积淀中产生的

泉商文化是由多要素交织作用而形成和发展的,它不是一个单一体,而是复合多元文化而成一体的,是以中原文化为主体,兼容古越文化、外来文化、儒商文化和海洋文化多元积聚而成的文化。

(1)海洋文化

中国最早从事海外贸易的当数泉商。泉州地处福建省东南部,与台湾隔海相望,枕山面海。泉州土地稀少,人口稠密却又海域辽阔,总面积11360平方公里,这使得泉州人只能向大海谋求生存发展。五代时的泉州刺史,多方招徕外商,大力发展海外贸易,"每发蛮舶,无失坠者,时谓之招宝侍郎"。循此发展,宋代泉州遂成为世界著名的贸易港,"民数倚于商",且"航海皆异国之商",时人歌曰:"泉州人稠山谷瘠,虽欲就耕无地辟;州南有海浩无穷,每岁造舟通异域",生动地记述了泉州人把农耕的劣势转化为海上贸易优势的情形。

(2)外来文化

泉州是一个滨海地区,对外贸易和交往的悠久历史,这里的人民以海为田,以舟为马,漂洋过海的人很多,对外接触面大,联系面广,而外来的客商也接踵而至。早在隋朝,就有泉州人下南洋的记载。唐末泉州刺史王延彬大力发展海外贸易,泉州港成为世界四大口岸之一,五代"晋江王"留从效拓展海外贸易,"陶瓷、铜铁,泛于番国"。菲律宾当地土著称闽南华侨为"唐山人"。宋元时期泉州港又成为海上丝绸之路的起锚地,被称为"东方第一大港",被誉为"世界宗教博物馆"。对外的经济、文化交流更为频繁,使泉州的文化注入了"十洲文化"的新鲜血液,呈现"涨海声中万国商","市井十洲人"的繁华景象。

再经明清两代泉州人出国定居的人很多,习其异俗,又带来了大量的异俗文化。与泉州的儒家文化相融合,形成以中原文化为主体,兼容土著文化与外来文化,内化为丰富而实用的儒商文化。

(3)中原文化

诚信,是中原民族文化倡导的重要道德规范。而作为具有深厚民族文化精神的中华儒商均能坚持"诚笃不欺人亦不疑人欺"的原则,由他们所开办的商号,买卖公道,童叟无欺,具有长久而良好的商业信誉。儒商奉行的诚信为本,还表现为守法重约和轻利重义。他们总把"重义"视为经商的主要原则,强调宁舍利取义而不见利忘义。明代一位著名晋商在总结其经商经验时提出,商人应与士一样,讲究道德修行,做到"利以义制,名以清修"。在儒家文化熏陶下,他们为人处世礼让三先,轻易不与人争斗,给人以谦恭、儒雅的良好形象。在处理商务活动中,他们以理在先,遵守规矩,守德守义守信。与人相处讲道理,明是非,这使得泉州商人在商务活动中,给人以信任感、可靠感,如此便使其生意不断地做强做大。

综观泉州多元文化发展的历史,泉州地域文化个性鲜明,尚义重利,崇商重商思想一以贯之。在泉商文化形成的众多营养源中,崇商重商的地域文化被认为是泉商大面积活跃的最主要的深层原因。源远流长的区域文化传统,哺育了泉州人特别能适应市场经济的思想观念、行为习惯和生存技能,是泉商文化、泉商精神之根。

3. 泉商文化是在改革开放中发展起来的

一般说来,商业文化都是商品经济发展和商业繁荣以及商人力量壮大并在社会上具有一定影响之后所形成的一种特殊文化形态。换言之,商业的兴盛与商人的强大是商业文化形成和发展的不可缺少的历史前提。改革开放后,计划经济逐渐向市场经济发展,商品经济获得了前所未有的大发展,这为泉商文化的发展创造了得天独厚的天时。如果没有改革开放的天时,如果没有计划经济向市场经济过渡的天时,泉商可能不会有今天的崛起。与此同时,泉商们也几乎无一例外地都将自己的成功归功于改革开放的政策环境,企业越大越是如此。

中共十一届三中全会召开之后,泉州人在"解放思想,实事求是"思想路线的指引下,在悠久的泉商传统文化的基础上,率先打破对私有观念的怀疑,形成了一系列适应市场经济发展的新观念,泉州人迅速掀起了务工经商的热潮。改革开放的伟大实践,全面激活了泉州人的文化基因,营造了成十上百万泉商文化的主体——泉商群体。据统计资料显示,在泉州不到12人中就有1个老板,其中晋江、石狮等地平均4个家庭就有一家投资办企业。泉商的脚步还迈向全国和全世界。据泉州市工商联统计,目前,泉州共有100多万在省外国内(不包括港澳台)创业人员,在外投资累计达3000多亿元,年产值超过4000亿;在海外,泉籍乡亲有750万,从事商业的有300多万人,改革开放以来海外泉商为家乡捐款近百亿元。

泉商已成为全国地级市人数最多、比例最高、分布最广、影响最大的投资者经营者群体之一。他们成为倍受人关注的特殊群体,是福建省乃至全国推进社会主义市场经济的重要资源。改革开放以来,凭借对市场、经商、求利的文化认同,同时借鉴经营工商业的历史经验,泉州的众多企业家、经营者们正在用自己的实践提升和完善这种文化基因,使它与当今时代发展有机的结合,使自己的创造性和聪明才智得到了充分发挥,创造了晋江经验和泉州模式,成为适应现代市场经济发展要求,具有泉州特色的商人文化。

(二)泉商文化的传承与发展

泉商文化是泉州工商业者在长期的经营活动过程中,逐渐形成、积淀、培育起来的企业经营价值观、行为规范、道德准则、人生信念、人格精神以及在此基础上形成的经营理念、伦理道德、指导思想等文化积存,是泉商人生观、价值观的外在体现,是富有地方特色的价值观念、经营理念、行为准则和物质形象的总和。

1. 传统泉商文化的内核与特征

泉州地处闽南三角核心地带,枕山面海,山多地少,人口稠密,海域辽阔。在漫长的农耕时代,自然条件的劣势迫使泉州人只能向大海谋取生存之路。泉州先民的海上拓展历史对泉州人精神的发展有着十分深远的意义,成就了泉州人独特的精神特质,构成了泉商文化的内核。

一是富于冒险。悠久的海拓历史使泉州先民极大地拓展了视野,培养出开放、进取、冒险的海洋文化精神,有效克服了农耕文明所带来的因循守旧、中庸封闭的狭隘小农意识,在与海洋搏斗和海上的经贸实践中造就了富于冒险、勇于开拓、豪迈超越的阳刚情怀。

二是重义守信。在长期同艰苦自然环境作斗争的过程中,泉州人深深地懂得协作力量的强大。当他们转战全球商海时,非常重视血缘和地缘关系,擅长以血缘、亲缘和地缘为纽带,组建商业网络。重义气、守信用,有福同享,有难同担,相互取长补短,抱团聚力,共谋发展。

三是开拓拼搏。缘于宋元时期海外贸易与明清时期犯禁下海走私的传统,以泉州商人为主体的闽商更富于"爱拼敢赢"的商业冒险精神。因此,泉商普遍信奉"三分天注定,七分靠打拼",崇尚"少年不打拼,老来无名声"、"三分本事七分胆",更具开放和向外开拓意识。

四是恋乡爱家。无论是传统的农业社会,还是现代的工业社会,祖祖辈辈在外漂泊的经历,让泉州人沉淀了眷念故土的独特情感,一旦事业有成,都乐于回馈桑梓,致力家乡建设。

五是责任担当。泉商的责任情怀是一种贯彻始终的意识和信念。他们经得起打击与挫败,在大风大浪里拼搏正是秉着对自己的认定、对妻儿的责任、对家庭的担当。正是这种信念的支持,促使他们善于迎难而上,造福社会,懂得感恩,将"义"与"利"达到有机的平衡,使泉商族群的辉煌,历久弥新。

可以说,正是源远流长的海上贸易活动,造就了泉州人富于冒险、重义守信、开拓拼搏、恋乡爱家和责任担当的精神特质,造就了他们从事商业、追求利润的精明,造就了他们应付商场中诡谲元素的机警和才能,并逐渐积淀成一种文化,成为指导每一代泉州人行为方式的"历史基因"。这是泉州人之所以在改革开放的洪流中,一开始就自觉表现出敢于拼搏、敢于冒险的精神特质,顺利实现由农民、渔民向民营企业家转变的一个诠释。

2. 新时期赋予泉商文化新内涵

伴随着新时期泉商的开拓成长,泉商文化在传承中与时俱进,这份精神财富为泉州经济转型升级以及泉商"二次创业"提供了持续动力。

其一,泉商文化的"抱团聚力"理念催生了众多誉满全球的商业品牌。改革开放以来,新一代泉商凭借勤劳、智慧、坚忍不拔的意志以及敢为天下先的勇气,善于抓住每一个商机,抓住每一个机遇来摆脱贫穷,善于寻找市场空隙来发展事业,主动把握市场先机。"晋江制鞋第一人"林土秋就是个鲜活例子。1979年,林土秋利用其兄从香港寄回的8万元作启动资金,发动亲朋好友入股,因地制宜地在家里置办了缝纫机等生产设备,创办了晋江第一家"股份制私营企业",头一年就赚了20万元。见此效应,乡里乡亲竞相效仿办起了家庭鞋厂。于是,晋江的私营企业小至一两人,大至几十人,如雨后春笋般涌现,终成燎原之势。又如申鹭达集团的洪光明董事长,1978年还在当水管修理工,他注意到很多人没有随手关水龙头的习惯,造成用水浪费。他敏锐地发现了这一商机,经过反复琢磨、改进,终于研制成功自动关闭的新型水龙头。同样,他也没有一人独享创新成果,而是联合亲友共同投资投劳走上了制造水暖器材的创业道路,带领大家共同发展。就是这样一群目光敏锐、善于抱团的新时期泉商,立足于本乡本土,带领"亲友团"因地制宜地把小商机发展成大事业,创立了"中国服装城"石狮、"中国鞋都"晋江、"中国建材城"南安、"中国茶都"安溪、"中国瓷都"德化等实力强劲、特色鲜明的县域品牌。

其二,泉商文化的"创新意识"推动企业发展方式的与时俱进。泉商在不断发展壮大商业帝国的同时,也在持续丰富泉商文化传统内涵。2008年金融危机改变了国内外经营环境,灵活善变的泉商也顺势调整了市场竞争理念:将"爱拼才会赢"发展为"善拼才会赢",一字之差体现了打拼方式的根本转变。"敢拼"强调敢于冒险的勇气,而"善拼"体现的是泉州商人的智慧。新的理念需要新的企业运营战略和运营模式,对市场环境敏锐的泉商自觉走向了创新转型之路。2008年12月,恒安集团引入博思艾伦管理咨询公司,重新制定发展战略,改变管控流程、管控制度以及管控方向,制定以战略为核心的绩效管理考核新制度,优化内部管理,提升经营绩效,成为跻身2012年中国民营企业500强的唯一泉企,位居福建入榜企业的最前列。发端于草根的安踏,在过去的20年发展历程中,先后抓住了品牌策划、商品创新、管理提升等关键点,成为中国运动用品市场的风向标,成功地从劳动密集型企业转化为技术密集型企业,探索了一条从"中国制造"升级为"中国创造"的发展道路。匹克集团董事长许景南多年来坚持国际化经营理念,着力谋求商标国际化,注重品质国际化,坚持营销国际化,推进资本国际化,实行管理国际化,推动优势传统产业和民营企业走向世界,打造了"匹克"品牌国际化的成功经验。

其三,泉商文化的"富而思源"意识促进泉商营造和谐环境。泉商文化为泉商处理人与自然、人与社会、人与人,以及人自身关系注入了许多和谐的因素,使现代泉商越来越认识到企业的发展是与整个社会进步是息息相关的,他们自觉地将"恋乡爱家"的传统延伸到"爱社会",甘于承担更多社会责任,积极促进社会和谐、公平、稳定,为企业的可持续发展营造良好的外部环境。据不完全统计,改革开放以来泉州民营企业家捐资的各种慈善公益事业近百亿元,捐资1000万以上的企业家有上二百名。2008年抗击南方冰雪灾害,泉商捐款捐物近亿元;四川汶川大地震,泉商捐款捐物达3亿多元;2010年青海玉树地震,泉商捐款捐物近3000万元;2010年闽北水灾,泉商捐款也达到了3000万元。据统计,仅仅恒安集团历年累计捐赠善款就达到了5亿多元,集团董事局主席许连捷荣获"中国光彩事业突出贡献奖"、"为全面建设小康社会作贡献先进个人"等称号。全市先后共有十多名工商联骨干会员被国家有关部门授予"中华慈善事业突出贡献奖"和"中国慈善家"称号。泉商已成为促进社会稳定,营造和谐环境举足轻重的力量。

(三)弘扬泉商文化对泉州民营企业二次创业、转型提升的作用

遍布全球的泉商有着共同的文化传承和精神特质,这种共性成为集结海内外泉商的根基。弘扬泉商文化,可以为泉州经济的"引进来"和"走出去"提供良好润滑,推动泉州民营企业"二次创业"。

1. 泉商文化已成为凝聚泉商群体力量和智慧的精神支柱,可为民营企业二次创业、转型提升提供正能量

泉州人历来都有强烈的桑梓情怀,深入挖掘泉商文化底蕴,系统打造泉商文化品牌,可以更好地发扬泉商优良传统。

其一,有利于激发"凤凰归巢"的爱乡情怀。多年来许许多多老华侨返乡所演绎的一幕幕感人故事和场景就是泉州人内心的真实写照。但是这种情怀所针对的对象多囿于血缘、地缘群体,社会影响的范围较小。通过打造泉商文化平台,可以让泉商系统的了解、学习泉商核心文化精髓,强化泉商对泉州的认同,促使他们意识化地将自己事业的发展与泉州家乡发展紧密联系起来,让他们认识他们的成功不仅是家族、家乡的光荣,也是整个泉州人的光荣,他们的一言一行都代表着泉州的整体形象,泉州的发展也是他们事业走得更远的源泉,泉州的富强也是他们应尽的一份责任。响应泉州市委、市政府"二次创业"号召,强强联合、优势互补、优化整合资源,积极回乡创业也成了泉商的共同心愿。

其二,有利于将泉商自信力转化为现实生产力。文化认同形成的合力不仅能够对泉商事业的开拓形成物质上的支持,而且经历泉商文化熏陶,让他们以作为一名泉商而倍感自豪,这种信念能潜移默化增强泉商在商海搏击的自信心。而自信往往又是事业成功的重要因素,以泉商为荣的群体效应将会吸引和鼓励越来越多追求富裕生活和追求人生理想的泉州人加入创业大军,催生一批又一批现代的泉州企业家群体,续写了一部又一部财富与智慧完美结合的不朽传奇,为泉州"二次创业"注入了活力。

2. 弘扬泉商文化有利于泉州经济的"引进来"

遍布世界各地的泉商以群体性创业和群体性跨地域经营的方式快速地成长和壮大,在全球范围内吸收、掌控资金、技术、设备、管理等高级生产要素,促进高级生产要素回归泉州,助推家乡经济发展。

其一,泉商文化的互通效应有利于泉州产业结构调整和民营企业的转型升级,丰富产业类型。在过去的二十多年,泉州凭借本土企业家,率先实现了经济的第一次腾飞。但是泉州本土支柱产业主要集中在纺织鞋服、陶瓷、石材、水暖等劳动力密集行业,在当

前国家大力提倡的新能源、节能环保、电动汽车、新材料、生物、电子信息等战略性新兴产业方面发展基础较为薄弱。通过唤醒泉商"恋乡"意识，可以激励相关产业的泉籍企业家回乡创业，弥补泉州缺失的产业链环节，互通有无，营造泉州经济发展和新兴企业壮大的双赢局面。

其二，泉商文化的聚集效应有利于增加高端生产要素存量。当前泉州支柱产业的相关企业多处于"微笑曲线"的底部，处于产业链的低端，在"红海"中杀价求生，盈利的可持续性比较脆弱。向"微笑曲线"两端延伸价值链、实施"蓝海"战略成为企业做大做强的必由之路。通过弘扬泉商文化这个共性平台，可以促进全球泉商网络所凝聚的技术、人才、品牌等高级生产要素回归，增加泉州高级要素禀赋的充盈度，为泉州制造业向高端延伸的质变过程提供量的积累，最终实现企业效益创新向"微笑曲线"两端发展。

其三，泉商文化的示范效应有利于企业转型创新。泉州经济起始于草根，第一代创业者大多是"洗脚上田"后实现的华丽转身。他们受制于自身的生活阅历、教育背景，与现代企业制度所要求的管理新手段、盈利新模式还存在许多不适应。通过弘扬泉商文化，号召世界各地的泉商回归家乡，将为泉州企业发展模式、经营管理模式带来新气象，推动本地民营企业突破血缘、亲缘、地缘的羁绊，以制度创新促进经营转型，为企业面对全球化挑战奠定良好基础。

其四，泉商文化的互动效应有利于推动泉州制造业基地进一步发展。泉州作为东南沿海重要的制造业基地，产业集群中板块和链条发展参差不齐，协同合作的效率不高。通过弘扬泉商文化，将泉商回归对接的领域瞄准战略性新兴产业、高端环节和产业链缺失项目，将对接重点放在深化回归创业，抓好世界各地泉商回归创业、上市企业返程投资和企业总部或高端职能环节回迁，有效推动泉州企业顺利完成工艺升级、产品升级、功能升级甚至产业链升级过程，实现泉州由制造业大市向制造业强市的转变。

3. 弘扬泉商文化有利于泉州经济的"走出去"

利用泉商网络不仅可以促进世界各地的高级生产要素流入泉州，而且对泉州企业的对外拓展也能起到很好的润滑作用。

其一，泉商文化的开放意识使泉商率先走向全国开拓市场。现代泉商继承"哪里有市场，哪里就有泉州人的影子"的传统，在全国乃至全世界进行了广泛的投资扩张。据不完全统计，在国内其他省份投资兴业的泉商已超过100万人。为了将众多泉商紧密团结在一起，泉州人先后在全国30多个省、市、自治区成立了165家异地泉籍商会，在国外成立了5家泉籍商会，还与海外77个泉籍工商社团保持联系，构筑了一个开放性的泉商大网络，大大增强了泉商的市场拓展能力和对外投资效率。同时，遍布全球的泉商网络也是一个巨大的信息网络，泉商可以从中迅速获取真实、高效的市场信息，为企业经营决策提供准确依据。

其二，泉商文化的传递效应有利于泉州品牌的市场推广。品牌对消费者购买意愿的影响越来越大，谁拥有品牌，谁就拥有市场话语权。泉州传统支柱产业的龙头企业经过前一轮发展，已有中国驰名商标74个，建立了比较强的市场竞争优势。面临新一轮的市场洗牌，泉州企业需要深耕市场，将营销渠道进一步下沉，与消费者开展更广泛、更直接的接触,提高对市场的反应速度,全面提升市场竞争能力。在泉企精细化运作市场的过程中,泉商网络可以成为泉商在不同地区间进行品牌推广的经验交流的载体。打造泉商文化可以降低泉企在不同区域差异性市场推广的成本,提高企业运营效率。

其三,泉商文化的凝聚效应有利于泉商对外抱团开拓。许多泉商初到异地开拓时,既无信息又无门路,在陌生的环境中寻找可信赖的合作伙伴十分困难,迫切需要一个可信赖的平台作为事业起步的坚实基础。通过弘扬泉商文化,可以让在外打拼的泉商以乡情为纽带,降低沟通互信的成本,建立起可靠的业务合作关系,实现泉商互联互通、资源共享,促成在外泉商群体在产业链上协同发展,集聚力量共同开拓市场。

其四,泉商文化的渗透效应有利于落后产能跨地区对外转移。随着我国城市化进程的加快和人口红利的衰竭,土地、劳动力等生产要素价格快速攀升,劳动密集型企业的生存和发展越来越困难,逼使许多企业走向转型之路。企业在升级过程中淘汰的过时技术、设备等生产性资产,可以通过向较为落后的国家、地区进行梯度转移的方式,重新焕发出生命力。在相对落后的生产性资产跨国、跨地区转移进程中,泉商文化平台传递的商业信息可以正确引导转型企业的对外投资渗透,减少企业战略决策失误。

由此可见,泉商文化的建设不仅可以凝聚泉商的力量,而且也能促进泉州高级生产要素的流动,从精神和物质上助推泉州民营企业"二次创业"、转型升级。

后　记

《闽商发展史·泉州卷》是福建省"十二五"社会科学研究重大项目"闽商发展史"子课题"泉州商人发展史"的研究成果。2010年底,按照中共福建省委统战部的部署,中共泉州市委统战部委托泉州海外交通史博物馆为"泉州商人发展史"的研究编纂单位。泉州海外交通史博物馆接受任务后,立即组建了以名誉馆长王连茂为主编,馆长丁毓玲为副主编,泉州海交馆、泉州黎明大学等专业人员为主要成员构成的编写组。

2011年,王连茂先生突然身体抱恙,无奈提出辞去主编一职,推荐丁毓玲馆长担任主编。新编写组明确由海交馆负责古代部分,黎明大学负责当代部分。两个单位工作人员在资料搜集与调查的过程中遇到诸多困难,其中经费可谓最大的制约。感谢中共泉州市委统战部蔡文良副部长不辞辛劳,四处奔忙筹措经费,为课题研究提供了重要的保障。

《闽商发展史·泉州卷》是一次难得的关于泉州商人的历史总结,更是一次系统搜集与整理泉州商人历史资料的机会。2012年至2013年,课题组成员分别到泉州市下辖各县做调查,广泛查阅各县市图书馆、档案馆的材料。为了更大范围地收集资料,课题组成员还分头奔赴宁波、天津、上海、广州等主要商业城市的泉州会馆、妈祖庙等进行实地调查,寻找泉州商人的足迹,同时运用网络优势开展全面的资料搜集和整理工作,从各主要商业城市的地方志、族谱资料、外文资料搜集有关泉州商人的资料。

《闽商发展史·泉州卷》的编写与出版凝聚了众多工作人员的心血。全书编写按历史朝代分工如下:第一章唐五代和第二章宋元时期执笔:李玉昆;第三章明代执笔:王丽明、李静蓉;第四章清代执笔:林仪、叶恩典;第五章民国时期执笔:陈丽华、薛彦乔;第六章至第九章当代部分由陈水德牵头,陈章龙、林春蓉、黄志锋、肖晗、黄夏芳等组成团队完成编写。由于参与人员较多,语言风格、观点看法有许多不同,主编丁毓玲最后对文风进行了统编和全文修订。感谢王连茂对全书做了审校,苏交利、陈文樽对当代部分做了审校,提出十分中肯的意见,张凯昭联系协调各单位执笔人员做了不少工作。

囿于资料和水平所限,本书必定存在不少错漏与不足,你的指正将敦促我们更加勤勉地工作,严谨地治学。

《闽商发展史·泉州卷》编写组

2016年4月